SERVIÇO SOCIAL DO COMÉRCIO
Administração Regional no Estado de São Paulo

Presidente do Conselho Regional
Abram Szajman
Diretor Regional
Danilo Santos de Miranda

Conselho Editorial
Ivan Giannini
Joel Naimayer Padula
Luiz Deoclécio Massaro Galina
Sérgio José Battistelli

Edições Sesc São Paulo
Gerente Marcos Lepiscopo
Gerente adjunta Isabel M. M. Alexandre
Coordenação editorial Cristianne Lameirinha, Clívia Ramiro, Francis Manzoni
Produção editorial Thiago Lins
Coordenação gráfica Katia Verissimo
Produção gráfica Fabio Pinotti
Coordenação de comunicação Bruna Zarnoviec Daniel

Lazer no Brasil

grupos de pesquisa e
associações temáticas

Ricardo R. Uvinha
(org.)

© Ricardo Ricci Uvinha, 2018
© Edições Sesc São Paulo, 2018
Todos os direitos reservados

Preparação   Luiz Guasco
Revisão   Elba Elisa Oliveira
Capa, projeto gráfico e diagramação   TUUT

Dados Internacionais de Catalogação na Publicação (CIP)

L458
Lazer no Brasil: grupos de pesquisa e associações temáticas / Organização de Ricardo Ricci Uvinha. – São Paulo: Edições Sesc São Paulo, 2018. –
352 p.

ISBN 978-85-9493-126-9

1. Lazer. 2. Cultura Lúdica. 3. Estudo. I. Título. II. Uvinha, Ricardo Ricci. III. Sesc – Serviço Social do Comércio. IV. Congresso Mundial do Lazer. V. World Leisure Organization (WLO).

CDD 793

Edições Sesc São Paulo
Rua Cantagalo, 74 – 13º/14º andar
03319-000 – São Paulo SP Brasil
Tel. 55 11 2227-6500
edicoes@edicoes.sescsp.org.br
sescsp.org.br/edicoes
/edicoessescsp

06 **Apresentação**
Danilo Santos de Miranda

08 **Introdução**
Ricardo Ricci Uvinha

16 **O Sesc São Paulo e os estudos do lazer: percursos e contribuições**
Regiane Cristina Galante e Rosana Elisa Catelli

36 **Grupo interdisciplinar em estudos do lazer da Universidade de São Paulo**
Ricardo Ricci Uvinha e Edmur Antonio Stoppa

52 **Grupo de estudos e pesquisa em políticas públicas e lazer (GEP3L): ações e reflexões acerca de sua produção e impactos**
Sílvia Cristina Franco Amaral e Bruno Modesto Silvestre

70 **O Laboratório de Estudos do Lazer (LEL)**
Gisele Maria Schwartz e Giselle Tavares

84 **Grupo de Estudo e Pesquisa Corpo e Cultura (Gepecc): o lazer como tema transversal em educação física, esporte, saúde e educação**
Nara Rejane Cruz de Oliveira, Adalberto dos Santos Souza e Rogério Cruz de Oliveira

98 **Em busca dos significados das ações humanas: as interlocuções entre lazer, práticas corporais e cultura no âmbito do estudo e da pesquisa no Gelc**
Cinthia Lopes da Silva

112 **Sport: laboratório de história do esporte e do lazer – construindo um campo de investigação**
Victor Andrade de Melo

130 **Mobilidades, Lazer e Turismo Social – MobLaTus (PPGTUR/UFF)**
Bernardo Lazary Cheibub

152 **Grupo de pesquisa Luce – Ludicidade, Cultura e Educação**
Christianne Luce Gomes e César Teixeira Castilho

170 **O grupo de pesquisa Oricolé e os estudos sobre formação e atuação profissional em lazer**
Hélder Ferreira Isayama e Marcília de Sousa Silva

186 **Andaluz: grupo de pesquisa em lazer, educação e uso de drogas**
Liana Romera, Gelsimar José Machado e Heloisa Heringer Freitas

200 **Lazer e cidade: que realidade é essa? Algumas pistas do GEPLEC-UFPR para compreendê-la**
Simone Rechia e Aline Tschoke

224 **Grupo de Estudos do Lazer (GEL)**
Giuliano Gomes de Assis Pimentel

240 **Estudos "no lazer" e contribuições do grupo de estudos socioculturais em educação física (GESEF-UFRGS)**
Marco Paulo Stigger, Mauro Myskiw e Raquel da Silveira

258 **O Gesporte e suas contribuições no desenvolvimento acadêmico-científico dos estudos do lazer no Brasil**
Antonio Carlos Bramante e Paulo Henrique Azevêdo

272 **Grupo de Estudos e Pesquisas em Políticas Públicas de Esportes, Lazer e Saúde**
Junior Vagner Pereira da Silva

290 **Ócio, lazer e tempo livre: enfoques para o desenvolvimento humano**
José Clerton de Oliveira Martins

300 **Grupo de pesquisa Corpo: Cotidiano, Resgate, Pesquisa e Orientação**
Coriolano Pereira da Rocha Junior

314 **Sociedade de Pesquisa Qualitativa em Motricidade Humana: contribuições aos estudos do lazer**
Luiz Gonçalves Junior e Fábio Ricardo Mizuno Lemos

332 **A Anpel e o contexto da pesquisa e da pós-graduação em estudos do lazer no Brasil**
Hélder Ferreira Isayama, Ricardo Ricci Uvinha e Mirleide Chaar Bahia

346 **Sobre os autores**

Apresentação

Danilo Santos de Miranda
Diretor Regional do Sesc São Paulo

Nas últimas décadas, a vitalidade dos campos de estudos que se debruçam sobre as transformações sociais vem permitindo que pesquisadores e leitores indaguem sobre o caráter do lazer na contemporaneidade, colocando em perspectiva entendimentos consolidados como: a oposição ao trabalho e à obrigação; as formas de controle social subjacentes; o caráter lúdico e prazeroso das práticas de lazer; sua relação com a educação; entre outras questões que demonstram a importância das discussões conceituais sobre o tema.

A riqueza de definições que se sucedem e as posições distintas que continuam a insurgir das pesquisas refletem a inserção do lazer no universo mais amplo da cultura, compartilhando da complexidade que acompanha outras dimensões da vida social, como o trabalho, a política, a educação, a economia e assim por diante. O lazer, portanto, não se configura como um campo isolado, mas profundamente imbricado nessas outras dimensões.

Assim, o mergulho na profusão de escritos que atravessam essa área de estudos ensina que mesmo a opção de lazer mais individual e íntima, mesmo a atividade mais singela e desinteressada, incluindo aí a opção pelo ócio, possuem um caráter social que ressalta seu valor como processo educativo voluntário e não formal para sujeitos e coletividades.

Em um ano tão importante para esse campo de investigações, quando o Sesc sedia pela segunda vez o Congresso Mundial do Lazer, realizado conjuntamente com a World Leisure Organization (WLO), o presente livro, organizado pelo professor Ricardo Ricci Uvinha, visa a contribuir com um quadro sobre o histórico e o estado da arte dos grupos de estudo sobre o tema pelo país, reforçando a convicção sobre o potencial participativo e democrático das atividades de lazer.

Introdução

Ricardo Ricci Uvinha
Professor da Universidade de São Paulo e presidente do Comitê Científico do Congresso Mundial de Lazer 2018

O ano de 2018 registra importantes acontecimentos para o estudo do lazer no Brasil. Talvez o mais emblemático deles seja a realização do Congresso Mundial de Lazer novamente em solo brasileiro, vinte anos após a ocorrência do memorável evento realizado em 1998, promovido pelo Sesc *São Paulo* e cujo tema foi "Lazer numa sociedade globalizada". Considera-se aquela edição um importante momento para firmar o Brasil no cenário acadêmico internacional de estudos do lazer, reunindo pesquisadores de renome mundial e produzindo relevantes legados, dentre os quais se destaca a Declaração de São Paulo. Tal documento, intitulado *Leisure in a Globalized Society*, endossado pela Organização Mundial de Lazer, foi concebido em comemoração aos cinquenta anos da Declaração Universal dos Direitos Humanos da ONU, trazendo dez artigos temáticos com referência ao direito ao lazer numa sociedade cada vez mais desigual e globalizada. Vale ressaltar que a ONU, por meio da Declaração Universal dos Direitos Humanos, de 1948, reconhece a importância do lazer como direito inerente ao exercício da cidadania e como elemento fundamental para o desenvolvimento pessoal e social.

Passados vinte anos do Congresso Mundial de Lazer de São Paulo, apresenta-se novamente a excelente oportunidade, numa nova edição do evento, de debater profundamente a importância do lazer tanto no meio acadêmico/profissional como na sociedade como um todo. Na edição de 2018, o tema central passa a ser "Lazer sem barreiras", proposição que permitirá refletir sobre as principais intempéries *físicas, socioeconômicas e simbólicas que acometem a ocorrência do lazer,* sempre com o objetivo de buscar alternativas para superá-las numa conjuntura participativa, democrática e não assistencialista.

A América Latina tem avançado consideravelmente em seus esforços na articulação de grupos de pesquisa em lazer, a exemplo do que ocorre em outras regiões do mundo. O Brasil certamente merece destaque nesse particular, com grupos de pesquisa em lazer formalmente autorizados para funcionamento a partir do Conselho Nacional de Desenvolvimento Científico e Tecnológico (CNPq). Numa consulta ao Diretório de Grupos de Pesquisa do CNPq, em janeiro de 2018, já era possível constatar a presença de quase trezentos grupos de pesquisa atrelados à especialidade do lazer no país, oriundos das mais diversas áreas, como Educação Física, Turismo, Administração, Engenharia, Direito, Ciências Sociais, Psicologia, Saúde Coletiva, entre outras.

Assim como vinte anos se passaram até a realização de uma nova edição do Congresso Mundial de Lazer no Brasil, o numeral vinte expressa também a quantidade de capítulos apresentados na obra a seguir, fruto de intensa dedicação de pesquisadores oriundos de representativos grupos de pesquisa e de associações temáticas das mais diversas regiões do país, com atuação consolidada e reconhecida por seus pares.

O livro abre com capítulo sobre o percurso e as contribuições do Sesc São Paulo aos estudos do lazer no Brasil, de autoria de Regiane Cristina Galante e Rosana Elisa Catelli (Sesc). Trata-se de valioso estudo, que analisa a trajetória da referida instituição a partir de um levantamento histórico das ações realizadas desde a década de 1960 até o desafio de promover o Congresso Mundial de Lazer em 2018.

O segundo capítulo, apresentado pelos professores Ricardo Ricci Uvinha e Edmur Antonio Stoppa (Universidade de São Paulo), refere-se ao Grupo Interdisciplinar em Estudos do Lazer da Universidade de São Paulo (Giel-USP). O texto explora as principais características do grupo, fundado há dez anos, e os desafios que assume no campo da pesquisa, entre eles a liderança do Comitê Científico do Congresso Mundial de Lazer 2018, em parceria com o Sesc São Paulo e a Organização Mundial de Lazer.

Na sequência, Silvia Cristina Franco Amaral e Bruno Modesto Silvestre (Universidade Estadual de Campinas) discorrem, no capítulo 3, sobre o Grupo de Estudos e Pesquisa em Políticas Públicas e Lazer (GEP3L). São detalhadas as ações do grupo, bem como realizadas reflexões acerca de sua produção acadêmica, em especial no que tange aos impactos da participação de seus membros em publicações e em diversos eventos temáticos.

Gisele Maria Schwartz e Giselle Tavares nos brindam, em seu texto, com informações sobre o Laboratório de Estudos do Lazer (LEL), da Universidade Estadual Paulista (Unesp). Criado no ano de 2000, trata-se de grupo com notável participação de pesquisadores brasileiros e estrangeiros. Sua produção, ao longo de dezoito anos, é cuidadosamente detalhada pelas autoras, assim como seu envolvimento no âmbito da pós-graduação.

Os pesquisadores da Universidade Federal de São Paulo (Unifesp), Nara Rejane Cruz de Oliveira, Adalberto dos Santos Souza e Rogério Cruz de Oliveira apresentam o Grupo de Estudo e Pesquisa Corpo e Cultura (Gepecc), que aborda o lazer como tema transversal em educação física, esporte, saúde e educação. A extensa produção relatada confirma tal campo de estudos como em plena expansão em termos de pesquisa.

A seguir, Cinthia Lopes da Silva, da Universidade Metodista de Piracicaba (Unimep), relata as atividades desenvolvidas no Grupo de Estudo e Pesquisa em Lazer, Práticas Corporais e Cultura (Gelc). São apresentadas diversas ações de articulação entre o lazer, as práticas corporais e a cultura no âmbito do estudo e da pesquisa do grupo, realizadas por meio de parcerias na escrita de textos, composição de bancas de mestrado e de doutorado, bem como na participação em eventos científicos, entre outras iniciativas.

Victor Andrade de Melo, da Universidade Federal do Rio de Janeiro (UFRJ), contribui com o texto sobre o Sport, Laboratório de História do Esporte e do Lazer. Aprendemos, por meio desse registro, que, no âmbito de tal grupo, as práticas esportivas e de lazer são compreendidas como manifestações de singular importância, devido à sua articulação com a dimensão social, cultural, econômica e política de um dado contexto histórico. Tais práticas são, assim, abordadas como patrimônio cultural de um povo, consubstanciando-se como ferramentas na construção de identidade de classe, de gênero e de etnia, além de ligar-se à construção da ideia de nação.

A preocupação com a mobilidade mereceu destaque no capítulo 8, na análise de Bernardo Lazary Cheibub, pesquisador da Universidade Federal Fluminense (UFF). Ao relatar as ações do grupo Mobilidades, Lazer e Turismo Social (MobLaTus), nas diversas publicações e participações de seus membros em eventos temáticos, o autor busca aproximar o lazer do campo do turismo, em pesquisas associadas à construção de políticas públicas que articulem cultura, educação e ciência.

As atividades acadêmicas, culturais, sociais e pedagógicas vinculadas ao lazer nos âmbitos do ensino, da pesquisa e da extensão universitária, promovidas e debatidas pelo grupo de pesquisa Ludicidade, Cultura e Educação (Luce), são abordadas pelos professores Christianne Luce Gomes e César Teixeira Castilho, da Universidade Federal de Minas Gerais (UFMG) – instituição com expressiva tradição no estudo da temática. É possível aprender, no capítulo 9, que o grupo tem se comprometido, entre outras iniciativas, com o aprofundamento/ampliação de saberes e conhecimentos sobre o lazer na realização de palestras, cursos e conferências, assim como no desenvolvimento de materiais didáticos, além de participar de programas formativos no campo das políticas públicas e sociais de lazer.

Também da Universidade Federal de Minas Gerais, Hélder Ferreira Isayama e Marcília de Sousa Silva apresentam, no capítulo 10, o grupo de pesquisa Oricolé, Laboratório de Pesquisa em Formação e Atuação Profissional no Lazer. Destacam-se, entre suas ações, os estudos sobre formação e atuação profissional em lazer, por meio dos quais o grupo visa compreender o lazer em suas dimensões política, científico-instrumental, ético-moral e estético-expressiva nos múltiplos tempos, espaços e dinâmicas da vida social.

Liana Romera, Gelsimar José Machado e Heloisa Heringer Freitas evidenciam, no capítulo 11, as atividades desenvolvidas pelo grupo de pesquisa Andaluz, em Lazer, Educação e Uso de Drogas, da Universidade Federal do Espírito Santo (Ufes). Segundo os autores, o grupo tem a missão de compreender os usos e usuários de drogas e seus contextos de lazer, bem como os principais modelos de desenvolvimento de ações de prevenção ao uso de drogas. Orientada por esses propósitos, a análise sobre as diferentes formas de inserção dos profissionais de educação física e de lazer nos campos de atuação profissional se faz essencial, tanto no âmbito da educação, em seu sentido mais amplo, como no da saúde.

O grupo de estudos e pesquisas Lazer, Espaço e Cidade (Geplec), da Universidade Federal do Paraná (UFPR), é apresentado, no capítulo 12, por Simone Rechia e Aline Tschoke. Conforme esclarecem as autoras, seu foco reside nos estudos sobre o lazer e a cidade, objetivando compreender, entre outras questões relevantes, a maneira como a vida nas grandes cidades possibilita experiências significativas no tempo e espaço de lazer. Também merecem análise as diversas pesquisas realizadas por seus membros e a participação em eventos acadêmicos relacionados à possível contribuição da educação física para a perspectiva de uma educação urbana a partir das práticas corporais no tempo e espaço de lazer.

No capítulo 13, Giuliano Gomes de Assis Pimentel comenta os trabalhos realizados no Grupo de Estudos do Lazer (GEL) da Universidade Estadual de Maringá (UEM). As investigações ali desenvolvidas, consoante quatro linhas de pesquisa, permitem visualizar o firme propósito de criar condições práticas de intervenção na sociedade ao ampliar o universo cultural das pessoas enquanto usufruem de seu tempo livre.

Marco Paulo Stigger, Mauro Myskiw e Raquel da Silveira destacam, no capítulo 14, as contribuições para a pesquisa em lazer no Grupo de Estudos Socioculturais em Educação Física (Gesef), da Universidade Federal do Rio Grande do Sul (UFRGS). O escopo dessa produção é apresentar os eixos de contribuição nos debates sobre as questões do lazer realizadas no grupo, no qual a análise sobre a diversidade cultural no âmbito do esporte e do lazer, na vida das cidades, é articulada a teorias sociológicas relevantes para os processos analíticos e interpretativos desenvolvidos nesses estudos.

As contribuições ao desenvolvimento acadêmico-científico dos estudos do lazer no Laboratório de Pesquisa sobre Gestão do Esporte (Gesporte) da Universidade de Brasília (UnB) são apresentadas por Antonio Carlos Bramante e Paulo Henrique Azevêdo. Com foco na gestão do esporte em suas aproximações com os estudos do lazer, são pormenorizadas, no capítulo 15, as contribuições do grupo na pesquisa e na pós-graduação, bem como nas atividades de extensão universitária, por meio da produção de estudos sistematizados sobre a administração e o *marketing* de organizações e eventos sociais e empresariais no contexto da educação física, do esporte e do lazer.

Também atuando na região Centro-Oeste do Brasil, Junior Vagner Pereira da Silva expõe, no capítulo 16, o trabalho do Grupo de Estudos e Pesquisas em Políticas Públicas de Esportes, Lazer e Saúde (Gepppels), da Universidade Federal de Mato Grosso do Sul (UFMS). São destacadas diversas ações do grupo, que vem se tornando, cada vez mais, uma referência no desenvolvimento de estudos e promoção de debates sobre as políticas públicas de esportes, lazer e promoção da saúde.

Já o capítulo 17 traz a análise do Grupo de Estudos Multidisciplinares sobre Ócio e Tempo Livre (Otium), realizada por José Clerton de Oliveira Martins, da Universidade de Fortaleza (Unifor). Segundo o autor, as diversas pesquisas realizadas no interior do grupo têm como premissa o estudo do ócio, do lazer e do tempo livre como essenciais para o desenvolvimento humano, o que implica fazer a crítica de uma sociedade que apresenta, como características estruturantes, o apressamento dos tempos, o consumismo exacerbado, a violência urbana e o tempo social centrado no trabalho.

O grupo de pesquisa Corpo: Cotidiano, Resgate, Pesquisa e Orientação é descrito, no capítulo 18, por Coriolano Pereira da Rocha Junior, da Universidade Federal da Bahia (UFBA). Vinculado à linha de pesquisa denominada Educação, Cultura Corporal e Lazer, na Faculdade de Educação da referida instituição, o grupo vem buscando estabelecer mecanismos de construção de experiências docentes, vivências em trabalhos de campo e produção de conhecimentos no campo do lazer por meio de diversas ações de pesquisa.

A Sociedade de Pesquisa Qualitativa em Motricidade Humana (SPQMH) nos é apresentada por Luiz Gonçalves Junior e Fábio Ricardo Mizuno Lemos. Neste penúltimo capítulo da coletânea, verifica-se que tal associação foi concebida no Laboratório de Ensino e Pesquisa em Cultura Corporal (LEPCC), do Departamento de Educação Física e Motricidade Humana (DEFMH) da Universidade Federal de São Carlos (UFSCar), instituição de que ambos os pesquisadores são provenientes. Por meio de diversos eixos associados, em grande parte, à motricidade, o lazer é abordado pelo grupo de modo interdisciplinar, tanto no âmbito das várias pesquisas descritas como das atividades de cunho extensionista.

O último capítulo do livro discorre sobre a Associação Brasileira de Pesquisa e Pós-Graduação em Lazer (Anpel). Assinado pelos seus ex-presidentes Mirleide Chaar Bahia (Universidade Federal do Pará), Ricardo Ricci Uvinha (Universidade de São Paulo) e Hélder Ferreira Isayama (Universidade Federal de Minas Gerais), o texto aborda a criação e o desenvolvimento da Anpel, em especial no tocante às suas principais ações, como a realização do Congresso Brasileiro de Estudos do Lazer (CBEL) e a edição da *Revista Brasileira de Estudos do Lazer* (*RBEL*). Destacam-se ainda a liderança exercida pela Anpel na articulação de grupos de pesquisa no Brasil e no exterior e a legitimidade a ela conferida por pesquisadores líderes na produção científica em lazer oriundos das mais diversas regiões e instituições de ensino superior do país.

Portanto, no ano de realização de um evento temático de escala mundial em nosso país, entende-se que o presente conjunto de ensaios pode contribuir efetivamente para demonstrar a importância da pesquisa em lazer no Brasil a partir de grupos formalmente constituídos. Em tais grupos se agremiam pesquisadores de diferentes instituições e campos de atuação, geralmente engajados no objetivo de desenvolver, de forma interdisciplinar, o lazer em todo seu potencial transformador. Ao promover discussões locais e regionais sobre o lazer, tais grupos ampliam seu universo de atuação, sendo reconhecidos por sua contribuição na realização de congressos e na participação em distintas publicações, assim como no esforço conjunto de valorar a esfera do lazer para além das fronteiras universitárias, numa necessária articulação com os mais diversos setores da sociedade.

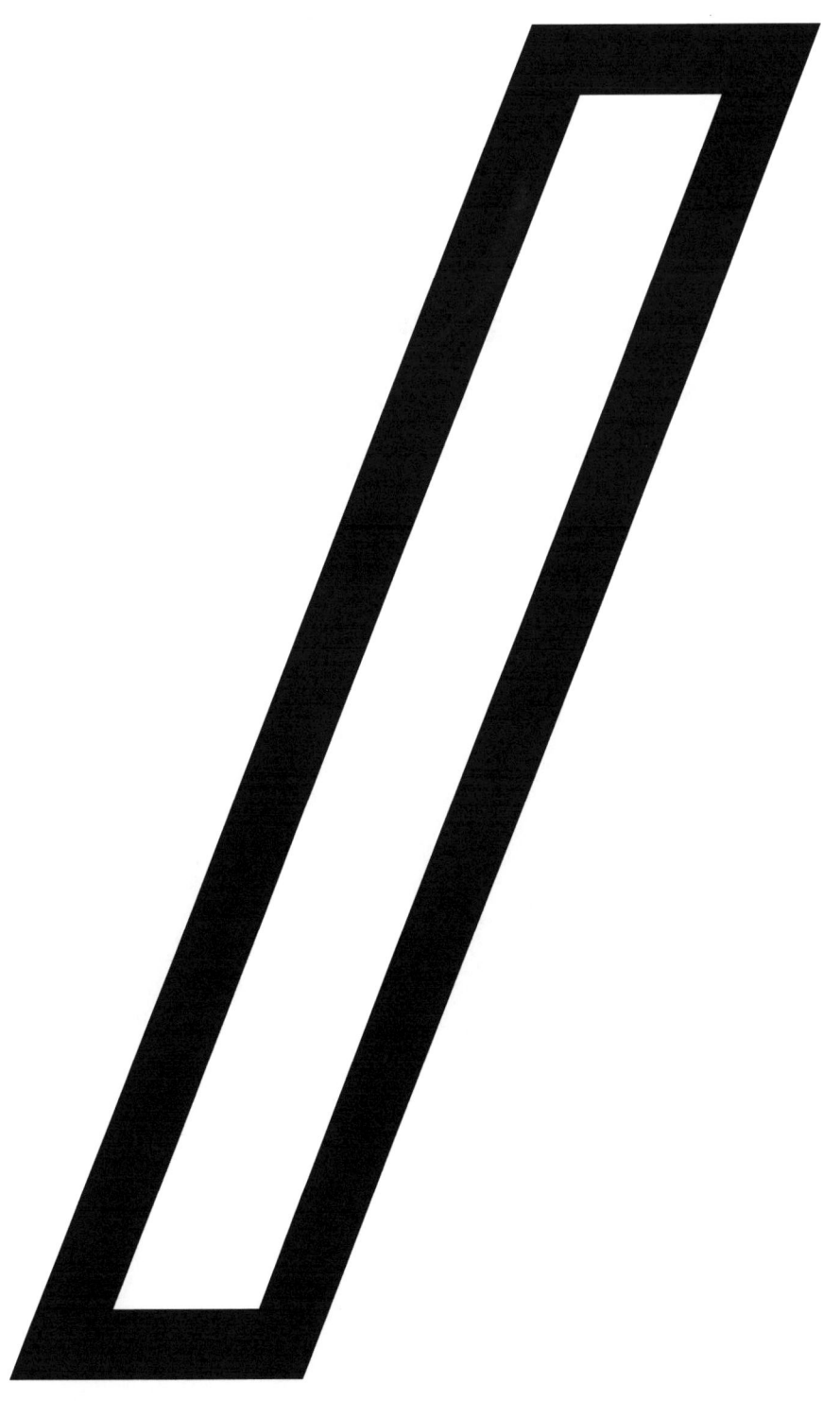

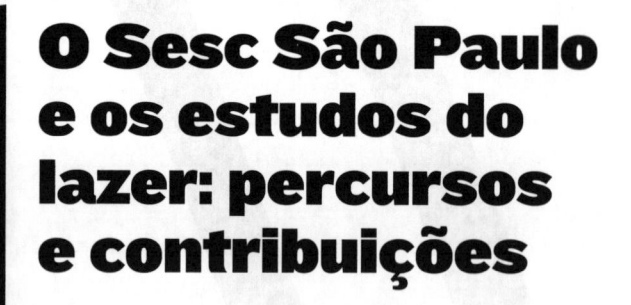

O Sesc São Paulo e os estudos do lazer: percursos e contribuições

Regiane Cristina Galante
Rosana Elisa Catelli

01
INTRODUÇÃO

Criado em 1946, o Serviço Social do Comércio (Sesc) é uma instituição privada, sem fins lucrativos, mantida e administrada pelo empresariado do setor de comércio e serviços. Desde a sua criação, "a finalidade do Sesc é o planejamento e a execução de ações que contribuam para o bem-estar e a melhoria da qualidade de vida dos trabalhadores no comércio de bens, serviços e turismo, de suas famílias e da comunidade em geral" (Sesc-SP, 1996).

Logo após a criação do Sesc, o Conselho Regional do estado de São Paulo estabeleceu as atividades prioritárias para o estado: os esforços institucionais se voltariam à assistência ao comerciário e à sua família, principalmente nos setores médico, odontológico, sanitário e hospitalar, por meio da oferta desses serviços a custos reduzidos.

Porém, o leque de serviços era amplo, assim como os anseios da classe trabalhadora no comércio. Dessa forma, nos primeiros anos a ação da entidade foi-se diversificando e passou a abranger outras áreas de interesses, inclusive com a instalação dos primeiros Centros Sociais[01]. Na capital paulista, além dos trabalhos que inicialmente eram voltados ao atendimento das necessidades na área de saúde, já na década de 1950 aconteciam cursos de inglês, português, corte e costura e balé infantil, e nos anos que se seguiram nasceram grupos de teatro, música, dança, cinema, fotografia, artes plásticas e os grêmios e clubes de funcionários de empresas comerciais (Galante, 2006; Sesc-SP, 2013).

Esse processo de diversificação da ação institucional levou a reflexões teóricas e técnicas quanto ao tipo de serviço social a ser desenvolvido

---

[01] Os Centros Sociais eram os espaços/imóveis que o Sesc instalava, para se tornarem locais "físicos" de referência para os trabalhadores no comércio, nos quais era possível se cadastrar na entidade para usufruir dos serviços prestados, tais como reservar uma hospedagem na Colônia de Férias em Bertioga, ou se inscrever e participar de algum curso ou oficina; além disso, constituíam espaços de convivência e de encontro de grupos diversificados.

pela entidade, resultando em propostas de ampliação do atendimento do Sesc também nas cidades nas quais não havia um Centro Social instalado. Assim, com a perspectiva de disseminar o trabalho e a missão da instituição no interior do estado, o Sesc São Paulo inaugura seu trabalho de Ação Comunitária com as Unidades Móveis de Orientação Social (Unimos), na década de 1960.

Organizadas em furgões/veraneios, com dois ou três orientadores sociais[02], alguns materiais esportivos, máquina de escrever, projetor de filmes 16 mm, aparelho de som/vitrola e outros equipamentos, as Unimos instalavam-se em praças, parques e salões paroquiais e, nesses espaços, eram realizadas atividades de lazer e recreação para a comunidade, incluindo a organização de torneios esportivos, jogos de mesa como xadrez e carteado, exibições de cinema, concursos de beleza, palestras, oficinas de artes manuais etc., além da mobilização de lideranças locais e voluntários para darem continuidade aos trabalhos por conta própria (Dias, 2013; Galante, 2006).

No período de atuação das Unimos – que compreende as décadas de 1960 e 1970 –, a instituição assume fortemente o lazer como possibilidade de trabalho social. Também no início da década de 1970, as Diretrizes Gerais de Ação do Sesc incorporaram o lazer oficialmente à política institucional, tornando-o um campo de ação prioritário em todo o território nacional (Sesc-Departamento Nacional, 1972).

Com isso, e no intuito de sistematizar e fundamentar teoricamente as ações da instituição, além de ampliar a formação e a capacitação técnica dos funcionários que atuavam nos projetos de lazer, incluindo as Unimos, o Departamento Regional do Sesc em São Paulo criou o Centro de Estudos do Lazer (Celazer) (Galante, 2018). Composto por gestores e orientadores sociais que, no período de 1978 a 1983, pesquisaram a temática do lazer, debruçando-se sobre a produção científica de estudiosos de diferentes nacionalidades, bem como sobre a própria ação institucional nesse campo, o Centro possuía a estrutura de um grupo de estudos temático e registrava sua produção teórica na forma de relatórios, revistas e livros.

Mesmo após o término das atividades do Celazer, e ainda preocupados em manter e aperfeiçoar a atuação institucional no lazer de maneira fundamentada, os estudos e pesquisas sobre o tema continuaram a ser realizados, inicialmente pela Gerência de Lazer e Terceira Idade (Sesc-SP, 1983) e, posteriormente, pelas Gerências de Estudos e Desenvolvimento e

---

02
Orientador social era o nome do cargo para o qual os profissionais eram contratados pelo Sesc para ministrar as atividades e fazer a interlocução com a comunidade, fosse num Centro Social ou mesmo nas Unimos. Eram, em geral, cientistas sociais, assistentes sociais, professores de educação física ou pedagogos.

de Desenvolvimento Físico-Esportivo, até o ano de 2012, quando foi criado o Centro de Pesquisa e Formação do Sesc São Paulo, com novo formato e ampliação das propostas.

Entre os principais destaques da atuação do Sesc São Paulo no campo dos estudos do lazer notam-se a publicação dos livros da Biblioteca Científica do Sesc – Série Lazer e o periódico *Cadernos de Lazer* – materiais produzidos pelo Celazer que apoiaram as ações da instituição e circularam no meio acadêmico nas décadas de 1970 e 1980 – a promoção de cursos, congressos, seminários e pesquisas sobre a temática, entre os quais se sobressaem:

- Seminário Sobre o Lazer: Perspectivas para uma Cidade que Trabalha, marco inicial das ações promovidas pela instituição, realizado em 1969;

- Encontro Nacional de Recreação e Lazer (Enarel), nas edições de 1993, 1998 e 2003[03];

- V Congresso Mundial de Lazer, realizado em 1998, parceria com a Organização Mundial de Lazer e Recreação (WLRA)[04] e a Associação Latino-Americana de Tempo Livre e Recreação (Alatir);

- XIV Seminário O Lazer em Debate, em 2013, em parceria com a Universidade Estadual de Campinas – Unicamp; e

- XV Congresso Mundial de Lazer, realizado em 2018, em parceria com a WLO e com apoio da Escola de Artes, Ciências e Humanidades da Universidade de São Paulo (EACH-USP) e da Associação Brasileira de Pesquisa e Pós-Graduação em Estudos do Lazer (Anpel), entre outros apoiadores.

Destaca-se, ainda, a realização da pesquisa *Cultura e lazer: práticas de lazer e físico-esportivas dos frequentadores do Sesc em São Paulo*, com a participação do Núcleo de Antropologia Urbana da Universidade de São Paulo (NAU-USP) e do Centro de Estudos Contemporâneos (Cedec) que, combinando metodologias quantitativas e qualitativas, traçaram o perfil do

---

03
Outras edições do Enarel, como os encontros de 2011, 2012 e 2013, foram realizadas com o apoio do Departamento Nacional do Sesc, mas não tiveram o envolvimento direto do Sesc São Paulo.

04
Hoje a WLRA não menciona mais a palavra *recreation* em seu título sendo, portanto, chamada de *World Leisure Organization* (WLO).

público que frequenta as unidades do Sesc em todo o estado em relação aos seus hábitos e envolvimento nas práticas de lazer[05].

Uma vez exposto o histórico da criação do Sesc São Paulo e de suas realizações, este texto passa a apresentar, de maneira sucinta, o percurso dessa instituição em relação aos estudos do lazer no Brasil a partir da década de 1970, procurando apontar algumas de suas contribuições para a temática.

02
OS ESTUDOS DO LAZER NO BRASIL A PARTIR DA DÉCADA DE 1970 E A PRESENÇA DO SESC

Muitos são os autores que, ao escrever sobre lazer no Brasil, investigaram as décadas de 1970 e 1980 (Sant'Anna, 1994; Gomes e Melo, 2003; Gomes, 2003; Gomes, 2004; Peixoto, 2007), considerando-as como o momento de estruturação dos estudos do lazer no país, embora haja, saliente-se, uma produção teórica que versa sobre o tema datada da primeira metade do século XX. Mas

[...] foi a partir da década de 1970 que o lazer passou a ser visualizado como uma área capaz de aglutinar e impulsionar pesquisas, projetos e ações multidisciplinares, coletivas e institucionais. Isto é, a década de 1970 pode ser considerada um marco para a organização do lazer como um campo de estudos sistematizados e de intervenções que aglutinou muitas das iniciativas isoladas até então desenvolvidas (Gomes e Melo, 2003, p. 27).

Seguindo essa linha de pensamento, a pesquisadora Cristina Marques Gomes (2008) aponta que, no ano de 1970, uma série de eventos e publicações marca definitivamente o início de um período de efervescência dos estudos do lazer no país, ampliando o debate e constituindo as bases para a formulação de um pensamento nacional sobre lazer, tais como: o segundo Seminário de Estudos sobre o Lazer, promovido na cidade de Campinas (SP); o Seminário sobre Lazer patrocinado pela Secretaria da Promoção

---

05
As pesquisas e ações formativas realizadas pelo Sesc São Paulo são, em sua maioria, organizadas por equipes multidisciplinares. No caso da pesquisa *Cultura e lazer: práticas de lazer e físico-esportivas dos frequentadores do Sesc em São Paulo*, ela foi orientada pelo Centro de Pesquisa e Formação em conjunto com a Gerência de Desenvolvimento Físico-Esportivo do Sesc São Paulo.

Social do Estado de São Paulo, em São José dos Campos (SP) e o Seminário sobre Lazer em novembro, no Estado da Guanabara (hoje Rio de Janeiro).

Todos esses eventos, realizados com o apoio do Sesc, foram deflagrados após o já mencionado Seminário sobre o Lazer: Perspectivas para uma Cidade que Trabalha, organizado pelo Sesc São Paulo, em conjunto com a Secretaria Municipal do Bem-Estar Social, um ano antes, em 1969, e considerado um marco na história dos estudos do lazer no Brasil por destacar novas discussões e perspectivas sobre a temática.

A conferência que abriu esse emblemático seminário – Dimensões do Lazer – proferida pelo sociólogo Renato Requixa[06], então diretor regional do Sesc São Paulo, foi posteriormente publicada em formato de livreto.

Além de corroborar a importância dos eventos citados, a pesquisadora Elza Peixoto (2007) afirma que, também na década de 1970, duas instituições merecem destaque, por serem as principais impulsionadoras da produção de conhecimento no campo do lazer no período: o Centro de Estudos de Lazer e Recreação (Celar)[07], iniciativa da Prefeitura de Porto Alegre-RS e da Pontifícia Universidade Católica do Rio Grande do Sul (PUC-RS), fundado em 1973, e o Centro de Estudos do Lazer do Sesc São Paulo (Celazer), criado em 1978, "de onde saem os autores que vão deflagrar a produção deste segundo ciclo[08] e formar os quadros que serão responsáveis pelos terceiro e quarto ciclos da produção do conhecimento" (Peixoto, 2007, p. 576) no campo do lazer.

Vamos nos deter aqui ao Celazer e aos aspectos de sua constituição e atuação.

Fundado oficialmente em junho de 1978, voltado ao "[...] estudo, documentação e aperfeiçoamento de pessoal [...], favorecedor da sistematização e do aprofundamento do conhecimento [...] da sociologia do tempo livre"

06
Para saber mais sobre Renato Requixa, consultar a entrevista concedida à pesquisadora Christianne Luce Gomes, que integra o acervo do Projeto Garimpando Memórias, do Centro de Memória do Esporte da ESEF-UFRS. 2001.

07
Sobre o Celar, consultar F. João e E. Clemente, *História da PUC RS*, vol. 2, Porto Alegre: Edipucrs, 1997. Disponível em: <www.pucrs.br/biblioteca/obras/historiapucrs/vol2/cap5.pdf>. Acesso em: 20 maio 2018.

08
A partir do mapeamento do estado da arte nos estudos do lazer no Brasil nos séculos XX e XXI, Elza Peixoto (2007) considera cinco ciclos de produção de conhecimento sobre lazer. Para a autora, a década de 1970 compõe o segundo ciclo dos estudos do lazer no Brasil, e se tornou um marco histórico nessa produção não somente por causa da quantidade de publicações sobre a temática, mas também pela visibilidade alcançada pelo tema graças às atuações das organizações Celar (RS) e Celazer (Sesc-SP) e ao impulso que ambas deram à formação dos pesquisadores que atuariam no campo acadêmico do lazer nas décadas subsequentes.

(Sesc-SP, 1978, p. 3), a criação do Centro de Estudos do Lazer no Sesc São Paulo se deu por iniciativa do próprio Diretor Regional, Renato Requixa, que levou a proposta ao Conselho Regional do Sesc, juntamente com a sugestão de criação, também, de um Centro de Estudos da Terceira Idade, assunto que ocupava a pauta das principais discussões daquele período.

Entretanto, pode-se dizer que o Celazer foi "gestado" dois anos antes, quando do retorno do funcionário Luiz Octávio de Lima Camargo da França, onde estivera fazendo doutorado sob orientação do sociólogo Joffre Dumazedier.

Eu voltei em agosto de [19]76 da Europa, aí o Renato já era diretor regional, e um ano depois ele achou que tava na hora de propor a criação do Centro de Estudos do Lazer [...] E... nessa época o Requixa teve a ideia daí... [09]

A ida de funcionários do Sesc para a realização de estudos e pesquisas no exterior era – e ainda é – uma prática na instituição, que procura capacitar seu corpo técnico e ampliar os conteúdos de suas ações a partir da constante atualização conceitual nas áreas do conhecimento com as quais atua. A aproximação do Sesc com Joffre Dumazedier, estreitada com a realização do doutorado do professor Luiz Octávio na Sorbonne, havia se dado anos antes, com a ida do próprio Renato Requixa à França, para um encontro com o sociólogo, motivado pelas discussões geradas pelo seminário de 1969.

[...] Em seguida eu estive na França com o Dumazedier, levei a minha publicação pra ele, todo orgulhoso, lógico, tinha um trabalho sobre lazer [...]. E ele me mandou uma carta. Ele leu, gostou, se interessou muito pela coisa (Gomes, 2001, p. 9).

Assim, entusiasmado com a aproximação com a sociologia do lazer de Dumazedier, e inclinando-se a aprofundar e, principalmente, divulgar os estudos do lazer na entidade, o Sesc inicia o planejamento do seu Centro de Estudos, e lança a publicação *Cadernos de Lazer*, ainda em 1976. De acordo com o texto de apresentação do primeiro número dos *Cadernos de Lazer – Periódico*, o objetivo da publicação era contribuir para a discussão e análise da temática do lazer a partir de diferentes enfoques teóricos, além de

---

09
Entrevista concedida pelo professor Luiz Octávio de Lima Camargo à pesquisadora Regiane Galante, durante a realização da pesquisa de doutorado intitulada *Memórias do Celazer: influências e contribuições para os estudos do lazer no Brasil* (Galante, 2018).

relatar experiências práticas sobre o assunto, efetuadas tanto pelo Sesc como por outras entidades (Sesc-SP, 1977).

Vale ressaltar que essa é a primeira publicação do Sesc da qual participa Joffre Dumazedier, o que marca sua presença no Sesc e abre, definitivamente, o período de produção teórica da instituição sob sua orientação. Contratado, em 1976, como consultor, o sociólogo francês passou a ministrar treinamentos para os funcionários da entidade, além de orientar outros pesquisadores do Sesc no curso de doutorado na Universidade Sorbonne, em Paris (Sant'Anna, 1994).

Ao lado dos *Cadernos de Lazer*, uma série de publicações, chamada *Leituras Celazer*[10], pretendia estabelecer um vínculo mais estreito entre o trabalho do Celazer e a ação concreta do Sesc, no dia a dia de suas unidades operacionais e órgãos de planejamento. Assim, com uma circulação mais interna, as *Leituras Celazer* eram destinadas aos próprios funcionários e orientadores sociais.

Paralelamente às *Leituras Celazer* e outras atividades do Centro, nos anos iniciais da década de 1980 foi lançada a Biblioteca Científica do Sesc – Série Lazer, talvez a maior contribuição do Celazer para os estudos do lazer no Brasil.

Composta por cinco títulos, dois deles escritos pelo próprio Joffre Dumazedier, podemos considerar que essas publicações foram as grandes responsáveis pela divulgação, no Brasil, do pensamento de Dumazedier sobre lazer, dada a sua circulação no meio acadêmico na década de 1980.

QUADRO 01: TÍTULOS DA BIBLIOTECA CIENTÍFICA DO SESC – SÉRIE LAZER

- DUMAZEDIER, Joffre. *Planejamento de lazer no Brasil: a teoria sociológica da decisão*. Trad. Regina Maria Vieira. São Paulo: Sesc-Codes/Dicote-Celazer, 1980. 137 p. Biblioteca Científica do Sesc – Série Lazer n. 1.

- REQUIXA, Renato. *Sugestão de diretrizes para uma política nacional de lazer*. São Paulo: Sesc-Codes/Dicote-Celazer, 1980. 103 p. Biblioteca Científica do Sesc – Série Lazer n. 2.

- DUMAZEDIER, Joffre. *Planejamento de lazer no Brasil: valores e conteúdos culturais do lazer*. Trad. Regina Maria Vieira. São Paulo: Sesc-Codes/Dicote-Celazer, 1980. 180 p. Biblioteca Científica do Sesc – Série Lazer n. 3.

10
Tanto os periódicos *Cadernos de Lazer* quanto os números das *Leituras Celazer* estão disponíveis para consulta no Centro de Memória do Sesc São Paulo, o Sesc Memórias.

- OLIVEIRA, Paulo de Salles. *Brinquedos artesanais e expressividade cultural*. São Paulo: Sesc-Codes/Dicote-Celazer, 1982. 128 p. Biblioteca Científica do Sesc – Série Lazer n. 4.

- GELPI, Ettore. *Lazer e educação permanente: tempos, espaços, políticas e atividades de educação permanente e do lazer*. São Paulo: Sesc-Codes/Dicote-Celazer, 1983. 155 p. Biblioteca Científica do Sesc – Série Lazer n. 5.

Também em 1980 foi realizado um ciclo de cursos de especialização em lazer. O primeiro, Lazer na Empresa, realizado entre os dias 13 e 19 de setembro, no auditório da unidade da Avenida Paulista, teve como palestrante o próprio Joffre Dumazedier. Na sequência, os cursos, ministrados por outros palestrantes, exploraram temáticas mais específicas:

- Planejamento de Equipamentos de Lazer (13 a 17 de outubro), com Guy Coronio, do Centro de Pesquisas em Urbanismo de Paris;

- Turismo Social (20 a 24 de outubro), com Pierre Lainé, do Conselho Superior de Turismo e Lazer da França; e

- Lazer e Educação Permanente (15 a 19 de dezembro), com Ettore Gelpi, diretor da Unidade de Educação Permanente da Unesco.

Além da orientação direta das atividades do Celazer, Joffre Dumazedier constantemente fazia seminários com os técnicos do Sesc ligados às áreas de lazer, recreação e esportes, num processo constante de reflexão-ação no campo do lazer.

O Celazer esteve em atividade até 1983. Após o encerramento das atividades, alguns dos pesquisadores e técnicos buscaram seguir a carreira acadêmica disseminando, com isso, os conceitos e teorias estudados até então para outros espaços. Podemos citar, nesta questão, importantes autores do lazer no Brasil, como Antonio Carlos Bramante, Nelson Carvalho Marcellino, o próprio Luiz Octávio de Lima Camargo, Paulo de Salles Oliveira, Antonio Carlos Moraes Prado[11], entre outros, que trabalharam no Sesc nas décadas

---

[11]
O professor Antonio Carlos de Moraes Prado esteve afastado do Sesc por um determinado período no qual envolveu-se na carreira acadêmica, tornando-se professor no curso de Educação Física na Universidade de São Paulo. Contudo, retornou à instituição Sesc anos depois e, ocupando o cargo de Gerente de uma das Unidades Operacionais, contribuiu com a continuidade das reflexões sobre a temática do Lazer e as ações do Sesc nesta área, mesmo após o encerramento das atividades do Celazer, incluindo a realização do Congresso Mundial de Lazer em 1998.

de 1970 e 1980 e que o deixaram para se vincularem a instituições acadêmicas, incluindo as principais universidades do estado de São Paulo, como a Universidade de São Paulo (USP), Universidade Estadual de Campinas (Unicamp) e a Pontifícia Universidade Católica (PUC-SP).

Já os pesquisadores que permaneceram no Sesc continuaram estudando e produzindo conhecimentos sobre o lazer, buscando fundamentar a ação nas unidades operacionais e usufruindo dos legados deixados pelo Celazer e pelo contato com Joffre Dumazedier, principalmente por meio da atuação da Gerência de Estudos do Lazer e da Terceira Idade, já na gestão do novo diretor regional, professor Danilo Santos de Miranda[12].

A partir de 1993, o Sesc São Paulo apoiou a realização do Encontro Nacional de Recreação e Lazer (Enarel), nas edições de 1993, 1998 e 2003. Também em 1998 o Sesc Vila Mariana, na capital paulista, sediou o V Congresso Mundial de Lazer – Lazer numa sociedade globalizada. Em 2013 realizou-se, ainda, no Sesc Campinas, interior do estado de São Paulo, o XIV Seminário O Lazer em Debate, em parceria com a Unicamp.

Em 2018, vinte anos após o Congresso Mundial de 1998, o Sesc São Paulo, em parceria com a Organização Mundial de Lazer (WLO), e o apoio da Escola de Artes, Ciências e Humanidades da USP (EACH) e da Associação Brasileira de Pesquisa e Pós-Graduação em Estudos do Lazer (Anpel), realiza novamente o Congresso Mundial de Lazer, na sua décima quinta edição.

O envolvimento do Sesc nesses eventos tem por objetivo contribuir para as discussões e processos que ajudam a construir e definir esse vasto campo de estudos no país. Por outro lado, a instituição ainda investe nas reflexões sobre suas práticas cotidianas no lazer, buscando apresentar propostas alinhadas à temática do lazer na contemporaneidade.

Tais reflexões têm-se dado principalmente no Centro de Pesquisa e Formação, criado em 2012 e apresentado a seguir.

12
O professor Danilo Santos de Miranda, Diretor Regional do Sesc em São Paulo até a presente data, em continuidade ao trabalho da instituição no campo do lazer, seguiu incentivando estudos e pesquisas sobre a temática, não somente por meio da realização de eventos e seminários, mas com o incentivo a publicações como *Revolução Cultural do Tempo Livre (1994)*, do próprio Dumazedier, *Cidadelas da Cultura no Lazer (2013)*, de Yara S. Dines, entre outras.

03
O CENTRO DE PESQUISA E FORMAÇÃO E A REFLEXÃO SOBRE ÓCIO, LAZER E TEMPO LIVRE

Em 2012, foi criado o Centro de Pesquisa e Formação do Sesc São Paulo (CPF), um espaço destinado à articulação entre produção de conhecimento, formação e difusão, estruturado como um ambiente de trocas entre o saber gerado na instituição e os conhecimentos de outros espaços educacionais, esportivos e culturais.

Em 2013, um ciclo de encontros no CPF para a discussão de temas vinculados ao lazer deu início a uma nova etapa de reflexões sobre o tema na instituição. Os encontros Tempo Livre e as Teorias da Complexidade, com o professor Frederic Munné[13], um dos mais importantes nomes dos estudos do lazer, e Os Desafios do Lazer Contemporâneo, com o professor Marco Antônio Bettine[14], abriram o ciclo, que contou ainda com as palestras Gestão do Lazer e do Esporte, com o professor Edmur Stoppa[15], e os Megaeventos Esportivos no Lazer e no Turismo, com o professor Ricardo Uvinha[16], que suscitaram intensas discussões.

Em janeiro de 2014, o professor José Clerton de Oliveira Martins[17], da Universidade de Fortaleza, foi convidado a realizar o curso intitulado Ócio e Tempo Livre na Contemporaneidade. O curso tinha por objetivo promover a reflexão sobre a experiência do ócio e do tempo livre diante das rotinas intensas impostas aos habitantes das grandes cidades.

Entre as questões de grande abrangência levantadas durante o curso, estiveram, por exemplo: como abordar um tempo mais autônomo, ou um tempo para si, em sociedades nas quais os ritmos sociais são marcados pela

---

13
Catedrático de psicologia social e professor emérito da Universidade de Barcelona, publicou *Psicossociologia del tiempo livre: un enfoque crítico*, considerado um marco nos estudos sobre o tempo livre na década de 1980.
14
Doutor em sociologia do lazer pela Unicamp, é professor associado na Escola de Artes, Ciências e Humanidades da Universidade de São Paulo (EACH-USP).
15
Doutor em educação física pela Unicamp, é professor na EACH-USP, no curso Lazer e Turismo.
16
Doutor pela ECA-USP, pós-doutor pela Griffith University (Austrália) e livre-docente pela EACH-USP, é professor associado nível 2 desta.
17
Doutor em psicologia pela Universidad de Barcelona, pós-doutor em estudos de ócio pela Universidad de Deusto e professor titular da Universidade de Fortaleza. Coordenou o Grupo de Estudos Lazer, Ócio e Tempo Livre na Contemporaneidade, em 2014 e 2015, no Centro de Pesquisa e Formação do Sesc São Paulo.

produtividade e onde a autonomia subjetiva não tem valor? Como propiciar experiências que possibilitem sermos sujeitos em relação ao próprio tempo? Como pensar experiências de lazer libertadoras diante das exigências de um mercado do lazer e entretenimento?

Tratando, portanto, o ócio e o lazer em um contexto em que os ritmos sociais seguem o tempo da produtividade, a autonomia subjetiva é quase inexistente, e o tempo livre se reduz a apêndice do tempo do trabalho, o curso, com duração de uma semana, buscou identificar as possibilidades de um tempo social mais autônomo.

Ao seu término, o grande interesse despertado entre os participantes, incluindo a equipe do CPF e os técnicos da instituição que participaram dos encontros, levou as equipes a considerar que seria importante aprofundar conceitualmente as ideias sobre lazer, ócio e tempo livre, visto que, numa instituição como o Sesc, que sempre teve o lazer como um dos pilares do seu trabalho e que sempre procurou conciliar cultura, lazer e educação, a discussão dos tópicos abordados poderia gerar bons frutos.

Nesse mesmo período, no Centro de Pesquisa e Formação germinava a ideia da criação de grupos de estudo que pudessem detalhar a análise de temas que, de alguma forma, estavam sendo abordados nos cursos e que seriam de interesse para as áreas de atuação do Sesc. Assim, o mesmo professor José Clerton foi convidado para coordenar o primeiro grupo de estudos do Centro de Pesquisa e Formação, trabalho iniciado em agosto de 2015, com o tema do lazer.

Denominado Lazer, Tempo Livre e Ócio na Contemporaneidade, o grupo tinha por objetivo analisar as formas e os espaços de lazer, as práticas institucionalizadas e os usos do tempo livre, além das possibilidades de ócio na sociedade contemporânea. Participaram de seus encontros, realizados mensalmente no próprio Centro de Pesquisa e Formação, técnicos de programação do Sesc, representantes das gerências técnicas, instrutores físico-esportivos, estudantes universitários e professores que, reunidos durante quinze meses, debruçaram-se sobre os estudos de vários autores, como Gilles Lipovetsky, Domenico De Masi, Betrand Russel, Zygmunt Bauman, Jofre Dumazedier, Paul Lafargue, Manuel Cuenca Cabeza e Adauto Novaes, entre outros.

Como atividades complementares às discussões em grupo, alguns professores convidados apresentaram suas teorias com relação ao conceito de ócio, como Viktor de Salis[18] e Ieda Rhoden[19]. As diversas discussões teóricas foram acompanhadas dos relatos das práticas dos participantes do grupo, que lidam no seu cotidiano com as questões de lazer, ócio e tempo livre.

O conceito de ócio foi um dos mais trabalhados no grupo de estudos. O termo, que em português guarda conotação pejorativa – identificado com a preguiça e o não fazer nada –, em outras culturas remete a uma experiência pessoal, complexa, focada em atuações especiais e com um fim autônomo.

O ócio diz respeito a uma experiência prazerosa e intimamente relacionada com o desenvolvimento do sujeito. A sensação de liberdade é a pedra angular do ócio, uma vez que acontece num espaço ideal para se experimentar a sensação de autocontrole e autodeterminação que é inerente ao ser humano. O ócio não deve, ainda, ser identificado com a ideia de tempo livre, por não estar em oposição ao tempo do trabalho. Ele pode acontecer em momentos diversos. A partir desse entendimento, o ócio é um tempo de liberdade, um tempo em que se sobressaem os valores subjetivos e de desenvolvimento pessoal.

Da experiência do grupo de estudos e, sobretudo, a partir das discussões, surgiu a ideia da divulgação dos resultados das reflexões em forma de publicação. Para tanto, foi organizado o dossiê "Ócio, lazer e tempo livre" para a revista do Centro de Pesquisa e Formação. Esse dossiê[20], publicado em maio de 2016, conta com sete artigos e uma apresentação do próprio professor José Clerton de Oliveira Martins.

18
Doutor em psicologia pelas universidades de Salzburg e Genève, na qual estudou sob a orientação de Jean Piaget, é professor convidado da Unifesp, posição que ocupou na Università degli Studi di Roma La Sapienza e na Universidade de Atenas, entre outras. Autor de *Mitologia viva: aprendendo com os deuses a arte de viver e amar* (Nova Alexandria, 2003) e *Ócio criador, trabalho e saúde: lições da Antiguidade* (Nova Alexandria, 2004), entre outras obras.
19
Doutora em ócio e potencial humano pela Universidade de Deusto, Bilbao, Espanha (2004), título validado, no Brasil, pela PUC-RS, como doutorado em psicologia social. Atualmente é professora da Unisinos, no Rio Grande do Sul, e consultora de instituições e organizações.
20
Revista do Centro de Pesquisa e Formação, maio 2016, n. 2. Disponível em: <centrodepesquisaeformacao.sescsp.org.br>. Acesso em: 20 maio 2018.

04
A PESQUISA *CULTURA E LAZER: PRÁTICAS DE LAZER E FÍSICO-ESPORTIVAS DOS FREQUENTADORES DO SESC EM SÃO PAULO*

No Brasil, ainda não consolidamos uma tradição de pesquisas nos campos da cultura e lazer, seja no setor público, seja em instituições privadas. Entretanto, vários dados estatísticos podem nos auxiliar no entendimento das dinâmicas desses setores nos municípios brasileiros. Podemos citar, a respeito, as pesquisas feitas pelo Instituto Brasileiro de Geografia e Estatística (IBGE), pelo Instituto de Pesquisas Econômicas (Ipea), pela Rede Nossa São Paulo (Irbem), entre outras, que apresentam dados a respeito dos equipamentos culturais nos municípios brasileiros. Citamos ainda a pesquisa que o próprio Sesc São Paulo realizou em 2013, intitulada *Públicos de cultura: hábitos e demandas*[21], em parceria com a Fundação Perseu Abramo.

Essa investigação nacional, do tipo *survey*, contou com 2.400 questionários a respeito das práticas culturais dos brasileiros e dos usos do tempo livre[22]. A pesquisa possibilitou diversas análises, que podem ser cotejadas com outras pesquisas nacionais e nos indicar novos caminhos para a investigação nesse campo da cultura.

Da mesma forma, a reflexão a respeito da ação do Sesc no âmbito do lazer tem sido um foco recorrente na instituição, que estimula e frequentemente desenvolve estudos e pesquisas referentes aos interesses físico-esportivos como parte indispensável da cultura geral da comunidade.

Uma pesquisa promovida pela Gerência de Desenvolvimento Físico-Esportivo do Sesc São Paulo e realizada pelo Instituto Ipsos em 2013, focada nos esportes e na prática de atividade física no país, teve como objetivo analisar e compreender como o brasileiro se exercita em seus momentos de lazer. Os resultados das pesquisas apresentaram indicadores preocupantes: apontaram que mais da metade da população brasileira declarou nunca praticar esportes e/ou atividades físicas (o sedentarismo chegou a 71% entre as mulheres e atingiu a marca de 43% entre os homens) e,

---

21
Os dados dessa pesquisa estão disponíveis em: <www.sesc.com.br/portal/site/publicosdecultura/inicio/>. Acesso em: 20 maio 2018.

22
Para alcançar as finalidades no campo do lazer, a política institucional propõe o entendimento do "tempo livre" como aquele que se dá fora dos limites temporais das obrigações estabelecidas de maneira formal ou informal, ou seja, é aquele que compreende o tempo que não está sujeito ao trabalho profissional ou a outras obrigações. É o tempo no qual se pode criar oportunidades de escolhas, isto é, no qual o indivíduo se liberta para fruir e usufruir do lazer (Dias, 2013, p. 35).

também, que a prática de esportes e atividades físicas em geral ainda é um privilégio dos mais escolarizados, possivelmente por questões de acesso a ginásios, academias e outros equipamentos esportivos.

Em complemento aos dados da Pesquisa Ipsos-Sesc, uma pesquisa da Secretaria Geral da Presidência da República, realizada com jovens de 15 e 29 anos, evidenciou que muitas das práticas de lazer são impossibilitadas para parte expressiva da população, sobretudo em função da falta de recursos financeiros (61% dos que responderam à pesquisa mencionam tal aspecto e outros 19% alegam falta de tempo).

Instigados pelos apontamentos de tais investigações, e com o objetivo de conhecer melhor os frequentadores das várias unidades do Sesc no estado de São Paulo – em especial, por meio da reflexão a respeito do que esse público concebe como cultura e lazer, e de como realiza suas escolhas na programação ofertada –, foi elaborada, em 2015, a pesquisa *Cultura e lazer: práticas de lazer e físico-esportivas dos frequentadores do Sesc em São Paulo*, um esforço conjunto do Centro de Pesquisa e Formação e da Gerência de Desenvolvimento Físico-Esportivo.

A proposta foi realizar uma aproximação maior com as percepções dos frequentadores do Sesc do estado de São Paulo, nos mais variados programas e em diferentes momentos, a partir da coleta de dados no campo do lazer e da cultura. Esses dados permitiram uma imagem mais próxima da realidade, rompendo com ideias preestabelecidas a respeito daqueles que circulam pelas unidades e de seus entendimentos de lazer.

O Sesc se configura como um universo de pesquisa bastante heterogêneo, ainda que suas 39 unidades, distribuídas pelo estado de São Paulo, apresentem certas regularidades – seja em termos das diretrizes institucionais, seja em termos de representações do público. Assim, as pesquisas na instituição adquirem caráter multissituado, uma vez que se depreendem, a partir delas, múltiplas circunscrições espaciais determinando diferentes recortes.

Em razão disso, dada a magnitude do universo de investigação, foi preciso estabelecer para a pesquisa *Cultura e lazer* um recorte amostral que viabilizasse sua execução e que fosse, ao mesmo tempo, representativo da diversidade das unidades do Sesc no estado. Sugeriu-se, para isso, a realização do trabalho de campo em dezesseis unidades, selecionadas por critérios territoriais, abrangendo capital, interior e litoral, bem como considerando especificidades estruturais e localização urbana[23].

A pesquisa conjugou duas metodologias, tendo por objeto os frequentadores das unidades do Sesc no estado de São Paulo: uma quantitativa (do tipo *survey*), realizada pela equipe do Centro de Estudos Contemporâneos (Cedec), e outra qualitativa (de tipo etnográfico), realizada pelo Núcleo de Antropologia Urbana da USP. Os dados foram coletados entre as pessoas que circularam pelas unidades, que responderam sobre suas motivações para estarem ali, as escolhas que fazem na programação e acerca de outras atividades de cultura e lazer que realizam dentro e fora do Sesc.

Na abordagem qualitativa, o método de expedição etnográfica[24], que tem sido realizado pelos pesquisadores do Núcleo de Antropologia Urbana (NAU) em diferentes contextos de pesquisa multissituada, consistiu em um trabalho de campo intensivo feito em um determinado período por uma pluralidade de pesquisadores. Esses pesquisadores percorreram as unidades selecionadas em sua totalidade, realizando observação etnográfica, contato com diferentes atores sociais que participam das atividades – desde os funcionários do Sesc até os seus usuários, bem como transeuntes e demais atores não identificados como usuários efetivos do Sesc – e colhendo entrevistas. Desse modo, foi possível apreender a multiplicidade de discursos e os sentidos que perpassam as práticas dos diferentes atores no ambiente do Sesc e em suas imediações. Ainda de acordo com a metodologia proposta, cada pesquisador produziu um relato que foi acrescentado aos demais para a comparação e identificação de eixos de observação, para posterior trabalho interpretativo.

A etapa quantitativa foi realizada a partir do banco de dados do Sesc e de informações de diversas fontes sobre o município de São Paulo, onde está localizada a maior parte das unidades que perfazem a amostra da

---

23
A seleção das unidades operacionais se deu de acordo com as diferenças existentes entre elas, buscando abranger a diversidade própria do Sesc nesse particular. Por exemplo, as unidades da capital foram escolhidas uma em cada uma das áreas da cidade: norte, sul, leste, oeste e centro. Além disso, foram consideradas as especificidades estruturais em termos do tipo de construção: o Sesc Itaquera, por exemplo, está localizado fora do centro expandido de São Paulo e tem por característica o amplo espaço verde compartilhado com o Parque do Carmo, na capital paulista. Já o Sesc Consolação, localizado próximo ao centro antigo da cidade, é um edifício de nove andares que não possui áreas verdes.

24
Conferir José Guilherme Cantor Magnani (org.), *Expedição São Paulo 450 anos: uma viagem por dentro da metrópole,* São Paulo: Secretaria Municipal de Cultura/Instituto Florestan Fernandes, 2004.

pesquisa. No caso, os dados armazenados no próprio Sesc auxiliaram a elaboração do questionário da etapa quantitativa.

O questionário continha 57 questões, que abrangeram: o perfil dos frequentadores; a estrutura, programação e atividades físico-esportivas e culturais oferecidas pela unidade; e um conjunto de 23 assertivas relacionadas às motivações que direcionam as práticas de lazer e de cultura entre os frequentadores das unidades do Sesc São Paulo. Por meio dessas questões, os entrevistados puderam expressar o seu grau de concordância ou discordância em relação a três dimensões: a) instalações e uso dos espaços, b) programação físico-esportiva e cultural e c) convivência social/familiar no ambiente do Sesc.

As informações obtidas resultaram em um conjunto de tabelas e gráficos demonstrativos dos aspectos analisados, o que permitiu obter tanto uma visão global do conjunto das unidades integrantes da amostra quanto recortes específicos, como algumas particularidades oriundas do entorno de cada uma das unidades analisadas. A pesquisa pôde conduzir, ainda, outras conclusões, cabendo ressaltar a de que o Sesc parece ser um bom lugar para uma reflexão sobre o lazer, graças a sua trajetória, diretrizes básicas e missão institucional.

No que se refere à ideia de lazer, a pesquisa mostrou, com base nas falas e comportamentos de seus atores, que não há, entre os frequentadores do Sesc, um consenso sobre o que seja o lazer. Ao contrário, foi possível identificar o lazer inclusive como objeto de disputas e controvérsias. Assim, por exemplo, quando a proposta programática queria enfatizar o lado lúdico e cooperativo da atividade físico-esportiva, frequentadores de perfil mais competitivo insistiam que "o jogo é pra valer". Em outros casos, ao contrário, diante da exigência de se levar a sério o exercício proposto, os praticantes o encaravam de maneira brincalhona, subvertendo em alguma medida os objetivos das práticas e tornando-as experiências mais lúdicas e livres.

A pesquisa também demonstrou que o "não fazer nada" – opção de vários atores em sua permanência na unidade, incluindo as recorrentes sonecas nos confortáveis sofás espalhados pelas áreas de convivência – pode representar experiência de lazer para alguns frequentadores. No relato de muitos deles, foram registradas observações a respeito das atividades oferecidas pelo Sesc, dos usos que fazem dos espaços e das relações que são estabelecidas entre eles durante a frequência nas unidades, sendo enfatizada a questão do convívio social como uma das principais apropriações feitas no vínculo que estabelecem com a instituição.

Diante desse amplo levantamento, acreditamos que, embora a pesquisa *Cultura e lazer: práticas de lazer e físico-esportivas dos frequentadores do Sesc em São Paulo* tenha buscado analisar e refletir sobre o universo das práticas culturais e de lazer entre os frequentadores do Sesc, os dados obtidos não necessariamente devam ficar restritos ao Sesc, uma vez que é possível compará-los aos revelados por outras pesquisas, em outras amostras populacionais; de modo análogo, pensamos também que a proposta metodológica escolhida, combinando abordagens qualitativas e quantitativas, pode inspirar outras pesquisas nos complexos campos da cultura e do lazer.

05
CONSIDERAÇÕES FINAIS

Este texto procurou apresentar, de forma resumida, o percurso realizado pelo Sesc São Paulo em sua inserção no campo dos estudos do lazer, trajetória essa que, iniciada ao final da década de 1960, passou pela constituição e atuação do Celazer nas décadas de 1970-80, pela publicação da coleção da Biblioteca Científica do Sesc – Série Lazer, na década de 1980, pela realização de importantes eventos nacionais e internacionais relacionados à difusão do conhecimento sobre o lazer entre 1990 e 2018 e, ainda, pela promoção, ao longo dos últimos anos, de pesquisas sobre a temática.

Podemos considerar que, ao longo desses cinquenta anos, o Sesc São Paulo tem investido nos estudos do lazer não somente para fundamentar e aperfeiçoar suas ações, mas também visando à ampliação das reflexões sobre o lazer e à produção de conhecimentos sobre o tema no cenário brasileiro.

Exemplos disso são o constante apoio à realização de eventos relacionados aos estudos do lazer, incluindo o Enarel e o Congresso Mundial de Lazer, assim como os cursos do Centro de Pesquisa e Formação vinculados à temática, que reúnem pesquisadores das mais diversas universidades e regiões do país.

Paralelamente, a realização de pesquisas que buscam mapear perfis demográficos e traçar seus envolvimentos com as práticas de lazer, com vistas à promoção de iniciativas capazes de contemplar as expectativas do público relacionadas ao lazer, também tem sido uma tônica na instituição, que visa não somente promover a melhoria do seu atendimento e de suas ações nas unidades operacionais, mas, ainda, inspirar outras esferas e instituições em relação às ofertas de lazer e cultura para a população.

06
REFERÊNCIAS

DIAS, M. L. S. *Ação, política e produção de conhecimento no campo do lazer: a experiência do Sesc São Paulo*. Em: XIV Seminário O Lazer em Debate. Coletânea. Campinas/São Paulo: Sesc/Unicamp, 2013.

GALANTE, R. C. *Educação pelo lazer: a perspectiva do Programa Curumim do Sesc Araraquara*. Dissertação (Mestrado) – Universidade Federal de São Carlos. São Carlos: 2006.

_____. *Memórias do Celazer: influências e contribuições para os estudos do lazer no Brasil*. Tese (Doutorado) – Universidade Estadual de Campinas. Campinas: 2018.

GOMES, C. L. "Reflexões sobre os significados de recreação e de lazer no Brasil e emergência de estudos sobre o assunto (1926-1964)". *Conexões*. Campinas: 2003, vol. 1.

_____. *Projeto garimpando memórias*. Entrevista com Renato Requixa concedida a Christianne Gomes. Porto Alegre: Centro de Memória do Esporte – Esef-UFRGS, 2001.

_____ & MELO, V. "Lazer no Brasil: trajetória de estudos, possibilidades de pesquisa". *Movimento*. Porto Alegre: jan./abr. 2003, vol. 9, n. 1.

GOMES, C. M. *Pesquisa científica em lazer no Brasil – bases documentais e teóricas*. Dissertação (Mestrado) – Escola de Comunicação e Artes, Universidade São Paulo. São Paulo: 2004.

PEIXOTO, E. "Levantamento do estado da arte nos estudos do lazer: (Brasil) séculos XX e XXI – alguns apontamentos". *Educação Física e Sociedade*, maio/ago. 2007, vol. 28, n. 99.

SANT'ANNA, D. B. *O prazer justificado: história e lazer*. São Paulo: Marco Zero/Programa Nacional do Centenário da República e Bicentenário da Inconfidência Mineira, MCT-CNPq, 1994.

SERVIÇO SOCIAL DO COMÉRCIO. *Diretrizes gerais de ação do Sesc*. Rio de Janeiro: Departamento Nacional do Sesc, 1972.

_____. *Anais do I Encontro Nacional sobre o Lazer: cultura, recreação e educação física – 1975*. Rio de Janeiro: Departamento Nacional do Sesc, 1977.

_____. *Resolução Sesc 68/78*. Mimeo. São Paulo: Sesc SP, 1978.

_____. "Os cinquenta anos do Sesc". *Revista E*. São Paulo: 1996, ano 3, n. 3.

_____. *Século XXI*. São Paulo: Departamento Regional do Sesc São Paulo, 2013.

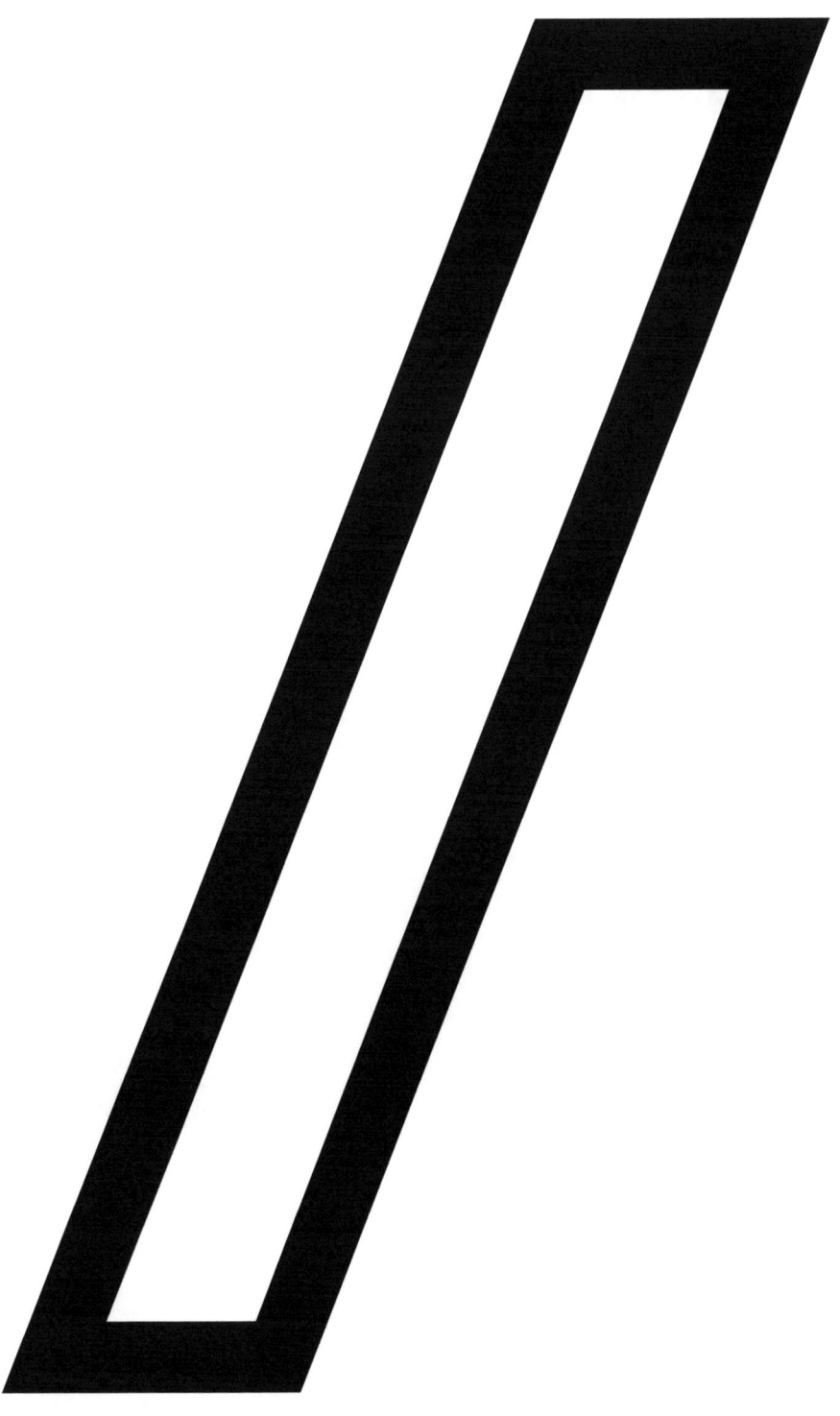

Grupo interdisciplinar em estudos do lazer da Universidade de São Paulo

Ricardo Ricci Uvinha
Edmur Antonio Stoppa

01
INTRODUÇÃO

Criada em 1934, a Universidade de São Paulo (USP) é uma das mais importantes instituições públicas de nível superior do Brasil. Mantida pelo estado de São Paulo e em estreita associação com os pilares do ensino de graduação/pós-graduação e da cultura/extensão, a pesquisa tem orientado em grande parte o sucesso da instituição em sua busca pela excelência, gerada ao longo de mais de oitenta anos de existência. Relatório publicado pela Coordenação de Aperfeiçoamento de Pessoal (Capes) revelou que a USP é a maior produtora de documentos de pesquisa no Brasil, respondendo por mais de 20% da produção nacional (Capes, 2018).

O Grupo Interdisciplinar de Estudos do Lazer da Universidade de São Paulo (Giel-USP) se insere nessa conjuntura da busca pela excelência em pesquisa. No ano de ocorrência do Congresso Mundial de Lazer em São Paulo, em 2018[01], o Giel-USP completa dez anos de certificação no Diretório de Grupos do Conselho Nacional de Desenvolvimento Científico e Tecnológico (CNPq) na área predominante de Ciências Sociais Aplicadas/Turismo, sendo liderado desde então pelos professores doutores Ricardo Ricci Uvinha e Edmur Antonio Stoppa.

O Giel-USP, sediado na sala 2 do Prédio B3 da Escola de Artes, Ciências e Humanidades da Universidade de São Paulo (EACH-USP), tem abrigado orientações nos programas de pós-graduação em Turismo e em Ciências da Atividade Física, bem como bolsistas dos mais variados níveis (da pré-iniciação científica ao pós-doutoramento), além de servir como espaço de reunião e preparação de diversos eventos científicos, entre outras inúmeras atividades de reconhecimento da comunidade acadêmica temática.

---

[01] A Universidade de São Paulo, por meio do Giel-USP, foi a principal parceira acadêmica do Congresso Mundial de Lazer 2018, promovido pelo Sesc São Paulo e pela Organização Mundial de Lazer (Sesc, 2018).

Quanto à repercussão dos trabalhos desenvolvidos pelo grupo, o Giel-USP reúne pesquisadores de distintas formações e atuações com perfil voltado aos estudos do lazer, com experiência em apresentações de trabalhos científicos nos principais eventos temáticos nacionais e internacionais. Tem como objetivo principal refletir sobre a importância do lazer como um campo fundamental para o desenvolvimento humano, entendendo tal esfera da vida como uma real oportunidade de aprimorar e ampliar as escolhas com liberdade nas nossas decisões diárias, mesmo reconhecendo as barreiras de acesso que se impõem nesse processo.

02
O LAZER COMO ELEMENTO DE PESQUISA NO GIEL-USP

Nos estudos do lazer desenvolvidos no Giel-USP procura-se tratar o tema segundo uma ótica interdisciplinar, ressaltando a colaboração de distintas áreas de conhecimento, a partir das suas inter-relações na sociedade, tanto numa perspectiva nacional quanto internacional.

As linhas de pesquisa estabelecidas no grupo são:

01 Atividade física para a promoção do lazer: congrega projetos voltados à compreensão dos mecanismos, ações e estratégias que se dirigem à organização e implementação de políticas públicas e iniciativas sociais voltadas para a promoção do lazer e da atividade física nas esferas pública, privada e no terceiro setor;

02 Lazer, interdisciplinaridade e suas múltiplas relações na sociedade: aborda os estudos do lazer sob uma ótica interdisciplinar, ressaltando a colaboração de distintas áreas de conhecimento, tais como Turismo, Educação e Educação Física;

03 Turismo – conhecimento e tendências: contribui para aprofundar as reflexões sobre o desenvolvimento do turismo a partir da produção de conhecimento que estabeleça uma clara leitura da realidade turística, considerando os seguintes aspectos: a) subsídios teóricos-filosóficos, que amparam o pensar e o fazer turístico; b) a caracterização e o aprimoramento da produção científica na área; e c) o desenvolvimento de metodologias de avaliação da realidade do lazer e do turismo no país.

Em vez de ser entendido como direito social, o lazer é geralmente visto apenas como desculpa ou chamariz para a realização de ações assistencialistas, que buscam remediar os problemas de uma cidade ou região segundo uma concepção meramente funcionalista (Uvinha; Stoppa, 2016).

Historicamente, em nosso país, os processos de formação profissional na área têm se caracterizado por preparar para a ação cotidiana um profissional com as características exigidas pelo mercado — marcadas pela visão abstrata de lazer —, o qual deve oferecer simples mercadorias a serem consumidas pelas pessoas.

Assim, para que as ações possam ser desenvolvidas a partir dos valores da participação cultural, é fundamental a discussão do processo de formação e desenvolvimento de quadros para atuação com políticas públicas de lazer, quadros esses que devem, inclusive, reverter expectativas muitas vezes equivocadas do papel dos profissionais em sua ação na área.

Sobre a formação profissional, Isayama afirma que a promoção da sua capacitação deve ocorrer

[...] *por meio da construção de saberes e competências referentes ao lazer, os quais devem estar relacionados ao comprometimento com os valores alicerçados em uma sociedade democrática; à compreensão de nosso papel social na educação para o lazer; ao domínio dos conteúdos que devem ser socializados, a partir do entendimento de seus significados em diferentes contextos e articulações interdisciplinares; e, por fim, ao conhecimento de processos de investigação que auxiliem no aperfeiçoamento da prática pedagógica e ao gerenciamento do próprio desenvolvimento de ações educativas lúdicas* (Isayama, 2003, p. 63).

Nesse processo de formação, ganha destaque o papel das diferentes instituições formadoras e capacitadoras de profissionais na área do lazer – caso específico da USP Leste por meio da EACH-USP, em seu curso de Lazer e Turismo –, bem como de outras instituições ligadas ao desenvolvimento de políticas públicas, privadas e do terceiro setor, relacionadas ao lazer.

De acordo com Gomes e Melo (2003), a produção acadêmica sobre o lazer nos últimos anos tem obtido crescimento notável no volume de pesquisas e publicações, além de surgirem outros pesquisadores ligados ao tema. Tal questão aponta a multiplicidade das abordagens do lazer e, principalmente, dos embates teóricos no campo. Para os autores, no entanto, em muitas ocasiões os questionamentos às concepções mais difundidas na área não são publicados por meio da produção escrita, aspecto dos mais importantes para se alcançar o avanço qualitativo da produção nacional. Os autores ainda apontam outra fonte de produção que merece destaque na realidade brasileira: as associações temáticas, que têm por objetivo agrupar profissionais e pesquisadores interessados em promover eventos regulares, a fim de discutir e difundir conhecimentos no âmbito do lazer.

Somente em 2013 foi fundada a Associação Brasileira de Pesquisa e Pós-Graduação em Estudos do Lazer (Anpel), importante iniciativa para reunir formalmente diversos grupos de pesquisa temáticos em lazer oriundos de respeitadas universidades brasileiras (Melo; Uvinha, 2018). A Associação é responsável pela promoção do principal fórum de discussão sobre o lazer, o Congresso Brasileiro de Estudos do Lazer – antigo seminário O Lazer em Debate SLD. A edição 2018 do CBEL foi realizada pela Universidade Federal de Mato Grosso do Sul (UFMS) (CBEL, 2018).

Também se destaca, como fórum de discussão sobre o lazer no Brasil, o Encontro Nacional de Recreação e Lazer (Enarel), que tem por objetivo refletir a diversidade e complexidade do lazer a partir das contribuições dos diferentes profissionais que atuam com o setor em suas múltiplas relações, seja com os conhecimentos, com as capacidades ou com as experiências desenvolvidas, de modo a ampliar os estudos na área (Marcellino; Isayama, 2014).

Outros espaços tradicionais de discussão sobre a problemática do lazer no país podem ser encontrados no Seminário de Políticas Públicas de Esporte e Lazer e no Congresso Brasileiro de Ciências do Esporte (Conbrace), evento promovido pelo Colégio Brasileiro de Ciências do Esporte (CBCE), a cada dois anos, que possui um Grupo de Trabalho Temático de Recreação e Lazer.

Em relação à publicação de artigos em periódicos nacionais, o tema do lazer é amplamente abordado em diferentes revistas, das mais diversas áreas do conhecimento. A *Revista Licere*, um dos periódicos brasileiros que se destacam ao tratar o lazer como especificidade, é editada pelo Centro de Estudos de Lazer e Recreação da Escola de Educação Física, Fisioterapia e Terapia Ocupacional da Universidade Federal de Minas Gerais (UFMG). Com periodicidade trimestral, é aberta a pesquisadores nacionais e internacionais interessados na difusão da temática. Outra revista da área importante, que tem crescido ano após ano, é a *Revista Brasileira de Estudos do Lazer* (RBEL), editada pela Anpel.

A partir dos aspectos apresentados, alguns desafios podem ser colocados para o avanço do lazer como campo de estudos e de intervenções profissionais no país:

- a necessidade da formação profissional ser refletida, em estreita relação com os diferentes espaços de intervenção profissional. Destaca-se, nessa questão, o papel das diferentes instituições formadoras e capacitadoras de profissionais na área do lazer – caso específico da Universidade de São Paulo em seu curso de graduação denominado Lazer e Turismo – no intuito de habilitar para a atuação com diversas dimensões, inclusive com as políticas públicas de lazer;

- a importância de potencializar as ações em redes de conhecimento que funcionem de fato, de modo a aumentar a troca de experiências entre pesquisadores nacionais e internacionais e, dessa maneira, assegurar que tais conhecimentos possam circular com um padrão de comunicação rápido, seguro e de qualidade entre os pesquisadores e profissionais vinculados à temática do lazer;
- incentivar a produção e registro de novos conhecimentos sobre o lazer, seja pelos grupos de pesquisa, por eventos específicos ou pela publicação de novas obras relacionadas à temática, entre outras possibilidades.

Em relação a esse último ponto – e a despeito das críticas realizadas por Gomes e Melo (2003) que afirmam que nem sempre os estudos sobre o lazer, compreendidos como um campo específico, conseguem alcançar o nível de consistência e profundidade com que outras áreas abordam determinadas questões pertinentes ao assunto –, podem-se encontrar cadastrados atualmente no CNPq diversos grupos de pesquisa, com a participação de muitos pesquisadores mestres e doutores na área.

03
ASPECTOS RELACIONADOS ÀS PESQUISAS REALIZADAS NO GIEL-USP

Os estudos dos grupos de pesquisa em lazer no Brasil perpassam diversas áreas do conhecimento e identificam o potencial transdisciplinar nessa temática. No entanto, ainda se observa nitidamente, nessas análises, a predominância dos grupos ligados à Educação Física, a nosso ver um evidente resultado da tradição dos estudos do lazer por pesquisadores de tal área de conhecimento.

Como salientado, o Giel-USP foi formado no ano de 2008 por iniciativa de um coletivo de docentes do curso de Lazer e Turismo da EACH-USP. Reúne pesquisadores de distintas formações e atuações com perfil voltado aos estudos do lazer, com experiência no desenvolvimento de pesquisas e apresentações de trabalhos científicos nos principais eventos temáticos nacionais e internacionais, assim como no desenvolvimento de produtos e serviços recreativos, culturais, artísticos e desportivos relacionados à temática.

É composto, atualmente, por pesquisadores de diferentes áreas, como Educação Física, Turismo, Sociologia, Pedagogia, Geografia, História e Educação, e por estudantes de graduação e pós-graduação majoritariamente das áreas de Ciências da Saúde e de Ciências Sociais Aplicadas. Pimentel e

Nunes (2016) identificaram o Giel-USP como um dos grupos de pesquisa mais produtivos do Brasil, tendo como base os trabalhos aprovados/apresentados no Enarel e no SLD/CBEL.

Os principais projetos de pesquisa com fomento, desenvolvidos pelo Giel-USP, estão relacionados a seguir.

- *A pesquisa no âmbito dos estudos do lazer – um enfoque nos periódicos científicos internacionais (2009-2011)*: o projeto teve como objetivo geral colaborar para a divulgação científica dos estudos do lazer no Brasil, investigando os periódicos internacionais temáticos e a participação de universidades de reconhecimento mundial em sua publicação. Envolveu convênio internacional de pesquisa entre o Département d'Études em Loisir, Culture et Tourisme – Université du Québec à Trois-Rivière (UQTR), Canadá, e o Giel-USP. Fomento do Ministério do Esporte/Governo Federal.

- *Gestão de esporte e de lazer: análise dos espaços e equipamentos de esporte recreativo e de lazer na Zona Leste de São Paulo (2010–2011)*: projeto aprovado, em chamada pública, para a seleção de propostas para apoio a projetos de pesquisa para o desenvolvimento, aplicação e transferência de metodologias e tecnologias para a gestão do esporte recreativo e de lazer. Fomento do Ministério do Esporte/Governo Federal.

- *Brasil 2014: Estudo de Impacto Econômico quanto aos Expectadores da Copa do Mundo (2013-2014)*: A pesquisa envolveu membros do Giel-USP que atuaram em campo com coleta de dados durante a Copa da Fifa 2014 na cidade sede de São Paulo, gerando um estudo de efeito comparativo com sedes anteriores a tal evento, em especial à Copa Fifa 2006 na Alemanha e Copa Fifa 2010 na África do Sul. Fomento da Johannes Gutenberg-Universidade de Mainz, Alemanha.

- *O lazer do brasileiro (2013-2014)*: o projeto envolveu pesquisadores, e seus respectivos bolsistas, de distintas universidades brasileiras. Teve como objetivo identificar, de maneira ampla, o lazer do brasileiro, em termos de sua representação e concretização. O trabalho foi realizado por meio de pesquisa empírica, com amostragem representativa dos brasileiros de todas as faixas etárias, gêneros e classe social. Fomento do Ministério do Esporte/Governo Federal.

- *Esporte e transformação social no Brasil – São Paulo-SP (2014-2015)*: a pesquisa reuniu pesquisadores brasileiros e britânicos para examinar a gama complexa de impactos socioculturais que surgem do planejamento, gestão e legados dos megaeventos esportivos. A partir da análise dos legados dos Jogos Olímpicos de Londres 2012 e a preparação para o Rio 2016, verificou-se que os impactos nas populações locais – no tocante aos seus espaços e identidades comunitárias – estão profundamente interligados com os processos de transformação social que ocorrem por meio da promoção de tais megaeventos esportivos. Fomento da Fundação de Amparo à Pesquisa do Estado de São Paulo (Fapesp) e British Council.

- *Centro de Desenvolvimento de Pesquisa em Políticas de Esporte e de Lazer no Estado de São Paulo – uma parceria entre o Sistema Federal (Unifesp) e Estadual (USP) de Ensino e Pesquisa (2015–2018)*: o Centro visa maximizar o potencial de desenvolvimento acadêmico-científico da região, atendendo demandas de investigações científicas; ao lado desse objetivo, almeja promover a reflexão sobre o desenvolvimento de políticas de esporte e lazer qualificadas e socialmente referenciadas, especialmente no contexto da formação de agentes para atuação nesse campo. Fomento do Ministério do Esporte/Governo Federal.

Como se pode verificar, muitas das ações na pesquisa em lazer pelo Giel-USP se deram mediante a importante parceria do Ministério do Esporte, em grande parte por meio de seleção pública de propostas para apoio a projetos de pesquisa para o desenvolvimento, aplicação e transferência de metodologias e tecnologias para a gestão do esporte recreativo e de lazer. Comentaremos a seguir, com maior detalhamento, alguns desses projetos apoiados pelo Governo Federal.

A pesquisa *Gestão de esporte e de lazer: análise dos espaços e equipamentos de esporte recreativo e de lazer na Zona Leste de São Paulo*, realizada no período de julho de 2010 a junho de 2011, foi desenvolvida a partir do projeto aprovado na Chamada Pública 01/2009/ME/SNDEL/Rede Cedes/Pelc, do Ministério do Esporte. Parte de uma pesquisa mais ampla, que busca mapear a questão nas diferentes regiões da cidade de São Paulo. O projeto foi desenvolvido com a participação de nove bolsistas dos cursos de Graduação em Lazer e Turismo e de Ciências da Atividade Física, da Escola de Artes, Ciências e Humanidades da Universidade de São Paulo.

Tal projeto teve como objetivo entender como se processava o planejamento e a administração dos diferentes espaços e equipamentos esportivos e de lazer de uma região carente, em termos socioeconômicos, na cidade de São Paulo, apontando possíveis alternativas para melhor adequar o desenvolvimento da política de esporte e lazer na região de Ermelino Matarazzo. O estudo foi realizado por meio da combinação da pesquisa bibliográfica, documental e empírica. O método utilizado foi o estudo comparativo entre os diferentes espaços e equipamentos de esporte e lazer sob responsabilidade da Secretaria de Esporte, Lazer e Recreação (Seme) da Subprefeitura de Ermelino Matarazzo. O principal instrumento de coleta de dados foi a observação participante, complementada pelas entrevistas centradas com os profissionais, e as entrevistas estruturadas com os frequentadores dos espaços e equipamentos de lazer.

Além disso, optou-se por realizar o trabalho por meio da pesquisa participante, na linha da pesquisa-ação. De acordo com Le Boterf (1985), na pesquisa participante a metodologia deve ser adaptada de acordo com cada situação específica. De suas quatro fases, somente a primeira e a segunda – montagem institucional e metodológica, e estudo preliminar da região e da população envolvidas – puderam ser inicialmente definidas, ficando as outras duas – análise crítica dos problemas e programação e aplicação de um plano de ação com vistas a contribuir para a solução dos problemas encontrados – na dependência da inserção dos pesquisadores nos grupos a serem pesquisados.

Como resultado, pode ser apontado que os espaços analisados não dispõem de estruturas adequadas para a comunidade exercer o seu direito ao lazer, além de grande parte deles não ter nenhum tipo de conservação e limpeza. Já no que diz respeito à forma como se processa o planejamento e a administração dos diferentes espaços e equipamentos de lazer de Ermelino Matarazzo, pode-se identificar a presença de dois tipos diferentes de gestão: a direta e a indireta.

A primeira, mais comumente encontrada, pode ser vista em alguns Clubes da Comunidade (CDCs), campos de rodízio e ruas de lazer. É realizada de forma autônoma, sem a intervenção ou colaboração mais efetiva da administração municipal, pelas entidades e representantes das comunidades locais, bem como por meio da parceria das Organizações Sociais (OSs) com a administração municipal. É essa a alternativa adotada em quatro CDCs, cuja administração foi repassada a essas entidades a partir de novo modelo de gestão da Seme – que, por contrato, deve acompanhar e fiscalizar as ações realizadas nos equipamentos.

A segunda forma é caracterizada pela gestão da Seme – ou deveria ter essa característica, uma vez que a administração dos espaços é, na realidade, esporádica, ausente em sua quase totalidade e afastada das comunidades locais, como se verifica no caso das praças com equipamentos de esporte e lazer. Em todas essas formas de gestão, alguns aspectos positivos e, principalmente, muitos negativos podem ser constatados.

No que se refere à primeira forma de gestão encontrada nos CDCs – campos de rodízio e ruas de lazer – percebemos que o distanciamento da Seme em relação às ações realizadas pelas entidades locais ou por responsáveis pelos equipamentos de esporte e lazer, embora garanta a autonomia para as comunidades, traz uma série de problemas com consequências desastrosas para as ações cotidianas. Isso porque há grande precariedade quanto a recursos físicos, materiais e humanos, dada a falta de suporte econômico para respaldar a compra de materiais, a manutenção do espaço e a remuneração de colaboradores. Tais dificuldades têm relação direta com as ações específicas desenvolvidas para as comunidades locais. De forma geral, o conteúdo físico esportivo predomina nos equipamentos; porém, em termos de opções, pouco pode ser observado, uma vez que o futebol, na quase totalidade dos espaços visitados, é a única possibilidade de lazer.

Considerados os impasses mencionados, apontamos para solucioná-los a necessidade de a política de lazer concernente a esses equipamentos ser planejada a partir do entendimento amplo do tema, o que requer a diversificação das vivências e a ação articulada com outras políticas na área – como as que contemplem a necessidade de formação e capacitação dos profissionais ou voluntários que atuam nos equipamentos analisados. Tais sugestões remetem para as discussões realizadas por diferentes estudiosos ligados ao lazer, que apontam a importância de as pessoas terem contato com diferentes experiências, de modo a formarem um repertório de vivências que garanta um desenvolvimento pessoal e social por meio da participação crítica e criativa.

A gestão dos equipamentos, feita de forma direta ou indireta, não pode prescindir da presença efetiva da Seme. Assim, nas parcerias com as OSs, a Seme deve discutir amplamente, com a organização social, que tipo de política de esporte e lazer deve ser desenvolvida na cidade, a partir de suas diretrizes para a área. Mais do que isso, deve avaliar periodicamente – e *in loco* – como as ações realmente são realizadas, de forma a exigir, se for o caso, a mudança de rumo na execução das ações.

Por fim, situação semelhante à dos equipamentos geridos pela comunidade pode ser encontrada na gestão das praças com equipamentos esportivos e de lazer. Trata-se de espaços que deveriam ser de responsabilidade direta da Seme, mas que estão, em sua quase totalidade, completamente abandonados, tanto no que diz respeito à infraestrutura, sem conservação e manutenção dos materiais e espaços disponibilizados – como brinquedos, minicampos e quadras –, quanto no que tange ao desenvolvimento de políticas de animação sociocultural, processo fundamental para dar "ânimo" e "vida" aos equipamentos.

Para minimizar a ocorrência desse último problema – instalado de maneira crônica em praticamente todos os locais visitados, graças a vários fatores, como a falta de recursos humanos devidamente capacitados –, sugerimos que a administração municipal desenvolvesse, em suas ações, programas e projetos não apenas de difusão cultural, importantes enquanto possibilidade de levar diferentes opções na área do lazer, mas também de criação e participação cultural, para que as pessoas possam participar efetivamente das decisões promovendo a inclusão social, o desenvolvimento humano e a cidadania.

Como resultado da pesquisa em Ermelino Matarazzo foi publicado o livro *Gestão de esporte e de lazer: análise dos espaços e equipamentos de esporte recreativo e de lazer na Zona Leste de São Paulo*, que apresenta os dados coletados e as diferentes sugestões feitas a partir das relações estabelecidas com a literatura da área (Stoppa *et al.*, 2011).

Após a realização da pesquisa, por ocasião do procedimento metodológico escolhido – a pesquisa participante –, os resultados levantados e as sugestões apontadas no relatório final foram apresentados à comunidade acadêmica e aos dirigentes da Seme e da Subprefeitura de Ermelino Matarazzo para que o trabalho pudesse se tornar de conhecimento de todos e recebesse eventuais críticas e sugestões. O objetivo nessa fase de elaboração foi proporcionar a análise dos problemas e fornecer subsídios para a programação e aplicação de um plano de ação com vistas a contribuir para a solução dos impasses encontrados nos locais estudados.

Em contato com o secretário de Esporte, Lazer e Recreação da administração do governo à época, ficou acertada a realização de uma reunião com a Subprefeitura de Ermelino Matarazzo para uma assessoria técnica cujo propósito era discutir e encaminhar possíveis ações que pudessem envolver técnicos e a comunidade local, a partir da perspectiva da animação sociocultural. Nesse contexto, apresentou-se uma alternativa de ação dentro dessa perspectiva, a partir da metodologia da ação comunitária.

Outra parceria do Giel-USP com o Ministério do Esporte que merece destaque foi a realização do projeto *A pesquisa no âmbito dos estudos do lazer: um enfoque nos periódicos científicos internacionais*. O projeto teve como objetivo geral colaborar com a divulgação científica dos estudos do lazer no Brasil, investigando os periódicos internacionais temáticos e a participação de universidades de reconhecimento mundial na publicação dos mesmos. Estabeleceu-se como meta de tal projeto de pesquisa a produção da *Revista Lazer & Sociedade*, a partir de financiamento pelo Convênio ME/FUSP/n n° 723002/2009, envolvendo convênio internacional de pesquisa entre o Département d'Études em Loisir, Culture et Tourisme – Université du Québec à Trois-Rivière, do Canadá, e o Giel-USP.

O periódico, com ISSN 2179-5371, visou à publicação exclusiva de artigos, originais e de revisão, submetidos por pesquisadores – em especial latino-americanos –, produzidos no idioma português e com resumos em inglês, francês e espanhol. Em 2010 e 2011 imprimiram-se três edições – gerando 1.500 exemplares – da *Revista Lazer & Sociedade*, cujo conteúdo contemplava as seguintes temáticas: 1) Lazer, Educação e Cidadania; 2) Lazer e Turismo: formação e atuação profissional; e 3) Lazer e Ambiente: propostas, tendências e desafios. Ao todo, foram veiculados vinte artigos originais, oriundos da comunidade científica temática. A análise dos artigos submetidos foi realizada por revisores *ad hoc*, convidados especialmente para cada edição, e pelos membros do Giel-USP. Os exemplares impressos de cada edição foram prioritariamente distribuídos pela Secretaria Nacional de Desenvolvimento do Esporte e Lazer/ Ministério de Esporte – SNDEL-ME, sendo enviados para uma ampla lista de membros da comunidade científica, em sua maioria de nacionalidade brasileira.

Considerando a expressiva adesão da comunidade científica temática na submissão de artigos para a *Revista Lazer & Sociedade* e sua posterior distribuição para todo o território nacional pela SNDEL-ME, entende-se que o impacto positivo do projeto foi significativo para a veiculação de produção científica nos estudos do lazer (Uvinha, 2010).

Outra participação expressiva do Giel-USP em iniciativa do Ministério do Esporte foi o projeto denominado *O lazer do brasileiro*, pesquisa coordenada pelo Laboratório de Pesquisa sobre Formação e Atuação Profissional em Lazer da Universidade Federal de Minas Gerais – Oricolé UFMG, Grupo de Pesquisa em Lazer da Universidade Metodista de Piracicaba – GPL Unimep, além do próprio Giel-USP. O estudo envolveu pesquisadores e bolsistas de sete universidades públicas brasileiras, que atuaram no desenvolvimento e no tratamento das informações coletadas em levantamento nacional.

O objetivo do projeto foi conhecer de maneira ampla o lazer do brasileiro, em termos de sua representação e concretização. A finalidade dessa pesquisa foi orientar ações de políticas públicas e fornecer novas bases para pesquisas na área. O trabalho foi realizado por meio de pesquisa empírica, com amostragem representativa dos brasileiros de todas as faixas etárias, gêneros e classe social. Enquanto procedimento amplo de raciocínio, também caracterizado como modo de observação, foi utilizado o estudo comparativo (Bruyne; Herman; Schoutheete, 1991) entre a representação do lazer e o seu efetivo exercício, com o desenvolvimento da seguinte técnica: para a pesquisa quantitativa, a aplicação de formulários visando à caracterização da representação do lazer, com número fixado por amostragem, tendo em vista o efetivo exercício do lazer buscando compreender três grandes questões: o que o brasileiro faz como lazer? O que gostaria de fazer, mas não faz como vivência de lazer? E por que não faz? A técnica foi desenvolvida nas vinte e seis unidades federativas e no Distrito Federal, no período de verão e fora dele, durante os anos de 2013 e 2014, com a coleta de 2.400 entrevistas.

De forma geral, os dados apresentados na pesquisa *O lazer do brasileiro* apontam a necessidade de as ações específicas na área se voltarem mais detidamente para as possibilidades de lazer em relação aos conteúdos menos desenvolvidos, estimulando sua prática a partir de processos de animação sociocultural, sem deixar de lado o estímulo, a iniciação e a orientação adequada nas distintas experiências de lazer. Visou ainda investigar a ampliação das possibilidades de lazer para as pessoas em seu cotidiano, uma vez que há grande desequilíbrio entre as representações e as concretizações do lazer do brasileiro.

Tal necessidade deve ser objeto de desenvolvimento de ações específicas na área, que tenham por finalidade discutir e implementar ações relacionadas aos diferentes elementos de uma política temática, tais como: a) a construção e administração de espaços e equipamentos de lazer que facilitem, entre outros aspectos, o acesso a esses locais; e b) o desenvolvimento de uma política de animação sociocultural em conjunto com uma política de atividades que tenham, como objetivo, atender determinadas aspirações não concretizadas das pessoas durante o seu tempo disponível – isso, bem entendido, de forma articulada com outras políticas públicas ligadas à área do social, como as de transportes, saúde, habitação, educação, entre outras. A pesquisa *O lazer do brasileiro* foi publicada tanto em formato de livro (Stoppa; Isayama, 2017) como de artigo científico em periódico internacional (Uvinha *et al.*, 2017).

Finalmente, ressaltam-se as diversas pesquisas realizadas pelo Giel-USP em parceria com a Universidade Federal de São Paulo (Unifesp), *campus* Baixada Santista. Tal parceria tem gerado relevantes publicações no âmbito do lazer, em especial no tocante à promoção da saúde no contexto universitário (Henrique; Uvinha, 2018).

Neste cenário de parcerias entre Giel-USP e Unifesp, salienta-se o projeto *Centro de Desenvolvimento de Pesquisa em Políticas de Esporte e de Lazer da Rede Cedes do Estado de São Paulo*, aprovado na Chamada Pública 001/2015 do Ministério do Esporte – Portaria 3 de 1º de outubro de 2015, DOU n. 190, seção 1, de 5 de outubro de 2015.

A perspectiva adotada nesse projeto foi a de maximizar o potencial de desenvolvimento acadêmico-científico da região, atendendo demandas de investigações científicas e promovendo a reflexão sobre o desenvolvimento de políticas de esporte e lazer qualificadas e socialmente referenciadas, especialmente no contexto da formação de agentes para atuação nesse campo. Seu objetivo geral é criar, estruturar e desenvolver, em colaboração com instituições em regiões emergentes de São Paulo (Unifesp Baixada Santista e USP Leste), polos inéditos de pesquisas com vistas à qualificação das políticas públicas de esporte e lazer, respondendo à demanda por conhecimento científico socialmente referenciado e sua divulgação (tanto no âmbito acadêmico quanto comunitário), ao fomento à inovação e ao desenvolvimento regional, bem como à necessidade de formação para atuação crítica no campo do esporte e lazer. Para isso, empenha-se na compreensão e análise ampliada das políticas públicas de esporte e lazer e suas repercussões no contexto dos megaeventos esportivos, especialmente no estado de São Paulo.

Como objetivos específicos, procurou-se mapear e analisar as políticas públicas de esporte e lazer no âmbito nacional (fomentadas pelo Ministério do Esporte) e regional (estado de São Paulo e os municípios de Santos e São Paulo, entre outros da região metropolitana de São Paulo e Baixada Santista), identificando a possível inter-relação destas com a política dos megaeventos esportivos e seus legados em diferentes contextos (educação, ensino e saúde, entre outros).

Estabeleceu-se, ainda, o objetivo de promover o intercâmbio de conhecimentos e experiências sobre a temática em âmbito regional, nacional e internacional no contexto acadêmico (outros centros e grupos de pesquisa, de instituições nacionais e internacionais) e não acadêmico (secretarias de esporte e lazer dos municípios, comunidade em geral), bem como de contribuir para a formação crítica e assessoramento tanto da comunidade acadêmica quanto da não acadêmica no estado de São Paulo, especificamente no que se refere às políticas públicas de esporte e lazer. As ações do Centro estiveram focadas em atividades sistemáticas e projetos especiais de ensino e pesquisa, especialmente (mas não exclusivamente) na temática dos legados dos megaeventos esportivos.

No que tange a estes últimos, foram desenvolvidas duas pesquisas temáticas ligadas aos megaeventos esportivos realizados nos últimos anos no Brasil e, em particular, no estado de São Paulo. A primeira delas, intitulada *Políticas públicas de esporte e lazer e legados de megaeventos esportivos: estudo de caso da organização da Copa do Mundo 2014 pelo Comitê Paulista e pela Secretaria Municipal de Esporte, Lazer e Recreação da Cidade de São Paulo*, teve como objetivo analisar quais foram as políticas públicas de esporte e lazer desenvolvidas para a Copa do Mundo de 2014 pelos referidos órgãos, de forma a entender o processo de planejamento elaborado entre os diferentes entes que compuseram o Comitê Paulista da Copa do Mundo. Verificou-se, ainda, quais foram as políticas públicas na área do esporte e lazer, em seus diferentes elementos (espaços, equipamentos, recursos humanos e animação, entre outros), definidas no processo de planejamento, e como foram efetivamente implementadas pela Secretaria Municipal de Esporte, Lazer e Recreação da Cidade de São Paulo.

A segunda pesquisa, intitulada *Megaeventos esportivos e a promoção da saúde: políticas e legados no exercício físico e nas ciências do esporte*, envolveu pesquisadores tanto do Giel-USP como do Grupo de Estudo e Pesquisa Corpo e Cultura (Gepecc-Unifesp), dedicados a abordar o crescimento dos estudos do lazer em associação com a atividade física, o esporte e a promoção da saúde. Entre as diversas ações associadas a essa pesquisa, ressaltamos: a) a organização do simpósio Leisure, Tourism and Sports as an Interdisciplinary Approach of the Olympic Legacy no congresso olímpico intitulado International Convention on Science, Education and Medicine in Sport-Icsemis 2016; b) a realização do curso de extensão universitária "Os Megaeventos Esportivos e as Políticas Públicas de Esporte e Lazer no Brasil", oferecido no verão de 2017 na EACH-USP. Em dezembro de 2017, tal pesquisa também deu base à realização, na cidade de Santos, do evento internacional The Inaugural BRICS Conference of Exercise and Sports Science – Bricscess 2017 que, contando com fomento da Capes e do CNPq, reuniu pesquisadores de diversos países (Oliveira et al., 2017).

04
CONSIDERAÇÕES FINAIS

Ao longo de dez anos de atuação como grupo de pesquisa, o Giel-USP vem concretizando seu objetivo principal de refletir a importância do lazer como um campo fundamental para o desenvolvimento humano, pressuposto que norteia o planejamento e desenvolvimento de suas ações em parceria com diferentes instituições da nossa sociedade. A produção de conhecimento a partir do estudo relacionado à temática do lazer é o desafio com o qual o Giel-USP vem lidando desde 2008, de modo a apontar elementos que possam subsidiar discussões que levem a desdobramentos, além de promover a realização de projetos de ação na conjuntura nacional e de estabelecer articulações acadêmicas com instituições de nível internacional.

A participação do Giel-USP na liderança do Comitê Científico do Congresso Mundial de Lazer é um bom exemplo da fidelidade com que se atém a suas propostas, uma vez que contribui para projetar localmente e internacionalmente tal grupo, concorrendo, de modo relevante, para sedimentar a aproximação entre a Universidade de São Paulo e o Serviço Social do Comércio (Sesc) no comum objetivo de promover o lazer para além de suas barreiras físicas, socioeconômicas e simbólico-culturais de acesso.

05
REFERÊNCIAS

BRUYNE, P.; HERMAN, J.; SCHOUTHEETE, M. de. *Dinâmica da pesquisa em ciências sociais*. 5. ed. Rio de Janeiro: Francisco Alves, 1991.

CONGRESSO BRASILEIRO de Estudos do Lazer. *Lazer e vida com qualidade em tempos de violação dos direitos sociais*. Campo Grande: UFMS, 2018. Disponível em: <https://iiicbel.ufms.br>. Acesso em: maio 2018.

COORDENAÇÃO DE APERFEIÇOAMENTO de Pessoal de Nível Superior. *Research in Brazil: a Report for Capes from Clarivate Analytics*. Brasília: CAPES, 2018. Disponível em: <www.capes.gov.br>. Acesso em: jan. 2018.

GOMES, C. L.; MELO, V. A. Lazer no Brasil: trajetória de estudos, possibilidades de pesquisa. *Revista Movimento*. Porto Alegre: vol. 9, n. 1, pp. 23-44, 2003.

HENRIQUE, T. S.; UVINHA, R. R. Lazer e sociabilidade no cotidiano universitário: uma análise dos estudantes da Universidade de São Paulo. Em: OLIVEIRA, N. R. C. (org.). *Qualidade de vida, esporte e lazer no cotidiano universitário*. Campinas, SP: Papirus, 2018. pp. 125-142.

ISAYAMA, H.F. O profissional da educação física como intelectual: atuação no âmbito do lazer. Em: MARCELLINO, N. C. (org.). *Formação e desenvolvimento de pessoal em lazer e esporte*. Campinas, SP: Papirus, 2003. pp. 59-80.

LE BOTERF, G. Pesquisa participante: propostas e reflexões metodológicas. Em: BRANDÃO, C. R. (org.). *Repensando a pesquisa participante*. 2. ed. São Paulo: Brasiliense, 1985. pp. 51-81.

MARCELLINO, N.C.; ISAYAMA, H.F. (org.). *ENAREL: 25 anos de história*. Campinas, SP: Autores Associados, 2014.

MELO, V. A.; UVINHA, R. R. Associação Brasileira de Pesquisa e Pós-Graduação em Estudos do Lazer (ANPEL): uma história recente. Em: BAHIA, M. C. (org.). *Novas leituras do lazer contemporâneo*. Belém, PA: NAEA/UFPA, 2018. pp. 35-52.

OLIVEIRA, R. C. et al. *Proceedings of the Inaugural BRICS Conference of Exercise and Sports Science – BRICSCESS 2017*. Santos, SP: Unifesp, 2017. Disponível em: <www.bricscess2017.com/pdf/Proceedings_BRICSCESS2017.pdf>. Acesso em: jan. 2018.

PIMENTEL, G. G. A.; NUNES, T. R. A. Produção acadêmica no lazer: comparação por estados, instituições e grupos de pesquisa. *Licere*. Belo Horizonte, vol. 19, n. 4, pp. 180-200, 2016.

SERVIÇO SOCIAL DO COMÉRCIO. Congresso Mundial de Lazer: Lazer sem Restrições. São Paulo: SESC/WLO, 2018. Disponível em: <https://2018wlcongress.sescsp.org.br>. Acesso em: jan. 2018.

STOPPA, E. A.; ISAYAMA, H.F. (org.). *Lazer no Brasil: representações e concretizações das vivências cotidianas*. Campinas, SP: Autores Associados, 2017.

STOPPA, E. A. et al. *Gestão de esporte e lazer: análise dos espaços e equipamentos de esporte recreativo e de lazer em Ermelino Matarazzo, Zona Leste de São Paulo*. São Paulo: Plêiade, 2011.

UVINHA, R. R. Mensagem do editor executivo nacional. *Revista Lazer & Sociedade*, Universidade de São Paulo, vol. 1, p. 7, 2010.

UVINHA, R. R.; STOPPA, E. A. Reflexões e perspectivas sobre o lazer no campo da educação física e esporte: o turismo como tópico emergente no século XXI. Em: MOREIRA, W. W.; NISTA-PICCOLO, V. L. (org.). *Educação física e esporte no século XXI*. vol. 1. Campinas, SP: Papirus, 2016. pp. 299-317.

_____ et al. Leisure Practices in Brazil: a National Survey on Education, Income, and Social Class. *World Leisure Journal*. 2017, vol. 59. Disponível em: <https://doi.org/10.1080/16078055.2017.1343747>. Acesso em: dez. 2017.

Grupo de estudos e pesquisa em políticas públicas e lazer (GEP3L): ações e reflexões acerca de sua produção e impactos

Sílvia Cristina Franco Amaral
Bruno Modesto Silvestre

01
INTRODUÇÃO

Os estudos do lazer no Brasil apresentam uma trajetória *sui generis* se comparada à de outros países do mundo, por ao menos dois motivos. Primeiramente porque, aqui, seu desenvolvimento ocorreu graças às ações que, a princípio, se constituíram como políticas públicas ou do setor privado, para depois se transformarem em objetos de investigação. Depois, porque um grande percentual desses estudos foi desenvolvido por pesquisadores da área de educação física, enquanto outros campos apenas tangenciavam ou mesmo tratavam o lazer como algo secundário e assessório de objetos de estudos tidos como mais importantes, como, por exemplo, a sociologia do trabalho. Esse contexto proporcionou as chamadas "afinidades eletivas"[01] entre os estudos do lazer e a educação física (Lima, 2017).

Alguns estudiosos, como Amaral (2001), Marcassa (2002), Werneck (2003) e Feix (2003), debruçaram-se sobre essa temática, analisando a maneira como o lazer se construiu primeiro como ação pública e os significados

---

01
Segundo Lima (2017, pp. 95-96), "Weber prefere desenvolver sua análise [do conceito de afinidades eletivas] em termos de "congruência e atração recíproca" estabelecida entre dois objetos estudados. A afinidade eletiva pressupõe, portanto, "elementos convergentes e análogos" (Löwy, 2011, p. 131) ou "parentescos íntimos" (Löwy, 2011, p. 132) entre os fenômenos, e é a partir dessas congruências que, em um contexto histórico favorável, uma conexão dinâmica se estabelece entre as formas sociais analisadas. A noção de mutualidade evidenciada na interação entre os fenômenos é fundamental para compreender a lógica do pensamento weberiano e a recusa por um caminho metodológico que busque a análise por meio de simples relações causais. É importante notar que "a seleção e a escolha recíproca implicam uma distância prévia, um intervalo cultural que deve ser preenchido, uma descontinuidade ideológica" (Löwy, 2011, p. 141). Com base na obra de Max Weber, Michael Löwy propõe a seguinte definição do conceito de afinidade eletiva: "processo pelo qual duas formas culturais – religiosas, intelectuais, políticas ou econômicas – entram, a partir de determinadas analogias significativas, parentescos íntimos ou afinidade de sentidos, em uma relação de atração e influência recíprocas, escolha mútua, convergência ativa e reforço mútuo" (2011, p. 139).

atribuídos a tais iniciativas, assim, descrevendo os primórdios de uma teoria do lazer, o que corrobora o que afirmamos anteriormente. A proposta deste texto é refletir sobre a produção/ação do Grupo de Estudos e Pesquisa em Políticas Públicas e Lazer (GEP3L); daremos ênfase aos estudos que discutem as iniciativas públicas.

Amaral (2001) e Feix (2003) investigaram a primeira iniciativa de política pública – nominada, naquele tempo, de recreação – de que se tem conhecimento no Brasil. A experiência de Porto Alegre, tendo à frente Frederico Guilherme Gaelzer, é tida como o marco zero das ações do poder público para a promoção, de forma sistemática, da recreação no Brasil. Feix relata:

Foi no "Alto da Bronze", praça General Osório, na década de vinte do século passado, em Porto Alegre, uma das capitais brasileiras pioneiras na instituição do lazer e da recreação pública, que iniciava a história nesse setor, através da criação dos "jardins de recreio" nas praças da cidade. Na subida da rua Duque de Caxias, bairro centro, espaço onde a garotada se reunia para o futebol, se instalou, em novembro 1926, o primeiro jardim de recreio. Nesses jardins as atrações eram diversificadas proporcionando que crianças, jovens e adultos pudessem lá se divertir. A idealização e efetivação desse projeto foi do professor Frederico Guilherme Gaelzer, que conseguiu sensibilizar o poder público, durante o governo do Intendente doutor Octavio Rocha, sobre a importância da recreação e do esporte para a mocidade, como prevenção da delinquência e um meio de qualificar a sociedade (Feix, 2003, p. 1).

Embora muitos estudos afirmem que a primeira pesquisa publicada sobre lazer no Brasil tenha sido a de Acácio Ferreira (1959), não podemos desconsiderar que os agentes que estavam à frente da recreação pública brasileira também sistematizaram seus conhecimentos. Essa realidade permitiu que Werneck (2003) afirmasse que uma parte considerável de autores que atingiram certa relevância com seus escritos esteve ligada à iniciativa pública. Podemos citar Frederico Guilherme Gaelzer, Arnaldo Süssekind, Nicanor Miranda, Inezil Pena Marinho e Ethel Bauzer Medeiros, entre os mais conhecidos. Assim como Porto Alegre, outras capitais também desencadearam iniciativas públicas de recreação. Nicanor Miranda foi o mentor intelectual dos centros de recreio operário, instituídos na cidade de São Paulo. Arnaldo Süssekind dirigiu o Departamento Nacional de Recreação, e Inezil Penna Marinho e Ethel Bauzer Medeiros estiveram entre os primeiros estudiosos a levar o tema lazer para a formação em educação física.

Um estudo recente de Galante (2018), ainda inédito e não divulgado, orientado pela coordenadora do GEP3L, professora dra. Sílvia Cristina Franco Amaral, investigou o desenvolvimento, durante a década de 1970, de uma sociologia empírica do lazer. Baseando-nos nessa constatação, podemos afirmar, portanto, que a partir desse período os estudos do lazer se tornaram frequentes e ligados ao meio acadêmico. Galante vai discorrer, sobretudo, a respeito da grande influência que Jofre Dumazedier exerceu sobre os estudos do lazer no Brasil e o papel fundamental que Celazer desempenhou ao impulsioná-los. Ao mesmo tempo, não podemos desconsiderar que, no período anterior, houve vários estudos sobre lazer, como aponta Lima (2017). Mas essa produção, embora profícua, ainda não estava ligada totalmente ao meio acadêmico. Assim, é imediatamente após o intervalo analisado por Galante (2018) que surge a obra de Renato Requixa (1980), intitulada *Sugestão de diretrizes para uma política nacional de lazer*, na qual o autor propõe uma diretriz para a ação – e não mais a ação e depois a reflexão sobre ela, como em décadas anteriores – que marca um novo momento do estudo sobre políticas públicas de lazer no Brasil.

Outro elemento importante para o campo de lazer no Brasil foi a criação, em 1985, do Departamento de Estudos do Lazer (DEL), o primeiro instituído em uma universidade brasileira, a Universidade Estadual de Campinas (Unicamp). O GEP3L, assim como outros grupos e centros de pesquisa, beneficiou-se dessa empreitada, já que inúmeros pesquisadores, que hoje conduzem seus estudos e o cotidiano acadêmico, buscaram sua formação nesse departamento. Os trabalhos desenvolvidos no DEL, especialmente os de Nelson Carvalho Marcellino, foram, segundo Lima (2017), os principais destaques da área, na década de 1980. "Ainda sob influência de Dumazedier, obras como *Lazer e humanização* e *Lazer e educação*, de Marcellino, acrescentaram novos elementos aos debates: a dimensão cultural do lazer e a referência marxista, trazida das leituras de Antônio Gramsci" (Lima, 2017, p. 18). Também foi Marcellino quem sistematizou inúmeros estudos sobre políticas públicas de lazer, naquele período – e que, posteriormente, assessorou prefeituras, governos estaduais e o governo brasileiro. Também muito relevantes são as contribuições teóricas e práticas dos professores Lino Castellani Filho e Antonio Carlos Bramante, membros do DEL, para as políticas públicas brasileiras.

Foi a partir desse cenário que a líder do GEP3L, Sílvia Cristina Franco Amaral, passou a se interessar pelo tema das políticas públicas de lazer. Primeiro, ainda trabalhando como professora na Universidade Federal do Rio Grande do Sul (UFRGS), de 1995 a 1998 ela desenvolveu uma pesquisa sobre a memória da recreação na cidade de Porto Alegre[02] e, em 1999, com o tema "Políticas públicas de lazer e participação cidadã: entendendo o caso de Porto Alegre", ingressou no doutorado na FEF (Unicamp). Segundo Amaral (2003, p. xxi), sua tese

situa o tema da participação cidadã nas reivindicações por políticas públicas de lazer no município de Porto Alegre, tomando-se por base o ano de 2000 [...]. A pergunta central do estudo é: como se dá a participação da população na formulação das políticas públicas de lazer na cidade de Porto Alegre? Quais são as possibilidades e limites dessa participação?

O trabalho se propôs a analisar o tema participação e lazer num mecanismo institucional, modelo de políticas públicas para o mundo: o orçamento participativo.

Em março de 2004, logo após concluir seu doutorado, Sílvia Amaral muda de universidade, começando a trabalhar na Faculdade de Educação Física da Unicamp, período em que se iniciaram as atividades do GEP3L.

Traçado esse breve histórico dos estudos do lazer no Brasil, cabe dizer que o objetivo deste capítulo é, justamente, refletir acerca da trajetória do GEP3L: suas ações, produção e demais contribuições para sua área de atuação. Para tanto, dividimos o texto em duas partes, além da introdução e das considerações finais. Na primeira delas, vamos abordar os anos iniciais do grupo de estudos, suas virtudes e os desafios enfrentados para sua consolidação. Na segunda, faremos uma apresentação e reflexão sobre a produção acadêmica do grupo, discorrendo a respeito de sua contribuição ao campo do lazer, o que inclui as parcerias institucionais que vem promovendo. Por fim, nas considerações finais, mostramos a rede de pesquisadores que vem se erigindo, já que vários pesquisadores do GEP3L hoje integram o quadro funcional de outras instituições de ensino e pesquisa brasileiros.

02
Essa pesquisa objetivou, por meio de um estudo de memória, reconstituir parte do que denominamos de memória lúdica da cidade de Porto Alegre, em especial aquelas ações ligadas às políticas públicas de recreação e/ou lazer no período compreendido entre o início do século XX e a década de1960.

02
OS PRIMÓRDIOS DO GEP3L

As atividades do GEP3L se iniciaram no ano de 2004, com a participação de alunos de graduação, sob incentivo da líder do grupo, Sílvia Amaral, a partir de um primeiro contato em uma disciplina de teorias do lazer. Já naquela altura, ingressar na pós-graduação – o que, de certo modo, fortalece a pesquisa – se tornara difícil por causa do produtivismo, orientação que viria a se exacerbar ainda mais durante toda a década de 2000 e de 2010. Foi no início dos anos 2000 que a educação física, pertencente à área 21 na Coordenação de Aperfeiçoamento de Pessoal de Nível Superior (Capes), passou a utilizar critérios oriundos das ciências da saúde e usar a métrica como sistema de avaliação. Assim, a valorização de estudos com base nas ciências humanas passou a enfrentar mais dificuldades na recém-adotada política quantitativista. Dessa forma, nos primeiros dois anos da existência do GEP3L não houve engajamento de estudantes de pós-graduação, e os intercâmbios nacionais e internacionais inexistiram. Ainda assim, essa fase foi importante para a consolidação do grupo, que encontrou nos projetos de extensão estratégias para a sua existência.

Nesse período, o grupo articulou dois projetos de extensão: "Meu Corpo, meu Brinquedo" e "Lazer Itinerante". O primeiro tinha por objetivo proporcionar a vivência lúdica de diferentes atividades, para crianças de 4 a 11 anos, utilizando os corpos como forma de linguagem e expressão. O segundo buscou consolidar uma relação entre a universidade e a sociedade ao promover, por meio de demandas de diferentes comunidades da cidade de Campinas, ruas de lazer. A ideia consistia em criar intervenções em cogestão com a sociedade, em que cada comunidade, após um período de intervenção do grupo, poderia fazer a gestão de suas ações de lazer. Esses projetos existiram de 2004 a 2010, e deles se originaram alguns dos futuros pós-graduandos ligados ao GEP3L.

Além disso, já em 2004 o grupo, por força da herança de pesquisa coordenada pelo professor Antonio Carlos Bramante – membro do DEL que se aposentou naquele ano –, empreendia sua primeira pesquisa coletiva. Tratava-se de pesquisa financiada pela Fundação de Amparo à Pesquisa do Estado de São Paulo (Fapesp), intitulada *A construção de elementos metodológicos para implementação de ações transversais nas políticas públicas de lazer em âmbito municipal*. Dada suas características de transferência de conhecimento e capacitação, a pesquisa tinha como perguntas centrais: a) Como qualificar os programas de lazer desenvolvidos nas duas cidades pesquisadas (na fase I), e como os mesmos podem se transformar em programas que privilegiem ações transversais? b) Qual a quantidade exata de recursos humanos, físicos e financeiros, das duas cidades, que são destinados à realização de ações diretas ou indiretas de lazer? c) Quais são os parâmetros e instrumental técnico para o planejamento, execução e avaliação de programas transversais na área do lazer, nos municípios pesquisados? Quanto a seus objetivos, eram eles: a) identificar a quantidade exata de recursos humanos, físicos e financeiros envolvidos com ações diretas ou indiretas de lazer nos municípios pesquisados; b) analisar as características dos programas já existentes na área do lazer nos municípios, e como os mesmos poderiam se transformar em ações transversais; c) construir e transferir conhecimentos necessários para o estabelecimento de programas transversais na área do lazer. Tratou-se de uma pesquisa-ação cuja primeira fase foi dedicada à identificação de problemas para a consecução de matricialidade em políticas públicas de lazer.

A ideia da pesquisa sobre matricialidade foi sugerida pelo gestor de políticas públicas e diretor de lazer da cidade de Santo André, naquela época o professor Eduardo Tadeu Costa, que foi o primeiro pós-graduando do GEP3L. A partir dessa primeira dissertação de mestrado, defendida sob o título *Lazer, políticas públicas e a rede de atuação matricial em Santo André* (Costa, 2008), o GEP3L começou a ter uma ação mais efetiva na pós-graduação, consolidando-se e obtendo reconhecimento por meio de diferentes parcerias nacionais e internacionais.

03
A PRODUÇÃO ACADÊMICA DO GEP3L E AS CONTRIBUIÇÕES PARA O CAMPO DO LAZER

Após a fase inicial e de consolidação do GEP3L, com as presenças de estudantes de graduação, pós-graduação e de outros membros interessados no desenvolvimento de pesquisas acadêmicas, o Grupo passou a se organizar a partir da seguinte ementa:

O GEP3L tem por objetivo desenvolver estudos sobre o lazer, esporte e as suas políticas públicas, especialmente relacionadas à Educação Física. Para isso, o grupo realiza reuniões periódicas, nas quais se discutem esses temas, fazem-se leituras coletivas de obras importantes a esses estudos, planejam-se publicações e ações coletivas. A aplicação e difusão do conhecimento acontece pela participação em congressos, em pesquisas realizadas com outros grupos nacionais e internacionais, por intervenções pontuais por meio de palestras ou assessoramento a órgãos públicos e privados, bem como pela constante atualização em disciplinas de graduação e pós-graduação e em cursos de extensão.[03]

Tais apontamentos refletem as investigações e intervenções relacionadas ao campo do lazer, sendo as pesquisas relacionadas tanto aos projetos temáticos do grupo como às orientações de monografias, iniciações científicas, dissertações e teses.

O mesmo cenário que proporcionou as afinidades eletivas entre a educação física e o lazer possibilitou o surgimento de um campo de estudos que se utiliza de diversas técnicas de pesquisa e de distintos referenciais das ciências humanas. Dada essa realidade, é possível dizer que o GEP3L percorreu caminhos teóricos diversos, e que as pesquisas extrapolaram os referenciais teóricos da educação física, estabelecendo diálogos com outras áreas, como a sociologia, antropologia, ciência política, história e urbanismo, entre outras.

É também por conta desse contexto interdisciplinar, característico do campo do lazer, que os debates iniciais do GEP3L ocorreram em diálogo com os escritos de Nuria Codina e Frederic Munné e sua *psicossociologia del tempo libre*. Esse acúmulo teórico, juntamente com o projeto de extensão Lazer Itinerante, serviu de base para a elaboração do projeto de pesquisa intitulado *Usos do tempo livre na Vila Holândia: o lugar das práticas corporais*, que investigou os usos do tempo livre na Vila Holândia, em Campinas (SP). Esse projeto partiu do pressuposto de que a aceleração da modernidade, com a expansão da exploração do solo pela iniciativa privada, produziu a perda de vida comunitária, do tempo e dos espaços antes destinados à convivência e, consequentemente, à fruição de práticas corporais naquele local. Foram utilizados três métodos de coleta de dados: aplicação de questionários, entrevistas de história oral e observações de cunho etnográfico. A partir desse levantamento, foram organizadas, com os moradores, oficinas de práticas corporais, escolhidas de acordo com a relevância das mesmas para a comunidade. Essa pesquisa, além de produções como a de Santos, Nakamoto e Amaral (2014), e a de Ribeiro e Amaral (2014), também serviu como objeto de investigações específicas – no caso, para a realização de iniciações científicas e monografias –, assim como colaborou para a elaboração de projetos para o ingresso de membros do grupo na pós-graduação.

03
Tanto a ementa como outras atividades do GEP3L podem sem consultadas no seguinte endereço eletrônico:<www.fef.unicamp.br/fef/posgraduacao/gruposdepesquisa/gepl/apresentacao>.

Foi a partir da elaboração e implementação dessa pesquisa que se iniciou uma série de estudos que buscaram analisar a relação do lazer com o cotidiano de determinadas parcelas da população. Nunes Junior (2009) buscou apresentar discussões sobre lazer e apropriação do espaço do Parque do Ibirapuera, na cidade de São Paulo; Nakamoto (2010) investigou os significados do taikô[04] no Instituto Cultural Nipo Brasileiro de Campinas; Pizani (2012) procurou compreender os parques e recantos infantis, criados, a partir de 1940, na cidade de Campinas-SP, como importantes instituições destinadas à assistência, educação, cultura e recreação da população infantil desse município; e Pereira (2012) abordou discussões acerca do lazer da cidade de Angra dos Reis-RJ, interligadas ao negócio da residência secundária.

A realização dos megaeventos no Brasil repercutiu em diversos grupos de estudos relacionados ao campo do lazer, redundando em projetos de pesquisas que dialogavam com essa temática. Desse modo, ainda em 2012 o grupo assumiu a tarefa de realizar investigações relacionadas aos legados sociais dos megaeventos promovidos no país – sobretudo a Copa do Mundo de 2014 e as Olimpíadas de 2016. Por consequência, as pesquisas buscaram compreender os projetos desses eventos, os programas que lhes deram sustentação e os legados que deixaram para a cidadania brasileira – a qual foi entendida para além de um conjunto de direitos e deveres, sendo encarada também como a prática de efetiva participação no destino da sociedade em que vivemos. Além disso, buscamos compreender os legados sociais dos megaeventos para: a) as políticas públicas de esporte e lazer brasileiras no que tange à gestão dos recursos antes, durante e após eventos; b) a democratização do esporte e do lazer; c) a educação física escolar, no que diz respeito tanto à formação de professores como à criação de programas que incidam na prática pedagógica dessa disciplina, na escola; d) os espaços urbanos do entorno dos locais da realização dos eventos; e) a ciência e tecnologia na área esportiva; e f) o meio ambiente das cidades.

Em diálogo com a temática dos legados sociais, uma série de pesquisas de graduação e pós-graduação se entrelaçaram, à luz de diferentes abordagens metodológicas e campos teóricos, com o objetivo de compreender as políticas envolvidas no ciclo dos megaeventos e suas intersecções com o lazer. Paes (2014) investigou as políticas públicas de esporte educacional organizadas pela Secretaria de Esporte, Lazer e Juventude do Estado de São Paulo, considerando o contexto de realização dos Jogos Olímpicos de 2016; Bastos (2016) analisou os significados de megaeventos esportivos

---

04
O taikô é uma prática musical, percussiva, corporal e coletiva, que utiliza os tambores japoneses como instrumentos principais.

– Copa das Confederações de Futebol masculino Fifa 2013, Copa do Mundo de Futebol masculino Fifa 2014 e Jogos Olímpicos 2016 – em matérias da revista *Piauí*; Silva (2016) examinou o planejamento e a gestão de risco da Copa do Mundo da Fifa Brasil 2014, com ênfase no estado de São Paulo; e Campos (2016), ao considerar o estádio como um dos espaços que refletem as mudanças sociais em um determinado tempo-espaço, investigou o estádio Mineirão, em Belo Horizonte (MG), no contexto da Copa do Mundo de 2014.

Com o fim do ciclo dos megaeventos, e tendo em vista o já mencionado estreitamento entre os estudos do lazer e as políticas públicas no Brasil, a líder do GEP3L fez um pós-doutorado na Espanha, mais especificamente na Universidade de Barcelona. O estudo comparado que realizou, confrontando a Olimpíada de Barcelona de 1992 com a sediada no Brasil, foi intitulado *O modelo Barcelona, as políticas públicas para a Olímpiada de 1992 e os paralelismos com o Brasil (2010-2020): por quem? Para quê? Quais são os legados para o lazer?* O objetivo foi analisar as políticas públicas que promoveram o planejamento, execução e reformas urbanas na cidade de Barcelona, antes, durante e após os Jogos Olímpicos de 1992, com especial atenção à criação de espaços que, em tese, resultariam como legado para o lazer, garantindo tal direito. Além disso, o trabalho visava traçar possíveis paralelismos com as políticas públicas brasileiras para a década dos megaeventos esportivos (2010-2020). Permeia o estudo o argumento de que o "modelo Barcelona" é exitoso para as políticas públicas e reformas urbanas daquela cidade, em especial proporcionando a criação de diversos espaços e ações de lazer. A análise recaiu, no caso brasileiro, sobre documentos oficiais, entrevistas com dirigentes da autoridade olímpica e representantes dos movimentos sociais organizados: comitê popular da Copa e da Olimpíada, em São Paulo e no Rio de Janeiro. No caso de Barcelona, a análise foi feita em documentos oficiais, produção científica sobre o tema e espaços apontados como ícones das reformas, a fim de entender quais legados sociais, de longa duração, foram deixados para o lazer.

O atual projeto temático do GEP3L busca olhar tanto para as políticas públicas de esporte e lazer quanto para o esporte e o lazer como direito social e fenômeno urbano. Com o propósito de determinar as políticas que causam interferência e alteram rumos de projetos de cidades e de país, foram desenhados trabalhos que analisam e interpretam a influência de políticas públicas alinhadas à educação física nas mais diferentes dimensões da vida humana, entre elas o lazer. É o caso do trabalho de Bandeira (2016), que buscou atentar para o lazer de aventura e investigar os processos, os agentes, as preocupações e interesses em embate na constituição dessas políticas públicas. Perspectivas similares são encontradas em trabalhos ainda em andamento, como a pesquisa de doutorado de Carlos

Fabre Miranda, que se debruça sobre a implementação da Rede Nacional de Treinamento após os Jogos Olímpicos do Rio 2016; a pesquisa de Marco Aurelio Paganella, que se empenha em identificar a articulação dos entes federativos na formulação de políticas públicas de esporte e lazer, visando à saúde preventiva; e a pesquisa de Bruno Modesto Silvestre, que investiga a influência do Programa das Nações Unidas para o Desenvolvimento (PNUD) nas políticas públicas de esporte e lazer no Brasil.

As pesquisas relacionadas às monografias, iniciações científicas e as vinculadas à pós-graduação – mestrados e doutorados –, além das que se inseriram ou dialogaram com os grandes projetos temáticos apresentados, estão, de uma maneira ou de outra, centradas em torno de quatro eixos principais: teorias do lazer; lazer e políticas públicas; lazer e cotidiano; e políticas públicas ligadas à educação física e as relações com o lazer. O quadro 1 apresenta as referidas pesquisas e seus respectivos autores, demonstrando a amplitude e diversidade da produção em curso.

QUADRO I: TESES, DISSERTAÇÕES E MONOGRAFIAS REALIZADAS OU EM ANDAMENTO NO GEP3L (2004-2017)

TEORIAS DO LAZER	LAZER E POLÍTICAS PÚBLICAS
A importância do Celazer na construção do conhecimento no campo do lazer no Brasil (Regiane Cristina Galante).	Um estudo das políticas públicas de lazer de Brotas (SP) (Olivia Cristina Ferreira Ribeiro).
Lazer e educação física na primeira metade do século XX: um estudo de afinidades eletivas (Rafaela Peres Alves de Lima).	Políticas públicas para o lazer de aventura: entre esporte e turismo, fomento e controle do risco (Marília Martins Bandeira).
Educação para e pelo lazer de lideranças comunitárias (Ana Cristina Vilhena).	Procurando o lazer no constituinte: sua inclusão como direito social na Constituição de 1988 (Flávia da Cruz Santos).
Jogos eletrônicos: a transformação do jogo e sua contribuição para educação para o lazer (Gustavo Nogueira de Paula).	Lazer, políticas públicas e a rede de atuação matricial em Santo André (Eduardo Tadeu Costa).
Ação educativa do/no lazer no Brasil e a educação integral em Ollerup (Marina dos Santos Rotella).	Saúde e lazer: O Pelc núcleo 45 + vida saudável para a cidade de Hortolândia (Gabriela Pádua).
	Políticas públicas de lazer em Suzano-SP (Deise Miki Kikuchi)

LAZER E COTIDIANO

O lazer e a residência secundária em Angra dos Reis (RJ) (Ana Paula Cunha Pereira).

Precários no trabalho e no lazer: um estudo sobre os professores da rede estadual paulista (Bruno Modesto Silvestre).

Lazer e participação num grupo de escaladas (Gabriel Rocha Vargas).

Recreação, lazer e educação física na cidade de Campinas: um olhar acerca dos parques e recantos infantis (1940-1960) (Rafael Stein Pizani).

O Taikô no Instituto Cultural Nipo Brasileiro de Campinas (Henrique Okajima Nakamoto).

Espaço para o tempo livre: considerações sobre lazer e apropriação do espaço urbano no Parque do Ibirapuera (Paulo Cezar Nunes Junior).

Diferenças no tempo livre de trabalho e na fruição do lazer entre trabalhadores da Segurança da Unicamp, Servidores Públicos e Terceirizados (Bruno Modesto Silvestre).

Lazer e drogas: análise das publicações e periódicos da área (Heloisa Mota da Silva).

Lazer e educação: revisão bibliográfica de suas relações (Nádia Alice Vasquez).

Conceitos de lazer e sua fruição por idosos aposentados em diferentes classes sociais da cidade de Campinas (Juliana Novis Quaglia).

Brinquedoteca, um local para o profissional de educação física atuar? (Carolina Dias).

O Casarão do Barão e as interfaces com o tempo livre e com as práticas corporais dos moradores da Vila Holândia (Deise Miki Kikuchi).

Juventudes e medida socioeducativa: um olhar dos agentes pedagógicos sobre as práticas de lazer (Dayane Ferraz Lacerda Trentin).

POLÍTICAS PÚBLICAS LIGADAS À EDUCAÇÃO FÍSICA E AS RELAÇÕES COM O LAZER

A Copa do Mundo da Fifa 2014 veio ao Brasil: a gestão do estado de São Paulo como sede (Dirceu Santos Silva)

As formas de uso e apropriação do estádio Mineirão após reforma (Priscila Augusta Ferreira Campos).

Política Esportiva Brasileira: construção e implementação da Rede Nacional de Treinamento após os Jogos Olímpicos do Rio 2016 (Carlos Fabre Miranda).

Articulação dos entes federativos na formulação de políticas públicas de esporte e lazer visando à saúde preventiva (Marco Aurélio Paganella).

O PNUD e as políticas públicas de esporte e lazer no Brasil (Bruno Modesto Silvestre).

As políticas de esporte e lazer em São Bernardo do Campo e a questão da descentralização e gestão participativa: qual a realidade da participação popular? (Sandro Natalício Prudêncio).

Os megaeventos esportivos no Piauí (Alexandre Soares Bastos).

Jogos Olímpicos de 2016 e as influências nas políticas públicas para educação física escolar (Viviane Ribeiro Paes).

Nacionalismo e política na Copa do Mundo de 1950 e 2014 (Simone Gonçalves de Paiva).

Fiec e o fomento do esporte em Campinas (SP) (Flávio de Andrade Benini Filho).

A Copa do Mundo e as eleições para presidente da República no Brasil: mídia e promessas durante o Mundial de 2010 (Alessandro de Martin Truzzi).

Sports for all: um passo para a democratização do esporte (?) (Paulo Henrique de Souza Cavalcante).

Análise de um programa de política pública esportiva em Campinas e seus reflexos na educação física escolar (Paulo César Nunes Junior).

O eixo Teorias do Lazer abarca pesquisas que, a partir de perspectivas históricas e sociológicas, como os já apontados estudos de Galante (inédito) e Lima (2017), buscam interpretar o campo do lazer, incluindo sua própria constituição, ou mesmo debater teorias pertinentes à área.

O eixo Lazer e Cotidiano contempla a maior parte das pesquisas que dialogaram diretamente com o projeto sobre os usos do tempo na Vila Holândia, mas também trabalhos que abordaram e relacionaram o lazer a temáticas sociais relevantes no atual momento histórico, como a questão lazer e drogas, em Silva (2009), a questão de gênero, em Silvestre, Ribeiro e Amaral (2016), a questão da redução da maioridade penal, de Trentin (2017), e as influências do processo de precarização do trabalho sobre o lazer, em Silvestre (2016).

Os trabalhos que versam sobre a relação dos estudos do lazer no Brasil com o surgimento e implementação de políticas públicas são reunidos em dois eixos: Lazer e Políticas Públicas e Políticas Públicas Ligadas à Educação Física e as Relações com o Lazer. O primeiro abrange trabalhos que se debruçam diretamente sobre as políticas públicas de lazer, como é o caso da pesquisa de Santos (2011), que buscou olhar a presença do lazer na Constituição de 1988, e de Ribeiro (2012), que analisou as políticas públicas de lazer de Brotas-SP. Já o segundo eixo, além de contar com os trabalhos ligados ao grande tema dos Megaeventos e Legados Sociais, também contempla os estudos que buscam interpretar a implementação de políticas públicas e suas relações mais diretas com o lazer.

Expostos os estudos desenvolvidos, ainda vale ressaltar que, entre os anos de 2004 e 2017, foram defendidas onze dissertações de mestrado e cinco teses de doutorado, além da realização de 32 trabalhos de conclusão de curso e treze iniciações científicas vinculadas ao GEP3L. Atualmente, estão em andamento cinco teses de doutorado, duas dissertações de mestrado e cinco TCCs. A realização dessas pesquisas gerou produções acadêmicas dos mais diferentes matizes, sob o formato de artigos científicos, livros, capítulos de livro e comunicações em congressos acadêmicos. Também originou parcerias com diferentes instituições e pesquisadores, destacando-se as estabelecidas com a UFPR, UFMG e EACH-USP, em nível nacional, e com organismos da Inglaterra, Espanha e Nova Zelândia, em nível internacional.

04
CONSIDERAÇÕES FINAIS

Procuramos apresentar, neste capítulo, algumas das ações e produções do GEP3L e suas contribuições para os estudos do lazer no Brasil. Para tanto, discorremos, na apresentação, para além do início das atividades do grupo e sua consolidação, sobre as pesquisas temáticas e produções oriundas de trabalhos de graduação e pós-graduação gestados em seu interior. Também pontuamos que a realização de palestras e cursos, bem como a participação em congressos acadêmicos, constituíram importantes esforços de sistematização e divulgação do conhecimento produzido pelo grupo.

Além da participação e apresentação de trabalhos em congressos diretamente relacionados ao campo do lazer, como o Enarel e o Congresso Brasileiro de Estudos do Lazer (evento que até 2013 denominava-se Seminário O Lazer em Debate), e da participação em edições do Conbrace/Conice, nos GTTs Lazer e Sociedade e Políticas Públicas – incluindo os respectivos comitês científicos –, é importante destacar o envolvimento do GEP3L com a realização do XVI Seminário O Lazer em Debate[05], realizado na cidade de Campinas, em 2013, organizado pela FEF-Unicamp e Sesc Campinas. Foi, aliás, nesse ano que, paralelamente ao referido Seminário, teve origem, durante uma reunião entre pesquisadores desse tema, a Associação Brasileira de Pesquisa e Pós-Graduação em Estudos do Lazer (Anpel), da qual a líder do GEP3L participa, atualmente, como vice-presidente.

No que tange aos pesquisadores com passagem pelo grupo de estudos, seguindo a trajetória de formação acadêmica dedicada aos estudos do lazer – iniciada no DEL e continuada por meio das atuais linhas de pesquisas vinculadas ao GEP3L –, diversos dos que realizaram seus estudos em nível de mestrado e/ou doutorado contribuem com o campo teórico do lazer em instituições de ensino superior pelo país, tanto públicas como particulares.

05
O VIX Seminário O Lazer em Debate teve como tema a história dos estudos acadêmicos sobre o lazer no Brasil e, entre outros nomes, contou com a importante participação do professor Frederic Munné.

DISTRIBUIÇÃO DE PESQUISADORES COM PASSAGEM PELO GEP3L EM INSTITUIÇÕES DE ENSINO SUPERIOR PELO BRASIL

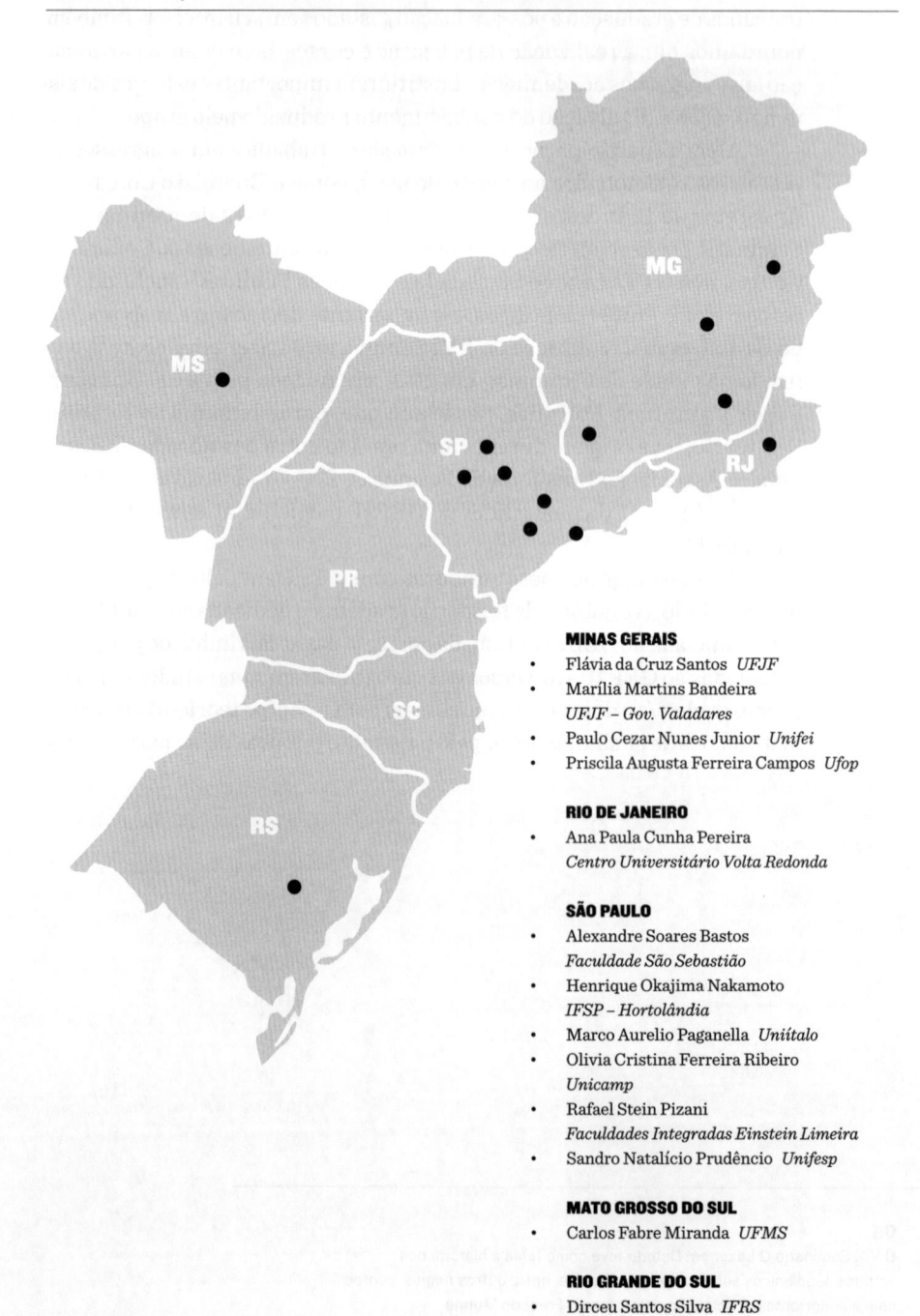

MINAS GERAIS
- Flávia da Cruz Santos *UFJF*
- Marília Martins Bandeira *UFJF – Gov. Valadares*
- Paulo Cezar Nunes Junior *Unifei*
- Priscila Augusta Ferreira Campos *Ufop*

RIO DE JANEIRO
- Ana Paula Cunha Pereira *Centro Universitário Volta Redonda*

SÃO PAULO
- Alexandre Soares Bastos *Faculdade São Sebastião*
- Henrique Okajima Nakamoto *IFSP – Hortolândia*
- Marco Aurelio Paganella *Uniítalo*
- Olivia Cristina Ferreira Ribeiro *Unicamp*
- Rafael Stein Pizani *Faculdades Integradas Einstein Limeira*
- Sandro Natalício Prudêncio *Unifesp*

MATO GROSSO DO SUL
- Carlos Fabre Miranda *UFMS*

RIO GRANDE DO SUL
- Dirceu Santos Silva *IFRS*

Essa crescente rede de pesquisadores, além das produções diretamente vinculadas às pesquisas de mestrado e doutorado originadas no GEP3L, estabelece, em grande medida, diálogos para produções conjuntas, baseadas nos quatro eixos temáticos vinculados ao lazer nos quais o grupo centra suas pesquisas.

Por fim, é importante registrar a crescente relação entre o GEP3L e outros grupos de estudos referenciados na área sociocultural e pedagógica da educação física, existentes na Faculdade de Educação Física da Unicamp. Articulados por meio do Laboratório Margem, esses grupos de estudo participam de seminários e projetos integrados de pesquisas. A atuação do GEP3L diz respeito à inserção das temáticas do lazer e das políticas públicas nesses estudos integrados, tarefa que, atualmente, sob a coordenação do Laboratório Margem, é exercida também pela líder do GEP3L.

05
REFERÊNCIAS

AMARAL, S. C. F. *Políticas públicas de lazer e participação cidadã: entendendo o caso de Porto Alegre*. 192 f. Tese (Doutorado em Educação Física) – Faculdade de Educação Física, Universidade Estadual de Campinas. Campinas: 2003.

_____. "Lazer, recreação-estudos de memória na cidade de Porto Alegre: uma proposta em andamento". *LICERE – Revista do Programa de Pós-Graduação Interdisciplinar em Estudos do Lazer*. 2001, vol. 4, n. 1.

BANDEIRA, M. M. *Políticas públicas para o lazer de aventura: entre esporte e turismo, fomento e controle do risco*. 233 f. Tese (Doutorado em educação física) – Faculdade de Educação Física, Universidade Estadual de Campinas. Campinas: 2016.

BASTOS, A. S. *Os megaeventos esportivos na revista Piauí*. 138 f. Dissertação (Mestrado em educação física) – Faculdade de Educação Física, Universidade Estadual de Campinas. Campinas: 2016.

CAMPOS, P. A. F. *As formas de uso e apropriação do estádio Mineirão após a reforma*. 313 f. Tese (Doutorado em educação física) – Faculdade de Educação Física, Universidade Estadual de Campinas. Campinas: 2016.

COSTA, E. T. *Na rede, pelo lado de fora? Gestão matricial e políticas públicas de lazer na cidade de Santo André*. 129 f. Dissertação (Mestrado em educação física) – Faculdade de Educação Física, Universidade Estadual de Campinas. Campinas: 2008.

FEIX, E. *Lazer e cidade na Porto Alegre do início do século XX: a institucionalização da recreação pública*. 108 f. Dissertação (Mestrado em ciências do movimento humano) – Universidade Federal do Rio Grande do Sul. Porto Alegre: 2003.

FERREIRA, A. *Lazer operário: um estudo de organização social das cidades*. Salvador: Livraria Progresso, 1959.

LIMA, R. P. A. de. *Lazer e educação física na primeira metade do século XX: um estudo de afinidades eletivas*. 140 f. Dissertação (Mestrado em educação física) – Faculdade de Educação Física, Universidade Estadual de Campinas. Campinas: 2017.

MARCASSA, L. *A invenção do lazer: educação, cultura e tempo livre na cidade de São Paulo (1888-1935)*. 213 f. Dissertação (Mestrado em educação brasileira) – Faculdade de Educação, Universidade Federal de Goiás. Goiânia: 2002.

NAKAMOTO, H. O. *Significados do taikô no Instituto Cultural Nipo Brasileiro de Campinas*. 173 f. Dissertação (Mestrado em educação física) – Faculdade de Educação Física, Universidade Estadual de Campinas. Campinas: 2010.

NUNES JUNIOR, P. C. *Espaço para o tempo livre: considerações sobre lazer e apropriação do espaço urbano no Parque do Ibirapuera*. 87 f. Dissertação (Mestrado em educação física) – Faculdade de Educação Física, Universidade Estadual de Campinas. Campinas: 2009.

PAES, V. R. *Jogos Olímpicos de 2016 e as políticas públicas de esporte educacional do estado de São Paulo*. 140 f. Dissertação (Mestrado em educação física) – Faculdade de Educação Física, Universidade Estadual de Campinas. Campinas: 2014.

PEREIRA, A. P. C. *O lazer e a residência secundária em Angra dos Reis-RJ*. 199 f. Tese (Doutorado em educação física) – Faculdade de Educação Física, Universidade Estadual de Campinas. Campinas: 2012.

PIZANI, R. S. *Recreação, lazer e educação física na cidade de Campinas: um olhar acerca dos parques e recantos infantis (1940-1960)*. 127 f. Dissertação (Mestrado em educação física) – Faculdade de Educação Física, Universidade Estadual de Campinas. Campinas: 2012.

REQUIXA, R. *Sugestão de diretrizes para uma política nacional de lazer*. São Paulo: Sesc, 1980.

RIBEIRO, O. C. F. *Um estudo das políticas públicas de lazer de Brotas-SP*. 156 f. Tese (Doutorado em educação física) – Faculdade de Educação Física, Universidade Estadual de Campinas. Campinas: 2012.

_____; AMARAL, Sílvia Cristina Franco. "O clube da Rhodia e os moradores da Vila Holândia – Campinas-SP". *Pensar a Prática*. vol. 17, n. 3.

SANT'ANNA, D. B. de. *O prazer justificado: história e lazer (São Paulo, 1969/1979)*. São Paulo: Marco Zero / Programa Nacional do Centenário da República e Bicentenário da Inconfidência Mineira, MCT-CNPq, 1994.

SANTOS, F. da C. *Procurando o lazer no constituinte: sua inclusão como direito social na Constituição de 1988*. 177 f. Dissertação (Mestrado em educação física) – Faculdade de Educação Física, Universidade Estadual de Campinas. Campinas: 2011.

_____; NAKAMOTO, H. O.; AMARAL, S. C. F. "Uma história da Vila Holândia por meio dos divertimentos de seus moradores" *LICERE-Revista do Programa de Pós-graduação Interdisciplinar em Estudos do Lazer*.2014, vol. 17, n. 2.

SILVA, D. S. *A Copa do Mundo da Fifa 2014 veio ao Brasil: a gestão do estado de São Paulo como sede*. 197 f. Tese (Doutorado em educação física) – Faculdade de Educação Física, Universidade Estadual de Campinas. Campinas: 2016.

SILVA, H. M. da. *Lazer e drogas: análise das publicações em periódicos da área*. 44 f. Monografia (Graduação em educação física) – Faculdade de Educação Física, Universidade Estadual de Campinas. Campinas: 2009.

SILVESTRE, B. M. *Precários no trabalho e no lazer: um estudo sobre os professores da rede estadual paulista*. 140 f. Dissertação (Mestrado em educação física) – Faculdade de Educação Física, Universidade Estadual de Campinas. Campinas: 2016.

_____; RIBEIRO, O. C. F.; AMARAL, S. C. F. "O tempo de não trabalho e o lazer dos trabalhadores terceirizados da vigilância da Unicamp: uma análise comparativa entre os gêneros". *Revista Brasileira de Ciência e Movimento*. 2016, vol. 24, n. 4.

TRENTIN, D. F. L. *Juventudes e medida socioeducativa na cidade de Campinas: um olhar dos agentes pedagógicos sobre as práticas de lazer*. 83 f. Monografia (Graduação em educação física) – Faculdade de Educação Física, Universidade Estadual de Campinas. Campinas: 2017.

WERNECK, C. L. G. *Significados de lazer e recreação no Brasil: reflexões a partir da análise de experiências institucionais (1926-1964)*. 322 f. Tese (Doutorado em educação) – Faculdade de Educação, Universidade Federal de Minas Gerais. Belo Horizonte: 2003.

O Laboratório de Estudos do Lazer (LEL)

Gisele Maria Schwartz
Giselle Tavares

01
INTRODUÇÃO

O Laboratório de Estudos do Lazer (LEL) é um centro de pesquisa, discussão e intervenção na área do lazer de que participam estudantes de graduação, pós-graduação e profissionais de diversas instituições, desenvolvendo estudos teóricos sobre o lazer e suas diferentes interfaces, bem como investindo na criação e inovação de vivências práticas.

Sua criação se deu em abril de 2000, com o objetivo de atender à demanda de reflexões concernentes ao campo do lazer. O LEL tem como meta desenvolver pesquisas e intervenções relacionadas às diversas temáticas da área do lazer com relevante impacto social e inserção internacional. O Laboratório é cadastrado no Diretório de Grupos de Pesquisas do Conselho Nacional de Desenvolvimento Científico e Tecnológico (CNPq), tendo como áreas predominantes ciências da saúde/educação física e multidisciplinar/interdisciplinar.

O LEL está ligado a dois programas de pós-graduação. No Programa de Pós-Graduação em Ciências da Motricidade, vincula-se à linha de pesquisa Educação Física, Esporte e Lazer, oferecendo duas disciplinas:

- "Gestão, política e *marketing* esportivo", conduzida pelas professoras doutoras Giselle Tavares e Gisele Maria Schwartz; e

- "Interfaces criatividade, esporte e lazer", conduzida pela professora doutora Gisele Maria Schwartz.

No Programa de Pós-Graduação em Desenvolvimento Humano e Tecnologias, o LEL se vincula à linha de pesquisa Tecnologias, Corpo e Cultura, oferecendo a disciplina "Impactos da mídia e das tecnologias nas atividades de aventura e no lazer".

No âmbito da graduação, o LEL atua no curso de Educação Física, bacharelado e licenciatura. São oferecidas as seguintes disciplinas:

- "Fundamentos do lazer";
- "Jogos e brincadeiras"; e
- "Atividades lúdicas e lazer".

Como focos de interesse das interfaces com o lazer, podem ser apontados os temas e subtemas relacionados a seguir:

Lazer e educação
- Interfaces lazer e escola
- Lazer e conscientização/sensibilização
- Educação para e pelo lazer

Lazer e atividades recreativas
- Recreação em hotéis
- Recreação em acampamento
- Jogos em empresas

Lazer e qualidade de vida
- Lazer e trabalho
- Lazer e envelhecimento
- Políticas públicas de lazer

Lazer e tecnologias
- Conteúdo virtual do lazer
- Mídias e lazer
- *Webgames* com o corpo
- Jogos de tabuleiro e de mesa adaptados com o corpo
- Gamificação
- *E-sports*
- *E-tourism*
- Filmes e valores humanos

Lazer e meio ambiente
- Relação ser humano-natureza
- Sustentabilidade e sensibilização ambiental
- Atividades de aventura

Psicologia do lazer
- Atitudes e valores
- Sensações e emoções
- Aderência
- Processo criativo

- Conduta lúdica
- Relacionamento interpessoal
- Psicologia positiva
- Autodeterminação
- Gerenciamento emocional
- Violência
- Resiliência
- Felicidade

Gestão do lazer
- Planejamento, estratégias, ações
- *Marketing* esportivo
- *Experiential marketing*
- Organizações na recreação

Lazer e gênero
- Igualdade de gênero
- Empoderamento feminino
- Gênero e minorias
- Gênero e esporte – corfebol

Estimulados pela perspectiva de internacionalização, os membros do LEL, ao longo de sua existência, buscaram parcerias acadêmicas e científicas, participando de inúmeras visitas técnicas em instituições de renome no exterior, bem como promovendo a recepção de pesquisadores estrangeiros no Laboratório. Essas estratégias ampliaram o conhecimento e a atuação desses pesquisadores, alargando as perspectivas e abordagens em seus estudos. Fazem parte dessa rede de parceiros os seguintes professores:

- Elie Cohen-Gewerc (Beit Berl College – Israel);
- Paul Jonson (University of Technology Sydney – Austrália);
- Sandro Carnicelli Filho (University of the West of Scotland);
- Barbara Humberstone (Buckinghamshire New University – Reino Unido);
- Abel Hermínio Lourenço Correia (Centro de Estudos de Desenvolvimento do Desporto "Noronha Feio", Faculdade de Motricidade Humana, Universidade de Lisboa – Portugal);
- Tiago Miguel Ribeiro (Faculdade de Motricidade Humana, Universidade de Lisboa – Portugal);
- Marcos Alencar Abai de Balbinotti (Université du Québec à Trois-Rivières – Canadá); e
- José Pedro Sarmento de Rebocho Lopes (Universidade do Porto – Portugal).

Ainda no aspecto relativo à internacionalização, alguns pesquisadores do LEL foram beneficiados com bolsas de diversos órgãos de fomento do Brasil e do exterior, usufruindo períodos mais alongados de participação em instituições estrangeiras. Esse foi o caso de Giselle Tavares, que realizou o doutorado sanduíche na Universidade do Porto, em Portugal. O doutorado sanduíche corresponde a um estágio no exterior, realizado no período do doutoramento, com o objetivo de aperfeiçoamento técnico-científico da pesquisa realizada. Na ocasião, a aluna Giselle Tavares realizou o estágio na Faculdade de Desporto da Universidade do Porto (Fadeup), desenvolvendo seus trabalhos no Gabinete de Gestão Desportiva, sob a supervisão do professor doutor José Pedro Sarmento de Rebocho Lopes.

O doutorado sanduíche realizado pela referida aluna foi financiado pelo Programa de Doutorado no País com Estágio no Exterior (PDEE), da Fundação Coordenação de Aperfeiçoamento de Pessoal de Nível Superior (Capes). O estágio foi desenvolvido no período de dezembro de 2011 a julho de 2012. Nesse período, a aluna participou do grupo de estudos desenvolvido no Gabinete de Gestão Desportiva da Fadeup, realizou coleta de dados com gestores de diferentes autarquias de Portugal, ministrou aulas para os alunos da disciplina Organização e Gestão do Desporto, sob a supervisão do professor José Pedro Sarmento de Rebocho Lopes, e cursou disciplinas no curso de pós-graduação.

Marcelo Fadori Soares Palhares participou de edital da Agência Unesp de Inovação (Auin), recebendo bolsa para investigação complementar ao mestrado, desenvolvendo estágio na Universidade Nacional de Córdoba (UNC), Argentina. Nessa oportunidade, pôde penetrar mais diretamente no ambiente das *hinchadas*, torcidas organizadas argentinas, para investigar a percepção de seus membros quanto à violência e suas manifestações no futebol. Esse estágio contribuiu para novos rumos nos estudos relativos às temáticas que tangenciam a ocorrência da violência no esporte.

Gisele Maria Schwartz foi selecionada para uma bolsa, por intermédio do British Council e da University of Birmingham, estagiando com uma das mais renomadas pesquisadoras do campo da psicologia do esporte, referência nos estudos sobre a teoria da autodeterminação. Nessa ocasião, foram aprimorados os conhecimentos sobre os fundamentos dessa teoria, além do acompanhamento do Papa Project, pesquisa apoiada pela União Europeia, em que se desenvolvem diversas ações, sobretudo favorecendo a melhoria do clima motivacional em treinamentos esportivos, desde a iniciação esportiva. Esse estágio contribuiu para novos olhares sobre os elementos motivacionais envolvidos no campo do esporte e do lazer.

Outra bolsa usufruída pela mesma professora foi disponibilizada por intermédio do Programa de Estágio Sênior da Capes. Esse programa visa a oferecer bolsas no exterior para a realização de estudos avançados após o doutorado, e destina-se a pesquisadores ou docentes que obtiveram doutoramento há oito anos ou mais. O programa é voltado para doutores que possuam vínculo empregatício com instituição brasileira de ensino ou pesquisa. Essa bolsa possibilitou a permanência da professora Gisele Schwartz, por um ano, na Universidade de Lisboa. O estágio foi desenvolvido sob a supervisão do professor doutor Abel Hermínio Lourenço Correia, no Gabinete de Gestão do Desporto, e no Centro de Estudos e Desenvolvimento do Desporto "Noronha Feio", da Faculdade de Motricidade Humana, Universidade de Lisboa. Para além do acesso a novos conhecimentos sobre as possibilidades de aplicação do *marketing* experiencial nos campos da saúde e do lazer, esse estágio permitiu o envolvimento com a organização de eventos, bem como a participação em banca de defesa de doutorado, elevando a experiência a um patamar de grande enriquecimento, tanto pessoal quanto acadêmico. O estágio também propiciou a colaboração na elaboração de artigos, reiterando a validade da experiência para a internacionalização do LEL.

02
PESQUISADORES PARTICIPANTES DO LEL

À medida que o LEL se destaca na produção de conhecimento e nas intervenções, pode-se notar um avanço no número de seus participantes, como se observa por meio dos dados apresentados no gráfico a seguir:

Evolução numérica dos pesquisadores brasileiros *participantes* do LEL[01]

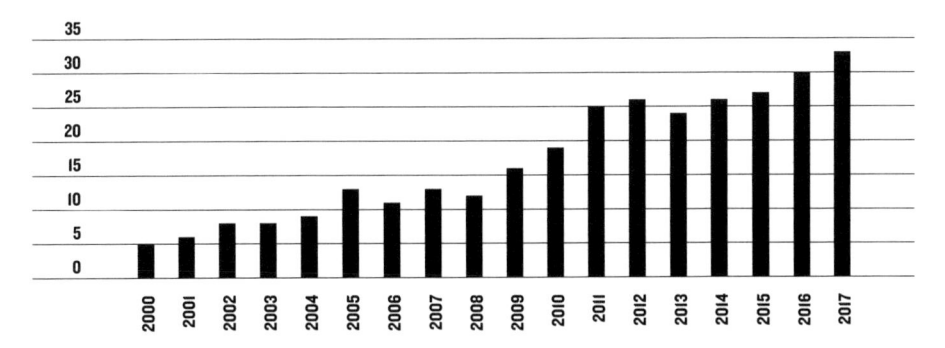

Muitos dos pesquisadores que iniciaram no Laboratório como alunos de graduação ou como bolsistas de iniciação científica figuram, hoje, nos

---

01
Todos os quadros, gráficos e tabelas deste texto foram elaborados pelas autoras.

quadros de instituições de ensino como docentes, coordenadores de cursos ou orientadores em programas de pós-graduação, no Brasil e no exterior. Essa constatação ratifica o impacto social da produção do LEL.

Os atuais pesquisadores membros do LEL são representados por alunos e ex-alunos de graduação, bolsistas de iniciação científica, de pós-graduação em níveis de mestrado e doutorado, estagiários de pós-doutorado, professores, pesquisadores e profissionais de diversas instituições de ensino. No Brasil, esses membros estão vinculados a diversos estados e regiões do país, auxiliando a difundir o conhecimento sobre o lazer em cidades de pequeno, médio e grande porte. A variedade de estados brasileiros que possui algum afiliado ao Laboratório é demonstrada a seguir, se pode notar que são poucas as regiões em que ainda não há representantes do LEL em atuação.

Instituições de ensino superior em que há presença de afiliados ao LEL

- Universidade Federal de Uberlândia
- Universidade Federal dos Vales do Jequitinhonha e Mucuri
- Universidade de Vila Velha
- Universidade Estadual de Santa Catarina
- Universidade Federal de Pernambuco
- Universidade Federal do Pará
- Universidade Federal do Maranhão
- Universidade Federal do Rio Grande do Norte
- University of the West of Scotland
- Universidade Federal de Lavras (MG)
- Faculdade Anhanguera de Pirassununga
- Faculdades Integradas Regionais de Avaré (Fira)
- Instituto Federal de Educação, Ciência e Tecnologia do Sul de Minas Gerais, *Campus* Muzambinho.

Como se pode verificar, além de pesquisadores e docentes atuando no Brasil, há um representante do LEL vinculado à University of the West of Scotland, na Escócia, o professor doutor Sandro Carnicelli Filho, o qual, inclusive, assumiu cargo de chefia de departamento naquela instituição. A formação acadêmica dos membros do LEL, na presente data, é exposta na tabela a seguir.

FORMAÇÃO ACADÊMICA DOS MEMBROS DO LEL

EM ANDAMENTO (2018)	CONCLUÍDA (ATÉ 2017)
—	Estudantes de graduação: 36
—	Estudantes de iniciação científica: 28
Titulação em nível de mestrado: 2	Titulação em nível de mestrado: 25
Titulação em nível de doutorado: 6	Titulação em nível de doutorado: 8
—	Titulação em nível de pós-doutorado: 5

03
PRODUÇÃO DE CONHECIMENTO DO LEL

A produção de conhecimento do LEL, dada a gama bastante variada de interfaces sobre o lazer enfocadas, é intensa e abrangente. Os trabalhos produzidos são difundidos por meio de eventos acadêmicos, em forma de resumos, de resumos expandidos e de textos na íntegra, bem como na forma de artigos em periódicos de diversas áreas, livros e capítulos de livros. A produção do LEL é crescente, garantindo um impacto relevante para o campo de estudos sobre lazer. Para ilustrar esses números, segue um panorama dessa produção, até o presente momento (2017):

PRODUÇÃO CIENTÍFICA DOS PESQUISADORES PARTICIPANTES DO LEL

	QUADRIÊNIO 2002-2005	QUADRIÊNIO 2006-2009	QUADRIÊNIO 2010-2013	QUADRIÊNIO 2014-2017	TOTAL
Livros	2	2	5	7	16
Capítulos de livros	7	13	6	4	30
Trabalhos publicados em eventos	86	90	113	142	431
Artigos	26	31	26	9	92
Demais produções	24	60	24	13	121
TOTAL					**690**

Levando-se em conta as produções anteriormente apresentadas, pode-se destacar a representatividade do LEL em entrevistas e eventos nacionais e internacionais. Também é possível avaliar a produção do LEL por meio da colaboração mantida com as seguintes revistas: *Ciência & Saúde Coletiva*; *Revista Brasileira de Ciências do Esporte*; *Psicologia: Teoria e Pesquisa*; *Revista de Gestão e Negócios do Esporte*; *Revista Movimento*; *Motricidade*; *Licere*; *Motriz*; *Revista Brasileira de Atividade Física e Saúde*; *World Leisure Journal*; *Tourism Management* e *Leisure Studies*.

Quanto à participação em eventos, os membros do Laboratório disseminam suas pesquisas – trabalhos de iniciação científica, TCC, mestrado, doutorado e pós-doutorado – no Brasil e no exterior. Nos últimos anos, o LEL foi representado nas edições dos seguintes eventos: Encontro Nacional de Recreação e Lazer (Enarel); Congresso Brasileiro de Estudos do Lazer (Conbrace); Congresso Internacional de Educação Física e Motricidade Humana; Congresso Brasileiro de Psicologia Positiva; Congresso Brasileiro de Atividades de Aventura (CBAA); Congresso Internacional de Atividades de Aventura (CIAA); Congresso Brasileiro de Gestão do Esporte; Congresso Latino-Americano de Gestão do Esporte; Congresso Internacional de Psicologia do Esporte, Desenvolvimento Humano e Tecnologias; European Conference on Positive Psychology; Congresso de Ciências do Desporto e Educação Física dos Países de Língua Portuguesa, entre outros.

O LEL dedica bastante atenção à produção de textos no formato livro. Muitas dessas obras foram financiadas por diferentes órgãos de fomento, e publicadas em diversas editoras. A variedade de temas e abordagens fica patente, o que enriquece os conteúdos e conhecimentos nesse campo do lazer e suas interfaces.

Entre essas obras, duas se destacam pelo reconhecimento e importância que obtiveram. Ambas resultam de projetos que foram financiados pela Rede Cedes, do Ministério do Esporte. A Rede Cedes é uma ação programática realizada pelo Ministério do Esporte, a qual, por meio de parcerias com instituições de ensino superior, financia o desenvolvimento de pesquisas que possam contribuir para a elaboração de políticas públicas de esporte e lazer.

O primeiro livro, *Gestão da informação sobre esporte recreativo e lazer: balanço da Rede Cedes* (2010), é produto de um projeto com temática induzida, financiado pelo Ministério do Esporte. As pesquisas com temáticas induzidas subsidiavam o Ministério do Esporte na formulação de políticas nas áreas do lazer e do esporte recreativo, atendendo necessidades que não foram contempladas pelas pesquisas selecionadas por meio do edital público. Essa pesquisa realizou o balanço da produção científica financiada pela Rede Cedes no período de 2003 a 2009. O estudo teve impacto positivo no campo das políticas públicas de esporte e lazer, pois pôde qualificar e quantificar toda a produção relativa a esse projeto governamental, que, até então, esteve disponibilizada somente em relatórios internos no Ministério do Esporte. A pesquisa também subsidiou a criação do Repositório Institucional Vitor Marinho, criado por pesquisadores da Universidade Federal de Santa Catarina.

O segundo livro, *Gestão da informação sobre políticas públicas de esporte e lazer: impactos social e científico da Rede Cedes* (2015), marcou a participação do LEL na Chamada ME/CNPq N°091/2013 de seleção pública de projetos de pesquisa científica, tecnológica e de inovação voltados para o desenvolvimento do esporte em suas diferentes dimensões. Esse edital, publicado no ano de 2013, representou, naquele período, a continuidade das ações desenvolvidas pela Rede Cedes no Ministério do Esporte. A pesquisa desenvolvida pelo LEL foi aprovada na Linha 2 – Políticas Públicas e Gestão no Esporte e Lazer, e buscou avaliar os impactos científicos e sociais das pesquisas financiadas pela Rede Cedes. Os dados desse estudo complementaram as informações coletadas pelo *Balanço da Rede Cedes*, publicado em 2010, bem como por meio da análise dos currículos *lattes* dos coordenadores de pesquisa da Rede. Além dessas ações, foram realizadas entrevistas semiestruturadas com esses coordenadores, para analisar a visão dos próprios sujeitos que compuseram a Rede sobre os impactos dessa ação governamental.

Essa publicação também foi bastante importante para o campo científico do lazer, pois possibilitou a avaliação, acompanhamento e registro de aproximadamente dez anos de ações realizadas pela Rede Cedes. Como impacto real dessas publicações no campo das políticas públicas, pode-se destacar a utilização desses dados em apresentações e relatórios do Ministério do Esporte, os quais, possivelmente, auxiliaram na manutenção dessa ação governamental, mesmo com reestruturações e mudanças na gestão do ministério.

Além da produção desses livros, as temáticas relativas a essas duas pesquisas financiadas pela Rede Cedes geraram duas teses de doutorado e um trabalho de iniciação científica. Também foi possível constatar mudanças nos instrumentos de avaliação e acompanhamento dos projetos, com base nos resultados e nas sugestões dessas pesquisas.

No âmbito de pesquisa, o LEL desenvolveu e validou alguns instrumentos para avaliação e diagnóstico de variáveis relacionadas às suas linhas de investigação. Entre os instrumentos produzidos, destacam-se o *Questionário Felicidade Interna Sustentável (FIS)* e a *Escala de comprometimento organizacional para servidores públicos (ECO-SP)*, publicados por Ivana de Campos Ribeiro e Gisele Maria Schwartz, o *Inventário de usabilidade de sites para enxadristas (IUSE)*, produzido por Danielle Ferreira Auriemo, e a *Escala de educação para o lazer no contexto brasileiro (ESEL)*, elaborada por Raiana Lídice Mór Fukushima. Além dessas escalas produzidas no LEL, alguns de seus membros, representados por Giselle Tavares e Gisele Maria Schwartz, participaram da elaboração da *EPL – escala de práticas no lazer*, em parceria com Rubian Diego Andrade e Érico Pereira Gomes Felden, da Universidade do Estado de Santa Catarina (Udesc).

As dinâmicas de difusão do conhecimento promovidas pelo LEL envolvem diversos eventos, organizados por seus próprios membros. Entre eles, podem ser citados os seguintes:

- Encontro de Área sobre Lazer – evento que ocorre dentro da programação do Congresso Internacional de Educação Física e Motricidade Humana, da Unesp, em seu *campus* de Rio Claro;

- Congressos Brasileiro e Internacional de Atividades de Aventura (CBAA/CIAA) (itinerante e organizado em parceria com outras instituições);

- Ciclo de Palestras do LEL – com apresentações de diversos trabalhos, oriundos de pesquisas e palestras proferidas pelos membros;

- Ciclo de Vivências do LEL – atividades oferecidas para a comunidade;

- Encontro Temático Institucional (ocorre no âmbito do Enarel) – Encontro de Professores e Pesquisadores de Recreação e Lazer;

- Encontros Internacionais – visita de professores e pesquisadores estrangeiros, como Elie Cohen-Gewerc (Beit Berl College – Israel), Sandro Carnicelli Filho (University of the West of Scotland) e Barbara Humberstone (Buckinghamshire New University – Reino Unido).

Entre as atividades de formação oferecidas pelo LEL, estão palestras, cursos, minicursos e *workshops*. Essas atividades, geralmente, são oferecidas nos principais eventos nacionais e internacionais, como o Enarel, o Congresso Internacional de Educação Física e Motricidade Humana, o CBAA-CIAA e o Congresso Brasileiro de Estudos do Lazer, entre outros. São algumas das temáticas envolvendo essas iniciativas:

- atividades rítmicas e expressivas em diferentes contextos;
- gestão de pessoas em equipes de alta *performance*;
- hierarquia nas organizações públicas;
- liderança e comunicação assertiva;
- gestão de pessoas em recreação e lazer;
- estratégias anímicas para sociedades sustentáveis;
- intervenções lúdicas no âmbito corporativo;

- gestão da informação sobre esporte e lazer;
- jogos de tabuleiro e de mesa adaptados com o corpo; e
- *webgames* com o corpo.

Tanto os jogos de tabuleiro e de mesa com o corpo como os *webgames* com o corpo representam estratégias criativas e inovadoras, as quais procuram acompanhar as tendências e demandas atuais envolvendo as tecnologias. As atividades propostas foram criadas com base nos estímulos provenientes de jogos já conhecidos, inclusive do ambiente virtual, buscando-se a possibilidade de vivenciá-los com o corpo. Essas iniciativas procuram fornecer subsídios para que os profissionais atuantes em diferentes contextos possam se inspirar, ampliando suas ações de modo criativo.

Como resultado do estudo dessas temáticas, vale destacar a produção do livro *Webgames com o corpo* (2015), pela editora Phorte. Essa publicação teve alcance nacional, sendo divulgada por meio de cursos e *workshops* em eventos, tanto de grande espectro, como o Encontro Nacional de Recreação e Lazer (Enarel), o Congresso Internacional de Educação Física e Motricidade Humana e o XIV Simpósio Paulista de Educação Física, quanto em eventos locais – caso das semanas de educação física em todo o país. O livro *Jogos de tabuleiro e mesa com o corpo*, pela editora Supimpa, está com previsão de lançamento ainda para o primeiro semestre de 2018.

Além desses dois livros, houve, recentemente, a produção de uma obra organizada pelas pesquisadoras Juliana de Paula Figueiredo, Viviane Kawano Dias, Renata Laudares Silva e Gisele Maria Schwartz, com o título *Atividades de Aventura: Vivências para diferentes faixas etárias* (2018), também pela editora Supimpa. A obra procura subsidiar profissionais de diferentes contextos, procurando enriquecer a cultura corporal de movimento.

Em termos de filiação, os membros do LEL integram, de forma sazonal, as seguintes instituições:

- CBCE – Colégio Brasileiro de Ciências do Esporte
- Qualurb – CPV – Centro Virtual de Pesquisa
- Rede Cedes – Centros de Desenvolvimento de Esporte Recreativo e de Lazer
- Anpel – Associação Nacional de Pesquisa e Pós-Graduação em Estudos do Lazer
- Ciret – Centre International de Recherches et d'Études Touristiques
- WLO – World Leisure Organization (Unesco)
- Abragesp – Associação Brasileira de Gestão do Esporte

04
CONSIDERAÇÕES FINAIS

Os grupos de pesquisa e associações temáticas exercem um importante papel na disseminação dos estudos do lazer no Brasil e no mundo. Os impactos do crescimento expressivo dos grupos de pesquisa vinculados ao CNPq, da criação da Associação Brasileira de Pesquisa e Pós-Graduação em Estudos do Lazer e do comprometimento de afiliados a diversas associações representativas já pode ser mensurado por meio da constante presença de estudiosos do lazer em atividades nacionais e internacionais de diferentes áreas de conhecimento, da colaboração mantida, por pesquisadores, com periódicos, de sua participação em eventos, em programas de cooperação e da inclusão de professores em programas de pós-graduação *stricto* e *lato sensu*.

Ao longo de quase vinte anos de existência, o LEL desempenhou, historicamente, um papel importante nesse processo, pois pôde contribuir, de maneira qualitativa e quantitativa, para o desenvolvimento do campo do lazer no Brasil. Essa colaboração pode ser verificada por meio das diversas iniciativas anteriormente elencadas. Além delas, mostra-se muito valiosa a atuação dos alunos egressos do LEL vinculados aos cursos de graduação e pós-graduação, os quais continuam a desenvolver trabalhos relativos ao campo do lazer, em diferentes instituições no Brasil, e a criar novos grupos de estudos afiliados ao Laboratório. Destaca-se, ademais, o bem-sucedido empenho do LEL na internacionalização das pesquisas e dos pesquisadores, na produção científica e em sua distribuição, na disseminação de conhecimentos por meio de cursos e palestras e nas afiliações a órgãos nacionais e internacionais.

Por fim, é necessário valorizar, ainda, o importante papel na formação humana exercido pelos profissionais que atuaram direta e indiretamente no LEL. Sua postura revela o quanto é imperioso que os grupos de pesquisa ligados às universidades públicas no Brasil formem profissionais capazes de transformar crítica e criativamente a realidade da educação, não apenas no ensino superior, mas, também, nos demais níveis formais e não formais de ensino.

05
REFERÊNCIAS

FIGUEIREDO, J. P.; DIAS, V. K.; SILVA, R. L.; SCHWARTZ, G. M. *Atividades de Aventura: vivências para diferentes faixas etárias*. São Paulo: Supimpa, 2018.

SCHWARTZ, G. M. et. al. *Gestão da informação sobre esporte recreativo e lazer: balanço da Rede Cedes*. Várzea Paulista: Fontoura, 2010.

_____. *Gestão da informação sobre políticas públicas de esporte e lazer: impactos social e científico da rede Cedes*. Várzea Paulista: Fontoura, 2015.

SCHWARTZ, G. M.; TAVARES, G. H. *Webgames com o corpo: vivenciando jogos virtuais no mundo real*. São Paulo: Phorte, 2015.

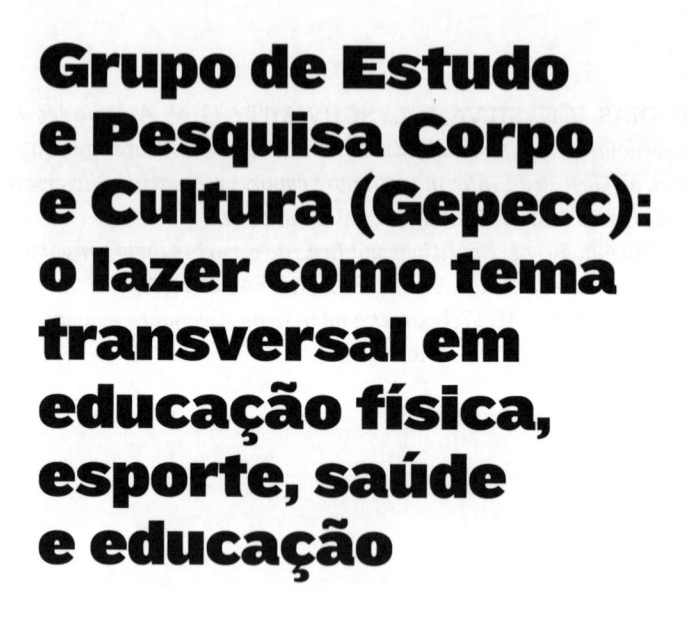

Grupo de Estudo e Pesquisa Corpo e Cultura (Gepecc): o lazer como tema transversal em educação física, esporte, saúde e educação

Nara Rejane Cruz de Oliveira
Adalberto dos Santos Souza
Rogério Cruz de Oliveira

01
INTRODUÇÃO

Iniciamos o presente capítulo agradecendo ao professor Ricardo Uvinha, organizador desta obra, pelo convite para participarmos de tão relevante produção. A elaboração deste texto é, para nós, uma grande honra e, ao mesmo tempo, um desafio. Uma honra pelo reconhecimento de nosso trabalho, haja vista a formação de nosso grupo de pesquisa há menos de uma década, e um desafio, considerando a excelência dos demais grupos que colaboram nesta publicação, no tocante às intervenções e produções científicas sobre o lazer.

O objetivo deste capítulo é apresentar o Grupo de Estudo e Pesquisa Corpo e Cultura (Gepecc), bem como descrever e analisar suas ações no que se refere à articulação com a pesquisa em lazer no Brasil.

Diferentemente de outros grupos representados neste livro, o Gepecc não tem no lazer sua temática específica de pesquisa. No entanto, o lazer vem emergindo cotidianamente como importante tema transversal nos projetos desenvolvidos. Dessa forma, tem sido objeto de análise recorrente nos principais campos de investigação do grupo: educação física, esporte, saúde e educação. Tal fato confirma o papel do lazer como elemento constituinte do desenvolvimento humano, culturalmente vivenciado e dotado de complexidade (Marcellino, 2007; Stigger, 2009). Sob essa ótica, compreendemos o lazer como tema atual, interdisciplinar e transversal na produção do conhecimento em vários campos, como educação, cultura, saúde, ambiente, qualidade de vida, entre outros voltados para a compreensão das práticas humanas e produção da vida social (Carvalho, 2006; Oliveira, 2014).

Por consequência, acreditamos que se faz necessário o conhecimento ampliado sobre o lazer, em uma perspectiva crítica, para além dos grupos de pesquisa específicos sobre a temática. Considerando tal necessidade, bem como o entendimento, conforme Minayo (2001), de que no processo de investigação científica compete ao pesquisador o estudo aprofundado de conceitos e teorias relevantes à análise crítica do objeto de estudo, o Gepecc tem buscado aproximar e articular seus estudos de referenciais das pesquisas em lazer no Brasil, qualificando assim suas reflexões sobre o tema. Tal aproximação e articulação têm produzido valiosas discussões e produções interdisciplinares, além de um olhar ampliado para os sentidos/significados dos estudos do lazer no desenvolvimento humano.

02
CARACTERIZAÇÃO DO GRUPO

O Gepecc foi formado no ano de 2010, logo após o nosso ingresso como docentes na Universidade Federal de São Paulo (Unifesp). No entanto, a idealização do grupo é anterior a essa data, considerando a relação profissional entre seus fundadores, mantida desde o início dos anos 2000. O nome grupo assim como seu foco e escopo foram definidos considerando tanto a especificidade de nossa formação – todos professores de educação física – quanto nossa atuação profissional, que, naquele momento, se estenderia também para a saúde e educação, haja vista as atribuições docentes de natureza interdisciplinar na Unifesp e os deveres inerentes à formação profissional em diferentes cursos e *campi* da instituição – Baixada Santista (Instituto Saúde e Sociedade) e Guarulhos (Escola de Filosofia, Letras e Ciências Humanas).

Nessa perspectiva, o Gepecc foi criado visando congregar estudantes de graduação e pós-graduação, docentes e demais profissionais interessados em estudos e pesquisas sobre corpo e cultura em inter-relação com educação, saúde, educação física, pedagogia e áreas afins. A atuação do grupo tem buscado compreender esses campos do saber a partir de referenciais das ciências humanas e da saúde, fomentando reflexões, desenvolvendo pesquisas e intervenções. O Gepecc está cadastrado no Diretório de Grupos de Pesquisa da Plataforma Lattes – CNPq, na área predominante de ciências da saúde e educação física. Desde 2010, o grupo tem contado com a participação de estudantes e profissionais da educação física, fisioterapia, terapia ocupacional, psicologia, enfermagem, pedagogia e ciências sociais, reafirmando, assim, seu caráter interdisciplinar.

São cinco as linhas de pesquisa definidas no grupo, apresentadas no Quadro 1.

QUADRO I: LINHAS DE PESQUISA DO GEPECC E RESPECTIVOS COORDENADORES[01]

LINHA DE PESQUISA	COORDENAÇÃO
I. Corpo, cultura e políticas públicas de esporte e lazer	Nara Rejane Cruz de Oliveira
2. Corpo, cultura e atenção à saúde do estudante	Nara Rejane Cruz de Oliveira
3. Corpo e cultura: saberes e práticas corporais	Adalberto dos Santos Souza
4. Educação, práticas corporais e saúde	Rogério Cruz de Oliveira
5. Infância, aprendizagem e desenvolvimento: saúde, corpo e cultura	Nara Rejane Cruz de Oliveira

A articulação com o lazer tem se destacado nos projetos de todas as linhas de pesquisa, dada a sua transversalidade e natureza interdisciplinar (Carvalho, 2006; Marcellino, 2010). Entretanto, a linha 1, criada em 2015, vem concentrando os estudos e pesquisas mais específicos referentes à temática, com foco em políticas públicas. Isso porque o Gepecc assumiu, juntamente com o Grupo Interdisciplinar de Estudos do Lazer da Universidade de São Paulo (Giel/USP/CNPq), a coordenação do Centro de Desenvolvimento de Pesquisa em Políticas de Esporte e de Lazer da Rede Cedes (Centros de Desenvolvimento de Esporte Recreativo e de Lazer – Ministério do Esporte) do Estado de São Paulo, aprovado em chamada pública e financiado pelo Ministério do Esporte, conforme o Quadro 2, a seguir:

01
Todos os quadros e tabelas aqui presentes foram elaborados pelos autores.

QUADRO 2: DESCRIÇÃO DO PROJETO DA REDE CEDES SÃO PAULO

Centro de Desenvolvimento de Pesquisa em Políticas de Esporte e de Lazer no Estado de São Paulo: uma parceria entre os Sistemas Federal (Unifesp) e Estadual (USP) de Ensino e Pesquisa

Descrição: o Centro de Desenvolvimento de Pesquisa em Políticas de Esporte e de Lazer da Rede Cedes (Ministério do Esporte) do Estado de São Paulo tem a perspectiva de potencializar o desenvolvimento acadêmico-científico da região, assim como de promover a reflexão sobre o desenvolvimento de políticas de esporte e lazer qualificadas e socialmente referenciadas, especialmente no contexto da formação de agentes para atuação nesse campo.

Objetivos gerais: criar, estruturar e desenvolver, com instituições em regiões emergentes de São Paulo (Unifesp Baixada Santista e USP Leste), polos inéditos de pesquisas com vistas à qualificação das políticas públicas de esporte e lazer, levando em conta a demanda por conhecimento científico socialmente referenciado e sua divulgação (tanto no âmbito acadêmico quanto comunitário); o fomento à inovação e ao desenvolvimento regional; a necessidade de formação para atuação crítica no campo do esporte e lazer; e a compreensão e análise ampliada das políticas públicas de esporte e lazer e suas repercussões no contexto dos megaeventos esportivos, especialmente no estado de São Paulo.

Objetivos específicos: mapear e analisar as políticas públicas de esporte e lazer no âmbito nacional (fomentadas pelo Ministério do Esporte) e regional (estado de São Paulo e os municípios de Santos e São Paulo, entre outros da região metropolitana de São Paulo e Baixada Santista), identificando a possível inter-relação destas com a política dos megaeventos esportivos e seus legados em diferentes áreas (educação, ensino, saúde, entre outras); promover o intercâmbio de conhecimentos e experiências sobre a temática em âmbito regional, nacional e internacional no contexto acadêmico (outros centros e grupos de pesquisa de instituições nacionais e internacionais) e não acadêmico (secretarias de esporte e lazer dos municípios, comunidade em geral); e contribuir para a formação crítica e assessoramento tanto da comunidade acadêmica quanto da não acadêmica no estado de São Paulo, especificamente no que se refere às políticas públicas de esporte e lazer, no contexto do possível usufruto dos legados dos megaeventos.

Ações: as ações do Centro têm como eixo atividades sistemáticas e projetos especiais de ensino e pesquisa, especialmente (mas não exclusivamente) na temática dos legados dos megaeventos esportivos.

Fomento e coordenação: aprovado na Chamada Pública 001/2015 do Ministério do Esporte – Portaria 3 de 01/10/2015, DOU n.190, seção 1, de 05/10/2015. A coordenação do Centro de Pesquisa é realizada, na Unifesp, pela professora doutora Nara Rejane Cruz de Oliveira e, na USP, pelo professor doutor Ricardo Ricci Uvinha.

Integrantes: Nara Rejane Cruz de Oliveira – coordenadora; Ricardo Ricci Uvinha – coordenador; Edmur Antonio Stoppa – pesquisador; Adalberto dos Santos Souza – pesquisador; Rogério Cruz de Oliveira – pesquisador; dois estudantes de graduação, dois mestrandos e um doutorando.

Período previsto de atividades: de 2015 a 2019.

Desde o ano de 2015, portanto, os trabalhos do Gepecc vêm se articulando com os referenciais teóricos do Giel, principalmente no que se refere às políticas públicas de esporte e lazer. A parceria entre os dois grupos, iniciada no final do ano de 2014, vem fomentando um rico intercâmbio científico, que favorece maior aproximação dos estudos do Gepecc com os estudos do lazer. Produções e publicações conjuntas, tanto no âmbito dos projetos do Centro de Pesquisa da Rede Cedes quanto no de colaborações em projetos distintos, também têm contribuído para a qualificação do Gepecc no que tange ao conhecimento ampliado e aprofundamento de questões referentes à transversalidade do lazer em suas pesquisas. O Quadro 3 apresenta as principais produções conjuntas dos dois grupos até o momento, envolvendo direta ou indiretamente a temática do lazer.

QUADRO 3: SÍNTESE DE PRODUÇÕES CONJUNTAS DO GEPECC E DO GIEL

ANO	TIPO DE PRODUÇÃO	DADOS DA PRODUÇÃO
2014	Mesa-redonda	UVINHA, R. R. Lazer, cultura e saúde: algumas reflexões. *III Colóquio Educação Física e Ciências Sociais em Diálogo*. Organização do colóquio: Gepecc
2016	Simpósio	UVINHA, R. R.; AMARAL, S. C. F.; OLIVEIRA, N. R. C.; MEZZADRI, F. Leisure, Tourism and Sports as an Interdisciplinary Approach of the Olympic Legacy. *International Convention on Science, Education and Medicine in Sport (Icsemis)*[02] Organização do simpósio: Giel
	Artigo	BENDIKOVA, E.; UVINHA, R. R.; PINES JUNIOR, A. R.; OLIVEIRA, N. R. C. Leisure Time of Children and Youth in Slovakia and Brazil through Physical Education and Sports. *European Researcher*. 2016, vol. 104, pp. 184-192.
2017	Organização de evento	BRICS Inaugural Conference of Exercise and Sports Science – Santos, Brazil.
	Artigo	UVINHA, R. R.; PEDRÃO, C. C.; STOPPA, E. A.; ISAYAMA, H. F.; OLIVEIRA, N. R. C. Leisure practices in Brazil: a national survey on education, income, and social class. *World Leisure Journal*. 2017, vol. 59, pp. 1-12.
	Curso	UVINHA, R. R.; OLIVEIRA, N. R. C. *Os Megaeventos Esportivos e as Políticas Públicas de Esporte e Lazer no Brasil*. Curso de verão ministrado na USP. Coordenação: Giel e Gepecc
2018	Capítulo em livro	HENRIQUE, T. S.; UVINHA, R. R. Lazer e sociabilidade no cotidiano universitário: uma análise dos estudantes da Universidade de São Paulo. Em: OLIVEIRA, N. R. C. de. (org.). Em: *Qualidade de vida, esporte e lazer no cotidiano do universitário*. Campinas: Papirus, 2018, vol. 1, pp. 125-141. Organização do livro: Gepecc

---

02
Participaram ainda desse simpósio a professora doutora Silvia Cristina Franco Amaral (Grupo de Estudos e Pesquisa em Políticas Públicas e Lazer, Universidade Estadual de Campinas) e o professor doutor Fernando Marinho Mezzadri, (Centro de Estudos em Esporte, Lazer e Sociedade, Universidade Federal do Paraná).
O Icsemis é um evento científico e multidisciplinar, promovido pelas seguintes entidades: International Council of Sport Science and Physical Education (Icsspe), International Olympic Committee (IOC), International Paralympic Committee (IPC) e International Federation of Sports Medicine (Fims). É realizado desde 2008 no país-sede dos Jogos Olímpicos e Paralímpicos, em data próxima a estes. No ano de 2016, ocorreu na cidade de Santos e foi sediado pela Unifesp.

QUADRO 4: O LAZER NAS PESQUISAS DO GEPECC

PERÍODO	NATUREZA	TÍTULO	OBJETIVOS GERAIS	INTERLOCUÇÃO COM O LAZER	COORD.	FOMENTO
2014-2017	Extensão	Observatório de Saúde, Esporte e Lazer do Estudante Universitário (Observe)	Constituir-se como lócus de reflexões e ações relacionadas à promoção da saúde e qualidade de vida do estudante universitário, no contexto da atual política de acesso e permanência estudantil no ensino superior público federal brasileiro.	Fomento ao acesso às práticas esportivas e de lazer pelos estudantes no cotidiano universitário.	Nara R. C. Oliveira	CNPq e Pró-Reitoria de Assuntos Estudantis (Prae) da Unifesp
2011-2013	Extensão	Esporte Clube Unifesp	Oportunizar a prática esportiva no tempo livre de técnicos administrativos, corpo docente e discente e demais funcionários da Unifesp.	A oferta de práticas esportivas como alternativa viável de uso do tempo livre da comunidade da Unifesp, tendo a saúde como eixo central de intervenção. Esse projeto está alicerçado no tripé esporte-lazer-saúde, que, por meio de ações educativas, visa contribuir para a formação de pessoas autônomas perante os desafios da modernidade.	Rogério C. Oliveira	Pró-Reitoria de Extensão (Proex) da Unifesp
2013-2016	Pesquisa	Esporte e lazer no contexto da política de assistência estudantil das universidades públicas federais brasileiras: limites e possibilidades	Identificar os limites e possibilidades para o desenvolvimento de programas de esporte e lazer voltados para estudantes de graduação, no contexto da política de assistência estudantil das universidades públicas federais brasileiras.	Lazer como política pública no contexto do Programa Nacional de Assistência Estudantil (Pnaes), instituído pelo decreto presidencial n° 7.234, de 19 de julho de 2010.	Nara R. C. Oliveira	CNPq

Além das produções mencionadas, outras estão em processo de elaboração, a exemplo de alguns artigos e capítulos de livros, com previsão de publicação entre 2018 e 2019. Destaca-se, também, a participação do Gepecc em bancas de pós-graduação do Giel e vice-versa, favorecendo o intercâmbio de referenciais teórico-metodológicos entre os grupos.

Além da importante interlocução com o Giel e dos projetos conjuntos, é importante evidenciar os principais projetos do Gepecc, nos quais o lazer se sobressai. Desde 2010, foram 27 projetos de pesquisa desenvolvidos pelo grupo, abarcando estudantes de graduação e pós-graduação, além de dois projetos de extensão. No quadro 4, apresentamos os principais projetos do grupo, já finalizados, desenvolvidos com fomento. São dois projetos de extensão, além do principal projeto de pesquisa – considerado "guarda-chuva"

Para além dos projetos mencionados, também é importante apresentar as principais pesquisas de iniciação científica (IC), trabalhos de conclusão de curso (TCC), dissertações de mestrado e teses de doutorado orientadas pelos pesquisadores do Gepecc, que envolvem o lazer como tema transversal e/ou categoria de análise relacionada ao objeto de estudo. No quadro a seguir, foram consideradas como principais as pesquisas desenvolvidas (ou em desenvolvimento) com fomento (bolsa). Entretanto, é importante registrar que, de 2010 até 2017, foram quase trinta orientações concluídas, no total.

QUADRO 5: ORIENTAÇÕES E TRANSVERSALIDADE DO LAZER

ANO	ORIENTAÇÕES
2014	Caio Vinicius Infante de Melo. *A investigação do uso de internet, jogos eletrônicos e redes sociais virtuais por estudantes universitários*. IC/TCC (Graduação em psicologia) – Universidade Federal de São Paulo, Conselho Nacional de Desenvolvimento Científico e Tecnológico. Orientadora: Nara Rejane Cruz de Oliveira.
	Aellanene Guimarães. *Comunidade Quilombola dos Arturos: as práticas corporais nas guardas do Congo e Moçambique e a EF escolar*. Dissertação (Mestrado em processos socioeducativos e práticas escolares) – Universidade Federal de São João Del-Rei, Coordenação de Aperfeiçoamento de Pessoal de Nível Superior. Co-orientador: Adalberto dos Santos Souza.
2015	Caio Ramos de Toledo. *Pedagogia do esporte e kung fu: inter-relações entre saúde e qualidade de vida*. IC (Graduação em Educação Física) – Universidade Federal de São Paulo, Conselho Nacional de Desenvolvimento Científico e Tecnológico. Orientador: Rogério Cruz de Oliveira.
	Túllio Pieroni Toledo. *Investigação da saúde mental e qualidade de vida de estudantes universitários de uma universidade pública federal*. Dissertação (Mestrado em interdisciplinar em ciências da saúde) – Universidade Federal de São Paulo. Co-orientadora: Nara Rejane Cruz de Oliveira.
2016	Larissa Cavalcante Pires. *Autoestima e qualidade de vida de estudantes universitários*. IC/TCC (Graduação em psicologia) – Universidade Federal de São Paulo, Conselho Nacional de Desenvolvimento Científico e Tecnológico. Orientadora: Nara Rejane Cruz de Oliveira.

2017	Marília Merle Tirintan. *Corpos em movimento: a relação corpo e saúde na experiência da dança*. Dissertação (Mestrado em interdisciplinar em ciências da saúde) – Universidade Federal de São Paulo, Campus Baixada Santista, Coordenação de Aperfeiçoamento de Pessoal de Nível Superior. Orientador: Rogério Cruz de Oliveira.
	Larissa Cavalcante Pires. *Políticas públicas de esporte e lazer para o idoso: os jogos regionais do estado de São Paulo*. Início: 2017. Dissertação (Mestrado em interdisciplinar em ciências da saúde) – Universidade Federal de São Paulo, Campus Baixada Santista, Coordenação de Aperfeiçoamento de Pessoal de Nível Superior. Orientadora: Nara Rejane Cruz de Oliveira.
	Juliana Rocha Adelino Dias. *Educação física escolar, corpo e saúde no contexto do ensino médio*. Início: 2017. Tese (Doutorado em interdisciplinar em ciências da saúde) — Universidade Federal de São Paulo, Coordenação de Aperfeiçoamento de Pessoal de Nível Superior. Orientador: Rogério Cruz de Oliveira.
	Benecta Patrícia Fernandes e Fernandes. *Jogos e brincadeiras na educação física escolar: proposta para a educação para o lazer*. Início: 2017. Tese (Doutorado em ciências do movimento humano) – Universidade Metodista de Piracicaba, Coordenação de Aperfeiçoamento de Pessoal de Nível Superior. Coorientador: Adalberto dos Santos Souza.

No que diz respeito à produção bibliográfica do Gepecc, ao longo desses anos foram mais de trinta trabalhos produzidos, como artigos científicos, apresentações em congressos nacionais e internacionais e palestras, entre outros, abordando direta ou indiretamente o lazer. O próximo quadro apresenta as principais publicações do grupo nas quais o lazer é abordado. Consideraram-se apenas os artigos publicados em periódicos de 2010 a março de 2018, assim como livros e capítulos no mesmo período, excluindo-se ainda os trabalhos já mencionados no Quadro 3.

QUADRO 6: PRINCIPAIS PUBLICAÇÕES DO GEPECC

ANO	PUBLICAÇÕES
2011	SOUZA, A. S. "Os espaços públicos de lazer da cidade de São João del-Rei: necessidades e perspectivas". Em: ADÃO, K. S.; SADI, R. S. (org.). *Lazer em São João del-Rei: aspectos históricos, conceituais e políticos.* São João del-Rei: Universidade Federal de São João del-Rei, 2011. pp. 61-92.
2012	OLIVEIRA, N. R. C. "Esporte e lazer na assistência estudantil". Em: Fórum Nacional de Pró-Reitores de Assuntos Comunitários e Estudantis; Associação Nacional dos Dirigentes das Instituições Federais de Ensino Superior (org.). *Fonaprace: Revista comemorativa 25 anos – histórias, memórias e múltiplos olhares.* Uberlândia: UFU, Proex, 2012. pp. 187-189.
2013	FRAGA, V. M.; NOVELLI, M. M. P. C.; FERREIRA, S. E.; OLIVEIRA, R.C. "Significados da atividade física para mulheres idosas". *Revista Brasileira de Pesquisa em Saúde.* 2013, vol. 15, pp. 59-68.
2014	OLIVEIRA, C. F. B.; OLIVEIRA, R. C. "Lazer e esportes: textos didáticos". *Impulso: Revista de Ciências Sociais e Humanas,* 2014, vol. 24, pp. 63-65.
2016	SOUZA, A. S.; SILVA, C. L.; FERNANDES, B. P. F. E.; MARTINS, I. C. "Entre o tradicional e o eletrônico: significados do brincar para crianças de uma escola pública de Piracicaba-SP". *Revista Brasileira de Estudos do Lazer,* 2016, vol. 3, pp. 74-96.
2017	OLIVEIRA R.C. "A 'maior zoeira' na escola: experiências juvenis na periferia de São Paulo". *Educar em Revista,* 2017, vol. 33, pp. 321-326.
2018	OLIVEIRA, N. R. C. (org.). *Qualidade de vida, esporte e lazer no cotidiano do universitário.* Campinas: Papirus, 2018. OLIVEIRA, N. R. C. "Políticas públicas de esporte e lazer para estudantes universitários: primeiras aproximações". Em: OLIVEIRA, N. R. C. (org.). *Qualidade de vida, esporte e lazer no cotidiano do universitário.* Campinas: Papirus, 2018, pp. 43-48. SOUZA, A. S. "Por uma educação para o lazer também na universidade". Em: OLIVEIRA, N. R. C. (org.). *Qualidade de vida, esporte e lazer no cotidiano do universitário.* Campinas: Papirus, 2018, pp. 193-204. OLIVEIRA, R. C. "Esporte, lazer e saúde em uma extensão universitária". Em: OLIVEIRA, N. R. C. (org.). *Qualidade de vida, esporte e lazer no cotidiano do universitário.* Campinas: Papirus, 2018, pp. 113-124.

Desde sua criação, o Gepecc tem buscado ampliar a qualificação de seus referenciais teórico-metodológicos, tanto em relação às temáticas específicas quanto no que concerne aos temas transversais, a exemplo do lazer.

Compreender o lazer em uma perspectiva crítica não é tarefa fácil, pois requer um campo de produção de conhecimento comprometido com a humanização e a ruptura com o lazer e a produção alienados, como ponderam Gomes e Elizalde (2014).

Ao mesmo tempo, os trabalhos e projetos oriundos do Gepecc, ao que nos parece, vêm repercutindo positivamente, considerando o reconhecimento dos nossos pares e as parcerias/interlocuções com grupos de pesquisa consolidados no campo do lazer.

03
CONSIDERAÇÕES FINAIS

O objetivo deste capítulo foi apresentar o Grupo de Estudo e Pesquisa Corpo e Cultura – Gepecc, descrevendo e analisando suas principais ações e produções, articuladas à pesquisa em lazer no Brasil. Uma vez que se trata de grupo de pesquisa interdisciplinar, e não especificamente focado nos estudos do lazer, as articulações com esse tema foram apresentadas, principalmente, na perspectiva da transversalidade do lazer.

Sob essa ótica, reitera-se o lazer como um campo de pesquisa em expansão, relevante e merecedor de olhares críticos. Ainda há muito a ser discutido, seja na perspectiva da fundamentação teórica, seja no diálogo acerca de políticas públicas. É nessa busca que seguimos.

04
REFERÊNCIAS

BENDIKOVA, E. *et al.* "Leisure Time of Children and Youth in Slovakia and Brazil through Physical Education and Sports". *European Researcher*, 2016, vol. 104, pp. 184-192.

CARVALHO, J. E. (org.). *Lazer no espaço urbano: transversalidade e novas tecnologias*. Curitiba: Champagnat, 2006.

FRAGA, V. M. *et al.* "Significados da atividade física para mulheres idosas". *Revista Brasileira de Pesquisa em Saúde*, 2013, vol. 15, pp. 59-68.

GOMES, C. L.; ELIZALDE, R. "Produção de conhecimentos sobre o lazer na América Latina". Em: ISAYAMA, H. F.; OLIVEIRA, M. A. T. (org.). *Produção de conhecimento em estudos do lazer: paradoxos, limites e possibilidades*. Belo Horizonte: Editora UFMG, 2014. pp. 113-138.

HENRIQUE, T. S.; UVINHA, R. R. "Lazer e sociabilidade no cotidiano universitário: uma análise dos estudantes da Universidade de São Paulo". Em: OLIVEIRA, N. R. C. de. (org.). *Qualidade de vida, esporte e lazer no cotidiano do universitário*. Campinas, SP: Papirus, 2018. pp. 125-141.

MARCELLINO, N. C. "Lazer e cultura: algumas aproximações". Em: _____ (org.). *Lazer e cultura*. Campinas: Alínea, 2007, pp. 9-30.

_____. "Contribuições de autores clássicos, modernos e contemporâneos para os estudos do lazer". *Licere*. Belo Horizonte: dez. 2010, vol. 13, n. 4, pp. 1-42.

MINAYO, Maria Cecília de Souza (org.). *Pesquisa social: teoria, método e criatividade*. 18. ed. Petrópolis: Vozes, 2001.

OLIVEIRA, C. F. B.; OLIVEIRA, R. C. "Lazer e esportes: textos didáticos". *Impulso: Revista de Ciências Sociais e Humanas*, 2014, vol. 24, pp. 63-65.

OLIVEIRA, N. R. C. "Esporte e lazer na assistência estudantil". Em: Fórum Nacional de Pró-Reitores de Assuntos Comunitários e Estudantis; Associação Nacional dos Dirigentes das Instituições Federais de Ensino Superior (org.). *Fonaprace: Revista comemorativa 25 anos: histórias, memórias e múltiplos olhares*. Uberlândia: UFU, Proex, 2012, pp. 187-189.

_____. (org.). *Qualidade de vida, esporte e lazer no cotidiano do universitário*. Campinas: Papirus, 2018.

_____. "Políticas públicas de esporte e lazer para estudantes universitários: primeiras aproximações". Em: _____ (org.). *Qualidade de vida, esporte e lazer no cotidiano do universitário*. Campinas: Papirus, 2018, pp. 43-48.

OLIVEIRA, R. C. "A 'maior zoeira' na escola: experiências juvenis na periferia de São Paulo". *Educar em Revista*, 2017, vol. 33, pp. 321-326.

_____. "Esporte, lazer e saúde em uma extensão universitária". Em: OLIVEIRA, N. R. C. (org.). *Qualidade de vida, esporte e lazer no cotidiano do universitário*. Campinas: Papirus, 2018, pp. 113-124.

SOUZA, A. S. "Os espaços públicos de lazer da cidade de São João del-Rei: necessidades e perspectivas". Em: ADÃO, K. S.; SADI, R. S. (org.). *Lazer em São João del-Rei: aspectos históricos, conceituais e políticos*. Universidade Federal de São João del-Rei. São João del-Rei: 2011.

_____. et al. "Entre o tradicional e o eletrônico: significados do brincar para crianças de uma escola pública de Piracicaba-SP". *Revista Brasileira de Estudos do Lazer*, 2016, vol. 3, pp. 74-96.

_____. "Por uma educação para o lazer também na Universidade". Em: OLIVEIRA, N. R. C. (org.). *Qualidade de vida, esporte e lazer no cotidiano do universitário*. Campinas: Papirus, 2018, pp. 193-204.

STIGGER, M. P. "Lazer, cultura e educação: possíveis articulações". *Revista Brasileira de Ciências do Esporte*, 2009, vol. 30, n. 2, pp. 74-96.

UVINHA, R. R. *et al*. "Leisure practices in Brazil: a national survey on education, income, and social class". *World Leisure Journal*, 2017, vol. 59, pp. 1-12.

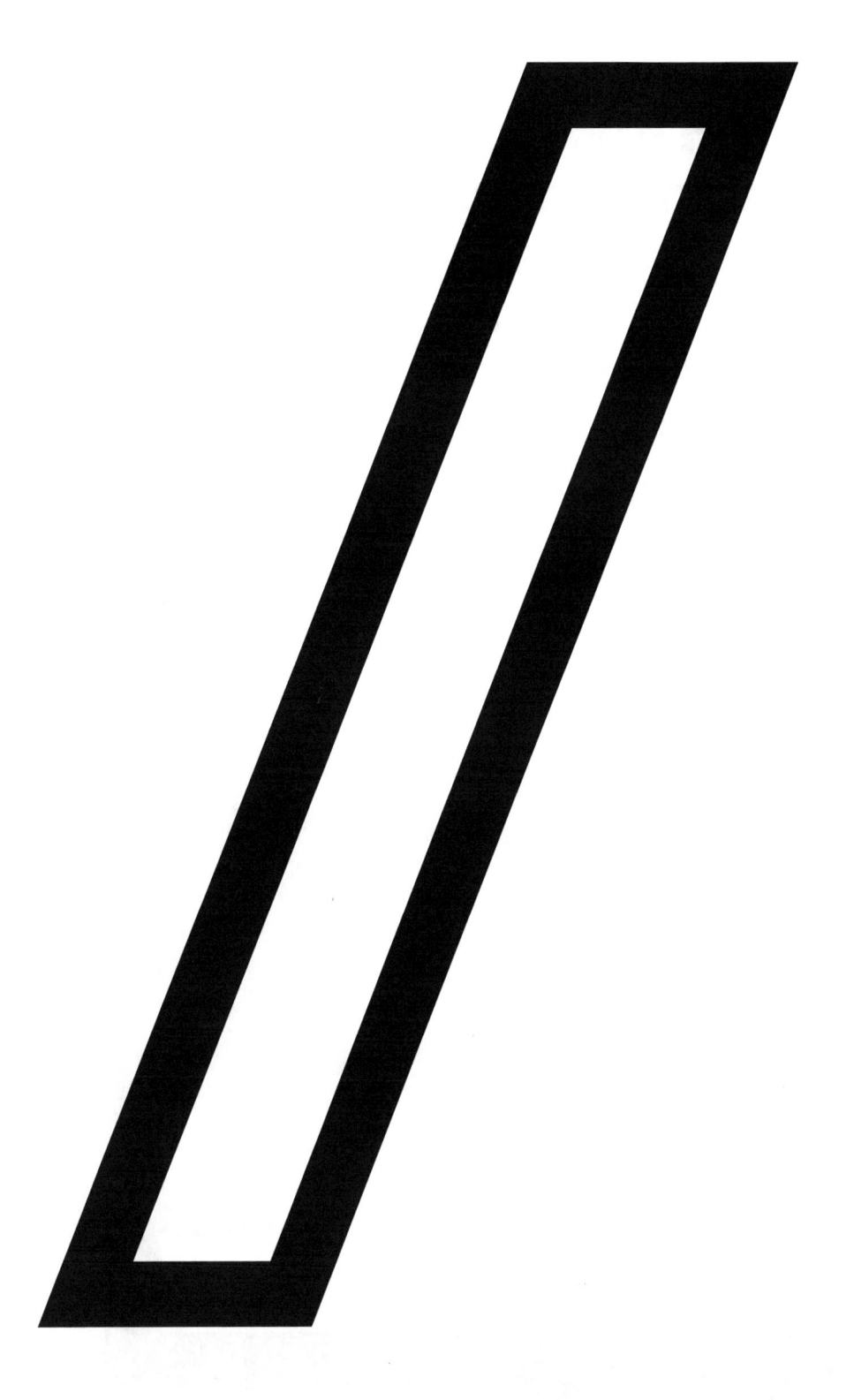

Em busca dos significados das ações humanas: as interlocuções entre lazer, práticas corporais e cultura no âmbito do estudo e da pesquisa no Gelc

Cinthia Lopes da Silva

01
INTRODUÇÃO

Tratar do lazer no Brasil a partir das produções dos grupos de pesquisa do país é um fato que, por si só, já indica que o tema é, há algum tempo, foco de estudo e de pesquisa, fazendo parte da produção e do pensamento científico no país. Foi com esse ponto de vista, e com esse entendimento, que se formou o Grupo de Estudo e Pesquisa em Lazer, Práticas Corporais e Cultura (Gelc), do qual sou coordenadora. O grupo, cadastrado na base de dados do CNPq em agosto de 2010, reúne pesquisadores e estudantes de graduação e pós-graduação em educação física vinculados às instituições Unimep – Universidade Metodista de Piracicaba-SP e Unicentro – Universidade Estadual do Centro-Oeste-PR, sendo coordenado, inicialmente, por mim e pelo professor doutor Emerson Luís Velozo (Unicentro). Em agosto de 2017, a professora doutora Ana Carolina Capellini Rigoni assumiu a cocoordenação do grupo, no lugar do professor doutor Emerson Velozo, dado seu vínculo de trabalho com a Unimep, onde, como eu, é membro da linha de pesquisa Pedagogia do Movimento e Lazer, do Programa de Pós-Graduação em Ciências do Movimento Humano (PPG-CMH/Unimep). Atualmente, a professora Ana Carolina está vinculada à Universidade Federal do Espírito Santo (Ufes); ainda assim, mantém sua participação no grupo como cocoordenadora. O professor doutor Emerson L. Velozo também permanece na equipe, como pesquisador.

O grupo tem como foco o estudo e desenvolvimento de pesquisas em lazer e práticas corporais, tomando como base um referencial sociocultural, que alimenta suas duas linhas de pesquisa: Lazer e Práticas Corporais na Contemporaneidade e Pedagogia do Movimento e Lazer. Seus membros participam de congressos nacionais e internacionais na área de educação física e das ciências humanas, assim como em eventos científicos voltados especificamente à temática do lazer. A produção acadêmica do grupo abrange periódicos nacionais e internacionais da área de educação física, comunicação e educação, além de publicações em periódicos especializados na temática do lazer. O grupo teve, nos anos iniciais de sua criação, participação no âmbito das políticas públicas por meio da interlocução com a Rede Cedes.

Desde o ano de 2010 o grupo tem formado diversos mestres e, a partir de 2013, vem recebendo doutorandos vinculados ao novo PPG-CMH/Unimep (com cursos de mestrado e doutorado), que se originou da fusão dos antigos Mestrado em Educação Física e Mestrado em Fisioterapia/Unimep. Em termos de recursos humanos, os dados do grupo, baseados no ano de 2017, são:

- nível doutorado (seis pesquisadores e três estudantes);
- nível mestrado (sete pesquisadores e seis estudantes);
- nível graduação (dois pesquisadores e três estudantes).

Até o momento, o grupo contribuiu para a formação de catorze mestres, uma doutora e um pós-doutorado, todos vinculados ao antigo curso de mestrado em educação física/Unimep e o PPG-CMH/Unimep. Há que se fazer referência, também, aos alunos de graduação vinculados ao grupo para o desenvolvimento de iniciação científica. No total, já foram concluídas quinze iniciações científicas, três delas contempladas, nos últimos três anos, com prêmios locais da Unimep na categoria iniciação científica com bolsa CNPq:

- ano de 2015 – iniciação científica *Histórias em quadrinhos de super-heróis: educação para o lazer no âmbito escolar*, desenvolvida por Silvio Rossi Filho, primeiro colocado pela área das Ciências Humanas;

- ano de 2016 – iniciação científica *Jogos Olímpicos 2016: megaeventos no Brasil e as políticas públicas de esporte e lazer*, desenvolvida por Nathalia Sara Patreze, primeira colocada pela área de Ciências da Saúde e da Vida. A aluna foi selecionada pela Unimep para concorrer à etapa nacional, organizada pelo CNPq, do concurso de premiação de iniciação científica;

- ano de 2017 – iniciação científica *Jogos olímpicos 2016: impactos sociais e significados para pesquisadores de políticas públicas de esporte e lazer*, desenvolvida por Nathalia Sara Patreze, segunda colocada pela área das ciências humanas.

Vale mencionar, também, que o grupo já teve dois integrantes do ensino médio, alunos do Colégio Técnico de Campinas (Cotuca), da Universidade Estadual de Campinas – Unicamp, desenvolvendo pesquisa de Iniciação Científica Júnior, com bolsa do CNPq. São eles Júlia Martins e Melo e Carlos Avelar Martins de Sousa, que desenvolveram, juntos, a investigação chamada *Os significados dos jogos eletrônicos para jovens de uma escola de ensino médio técnico de Campinas-SP*, concluída no ano de 2014.

A produção científica anual do grupo inclui livros, capítulos de livros, artigos científicos, textos completos e resumos de congressos. Até o momento, são cerca de cinquenta artigos, quatro livros e seis capítulos de livros produzidos pelo grupo, de 2010 a 2017. Há também um evento científico bianual, idealizado pelo Gelc e promovido com a colaboração de parceiros – o Colóquio Educação Física e Ciências Sociais em diálogo, cuja quinta edição, a ser realizada na cidade de São Paulo, está prevista para o ano de 2018. Ao longo de sua trajetória, talvez o projeto de pesquisa que gerou mais produtos científicos finais tenha sido o projeto mãe *Quadrinhos e super-heróis: educação para o lazer*, desenvolvido de 2013 a 2016 e financiado pelo CNPq. Esse projeto deu origem a outro maior, de elaboração recente, intitulado *Lazer, educação e tecnologia: construção de histórias em quadrinhos em aulas de educação física no ensino fundamental*, cujo financiamento foi aprovado pela Fapesp, na linha Melhorias do Ensino Público. Iniciado em 2018, conta com a colaboração de vários doutores, mestres e professores de escola pública vinculados à Unimep, a outras instituições de ensino do Brasil e a grupos de pesquisa.

A partir dessa breve apresentação do grupo, pode-se notar que, embora seja relativamente jovem, o Gelc é bastante ativo em seu propósito de produzir conhecimentos com foco nos estudos do lazer e de formar recursos humanos para atuação no âmbito da pesquisa, do ensino e do trabalho profissional voltado ao lazer, com a especificidade das práticas corporais, na relação com a área da educação física ou com o movimento humano.

A base teórica do Gelc remonta aos estudos que eu e meus atuais parceiros na coordenação do grupo fizemos na graduação e pós-graduação, cujo referencial cultural, para a área da educação física, fundamentava-se na antropologia social, com Marcel Mauss e Clifford Geertz como principais pensadores, além de Jocimar Daolio. No entanto, para além dessas referências, no meu caso tive a oportunidade de acesso a leituras e experiências adicionais durante o mestrado em educação física (Faculdade de Educação Física – Unicamp), na área de estudos do lazer, por meio das aulas com professores especialistas no tema, como os professores doutores Lino Castellani Filho, Heloísa Baldy Reis e Luiz Octávio Carmargo – este último tendo, inclusive, ministrado uma disciplina, como convidado, no Programa de Pós-Graduação em Educação Física na Unicamp. Na mesma época, participei de vários encontros do Grupo de Estudos de Educação Física e Saúde Coletiva da Universidade de São Paulo (USP) (participação de 2002 a 2005), por meio do contato com a professora Yara Maria de Carvalho, que ofereceu uma disciplina relacionada aos estudos do lazer e cujo grupo de pesquisa, o qual coordenava, tinha uma das linhas de estudo voltada ao lazer.

Esse percurso foi complementado após o doutorado, ao ingressar, como docente, no curso de mestrado em Educação Física da Unimep e estabelecer um vínculo inicial com o Grupo de Pesquisas em Lazer (GPL), que esteve ativo até o ano de 2013, coordenado pelo professor doutor Nelson Carvalho Marcellino. Foi com esse grupo que pude, durante o período de cerca de um ano e meio, estudar a teoria do lazer, mediante leituras específicas e acessos às produções do grupo. Discutir as produções do professor Marcellino, em conjunto com seus orientandos e parceiros de diversas regiões do Brasil, permitiu a familiarização com um tratamento teórico do lazer proveniente da sociologia. A esse encontro teórico resultante do entrelaçamento de meu percurso com o de meus parceiros denomino eixo sociocultural – um encontro que se dá a partir dos estudos antropológicos e sociológicos aplicados.

Esse encontro teórico foi possível inicialmente em decorrência do próprio conceito de lazer formulado por Marcellino (2003, p. 31) que se fundamenta na cultura em seu sentido antropológico: "[...] a cultura – compreendida no seu sentido mais amplo – vivenciada (praticada ou fluída) no 'tempo disponível'. O importante, como traço definidor, é o caráter 'desinteressado' dessa vivência. [...]". O sentido de cultura que o autor considera é fundamentado nos estudos de Macedo (1979, p. 35): "conjunto global de modos de fazer, ser, interagir e representar que, produzidos socialmente, envolvem simbolização e, por sua vez, definem o modo pelo qual a vida social se desenvolve". Ou seja, a autora considera o elemento simbólico para compreender o modo pelo qual a vida social se desenvolve; esse aspecto é importante para os argumentos que irei utilizar para a discussão do problema base do lazer na sociedade contemporânea, de acordo com os estudos e pesquisas do Gelc até o momento.

Macedo (1979) aponta esse conceito de cultura; no entanto, o Gelc tem se debruçado, também, sobre referenciais de outros antropólogos que, ao tratarem da cultura, avançam em certo sentido, por considerarem que a mesma é dinâmica, produzida de modo contínuo pelos sujeitos na vida social, não havendo, assim, significados ou símbolos que possam se manter "rígidos" ou "fixos" sob um olhar mais atento para os sujeitos que o estão produzindo e para o conjunto de fatores que envolvem a vida social. Temos, portanto, nos apoiado em Geertz (1989, p. 15) como o principal autor para a discussão do tema: "[...] acreditando, como Max Weber, que o homem é um animal amarrado a teias de significados que ele mesmo teceu, assumo a cultura como sendo essas teias e a sua análise [...]". Ou seja, se as teias de significados se configuram à semelhança das teias de aranha, elas são continuamente produzidas, e o caminho por onde se formam é sempre novo, o que implica a necessidade de atenção e análise às teias de significados formadas. É desse modo que temos estudado as práticas corporais vivenciadas no âmbito do lazer, no Gelc – a partir de um olhar que procura ser atento, de perto e de dentro (parafraseando o antropólogo brasileiro José Guilherme Magnani) com relação aos sujeitos e grupos sociais estudados em suas corridas, jogos, ginásticas, manifestações corporais em geral e práticas corporais realizadas no tempo disponível. Aqui fazemos a opção pela expressão "práticas corporais" – e não por "atividade física" –, baseando-nos em estudos que sinalizam que a designação "práticas corporais" tem significado, no campo da educação física, as manifestações humanas que constituem a cultura corporal ou cultura corporal de movimento, sendo explicadas a partir de aportes teóricos que consideram inter-relacionados os aspectos históricos, sociais, culturais, políticos e biológicos, e que, por isso, a discussão não deve se restringir ao aspecto biológico, ao se explicar a ação desenvolvida[01].

Feita essa apresentação inicial do grupo, dedicarei as próximas páginas a tratar do problema que tem sido, de certo modo, um foco em comum de várias pesquisas do Gelc. Relatarei alguns dos resultados de pesquisas acerca desse problema em comum e farei apontamentos para projetos e estudos futuros, por onde o grupo poderá caminhar nos próximos anos.

02
O PROBLEMA DO LAZER NA SOCIEDADE CONTEMPORÂNEA A PARTIR DOS ESTUDOS DO GELC

Discutir sobre o lazer no contexto contemporâneo do Brasil nos remete a pensar no conjunto de significados que são mobilizados no tempo disponível das pessoas e de grupos sociais, que, de um modo sintético, estão relacionados à diversão, ao descanso e ao desenvolvimento pessoal e social, já anunciados, no início das discussões sobre lazer no país, pelo influente sociólogo francês Joffre Dumazedier. O autor parte de um referencial teórico inovador para os anos 1970 no Brasil, centrado em uma visão funcionalista de lazer para explicar as diferentes formas com que os sujeitos, no contexto da sociedade urbano-industrial, utilizam o tempo após obrigações sociais como trabalho e compromissos pessoais, políticos e religiosos. A inovação desse referencial estava justamente no olhar sociológico

---

[01] O termo atividade física significa, na literatura, "gasto de energia"; assim, qualquer movimento corporal feito, desde subir escadas até realizar a prática da corrida no contexto do lazer, é considerado uma atividade física. Para maiores esclarecimentos sobre a discussão do conceito de práticas corporais, ver as referências: Lopes da Silva e Velozo (2015) e Lazzarotti Filho *et al.* (2010).

aplicado ao se tratar da questão, incluindo algumas categorias relacionadas ao lazer como os conteúdos, os gêneros, os níveis, a ação comunitária etc.

Assim, a atitude e o tempo são duas categorias fundamentais para a definição do lazer; ou seja, para Dumazedier (1979), é imprescindível as pessoas terem uma atitude de escolha das atividades a serem vivenciadas no tempo que não seja o das obrigações sociais. Assim, de modo resumido, pode-se considerar que as discussões sobre lazer no Brasil têm sido baseadas nessas duas principais categorias – tempo e atitude –, adotadas de forma praticamente unânime entre os pesquisadores do campo. Com relação ao referencial desse autor, devem também ser consideradas as análises a que já foi submetido, de modo que a discussão possa ser complementada diante das características da sociedade atual, sem desmerecer a validade e importância das obras de Dumazedier (1979, 1980, entre outras) para a história do lazer no Brasil e para seu estudo na contemporaneidade.

Talvez uma das principais críticas a Dumazedier (1979) tenha sido feita por Faleiros (1980, p. 52): "no caso específico do lazer, a maneira como Dumazedier entende-o e elabora suas propostas teórico-metodológicas implica uma explicação que se faz através da estrutura lógica própria do funcionalismo". Faleiros discute a definição de lazer de Dumazedier (1979)[02], apontando que o autor associa as atividades relacionadas ao contexto do lazer à satisfação de algumas necessidades humanas, como descanso, divertimento e entretenimento, entre outras, não considerando aspectos que são fundamentais, como a própria dinâmica histórica, ou seja, restringindo o conceito de lazer às ocupações ou atividades.

Waichman (1980), estudioso argentino, também apresenta uma crítica importante, que incide sobre a noção de desenvolvimento presente nas discussões de Dumazedier (1980), mais voltada para o funcionamento orgânico da sociedade do que imbuída de um sentido de mudança social, de subversão, de criação de algo novo gerado pela imaginação.

Essas duas críticas indicam que é necessária a produção de novos estudos, complementares e atuais, à obra de Dumazedier, a fim de que sejam explicados os significados do lazer na sociedade atual, sobretudo no contexto do Brasil, um país em que a desigualdade social e a multiplicidade cultural são fatores que não podem ser evitados ao se refletir e ao se discutir esse fenômeno social. Ou seja, embora as obras de Dumazedier sejam

---

02
Conceito de lazer de Dumazedier (1979, p. 34): "[...] um conjunto de ocupações às quais o indivíduo pode entregar-se de livre vontade, seja para repousar, seja para divertir-se, recrear-se ou entreter-se ou, ainda, para desenvolver sua informação ou formação desinteressada, sua participação social voluntária ou sua livre capacidade criadora, após livrar-se ou desembaraçar-se das obrigações profissionais, familiares e sociais".

importantes e atuais em vários aspectos, precisam ser continuamente revistas e atualizadas.

Marcellino (1987) talvez seja um dos principais interlocutores da obra de Dumazedier no Brasil, ao lado do professor doutor Luís Octávio Camargo, da Universidade de São Paulo. Marcellino parte de um olhar atento para a relação entre educação e lazer, o que, talvez, seja uma de suas principais contribuições (juntamente com as produções acerca das políticas públicas de esporte e lazer) ao propor novos elementos para a discussão e entendimento do lazer no Brasil. O autor se fundamenta nas principais categorias formuladas por Joffre Dumazedier, em suas diferentes obras, e em um aporte teórico da sociologia de Antonio Gramsci, tendo como base a educação como meio para gerar transformação social a partir do que é vivenciado no âmbito do lazer – ou seja, uma mudança que é cultural necessariamente, para que seja efetiva socialmente.

Assim, o problema que tem se apresentado e repetido nos estudos e pesquisas do Gelc é o modo como os significados, sentidos e aspectos simbólicos relacionados ao lazer têm sido recebidos e produzidos pelos sujeitos e grupos sociais na contemporaneidade. Procurarei enunciar a questão de modo a deixar explícita a maneira como os autores mencionados anteriormente contribuem para a colocação do problema – o que indica, de certo modo, como o Gelc tem caminhado nesses últimos anos em suas pesquisas e conclusões. Em pesquisas com coleta de dados na cidade de Piracicaba-SP, os diferentes sujeitos têm apontado um sentido compensatório às práticas corporais que realizam no tempo disponível. Vejamos alguns exemplos, em forma de resumo, dessas pesquisas.

01 A pesquisa de Godoy e Lopes da Silva (2012) teve como objetivo identificar e analisar os significados do lazer e das práticas corporais para jovens moradores em um abrigo na cidade de Piracicaba. Foi realizada pesquisa de tipo etnográfico. A técnica utilizada foi entrevista semiestruturada. No total foram entrevistados dez moradores do abrigo, cinco rapazes e cinco moças. Os jovens entrevistados associaram o lazer a atividades correspondentes aos conteúdos físico-esportivo, social, artístico, manual e turístico, sendo identificada uma divisão das atividades realizadas por moças e rapazes. Por exemplo, o futebol foi citado pela maioria dos rapazes, e o descanso e a atividade de assistir a novelas, pela maioria das moças. Foi constatado que os jovens trazem uma visão restrita do lazer, associando-o ao descanso e ao divertimento. Os jovens também revelaram restrições sobre as práticas corporais, ao demonstrarem ter como referências dessas práticas somente o esporte e a ginástica;

02   A investigação de Libardi e Lopes da Silva (2014) teve como objetivo identificar e analisar os significados das práticas corporais para os frequentadores do Parque da Rua do Porto, localizado na cidade de Piracicaba-SP. A pesquisa de campo foi realizada por meio do contato com sete entrevistados de 30 a 40 anos. As técnicas utilizadas na pesquisa foram entrevistas semiestruturadas, questionário e observação participante. Após a análise das respostas dos entrevistados, identificaram-se os seguintes resultados: a maioria dos participantes da pesquisa justificou a realização das práticas corporais pelo fator saúde e qualidade de vida, sendo o se sentir bem, o ter prazer, o exercício de higiene mental e a ausência de doença elementos determinantes. Houve também respostas de associação da saúde à aparência física;

03   A pesquisa de Origuela e Lopes da Silva (2014) teve como objetivo identificar e analisar os significados da assistência aos jogos de futebol no bar. A pesquisa de campo foi realizada a partir de observação participante de alguns jogos de futebol assistidos em um bar escolhido previamente na cidade de Piracicaba-SP. Foram realizadas quatro visitas ao bar, investigado em diferentes campeonatos de futebol. Foram entrevistadas catorze pessoas, seguindo um roteiro semiestruturado. Concluiu-se que os significados atribuídos à assistência aos jogos de futebol no bar pelos entrevistados envolvem os interesses físico-esportivo e social do lazer; foi possível compreender, ainda, que o futebol é um "jogo absorvente" por apaixonar as pessoas, absorvê-las de forma a agirem, durante sua transmissão, de modo diferente de seu comportamento cotidiano, realizando atos como gritar, xingar e chorar em público;

04   A investigação de Fernandes *et al.* (2016) teve como objetivo investigar os jogos e brincadeiras tradicionais e eletrônicos, assim como os significados do brincar para crianças, com idade de 9 a 10 anos, de uma escola pública de Piracicaba-SP. A técnica utilizada foi a entrevista semiestruturada. Foram entrevistadas dez crianças, cinco meninos e cinco meninas. Os resultados indicaram que as crianças investigadas, ao brincar, utilizam-se tanto dos jogos e brincadeiras tradicionais como de jogos eletrônicos. Os jogos eletrônicos possuem, também, tradição. O brincar, para essas crianças, está relacionado a um ato coletivo, a aprender coisas novas e, também, a um ato de sentido compensatório em relação às atividades cotidianas.

> Compreender os significados do lazer para as pessoas é fazer uma espécie de mergulho na cultura e nos elementos que constituem a sociedade atual. Assim, nas pesquisas mencionadas identificamos um sentido em comum,

que é o compensatório, quando os sujeitos se referem às práticas corporais no contexto do lazer, seja pelos resultados apontarem diretamente as funções do lazer descanso e divertimento – pesquisa 1 –, como se refere Dumazedier (1979, 1980), seja por indicarem outros termos que sinalizam para essas funções, como é possível notar nos outros exemplos de pesquisas mencionados. Quanto à pesquisa 2, os elementos mencionados pelos entrevistados, que envolvem sensações, bem-estar, saúde etc., estão muito relacionados à necessidade humana de vivenciar sentimentos que possam gerar equilíbrio para os sujeitos em suas obrigações cotidianas, entre as quais o trabalho é a principal. Já na pesquisa 3 se observa que os atos mencionados nos resultados (gritar, xingar e chorar em público) constituem certa liberação social, tolerada para que os sujeitos, ao se manifestarem dessa forma, extravasem suas emoções e voltem, em seguida, a equilibrar-se, a fim de cumprir os compromissos obrigatórios do cotidiano – o que sugere ser essa oportunidade de extravasamento uma forma de controle social[03]. Por fim, na pesquisa 4 o brincar das crianças (durante o qual surgem os jogos e brincadeiras) é associado a uma forma de compensação de suas obrigações diárias; no caso, a escola talvez seja a principal delas, para a média das crianças brasileiras.

Como se pode depreender de seu exame, os resultados acima se coadunam com a visão teórica de Dumazedier (1979, 1980), ao confirmarem que, no contexto das sociedades urbano-industriais – configurado pelo sistema capitalista, o qual tem no trabalho seu elemento motor –, é importante, para a própria condição de vida e de saúde das pessoas, que elas encontrem formas de busca de equilíbrio para conseguirem lidar com as exigências das obrigações sociais, entre as quais o trabalho se mostra a principal. No entanto, embora isso seja um fato, é também real que os registros feitos a partir das pesquisas realizadas apontam para alguns outros elementos sobre os quais se mostra necessário que o Gelc e outros grupos de pesquisa do Brasil pensem, de modo a encontrarem caminhos para que o lazer possa, também, mobilizar as pessoas para a mudança, a busca por uma vida melhor, para seu aprimoramento como indivíduos e como cidadãos. Para que conquistem essa condição, porém, é fundamental que as pessoas tenham a oportunidade de: vivenciar experiências que envolvam os diferentes conteúdos do lazer (pesquisa 1); de refletir sobre os significados das práticas corporais em sua vida, conhecendo a si próprias a partir de suas práticas vivenciadas (pesquisa 2); de gerir suas emoções, fator importante para as experiências no âmbito do lazer (pesquisa 3); e de se

---

03
Para aprofundamentos nessa discussão, ver a obra de Dunning e Elias (1992).

permitir o brincar como um exercício de cidadania, de aprendizado de valores sociais (pesquisa 4).

Ao considerar esses aspectos e fazer um balanço das atividades e produções do Gelc nos últimos anos, chego à conclusão de que é necessário um aprofundamento na compreensão dos fatores que levam as pessoas a se sentirem mobilizadas a buscar uma vivência enriquecedora para suas vidas no âmbito do lazer. Para isso, talvez seja insuficiente a tentativa de conscientização dos sujeitos de que as práticas corporais e os diversos conteúdos do lazer fazem bem para a saúde ou contribuem para que consigam lidar com as obrigações sociais de modo mais equilibrado no dia a dia. Um aprofundamento nos sentidos e significados atribuídos pelos sujeitos ao que fazem e, consequentemente, no processo mental movido pelas emoções talvez seja o critério chave para essa discussão. Isso envolve compreender como as pessoas são guiadas em seu dia a dia, de modo a estudar o que as faz mover-se.

03
PROJETOS E ESTUDOS FUTUROS

Anteriormente à elaboração das observações feitas acima e dessa breve análise de algumas produções do Gelc nos últimos anos, foi estabelecido, no início do segundo semestre de 2017, contato com o professor doutor Joan Ferrés i Prats, da Universitat Pompeu Fabra, de Barcelona, Espanha, atuante no Departamento de Comunicação daquela instituição. Esse contato gerou a oportunidade, para mim, de realizar os estudos de pós-doutorado sob a supervisão desse professor. As produções de Ferrés i Prats vão na direção de uma construção teórica que tem como foco a consideração de que o elemento emocional é central para que as pessoas se movam no sentido da ação, da tomada de decisões e das escolhas que fazem. Sua construção tem como eixo a análise e discussão das produções das mídias, das *pantallas* (termo usado em espanhol para se referir às telas projetoras, como a televisão, cinema, jogos eletrônicos etc.), já que essas produções primam por explorar, com intensidade, o componente emocional, o que estimula o público a consumir seus conteúdos.

Um dos argumentos utilizados por Ferrés i Prats (2014) é o de que, se as mídias conseguem mobilizar as pessoas para que elas assistam e consumam seus conteúdos, usando, para isso, o recurso emocional, é fundamental que também os profissionais da comunicação, da cultura e da educação dediquem atenção às emoções das pessoas, para que elas se sintam mobilizadas, para que possam conhecer a si próprias e para que possam gerir melhor, em seu cotidiano, as emoções, de modo a canalizá-las para uma finalidade que expresse atitude crítica e criativa diante das produções da mídia, das *pantallas* – o que, em nosso caso específico, seria assumir essa atitude diante do conjunto de atividades, vivências e produções relacionadas ao âmbito do lazer.

Considero que esses apontamentos, ainda que representem apenas uma reflexão inicial, indicam um caminho para investigações futuras relacionadas ao lazer, às práticas corporais e à cultura.

Há que se dizer, aliás, que o esforço teórico deve residir em fazer possíveis pontes com os autores que temos trabalhado no Gelc, uma vez que nosso papel de pesquisadores, de cientistas do lazer, tem sido investir na compreensão dos elementos que se relacionam com a produção de significados atribuídos às ações humanas no âmbito do lazer. Isso significa, por exemplo, buscar recursos a partir da mídia, da educação, das histórias em quadrinhos e das práticas corporais que possibilitem sensibilizar as pessoas, convidando-as a mergulhar em seu "labirinto submergido"[04], de modo que venham a compreender a si mesmas e, assim, tragam para a consciência os elementos fundamentais que guiam suas vidas. Esse exercício poderá ser profícuo, pois proporcionará a contínua manutenção do olhar e da atitude crítica e criativa para com as produções e atividades do contexto do lazer.

Vale acrescentar que o encontro com o professor Joan Ferrés i Prats e suas obras, que resultou no meu pós-doutorado, foi inspirado na pesquisa, concluída em 2016, *Quadrinhos e super-heróis: educação para o lazer*, financiada pelo CNPq (Lopes da Silva, Rossi Filho, Origuela, 2015; Rossi Filho, Origuela, Lopes da Silva, 2015; Rossi Filho, Origuela, Lopes da Silva, 2016). Como informamos anteriormente, essa primeira pesquisa também deu origem a um projeto maior, que envolve doutores de várias instituições de ensino superior do Brasil e de programas de pós-graduação ligados às áreas da educação física, da educação, da computação e do lazer. Intitulado *Lazer, educação e tecnologia: construção de histórias em quadrinhos em aulas de educação física no ensino fundamental*, consiste na construção de um *software* de histórias em quadrinhos para aplicação no ensino básico, a partir de uma proposta de educação para o lazer.

Será sobre o desenvolvimento desse projeto maior que iremos nos debruçar nos próximos anos, assim como no aprofundamento das referências teóricas que são base para o Gelc, as quais provêm do percurso histórico

---

04
Termo usado por Ferrés i Prats (2014) para referir um tipo de sabedoria que, durante séculos de evolução humana, tem se constituído em uma espécie de guia para as pessoas diante de situações de tomada de decisões, proporcionando respostas automáticas, de baixo custo cognitivo, e que pode ser denominado, também, como labirinto de emoções. (A definição completa do conceito, aqui resumida e adaptada, consta na pág. 66 do livro em referência.)

do próprio grupo, bem como de algumas importantes parcerias feitas, ao longo de anos, para a escrita de textos, composição de bancas de mestrado e de doutorado e participação em eventos científicos – contatos, enfim, que foram fundamentais para nos situarmos como grupo no âmbito científico. No que diz respeito a esse último ponto, aliás, aproveito para fazer especial agradecimento ao antigo Grupo de Pesquisas em Lazer (GPL), coordenado pelo professor doutor Nelson Carvalho Marcellino, pelas importantes contribuições teóricas que foram base para a formação do Gelc; ao Grupo Interdisciplinar de Estudos do Lazer (Giel), da Universidade de São Paulo (USP), sobretudo na pessoa de seu coordenador, o professor doutor Ricardo Ricci Uvinha, pela parceria acadêmica nesses últimos anos; ao Laboratório de Estudos do Lazer (LEL), da Universidade Júlio de Mesquita Filho – Unesp Rio Claro, coordenado pela professora doutora Gisele Schwartz, que tem dado importantes contribuições para o amadurecimento das reflexões produzidas no Gelc nesses últimos anos; aos editores de revistas científicas, que vêm trabalhando para que os estudos e pesquisas sobre lazer tenham espaço em seus periódicos – em especial, a *Revista Licere* e a *Revista Brasileira de Estudos de Lazer*, que têm desempenhado um papel fundamental na divulgação dos conhecimentos produzidos pelos grupos de lazer do Brasil –; e, finalmente, ao Sesc, pela oportunidade de publicação de um livro sobre os grupos de pesquisas em lazer no Brasil.

04
REFERÊNCIAS

DUMAZEDIER, J. *Lazer e cultura popular*. São Paulo: Perspectiva, 1979.
_____. *Valores e conteúdos culturais do lazer*. São Paulo: Sesc, 1980.
DUNNING, E.; ELIAS, N. *A busca da excitação*. Lisboa: Difel, 1992.
FALEIROS, M. I. L. "Repensando o lazer". *Perspectivas*. 1980, vol. 3.
FERNANDES, B. P. F. *et al*. "Entre o tradicional e o eletrônico: significados do brincar para crianças de uma escola pública de Piracicaba-SP". *Revista Brasileira de Estudos do Lazer*. Belo Horizonte: maio/ago. 2016, vol. 3, n. 2.
FERRÉS i PRATS, J. *Las pantallas y el cerebro emocional*. Barcelona: Editorial Gedisa, 2014.
GODOY, A. L.; LOPES DA SILVA, C. "Os significados das práticas corporais para jovens moradores em um abrigo na cidade de Piracicaba-SP". Coleção Pesquisa em Educação Física. 2012, vol. 11, n. 5.
LAZZAROTTI FILHO, A. *et al*. "O termo práticas corporais na literatura científica brasileira e sua repercussão no campo da educação física". *Movimento*. 2010, vol. 16, n. 1.

LIBARDI, N., LOPES DA SILVA, C. "Os significados das práticas corporais para os frequentadores de um parque público da cidade de Piracicaba". *Revista Brasileira Ciência e Movimento*. Brasília: 2014, vol. 22, n. 1.

LOPES DA SILVA, C.; VELOZO, E. L. (org.). *Lazer, práticas corporais e cultura*. Várzea Paulista: Editora Fontoura, 2015.

_____; ROSSI FILHO, S.; ORIGUELA, M. A. "Histórias em quadrinhos de super-heróis e educação para o lazer". *Revista Internacional de Evaluación y Medición de la Calidad Educativa*. 2015, vol. 2.

MACEDO, C. C. "Algumas observações sobre a cultura do povo". Em: VALLE, E.; QUEIROZ, J. J. (org.). *A cultura do povo*. São Paulo: Cortez & Moraes: Educ, 1979.

MARCELLINO, N. C. *Lazer e educação*. 10. ed. Campinas: Papirus, 2003.

ORIGUELA, M. A., LOPES DA SILVA, C. "Futebol e o bar: assistência ao esporte nacional brasileiro". *Revista Brasileira Ciência e Movimento*. Brasília: 2014, vol. 22, n. 4.

ROSSI FILHO, S.; ORIGUELA, M. A.; LOPES DA SILVA, C. "A forma corporal dos super-heróis de histórias em quadrinhos e a educação para o lazer". Coleção Pesquisa em Educação Física. 2015, vol. 14.

_____; ORIGUELA, M. A.; LOPES DA SILVA, C. "Histórias em quadrinhos de super-heróis: educação para o lazer a partir de elementos da contemporaneidade". *Licere*. 2016, vol. 19.

WAICHMAN, P. *Tempo livre e recreação*. Campinas: Papirus, 1997.

Sport: laboratório de história do esporte e do lazer – construindo um campo de investigação[01]

Victor Andrade de Melo

01
Este capítulo incorpora, com revisões, algumas reflexões apresentadas em outras ocasiões, especialmente em Melo (2009) e Melo (2011).

No decorrer do século XVIII, a articulação entre o desenvolvimento de um novo modelo econômico (que tem como uma das marcas centrais o modo de produção fabril), uma nova organização política (o fim do Estado absolutista e a conformação dos Estados-nação liderados por dirigentes eleitos), a melhor estruturação de um conjunto de ideias acerca da vida em sociedade (decorrentes do Iluminismo e do liberalismo) e a conformação de classes sociais (o crescimento do poder da burguesia e o surgimento da classe operária) configuram um momento histórico marcado pela ruptura com o passado, o surgimento de uma sociedade que "entendia-se como um mundo novo: reclamava intelectualmente o mundo inteiro e negava o mundo antigo" (Koselleck, 1999, p. 9).

Eric Hobsbawm assim se refere ao conjunto de mudanças que marcou a transição dos séculos XVIII e XIX:

Foi o triunfo não da "indústria" como tal, mas da indústria capitalista; não da liberdade e da igualdade em geral, mas da classe média ou da sociedade "burguesa" liberal; não da "economia moderna" ou do "Estado moderno", mas das economias e Estados em uma determinada região geográfica do mundo (Hobsbawm, 2009, p. 16).

A estruturação das fábricas nas cercanias das cidades, tendo em vista facilitar a circulação de mercadorias, transformou a urbe no novo lócus privilegiado de vivências sociais, sede das tensões que se estabeleceram na transição entre o novo e o antigo regime. À necessidade de gestar um novo conjunto de ideias consideradas adequadas e necessárias para forjar e consolidar o novo modelo de sociedade em construção, juntou-se a reorganização dos tempos sociais. A "artificialização" do tempo do trabalho (que progressivamente não mais seguiu o ritmo da natureza, mas sim as marcas do relógio, um artefato cada vez mais difundido[02]) deu origem a um mais

---

02
Para mais informações, ver Thompson (1998). Ver também Melo (2010).

claro delineamento do tempo livre, crescente inclusive em função das reivindicações e lutas da nova classe trabalhadora, os operários.

Nesse cenário, o avanço tecnológico, um dos desdobramentos do "espírito das luzes", central na configuração do novo modelo econômico e fundamental para a potencialização da produção, influenciou e mesmo gerou novas formas de diversão[03]. A ciência, que se estabeleceu como marca simbólica do novo tempo, contribuiu para forjar uma nova excitabilidade urbana, marcada pelas noções de velocidade, mobilidade, progresso.

O conhecimento científico também ocupou papel de grande importância na determinação da nova organização das cidades, inclusive estabelecendo os parâmetros de controle necessários à consolidação do modelo de sociedade em construção. A nova urbanidade deveria facilitar tanto o trânsito de mercadorias quanto a exposição dos símbolos que interessam aos protagonistas do processo. As reformas urbanas, observáveis denotada e pioneiramente em Londres, Chicago, Nova York e Paris, logo serviram de inspiração para outras localidades espalhadas pelo planeta.

Nas décadas finais do século XIX, a chamada Segunda Revolução Industrial vai ser marcada não só pela potencialização desses aspectos antes narrados como também pela conquista de novos mercados mundiais, algo cada vez mais possível inclusive em função do avanço dos meios de transporte e dos meios de comunicação.

Progressivamente, as noções de espetáculo e consumo, por todo o mundo, vão ser determinantes para a configuração do novo *modus vivendi*. Devemos ter em vista que

[...] *o conceito de espetáculo é uma tentativa – parcial e inacabada – de trazer ao campo teórico uma série variada de sintomas em geral tratados pela sociologia burguesa ou pela esquerda convencional como etiquetas anedóticas aplicadas de forma um tanto leviana à velha ordem econômica: "consumismo", por exemplo, ou "sociedade do lazer"; a emergência dos meios de comunicação de massa, a expansão da publicidade, a hipertrofia das diversões oficiais* (Clark, 2004, p. 43).

A noção de "espetáculo" não se resume ao novo formato e à presença social das diversões ou ao aumento da influência dos meios de comunicação,

---

03
Devemos lembrar que a luz elétrica e o trem, por exemplo, potencializaram as vivências de lazer; no primeiro caso, por ampliar as alternativas de atividades noturnas; no segundo, por facilitar a realização das viagens e o alcance de novas localidades. Vale ainda destacar que o avanço tecnológico gerou novos produtos, como o fonógrafo e o cinema (mais tarde o rádio e a televisão, entre outros).

mas sim de uma nova lógica de organização (ética e estética) que paulatinamente vai marcar todas as instâncias sociais, inclusive as diversões e os meios de comunicação (que, aliás, também ocuparão crescentemente importante espaço enquanto alternativa de lazer). A imagem vai cada vez mais se constituir no parâmetro central mediador da realidade.

Estamos, assim, de acordo com o que sugere Tom Gunning (2001, p. 39): "por modernidade refiro-me menos a um período histórico demarcado do que a uma mudança na experiência. Essa nova configuração da experiência foi formada por um grande número de fatores, que dependeram claramente da mudança demarcada pela Revolução Industrial". Para esse autor, a ideia de circulação é chave para entender o novo conjunto de vivências, inclusive uma ambivalência central, a conjunção de estímulos à excitabilidade e a iniciativas de controle:

Em todos esses novos sistemas de circulação, delineia-se o drama da modernidade: um colapso das experiências anteriores de espaço e tempo por meio da velocidade; uma extensão do poder e da produtividade do corpo humano e a consequente transformação deste por meio de novos limiares de demanda e perigo, criando novas formas de disciplina e regulação corporais com base em uma nova observação (e conhecimento) do corpo (Gunning, 2001, p. 40).

O depoimento de Paul Valéry (2003), publicado originalmente em 1934, um relato de um homem que viveu intensamente a década final do século XIX, dá-nos uma medida de como era sentido aquele *fin de siècle*:

Quer se trate de política, economia, modos de viver, divertimentos, movimento, observo que o modo de ser da modernidade é exatamente o de uma intoxicação. Precisamos aumentar a dose, ou trocar o veneno [...]. Cada vez mais adiante, cada vez mais intenso, cada vez maior, cada vez mais rápido, e sempre mais novo, essas são as exigências [...]. Precisamos, para sentir que estamos vivos, de uma intensidade cada vez maior dos agentes físicos e de diversão perpétua (Valéry, 2003, p. 147).

Perceba-se como o âmbito da diversão é relevante e está impregnado por todas as dimensões do ideário e imaginário da modernidade. Trata-se de tempo/espaço cada vez mais estratégico para a conformação dos novos ditames sociais. Na mesma medida, capta e expressa, incorpora e ressignifica as tensões do processo.

Uma vez mais vemos a articulação entre as questões econômicas e um novo conjunto de dimensões culturais, algo notadamente relacionado à emergência de uma nova classe social. Como bem coloca Alain Corbin (2001a),

> [...] *o burguês aparece em grande medida como o homem com tempo livre. E isto, mais uma vez, não quer dizer que se trate de um ocioso, longe disso: ele tenta, como os seus contemporâneos, evitar o vazio das horas. É, como qualquer um, obrigado a empregar o tempo e tem que encontrar numa ocupação razão para viver. Mas as atividades a que se consagra respondem imperativamente a três condições: têm que ser voluntárias, honoríficas e desinteressadas [...]. Podemos perguntar se, bem longe de obcecada pelo lucro, como muitas vezes se diz, a sociedade burguesa do século XIX não aspirava antes ser uma "sociedade de lazer"* (Corbin, 2001a, p. 63).

Logo a burguesia percebeu que não havia incoerência entre lucro e lazer. As diversões poderiam servir tanto para reforçar laços e estratégias comerciais quanto se tornar, em si, possibilidade de investimento, ainda mais quando as camadas populares começaram, também, a ocupar seu tempo livre buscando alternativas em um mercado gerenciado pelos novos empresários que aproveitavam as oportunidades que surgiam. Tais atividades passaram também a ser fundamentais na construção de uma nova ordem cultural, que ajudava a referendar o seu poder.

É nesse contexto que vai emergir com força um novo (ainda que guarde semelhanças com práticas análogas de períodos anteriores) fenômeno social que ocupará espaço e importância cada vez maior na sociedade moderna: o esporte. Ele só pode ser compreendido imerso no espírito de seu tempo:

> [...] *esse espaço dos esportes não é um universo fechado em si mesmo. Ele está inserido num universo de práticas e consumos, eles próprios estruturados e constituídos como sistema. Há boas razões para se tratar as práticas esportivas como um espaço relativamente autônomo, mas não se deve esquecer que esse espaço é o lugar de forças que não se aplicam só a ele. Quero simplesmente dizer que não se pode estudar o consumo esportivo, se quisermos chamá-lo assim, independentemente do consumo alimentar ou do consumo de lazer em geral* (Bourdieu, 1990, p. 210).

Esporte e lazer compartilharam situações históricas e sentidos e significados construídos em diversos contextos, chegando mesmo a ser, em determinados momentos, sinônimos. Não se pode compreender uma "sociedade esportiva" fora do entendimento da configuração de uma "sociedade do lazer", da mesma forma que a configuração dessa última é, em boa parte, devedora da força do fenômeno esportivo.

Dado o pioneirismo no que se refere à ascensão da burguesia e ao desenvolvimento do modo de produção fabril, a Inglaterra saiu na frente na construção do ideário da modernidade (Thompson, 2001). Por lá, a palavra *sport* já era de uso corrente desde o século XVI, sendo utilizada para definir práticas diversas: atuação teatral, *performance* musical, diversões em geral e, fundamentalmente, a caça com fins não utilitários. Há aqui, aliás, uma polêmica linguística. Aparentemente, *sport* é derivado do francês medieval *desport* (que significava divertimento). De qualquer forma, do ponto de vista do surgimento de um fenômeno social específico, foi mesmo por lá que ocorreram as primeiras manifestações mais concretas.

Na Inglaterra do século XVIII, fazer *sport* estava mais diretamente relacionado a uma prática aristocrática no campo: caçar, pescar, cavalgar. Foi nessa mesma época que surgiram algumas atividades organizadas de caráter mais popular, a partir da ação de empresários, entre as quais se destacam o boxe e o remo (Melo, 2009). Naquela centúria, na Grã-Bretanha surgira uma pioneira indústria de lazer, bem como se difundira uma instituição fundamental na construção do Iluminismo inglês – posteriormente, uma das principais, no que tange à organização da sociedade civil –, o clube (Soares, 2007), também uma das células fundamentais das iniciativas esportivas.

Posteriormente, já nas décadas iniciais do século XIX, quando tais práticas foram apreendidas no âmbito das *public schools* inglesas, como ferramenta de formação de uma nova elite, ao esporte foram anexados outros valores, relacionados às peculiaridades do novo contexto sociocultural (Holt, 1989). De outro lado, independentemente disso, a prática já estava plenamente integrada a um mercado de entretenimento. Deve-se ter em conta que a Inglaterra também foi pioneira no estabelecimento de uma indústria do lazer e no que tange a iniciativas de "recreação racional" (Porter, 2001).

Nos anos finais do século, a organização do campo esportivo já estava bem definida: uma relativa autonomia, um mercado gestado ao seu redor, calendário e instituições próprias, um corpo técnico especializado (Bourdieu, 1983)[04]. O seu desenvolvimento tem grande relação com uma sociedade que enfatizava progressivamente as ideias de produção, precisão, desempenho e disputa:

04
Para uma crítica aos limites e apreensões dos olhares de Bourdieu, ver Melo (2010b).

> Os esportes adotavam e aperfeiçoavam a proeza realizada dentro de padrões precisos e mensuráveis, forneciam a prova do progresso com recordes que sem cessar superavam recordes anteriores: desempenhos em que homens (e, no seu devido tempo, mulheres) mediam suas forças não só um contra o outro, mas também contra a escala impessoal do tempo. Numa era de entretenimento, propunham diversões espetaculares, primeiro para uns poucos, depois para a maioria (Weber, 1988, p. 281).

A prática se espraiou pelo mundo a bordo da poderosa esquadra britânica, *pari passu* com a expansão desse império. Para analisar/interpretar sua trajetória, devemos perceber que sua estruturação seguiu, de forma não linear, não excludente – e sempre dialogando com as peculiaridades locais –, um conjunto aproximado de transformações.

No Brasil, o primeiro clube especificamente esportivo, ligado ao turfe, surgiu em 1849 (o Club de Corridas), mantendo um claro diálogo com as experiências francesas e inglesas. Entretanto, foi mesmo no decorrer da segunda metade do século XIX que se observou um ampliar da presença social do esporte, o crescimento do número de modalidades e o estabelecimento de novos sentidos e significados para a prática, relacionados às mudanças na sociedade brasileira que começava a mais fortemente desejar ser moderna; o remo foi o símbolo desse novo momento (Melo, 2001).

De fato, o Brasil, notadamente na sua capital à época, o Rio de Janeiro, é um dos países em que se identificam impactos e influências do ideário e imaginário da modernidade, de forma mais concreta já na transição dos séculos XIX e XX; no âmbito, portanto, da Segunda Revolução Industrial (Needell, 1993). A análise do caso brasileiro nos interessa não somente pelo fato de dizer algo sobre nosso país, mas também por permitir discutir as repercussões do novo conjunto de ideias em nações periféricas. Será possível perceber o quanto as influências não foram lineares e lidaram com as especificidades locais. Como bem afirmam Reis e Rolland:

> *O que impressiona, numa visão panorâmica, ao lado da força da tradição, que se mantém e resiste, e se reproduz, redefinida, é a plasticidade dos processos de modernização, como conseguem se adaptar, assimilar, trocar, incorporar, evidenciando notável capacidade de fagocitar tendências diversas, alimentando-se de sua seiva, entranhando-se nelas, transformando as pessoas, as condições e vida, a natureza e as relações sociais, transformando-se no contexto de caminhos complexos, tortuosos, gerando, em consequência, manifestações e feições, aspectos e características extremamente diversas* (Reis; Rolland, 2008, p. 10).

Conceber uma história do esporte parece bem plausível pela possibilidade mais clara de definição da prática. Mas como pensar uma história do lazer? Quais seriam as delimitações do objeto? Tratar-se-ia de um conjunto de atividades? Da supressão das fadigas e dos problemas do cotidiano? Ou seria, ao contrário, uma arena em que os conflitos apareceriam de outras maneiras, por vezes escondidos sob a máscara do riso e da descontração?

Como demonstra Peter Burke (1995), essas questões têm mobilizado os historiadores mais claramente desde os anos 1960, especialmente a partir do momento em que o renomado periódico *Past and Present* publicou uma série de conferências e debates ligados ao tema, entre as quais se destacaram as considerações de Keith Thomas. Por também tocarem no assunto, daquela década devemos ainda destacar a clássica obra de E. P. Thompson, *A formação da classe operária inglesa*, lançada pela primeira vez em 1963, e a *História social do jazz*, escrita por Eric Hobsbawm entre 1959 e 1961.

Nos anos 1970, percebe-se uma maior valorização dos momentos de diversão enquanto objeto de pesquisas históricas, algo que tem forte relação com a emergência da nova história cultural, que melhor se sistematiza a partir de diálogos mais frequentes com a antropologia. As experiências cotidianas, as práticas, passam a chamar a atenção e ser motivo de investigação por parte dos historiadores (Burke, 2005).

Desde os anos 1990, vemos crescer a produção histórica sobre o tema, notadamente na França, Inglaterra e Estados Unidos. Vale destacar iniciativas como as de Alain Corbin (2001b), que organizou uma coletânea de artigos que buscam dar conta do fenômeno na Europa, em um período que vai do final do século XVIII até os anos 1960. Da mesma forma, na coleção História da Vida Privada, na França dirigida por Philippe Ariès e Georges Duby, encontramos capítulos que, ainda que não se dediquem centralmente ao assunto, nele tocam em muitos momentos. No Brasil, junto com Andréa Marzano, tomamos iniciativa semelhante tendo como escopo o Rio de Janeiro do século XIX (2010).

Em nosso país, já existem estudos que abordam o tema com grande competência (mesmo que, em alguns casos, não como interesse central). De qualquer maneira, de um lado ainda não são comuns discussões conceituais mais aprofundadas; de outro, é ainda usual, notadamente nas produções ligadas à área de estudos do lazer, encontrar a mobilização apressada de informações históricas para justificar alguma informação (principalmente considerações sobre a Antiguidade Clássica) ou a título de curiosidade. Parecem ser necessários mais investimentos de investigação e reflexão sobre o assunto, inclusive pela razão para a qual chama a atenção Thompson (2001, p. 194): "se retornarmos ao tema da disciplina do trabalho, ou das mudanças nos padrões familiares de conduta e lazer e aos valores comunitários durante a industrialização, o campo para o estudo comparativo parece infindável".

Uma das discussões que não poucas vezes tem sido feita de forma precipitada tem como tema a própria origem temporal do fenômeno lazer. Seria algo moderno ou continuidade de outros períodos históricos? Não é incomum que estudiosos afirmem que sua configuração está relacionada à urbanização e à Revolução Industrial; mas o que, exatamente, significa isso?

A palavra *leisure* surgiu no século XIV, com o sentido de "oportunidade de fazer algo", derivada do francês medieval *leisour*, que era originário do francês antigo *leisir*, que significava "ser permitido", que por sua vez vinha do latim *licere*, que significava "ser lícito". O conceito moderno de lazer, contudo, parece ter claramente se sistematizado a partir do século XVIII, na esteira do que abordamos neste texto.

Depois de longo processo, somente ao final do século XIX começa a ficar mais claramente definido o fenômeno, fruto de uma mais clara divisão dos tempos sociais (a partir da definição da jornada diária de trabalho) e do desenvolvimento de uma cultura de massa (que não significava a mesma oportunidade para todos, mas que ampliara notavelmente as alternativas, inclusive por oferecer preços mais acessíveis): "em algum momento do final do século XIX, a migração para grandes cidades em rápido crescimento gerou [...] um mercado lucrativo para os espetáculos e o lazer populares" (Hobsbawm, 2009, p. 330).

A semana inglesa se impõe: a santa segunda-feira declina e a tarde/noite de sábado passa a ser claramente compreendida como dedicada ao lazer. O uso do domingo se estabeleceu como palco de disputa com as religiões. Define-se com mais clareza a possibilidade do gozo de férias, bem como alternativas para tal (uma "indústria de férias"). Desenvolve-se uma ideia que antes pareceria paradoxal: descansar não é mais não fazer nada, mas escolher entre um novo conjunto de atividades que se apresenta. Na verdade, paulatinamente a dinâmica do tempo da produção (do trabalho) impregnará o lazer (não trabalho), um dos elementos que ajuda a entender (como causa e consequência) a nova excitabilidade pública.

Roy Porter (2001, p. 57) resume bem esse processo, ao supor que a história do uso do tempo livre e da configuração do lazer moderno tem relação também com a economia do desejo, da comercialização, do consumo: "[...] a história do uso do tempo livre reproduz, portanto, o esquema geral do desenvolvimento da sociedade industrial, sem deixar de refletir alguns de seus paradoxos".

Se a manufatura e as novas ordenações temporais decorrentes gestaram o que hoje chamamos de lazer, o novo formato da diversão no âmbito de uma sociedade marcada pela artificialização dos tempos sociais, esse novo fenômeno histórico (moderno) também foi um dos responsáveis por gestar a indústria da forma como hoje a concebemos: trabalho e diversão, indústria e lazer se gestaram mutuamente.

Assim, se é um equívoco pensar o lazer somente como um substrato do trabalho, tão equivocado quanto é o oposto: abandonar a questão do trabalho. É fundamental tentar captar a complexidade social e histórica em que ambos se inserem. De toda forma, parece claro que os instantes de diversão sempre foram de grande importância para a sociedade, mesmo que com diferenças de consideração de acordo com as peculiaridades de cada momento, bem como de cada espaço. Até mesmo por isso, os estudos históricos teriam grande contribuição para melhor entendermos o fenômeno.

No que se refere a tais investigações, tenho pensado na utilidade de adotarmos o termo "diversão" como expressão do objeto sobre o qual nos debruçamos. Não se trata de abandonar as discussões sobre o lazer, mas sim de considerar que esse é um possível arranjo da diversão. Obviamente, como em relação a qualquer objeto, a compreensão de cada sentido de divertir-se deve estar profundamente relacionada com os sentidos e significados do tempo ao qual se estuda, da estrutura de sentimentos com a qual tais sentidos e significados tensionam (simultaneamente se ajustando e contestando).

O que tenho proposto é, dialogando com as sugestões de Koselleck acerca de uma história dos conceitos, pelo menos em pesquisas como as de natureza histórica, fazermos esforços de partir dos conceitos nativos. Em vez de partirmos para o passado com um conceito que não dizia respeito ao passado ou que estava em processo de construção, valeria ter em conta o que a sociedade do tempo definia como algo semelhante ao conceito que hoje adotamos. Isso impediria não só anacronismos, como nos permitiria, mesmo, perceber as transições conceituais – como algo passou de uma consideração a outra.

Perceba-se que estamos falando, portanto, de duas naturezas de definição conceitual que devem se tocar (o ideal é que se toquem ao máximo), mas que não são as mesmas: aquela advinda do âmbito acadêmico propriamente dito e aquela advinda do cotidiano dos indivíduos. Não estou hierarquizando, mas apenas sugerindo que, se desejamos que essas duas naturezas cada vez mais se aproximem, devemos ouvir melhor as vozes do dia a dia e não invocar conceitos acadêmicos cuja abstração foge bastante do cotidiano por desprezarem ou não darem a devida atenção à materialidade histórica.

Os "estudos da diversão", assim, incorporam com muita tranquilidade recortes temporais anteriores à modernidade. Mesmo no âmbito desta, consideram com maior acuidade o fato de que não foi de uma hora para outra que se substituiu o antigo formato da diversão pelo novo, que se instituía, da mesma maneira que isso não ocorreu com o trabalho. Trata-se de um processo que tem relação com a própria construção das ideias da modernidade: controlar e adequar o não trabalho foi tão importante e tenso quanto controlar e adequar o trabalho. Aliás, isso por vezes tem relação com a própria releitura que as peculiaridades locais promoviam de um certo discurso que vinha de localidades centrais.

Essas dimensões ajudam a entender porque durante muito tempo (e mesmo até os dias de hoje) convivem, nem sempre de forma harmônica, diversões "tradicionais" e "modernas", embora cada vez mais as primeiras dialoguem e sejam influenciadas pelo formato das segundas, na mesma medida em que as segundas também influenciam o formato das primeiras. Isso não significa que as persistências mantêm os mesmos sentidos e significados de períodos anteriores, o que seria impossível, dado que o fenômeno lazer é histórico, como qualquer outro. De qualquer forma, vale a pena estar atento: o que chamamos de lazer carrega rupturas e continuidades com outros formatos de diversão, de outros períodos.

A adoção da ideia de diversão inclusive nos ajuda a ter mais em conta que, se temos mais segurança no que se refere à relação entre a configuração de novos tempos sociais e a nova organização dos momentos de diversão no âmbito da modernidade, é possível que estejamos em plena mudança de conceituação do lazer em função das novas lógicas de trabalho, algo fortemente relacionado à telemática.

Mas isso é uma suposição que só futuramente ficará mais clara, sendo nesse momento apenas possível identificar o que parecem ser os primeiros momentos de uma dissolução das claras fronteiras entre o trabalho e o não trabalho, uma consequência de um novo modelo de produção ainda em delineamento. De qualquer forma, quer surja outro conceito ou não, continuará sendo diversão, só que em outro formato.

O lazer é um fenômeno urbano, herdeiro direto da organização e crescimento das cidades modernas. As diversões, não necessariamente. De acordo com o período com o qual estamos trabalhando, com a peculiaridade do objeto, devemos ter em conta essa dimensão.

Com isso queremos dizer que no ambiente rural não há lazer? Temos de deslindar as múltiplas dimensões dessa questão. No que se refere ao período anterior à modernidade, remetemos à discussão já estabelecida neste ensaio. As atividades rurais de diversão são de grande importância para entender a relevância dessas práticas sociais, mas particularmente, a partir dos pontos de vista teóricos aqui apresentados, não as consideramos como lazer.

Já no âmbito da modernidade, o que vamos observar é uma progressiva confluência e troca de influências entre o campo e a cidade, por meio da qual esta última, ainda que também incorporando algumas dimensões mais afins à primeira, adquire centralidade. Isso fica ainda mais claro se tivermos em conta que parte majoritária da população vive, de fato, no ambiente urbano (no caso do Brasil, mais de 80%), e que mesmo os que vivem no campo acabam por acessar as múltiplas dimensões da cidade em função da ação dos meios de comunicação.

Outra grande questão que se coloca é quais são os objetos que se estudam quando tratamos do tema. Conceitualmente costumamos definir as práticas de lazer como atividades culturais vivenciadas (assistidas ou fruídas) no tempo livre do trabalho e das obrigações, com o intuito de busca de uma diversão prazerosa, que não visa à obtenção de lucro. Como então investigar historicamente um conjunto tão amplo de possibilidades?

A saída é ter em conta alguns debates sobre a história cultural. Existe uma história do teatro, por exemplo. Dentro dela, temos uma história das peças, uma história dos espaços cênicos, uma história dos dramaturgos. Para nosso intuito, em particular, seria interessante uma história de como o público procurou o teatro ou de como a criação de teatros modificou a dinâmica de frequência de um determinado espaço da cidade. Para o historiador do lazer, interessam mais os frequentadores dos cinemas do que a história dos filmes, embora ambos os objetos possam ser úteis e, certamente, o estudo de um e de outro permita que se estabeleçam diálogos entre as duas investigações.

Existe outra possibilidade interessante: analisar representações sobre a diversão/lazer, seja na produção de intelectuais, seja fazendo uso de fontes diversas para tal (inclusive as próprias manifestações artísticas, que podem ser úteis para que se discuta uma determinada estrutura de sentimentos na qual o tema está inserido).

Por fim, vale sempre lembrar: o estudo da diversão é de natureza multidisciplinar. Nesse sentido, historiadores podem e devem dialogar com olhares advindos de outras áreas de conhecimento, a fim de ampliar sua compreensão sobre o objeto.

Todavia, por mais óbvio que possa parecer, devemos ressaltar que uma história da diversão é sempre história. Uma investigação de qualidade, portanto, não pode se confundir com apreensões ligeiras feitas a título de introdução, com a coletânea de uma série de datas e fatos sem que haja um problema central que norteie a pesquisa e, tampouco, com o uso de algumas informações do passado (normalmente de forma superficial e fora de contexto) somente para justificar algo do presente.

Assim, a ferramenta fundamental para o pesquisador que decide se dedicar à investigação histórica do lazer é mesmo o arcabouço teórico e metodológico que a disciplina história tem construído no decorrer do tempo. Sem a compreensão de que há um problema a ser investigado, um recorte temporal e espacial, um *corpus* de fontes, uma visão e enfoque historiográfico a serem estabelecidos, corre-se seriamente o risco de que a investigação seja um amontoado de curiosidades que pouco ajudam a efetivamente melhor iluminar o que se pretende estudar.

Nesse sentido, não parece também equivocado dizer que tal pesquisa tem profunda relação com o presente, ainda que de forma alguma isso deva ser entendido como explicações lineares: lançar uma luz sobre os problemas contemporâneos não significa que o passado tenha as chaves para um olhar absoluto sobre o que vivemos. As questões que levam os historiadores ao passado são aquelas que lhes lançam seu tempo, o que não significa, obviamente, uma visão presentista, na qual erroneamente os dias de hoje estabelecem os parâmetros com os quais se deve olhar para o ontem.

Essas reflexões nortearam a criação, no ano de 2006, do Sport: Laboratório de História do Esporte e do Lazer, vinculado ao Programa de Pós-Graduação em História Comparada, do Instituto de História da Universidade Federal do Rio de Janeiro. O grupo pretende ser um núcleo de excelência que tem, como centro de sua atuação, os estudos históricos cujo objeto são as práticas corporais institucionalizadas e de diversão. Seus membros são professores e alunos de graduação e pós-graduação, de várias áreas de conhecimento, de diversas instituições de nível superior.

O Laboratório se estrutura em cinco linhas de pesquisa (Memória Social, História Política, História Cultural, História Comparada e História Econômica) e tem dois grandes objetivos: a) contribuir para a preservação da memória do esporte e do lazer (levantando documentos, fotografias, obras de arte, filmes, letras de música, obras literárias, depoimentos e todo tipo de fonte que possa contribuir para o desenvolvimento de estudos históricos), fazendo uso de recursos eletrônicos/da internet para difusão do material coletado; b) desenvolver estudos históricos com o intuito de discutir a presença do esporte e do lazer nos diversos contextos sociais em que se inserem.

Buscando articular a pesquisa (em todas suas dimensões), o ensino (de graduação e pós-graduação) e a extensão (com oferecimento de eventos, cursos e festivais de natureza diversa), o grupo funciona a partir de seis linhas de ações, todas sempre divulgadas por sua página[05] e rede social[06]:

05
Disponível em: <www.sport.historia.ufrj.br>. Acesso em: 24 maio 2018.
06
Disponível em: <www.facebook.com/laboratoriosport.ufrj>. Acesso em: 24 maio 2018.

A *reuniões periódicas* – a partir de uma temática escolhida a cada ano, o Laboratório se reúne para discutir artigos e/ou projetos de pesquisa de seus membros[07].

B *pesquisas* – os membros desenvolvem pesquisa, de forma individual ou em equipe, a partir do diálogo com as discussões teóricas do Laboratório. Muitas dessas investigações são trabalhos de conclusão de curso de graduação, dissertações de mestrado, teses de doutorado e supervisões de pós-doutorado. Outras são de livre iniciativa de distintos perfis.

C *organização de eventos* – o Laboratório organiza eventos científicos e/ou artísticos relacionados às suas temáticas de investigação. Também ajuda a estruturar grupos de trabalho em congressos e entidades científicas, especialmente na Associação Nacional de História (Anpuh).

D *estímulo à produção científica* – o Laboratório estimula seus membros a difundirem suas produções em eventos, periódicos e livros.

E *constituição de redes* – o Laboratório trabalha em conjunto com parceiros internacionais, nacionais e da UFRJ, para a construção de redes solidárias de trocas de experiência, implementação de projetos e produção de conhecimentos relacionados à história do esporte e do lazer. Dois exemplos são a Rede Ibero-Americana de História do Esporte[08] e o Projeto "Mais do que um jogo: esporte e lazer em cenários coloniais e pós-coloniais"[09].

F *difusão de informações* – o Laboratório contribui para a difusão de informações fazendo uso de sua página, organizando um *blog*, coordenando uma coleção editorial (Visão de Campo, pela editora 7 Letras[10]) e editando uma revista científica, entre outras iniciativas.

07
Para mais informações, ver <https://historiasport.wordpress.com/agenda/>
e <https://noticiasdosport.wordpress.com/>. Acesso em: 24 maio 2018.
08
Disponível em: <https://iberodeporte.wordpress.com/>. Acesso em: 24 maio 2018.
09
Disponível em: <https://esporteafrica.wordpress.com/>. Acesso em: 24 maio 2018.
10
Já foram lançados 21 livros. Para mais informações, ver <www.7letras.com.br/colecao-visao-de-campo.html>. Acesso em: 24 maio 2018. Antes, coordenamos a coleção Sport: História, na editora Apicuri, pela qual foram lançados doze livros.

Gostaria de destacar, ainda, três ações do grupo:

- *Cineclube Sport*: cinema e esporte, mesmo possuindo raízes em épocas anteriores, são manifestações culturais típicas da modernidade. Constituem poderosas representações de valores, sensibilidades e desejos que permearam o ideário e o imaginário do século XX: a superação de limites, o extremo de determinadas situações (comuns em um momento onde a tensão e a violência foram constantes), a valorização da tecnologia, a consolidação de identidades nacionais, a busca de controle da emoção, a exaltação de um conceito de beleza. Cinema e esporte celebraram as ideias de velocidade, eficiência e produtividade. Juntos, cultivaram muitos heróis.

  Com o intuito de aprofundar as discussões sobre as relações entre história, cinema e esporte, promovemos, desde 2008, o Cineclube "Sport". A exibição e a discussão de filmes são realizadas mensalmente, seguindo um cronograma anual, sempre com início às 18h, no Instituto de História da UFRJ. Mais de setenta filmes já foram debatidos[11].

- *História(s) do Sport – Blog*: iniciativa acadêmica dinamizada por pesquisadores que se debruçam sobre a história do esporte e do lazer, grande parte deles vinculados ao Laboratório. Os *posts* não têm a pretensão de tratar os assuntos com profundidade, mas sim de captar a curiosidade do leitor, demonstrando que essa manifestação cultural, com a qual nos deliciamos no dia a dia, está profundamente articulada com o cenário sociocultural de um tempo. O *blog* é atualizado no mínimo semanalmente, sempre por um autor diferente e com um tema distinto.

  São, hoje, quase quinhentos *posts*, publicados desde 2009, com mais de 360 mil acessos[12].

- *Recorde – Revista de História do Esporte*: periódico científico editado pelo Laboratório. Publica artigos que discorrem sobre as práticas corporais institucionalizadas (esporte, educação física, dança, ginástica, capoeira, entre outras), bem como sobre as atividades de diversão/lazer, desde o ponto de vista das ciências humanas e sociais, especialmente da história.

11
Para mais informações, visite a página <https://cineclubesport.wordpress.com/>. Acesso em: 24 maio 2018.
12
Para mais informações, acesse <http://historiadoesporte.wordpress.com/>. Acesso em: 24 maio 2018.

Publicado desde 2008, à razão de dois números por ano, já foram lançadas vinte edições[13].

No Brasil, ainda que existam estudos realizados desde o século XIX, a história do esporte (termo aqui usado como metonímia para as práticas corporais institucionalizadas[14]) e do lazer é ainda um recente campo de investigação. Mesmo que os fenômenos não tenham escapado ao olhar atento de importantes autores brasileiros no decorrer do século XX, os estudos históricos que o têm como foco somente a partir dos anos 1990 começaram a crescer quantitativa e qualitativamente, bem como a adquirir certa organicidade[15]. O Sport procura se somar a esses esforços e ser um dos grupos protagonistas no forjar desse campo de investigação.

Compreendemos as práticas esportivas e de lazer como importantes manifestações, cuja configuração se articula com todas outras dimensões (sociais, culturais, econômicas, políticas) de um dado contexto histórico. Fazem parte do patrimônio cultural de um povo, sendo importantes ferramentas na construção de identidades – de classe, de gênero, de etnia – ligadas à construção da ideia de nação. Merecem nosso olhar atento e nossos esforços de investigação e difusão. Essa é a missão do Sport – Laboratório de História do Esporte e do Lazer.

13
Para mais informações, visite a página <https://revistas.ufrj.br/index.php/Recorde>. Acesso em: 24 maio 2018.
14
Partindo do princípio de que certas práticas corporais, ainda que com peculiaridades, passaram por processos aproximados de constituição de um campo ao seu redor, temos trabalhado com a ideia de que podemos chamar de "história das práticas corporais institucionalizadas" uma área de investigação que se debruça sobre fenômenos culturais/práticas sociais como o esporte, a capoeira, a dança, a ginástica, as atividades físicas "alternativas" (antiginástica, eutonia etc.) e a educação física (entendida enquanto uma disciplina escolar e como uma área de conhecimento).
Para facilitar o entendimento e/ou em função de questões operacionais, em muitas oportunidades usamos como metonímia o termo "história do esporte"
15
Para mais informações, ver Melo, Drumond, Fortes e Santos (2013).

REFERÊNCIAS

BOURDIEU, P. "Como é possível ser esportivo"? Em: _____. *Questões de sociologia*. Rio de Janeiro: Marco Zero, 1983.

_____. "Programa para uma sociologia do esporte". Em: _____. *Coisas ditas*. São Paulo: Brasiliense, 1990.

BURKE, P. "The Invention of Leisure in Early Modern Europe". *Past & Present*, fev. 1995, vol. 146, n. 1.

_____. *O que é história cultural?* Rio de Janeiro: Zahar, 2005.

CLARK, T. J. *A pintura da vida moderna*. São Paulo: Companhia das Letras, 2004.

CORBIN, A. Do lazer culto à classe de lazer. Em: _____ (org.). *História dos tempos livres*. Lisboa: Teorema, 2001a.

_____ (org.). *História dos tempos livres*. Lisboa: Teorema, 2001b.

GUNNING, T. "O retrato do corpo humano: a fotografia, os detetives e os primórdios do cinema". Em: CHARNEY, L.; SCHWARTZ, V. (orgs.). *O cinema e a invenção da vida moderna*. São Paulo: Cosac & Naify, 2001.

HOBSBAWM, E. *História social do jazz*. São Paulo: Paz e Terra, 2008.

_____. *A era das revoluções – 1789-1848*. 24. ed. São Paulo: Paz e Terra, 2009.

HOLT, R. *Sport and the British: a Modern History*. New York: Oxford University Press, 1989.

KOSELLECK, R. *Crítica e crise*. Rio de Janeiro: Contraponto/Eduerj, 1999.

MARZANO, A.; MELO, V. A. *Vida divertida: histórias do lazer no Rio de Janeiro do século XIX*. Rio de Janeiro: Apicuri, 2010.

MELO, V. A. *Cidade Sportiva: primórdios do esporte no Rio de Janeiro*. Rio de Janeiro: Relume Dumará/Faperj, 2001.

_____. *Esporte, lazer e artes plásticas*. Rio de Janeiro: Apicuri, 2009.

_____. "Lazer, modernidade, capitalismo: um olhar a partir da obra de Edward Palmer Thompson". *Estudos Históricos*. Rio de Janeiro: 2010, vol. 23.

_____. *Esporte e lazer – conceitos*. Rio de Janeiro: Apicuri, 2010b.

_____. "O lazer (ou a diversão) e os estudos históricos". Em: ISAYAMA, H. F.; SILVA, S. R. *Estudos do lazer: um panorama*. Rio de Janeiro: Apicuri, 2011.

_____ et al. *Pesquisa histórica e história do esporte*. Rio de Janeiro: 7 Letras, 2013.

NEEDELL, J. D. *Belle époque tropical*. São Paulo: Companhia das Letras, 1993.

PORTER, R. "Os ingleses e o lazer". Em: CORBIN, A. *História dos tempos livres*. Lisboa: Teorema, 2001.

REIS, D. A.; ROLLAND, D. "Apresentação". Em: REIS, D. A.; ROLLAND, D. (org.). *Modernidades alternativas*. Rio de Janeiro: FGV, 2008.

SOARES, L. C. *A Albion revisitada*. Rio de Janeiro: 7 Letras/Faperj, 2007.

THOMPSON, E. P. *A formação da classe operária inglesa*. 3 vols. Rio de Janeiro: Paz e Terra, 1987.

_____. "O tempo, a disciplina do trabalho e o capitalismo industrial". Em: _____. *Costumes em comum*. São Paulo: Companhia das Letras, 1998.

_____. *A peculiaridade dos ingleses e outros artigos*. Campinas: Editora da Unicamp, 2001.
VALÉRY, P. *Degas dança desenho*. São Paulo: Cosac & Naify, 2003.
WEBER, E. *França fin-de-siècle*. São Paulo: Companhia das Letras, 1988.

Mobilidades, Lazer e Turismo Social – MobLaTus (PPGTUR/UFF)

Bernardo Lazary Cheibub

01
INTRODUÇÃO

A questão central que emergiu ao receber o convite para participar deste livro foi: qual é o papel do grupo MobLaTus – Mobilidades, Lazer e Turismo Social no desenvolvimento acadêmico-científico dos estudos do lazer no Brasil? Tentarei responder a essa pergunta contando um pouco acerca de sua trajetória e funcionamento e da minha história profissional, que se entrelaçam organicamente.

02
DESÍGNIOS DO GRUPO

Investigar de que maneiras as ideologias e propostas que envolvem o turismo e suas diversas experiências foram e são construídas, enquanto possibilidades de lazer, por meio de práticas institucionais inseridas na dinâmica do sistema socioeconômico capitalista e a partir de diferentes princípios políticos; tudo isso embasado pelas teorias contemporâneas da mobilidade (Cheibub, 2017). Esse é o enfoque pretendido pelo grupo de pesquisa e intervenções Mobilidades, Lazer e Turismo Social, criado em 2015. O grupo, constituído por discentes de graduação e pós-graduação, e por pesquisadores de distintas instituições, desenvolve um projeto de pesquisa articulado ao Programa de Pós-Graduação em Turismo (PPGTUR), da Universidade Federal Fluminense (UFF), intitulado *Lazer, turismo e demandas sociais*, e um projeto de extensão denominado Turismo Social UFF, que servem como campo de análises e reflexões (Cheibub, 2017).

O MobLaTus tem como uma de suas finalidades compreender as intenções e ações de diferentes instituições que oportunizaram experiências turísticas para grupos e indivíduos, imbricados pelo debate que abrange temas como inclusão/exclusão/democracia, apontando, quando possível, desafios, limites e avanços no campo científico e nos seus desdobramentos para a realidade do lazer no Brasil, compreendido enquanto campo de pesquisa e de intervenção (Cheibub, 2015). Dentro da perspectiva dos direitos sociais, tenta-se analisar as relações teórico/empíricas entre turismo, lazer, consumo, mediação e cidadania, especialmente ao buscar entender as experiências turísticas a partir dos sujeitos, intencionalidades e estratégias envolvidas, reconhecendo o turismo como um fenômeno – situado social, política e historicamente – que envolve atividades/setores da economia e experiências culturais e têmporo-espaciais.

Incluir a palavra "intervenções" é, de certa forma, uma provocação a grupos que, embora realizem investigações, não as aplicam mais diretamente às demandas sociais. A ideia vem do grupo de pesquisa e intervenções Esquina – Cidade, Lazer e Animação Cultural, da Universidade Federal do Rio de Janeiro (UFRJ), coordenado pela professora doutora Ângela Brêtas, o qual tem a extensão como faceta principal. Nas suas palavras,

[...] *a imagem da universidade pública está fortemente ligada às atividades de ensino e de pesquisa, e são estas respeitadas dimensões que, aparentemente, consolidam sua importância para a sociedade. Entretanto, sua atuação permaneceria incompleta apoiada apenas sobre estas bases, já que a Extensão também possui papel fundamental na estrutura que compõe as ações da Universidade* (Brêtas; Vieira, 2015, p. 17).

Acredito que qualquer ação de extensão que se propõe a criar, realizar, capacitar e avaliar políticas públicas é, certamente, um trabalho de intervenção na realidade, a partir de um compromisso ético de quem a desenvolve.

As três palavras que compõem o nome do grupo são, na verdade, temáticas importantes na minha carreira acadêmica:

Lazer

Desde a graduação em turismo, aproximei-me dos estudos do lazer, interesse que culminou na redação de um trabalho de conclusão de curso intitulado *O mercado de lazer para o turismólogo* (2003); ali já percebia a relevância de tentar entender o lazer e toda sua potencialidade, em contraponto à minha formação na graduação, que priorizava o estudo do turismo, muitas vezes desvinculado do fenômeno do lazer. Depois, duas pós-graduações *lato sensu* – em lazer pelo Centro Universitário Senac-SP[01] e em

---

01
Orientada pelo prof. dr. Luiz Octávio de Lima Camargo, a pesquisa focava as práticas de lazer da população paulistana, mais especificamente a do lazer cinematográfico.

pedagogia da cooperação pela Universidade Monte Serrat, em São Paulo[02] – proporcionaram-me aprofundar os conhecimentos adquiridos no bacharelado. Na mesma época, comecei a frequentar eventos científicos, tendo sido os dois primeiros deles O Lazer em Debate[03] e o Encontro Nacional de Recreação e Lazer[04], dos quais participo desde então, apresentando pôsteres, comunicações orais e palestras. Paralelamente, minha atuação no campo profissional do lazer também se desenvolvia, com trabalhos de educação para o lazer em hotéis e no terceiro setor, sempre tendo como base os princípios da animação cultural.

Desde 2006, primeiro como professor substituto e depois como docente efetivo do curso de bacharelado em turismo da UFF, pude contribuir para a criação de disciplinas relacionadas ao lazer – Introdução aos Estudos do Lazer; Lazer e Turismo; Turismo e Cidadania; Fundamentos da Animação Cultural; Turismo Social: Fundamentos e Ações[05] etc. – durante a reformulação de dois projetos pedagógicos. São cadeiras em que ministro até hoje, e que fazem parte do meu caminho pelo lazer. Ainda em 2007, comecei a frequentar os encontros do grupo de pesquisa Anima – Lazer, Animação Cultural e Estudos Culturais, da UFRJ, liderado pelo professor doutor Victor Andrade de Melo, que logo em seguida me orientou no mestrado que fiz, em estudos do lazer, na Universidade Federal de Minas Gerais (UFMG). Em 2013, tornei-me sócio fundador da Associação Brasileira de Pesquisa e Pós-Graduação em Estudos do Lazer, participando ativamente das duas primeiras edições do Congresso Brasileiro de Estudos do Lazer (CBEL), apresentando/avaliando trabalhos e moderando GTs.

02
Com orientação do prof. dr. Luis Alberto Lorenzzatto, realizei uma pesquisa-ação relacionando os jogos cooperativos à prática do ensino superior, na disciplina Hospitalidade do curso de bacharelado em turismo da UFF em 2006, experiência docente que vivi na época.

03
O primeiro Seminário O Lazer em Debate que participei aconteceu em 2004 no Rio de Janeiro, sendo organizado conjuntamente pelo grupo de pesquisa Lazer e Minorias Socias (UFRJ) e pelo Centro de Estudos do Lazer e Recreação (UFMG).

04
O primeiro Encontro Nacional de Recreação e Lazer que participei ocorreu em 2004 em Salvador, tendo sido realizado pelo departamento regional do Sesi da Bahia, em conjunto com a UFBA.

05
Vários estudantes matriculados nessa matéria optativa foram, posteriormente, bolsistas ou colaboradores de projetos do MobLaTus; outros conseguiram estágio nos setores de turismo do Sesc-Rio ou do Sesc-DN; alguns aprofundaram o interesse, convertendo seus estudos em trabalhos de conclusão de curso.

Mobilidades

O contato inicial com o paradigma das novas mobilidades veio no doutorado em história, política e bens culturais do CPDOC (Centro de Pesquisa e Documentação de História Contemporânea do Brasil) da Fundação Getúlio Vargas (FGV) (2010), durante o qual tive acesso a várias leituras, debates e eventos, além de desfrutar da oportunidade de conhecer o criador e principal difusor do referido paradigma, o inglês John Urry, durante a realização do seminário "Mobilidades Urbanas: Alicerces para Pesquisas Transnacionais", organizado por minha orientadora, Bianca Freire-Medeiros (parceira acadêmica do renomado sociólogo). Paralelamente, comecei a oferecer, na Universidade Federal Fluminense, uma disciplina optativa intitulada Mobilidades, Lazer e Turismo, que gerou um debate muito proveitoso para a formação em turismo. Examinar as múltiplas mobilidades ajuda a entender o fenômeno turístico, considerado uma das mobilidades físico-geográficas, entre outras pelas quais está envolto e com que se relaciona diretamente: formas de mobilidade corporal (exílios existenciais, processos migratórios, mudanças de moradia, viagens de negócios etc.) e todas as outras dimensões da mobilidade – virtual, imaginativa, comunicativa e de objetos (Urry, 2007).

Turismo social

O grupo MobLaTus é uma consequência direta das minhas pesquisas com turismo social. Venho aprendendo sobre esse fenômeno do campo do lazer há aproximadamente doze anos, desde a confecção do anteprojeto de mestrado, em 2007, em que já visitara o objeto de estudo que posteriormente investigaria durante o curso. Na pesquisa de mestrado na UFMG[06], foram investigadas as mediações existentes no projeto social Turismo Jovem Cidadão (TJC), iniciativa do Sesc-RJ. O projeto proporcionava a jovens identificados como "de comunidades de baixa renda", visitas a pontos turísticos e equipamentos de lazer e cultura da capital fluminense (Cheibub, 2009). Além da análise do documento escrito de idealização da ação, foram entrevistados jovens e profissionais, tendo, enquanto categorias de análise, o entendimento da instituição, dos profissionais e dos jovens a respeito do

[06] Inserida na linha de pesquisa Lazer, Cidade e Grupos Sociais, com bolsa da Fundação de Amparo à Pesquisa de Minas Gerais (Fapemig).

lazer e do turismo, e as efetivas contribuições para os envolvidos no projeto (Cheibub, 2009)[07].

Em 2011, durante o doutorado em história, política e bens culturais, pela FGV[08], dei continuidade à reflexão acerca do turismo como possibilidade de lazer, ao estudar ações oferecidas por instituições para indivíduos ou grupos com alguma limitação no acesso, notadamente as implementadas pelo Sesc, entidade considerada relevante para a trajetória do turismo social no Brasil e no mundo, ao longo de sua história (Cheibub, 2014). Para reconhecer as políticas e ações, nos distintos âmbitos da sociedade, que tiveram como premissas a inclusão no turismo ou por meio dele, foi imprescindível compreender o período histórico em que tal prática passou a ser pensada, organizada e implantada nas políticas públicas e privadas, recebendo apoio e incentivo (Cheibub, 2014). A intenção dessa pesquisa foi tentar compreender o turismo social em consonância com os elementos históricos, políticos e sociais que assinalaram seu percurso por meio de programas, projetos e ações realizadas pelo Sesc (Cheibub, 2014).

Além de consultar documentos majoritariamente arquivados no setor de memória e documentação da administração regional de São Paulo (Sesc Memórias), foram realizadas entrevistas com profissionais envolvidos com a atividade turística da instituição, empregando o método da história oral temática (Cheibub, 2014). Com isso, procurou-se compreender a atuação da entidade na área do turismo, especialmente a partir do final da década de 1970, quando o Sesc começou a utilizar o termo turismo social

---

07
Além de registro em anais de eventos e apresentações em congressos, a pesquisa gerou três produções em periódicos científicos: Cheibub, B. L. Turismo, políticas públicas e cidadania. *Caderno Virtual de Turismo* (UFRJ), vol. 8, pp. 119-122, 2008; Cheibub, B. L. Turismo, juventude e cidadania. *Lecturas Educación Física y Deportes*, Buenos Aires, 2009, vol. 13, pp. 1-5; Cheibub, B. L.; Melo, V. A. Experiência Turística, *Ocio/Recreación y Mediación: un estudio del proyecto "Turismo Jovem Cidadão"*. Em: Rio de Janeiro, Brasil. *Estudios y Perspectivas en Turismo*, 2010, vol. 19, pp. 1037-1052.

08
Investigação inserida na linha de pesquisa Memória e Cultura, contando com bolsa Capes – Coordenação de Aperfeiçoamento de Pessoal de Nível Superior/Prosup – Programa de Suporte à Pós-Graduação de Instituições de Ensino Particulares.

expandindo suas ações e tentando se aproximar, conceptualmente, de uma visão mais social de lazer (Cheibub, 2014).[09]

Em 2012, ao palestrar em evento da associação de pesquisa em turismo do Chile (Societur – Sociedad de Investigadores em Turismo de Chile), realizei uma visita a pesquisadores da Faculdade de História, Geografia e Ciência Política da PUC-Santiago, onde pude conhecer um pouco mais sobre o turismo social praticado naquele país. Em 2013 realizei uma pesquisa com a doutora Lynn Minnaertt, na Universidade de Surrey, no Reino Unido, intentando analisar o turismo social, circunscrito pelas ideologias, intenções e características presentes no Brasil e na Europa ocidental, desde suas primeiras ações até as mais recentes (Cheibub, 2014). Além de investigação bibliográfica e articulação de conhecimentos prévios, foram realizadas entrevistas com diretores de três importantes instituições que planejam e desenvolvem o turismo social na Europa: a Organização Mundial de Turismo Social, com sede em Bruxelas; a Holiday Participation Centre, da Bélgica; e a Family Holiday Association, da Inglaterra (Cheibub, 2014)[10].

O debate a respeito da inclusão no/pelo turismo, compreendido como experiência de lazer – e, portanto, para além de sua condição de atividade produtiva e setor da economia –, está incorporado fundamentalmente na minha atuação como docente no mestrado em turismo da UFF. Essa trajetória, aqui sintetizada, levou-me, no início de 2015, a criar, com o apoio da UFF, o projeto de extensão Turismo Social para Alunos e Servidores

---

09
Além de registro em anais de eventos e de apresentações em congressos nacionais e internacionais, a partir dessa pesquisa foram geradas cinco produções em revistas científicas: Cheibub, B. L. Considerations on social tourism based on the institutional history of the Social Service of Commerce (Sesc) and the brazilian academic production. *Tourism and Management Studies*, 2011, vol. I, pp. 486-496; Cheibub, B. L. Apontamentos históricos sobre o Turismo Social. *Revista Brasileira de Ecoturismo*, vol. 5, pp. 560-581, 2012; Cheibub, B. L. Breves reflexões sobre o Turismo Social a partir da História Institucional do Serviço Social do Comércio e da produção acadêmica brasileira. *Dos Algarves: A Multidisciplinary e-Journal*, 2012, vol. 21, pp. 4-23; Cheibub, B. L. Mobilidades, espaços e relações sociais: uma breve análise do filme *Up in the air*. *Cultur: Revista de Cultura e Turismo*, 2014, vol. 8, pp. 196-210, 2014; e Cheibub, B. L. A história das práticas turísticas no Serviço Social do Comércio de São Paulo (Sesc-SP). *Rosa dos Ventos – Turismo e Hospitalidade*, 2014, vol. 6, pp. 247-262. Ainda oriundo da pesquisa de doutorado, produzi o capítulo "As contribuições da produção científica para o entendimento do lazer como direito social". Em: C. L. GOMES; H. F. ISAYAMA (orgs.), *O direito social ao lazer no Brasil*, Campinas: Autores Associados, 2015.

10
Esta pesquisa gerou uma publicação: Cheibub, B. L. Notas históricas sobre el turismo social desarrollado en Brasil y en Europa: ideologias, intenciones y características. *Lecturas Educación Física y Deportes*, Buenos Aires, 2014, vol. 18, pp. 1-12, 2014.

da UFF[11] – do qual se originou o grupo MobLaTus. Falarei, mais adiante, desse projeto.

03
OS PARTICIPANTES E A DINÂMICA

Em minha opinião, todo grupo de pesquisa, ao condensar temas afins, integra pessoas diferentes com propósitos similares: estudar/discutir/pesquisar "coisas" coletivamente. Acredito num grupo que acolha e encaminhe: que conforme um espaço, que *acolha* ideias e aflições e *encaminhe* projetos e possibilidades, num ambiente transparente, de orientação e trocas coletivas. Alunos de várias formações – turismólogos, sociólogos, historiadores, estudantes de cinema, de serviço social, de letras – já passaram pelo MobLaTus, tanto da graduação como do mestrado; assim também estudantes egressos de outras instituições – pessoas que se aproximam com interesses variados. Entre os pesquisadores externos, professores de outras instituições de ensino superior e/ou programas de pós-graduação, destaco a participação de Bianca Freire-Medeiros (Programa de Pós-Graduação em Sociologia da USP e Programa de Pós-Graduação em História, Política e Bens Culturais da FGV), Marcelo Vilela de Almeida (Programa de Pós Graduação em Mudança Social e Participação Política da USP), João Alcantara de Freitas (Universidade Federal de Juiz de Fora e Fundação Casa de Rui Barbosa) e Breno Platais (Centro Universitário Anhanguera de Niterói e Plataforma Urbana Digital de Educação), este último um integrante fundamental na parceria do grupo com o espaço e o trabalho realizado no MACquinho[12], do qual Breno é diretor. A circulação de alunos que vêm e vão – alguns aparecem ocasionalmente nas reuniões, outros, mais engajados, tomam parte nos projetos – é fruto da divulgação que acontece nas disciplinas do mestrado e do bacharelado, de conversas com alunos previamente interessados, sobretudo nas matérias optativas, que são totalmente aderentes aos debates do MobLaTus.

---

[11]
A partir de 2016, o projeto passou a ter um título mais abrangente, Turismo Social UFF, por conta das propostas que recebemos para operar o turismo social em outras circunstâncias, para além da comunidade acadêmica da UFF.

[12]
O MACquinho – obra do arquiteto Oscar Niemeyer – está situado no Morro do Palácio, onde, em 2014, foi inaugurada a Plataforma Urbana Digital, projeto da Secretaria de Educação, Ciência e Tecnologia de Niterói-RJ.

As reuniões

Em 2010, como vice-líder do T-Cult[13], coloquei em prática, na UFF, ideias oriundas do modo de funcionamento do Anima (UFRJ). Reelaborei-as, no MobLaTus, a partir de três formatos de reuniões, sempre com a leitura prévia de produções acadêmicas e um ou dois mediadores (aqueles que mediarão os principais pontos do texto/projeto, estimulando o diálogo): 1) debates de textos; 2) debates de projetos/pesquisas (projetos de TCC, de mestrado, ações de extensão e apresentação de pesquisas em andamento ou finalizadas, geralmente dissertações ou teses); e 3) o cineclube (exibição de filmes, articulada a alguma produção científica, com posterior debate). Na escolha do tema de cada encontro, há uma curadoria no início de cada semestre, quando o calendário de reuniões do MobLaTus é divulgado; contudo, pela pluralidade dos projetos apresentados, nem sempre há uma conformação temática entre todas as reuniões do semestre. A seleção também segue aquilo que está acontecendo no grupo naquele determinado momento. Como exemplo, no segundo semestre de 2017, diante de uma demanda do projeto de extensão, quando estávamos proporcionando uma experiência turística para pessoas assistidas pelo Centro de Referência Especializada para População em Situação de Rua de Niterói – Centro Pop, incluí no encontro de debates de textos um artigo da revista *Psicologia & Sociedade* (Mattos; Ferreira, 2004) que debatia as representações sobre os moradores de rua, aproveitando a observação dos bolsistas do projeto que participam das reuniões do MobLaTus. Nos debates de projetos orientados por mim, habitualmente de graduação ou mestrado, são apresentadas as pesquisas em andamento, que recebem, em seguida, a opinião do grupo. Há também as reuniões semanais do projeto de extensão.

04
AS AÇÕES DE EXTENSÃO

Coordenei um projeto chamado Turismologia na escola em 2012[14], que se propunha a levar os conhecimentos acerca do lazer, do turismo, da turismologia e do turismólogo para além do ambiente do ensino superior,

---

[13] Grupo de pesquisa Turismo e Cultura, liderado pela professora doutora Karla Godoy (UFF).
[14] Essa ação foi agraciada com uma bolsa de extensão da Pró-Reitoria de Extensão (Proex) da UFF.

oferecendo-os a estudantes do ensino fundamental e médio do colégio de aplicação da UFF. Outro importante projeto de extensão de que participei foi o Capacitando para o Policiamento em Áreas Turísticas (Cepat), vinculado ao grupo de pesquisa Turismo, Meio Ambiente Urbano e Inclusão social (TURis-UFF), coordenado pelo professor doutor Marcello de Barros Tomé Machado. O Cepat oferecia cursos de capacitação para policiais militares que atuariam em áreas turísticas, preparando-os, especialmente, para os megaeventos que estavam por vir[15]. Esse projeto foi um exemplo de política pública de turismo e segurança, servindo de inspiração para as ações de extensão que coordeno, ligadas ao projeto Turismo Social UFF.

O Turismo Social UFF

O MobLaTus nasceu para abrigar as demandas do projeto Turismo Social UFF, da necessidade de debates conceituais e ideológicos, de leitura, de aprendizado, de avaliar, de pesquisar, norteado pelo "fazer" do projeto – o que foi feito, o que se está fazendo e o que se quer fazer. O projeto tem como um de seus propósitos oferecer passeios de um dia, gratuitos, aos membros da comunidade acadêmica da universidade, que apresentem algum tipo de barreira no acesso às experiências turísticas. Ao final de 2015, a Pró-Reitoria de Assuntos Estudantis (Proaes) colocou à disposição cinco bolsas para estudantes interessados e uma para custear os gastos operacionais do projeto; há também uma bolsa de extensão, obtida por meio de avaliação da comissão de bolsas da Proex.

Tão logo se criou o MobLaTus, o projeto foi associado a ele, sendo transformado em objeto de estudos e pesquisas, gerando experiências para alunos de graduação e do mestrado, nas quais, a partir do seu exemplo, são investigadas desde a dimensão política do turismo social até suas práticas operativas, como: a linguagem comunicativa e as diferentes maneiras de fazer a divulgação; a escolha e a construção do roteiro (quais atrativos turísticos priorizar); o contato com a comunidade e os lugares visitados; e a política da UFF e sua relação com o subsídio financeiro (os significados e intencionalidades adjacentes e a questão da imagem institucional). Além das contribuições efetivas às pessoas beneficiadas, o projeto envolve e integra a sociedade a partir dos moradores dos locais abarcados pelos roteiros, que trocam experiências com o grupo de turistas e com os bolsistas e colaboradores, gerando envolvimento comunitário, protagonismo social e conscientização, ao se discutir as disputas de poder e as complexidades

---

[15] Entre 2012 e 2014 tive a oportunidade de ministrar, para quatro turmas da polícia militar do estado do Rio de Janeiro, o módulo de Introdução ao Turismo.

presentes nos diferentes espaços visitados. A mediação da experiência turística, mais conhecida como guiamento, abrolha questões relevantes para o MobLaTus, gerando debates e iniciativas de investigação em torno do modo como mediar a relação entre os sujeitos que vivenciam o turismo, e destes com os diferentes espaços, experiências e conteúdos.

O Turismo Social UFF é divulgado para a comunidade acadêmica por mala direta (*email*), cartazes, panfletos, pelo *site* do projeto[16] e redes sociais. Além das postagens informativas (período de inscrição, data do passeio, eventos realizados pelo grupo), os bolsistas ficam responsáveis por uma postagem semanal sobre ações envolvendo o turismo social no Brasil ou em outro país. Estendemos conhecimento acerca desse fenômeno, que carrega no seu âmago a experiência turística pautada por ideologias e princípios políticos, ao ser ofertada por instituições com arranjos diferentes. Afinal, o conteúdo a incluir nessa ação, com que linguagem abordá-lo e com que recorte são questões debatidas pontualmente no grupo.

Convênios e parcerias

As ações do Turismo Social UFF têm colaborado para a geração de políticas públicas de lazer, visando beneficiar mais pessoas que apresentem limitações econômicas, sociais, espaciais, políticas, culturais e físicas na fruição do turismo; nesse sentido, encontra-se em análise a proposta de convênio com o Serviço de Convivência e Fortalecimento de Vínculos da Subsecretaria de Proteção Social Básica da Secretaria Municipal de Desenvolvimento Social da Cidade do Rio, que já realiza um trabalho de assistência social a adolescentes considerados em risco social[17].

Outra iniciativa mais recente, de meados de 2017, é a colaboração com o Centro Pop. Essa proposta surgiu da iniciativa da aluna Priscila Eleuterio, do bacharelado em Serviço Social da UFF, que, ao precisar fazer um trabalho para uma das disciplinas do curso (que integrasse projetos e instituições), fez a ponte entre o Turismo Social UFF e as assistentes sociais e psicólogas do Centro Pop, promovendo uma reunião na Faculdade de Turismo e Hotelaria (FTH-UFF). Depois de alguns encontros e eventos, realizamos, em novembro do mesmo ano, nosso primeiro passeio em Niterói, visitando locais escolhidos pelos próprios moradores de rua. Em abril de

---

16
Disponível em: <http://turismosocialuff.wixsite.com/turismosocialuff>. Acesso em: 24 maio 2018.
17
Tivemos uma reunião ao final de 2016 na UFF, visitamos a ação realizada por eles e fomos visitados por um representante da secretaria num dos nossos passeios na região do Cais do Porto, no Rio de Janeiro.

2018 ocorreu a segunda edição da ação com a população em situação de rua, cujo enfoque foi a cidade do Rio de Janeiro e alguns dos seus atrativos turísticos. Será promovida, em junho de 2018, uma exposição itinerante, no MACquinho e na UFF, com imagens fotografadas pelos moradores de rua durante os passeios, intitulada *Cotidiano sem muros – o olhar do invisível*. Na atividade em conjunto com o Centro Pop houve, no grupo, um sentimento complexo, ao se tentar oferecer a experiência turística, enquanto possibilidade de lazer, para pessoas que concretamente estão à margem da sociedade, sem direitos sociais, como o direito ao lazer, e sem direitos civis, como o direto de ir e vir e o direito à liberdade. Por isso, o MobLaTus vem debatendo, com frequência, o direito à cidade para esses indivíduos, que a visitam e se locomovem, durante o passeio, por espaços urbanos que cotidianamente lhes são vedados[18].

Os encontros e as perspectivas do projeto

São realizadas algumas reuniões mais pragmáticas, visando organizar a logística de algum passeio, sempre na óptica do turismo social. Em outras, há profícuos debates, como, por exemplo, na elaboração dos critérios adotados nos processos seletivos para determinar, *a priori*, quais funcionários e alunos teriam menos acesso às experiências turísticas e, por conseguinte, precedência para participar da excursão. Há, em média, trezentos inscritos por passeio – dentre os quais trinta e cinco (a lotação do ônibus disponibilizado pela UFF) são escolhidos. Os alunos priorizados são os que já recebem alguma bolsa de assistência, considerados pela Proaes em situação de vulnerabilidade socioeconômica. Já o critério adotado para os funcionários é baseado, majoritariamente, na renda. Após os passeios e os eventos no Centro Pop, os bolsistas e demais integrantes do projeto registram, em um exercício etnográfico, suas percepções, que são lidas e discutidas nas reuniões.

Diante da multiplicidade de atuações que incidem sobre o Turismo Social UFF – as pesquisas, os tipos de bolsas e a forma como se organiza –, tenho preferido classificá-lo como um projeto de extensão/pesquisa. Não enxergo, no MobLaTus, diferenças substanciais entre as duas categorias. Inclusive, os bolsistas de extensão e de iniciação científica muitas vezes se unem, no desempenho de suas funções e tarefas, dentro do projeto e no grupo. Por mais que eu as tenha separado no intuito de organizar a redação

---

18
Em março de 2018 foi oficializado o convênio de cooperação entre o Centro Pop e a UFF, visando juridicamente formalizar a parceria já existente.

deste capítulo, pesquisa e extensão caminham indissociavelmente juntas, no grupo e em suas ações.

05
AS PESQUISAS

PPGTUR-UFF

O desejo de coordenar um grupo de pesquisa apareceu, de forma mais premente, enquanto participava, em 2013 e 2014, do planejamento da proposta de criação do Curso de Mestrado Acadêmico em Turismo (PPGTUR-UFF), em que fui inserido na linha de pesquisa intitulada Turismo, Cultura e Ambiente[19]. A experiência de lecionar a disciplina Epistemologia e Estudos do Turismo, desde sua instauração, em 2015, juntamente com a professora doutora Valéria Guimarães, tem colaborado bastante com os caminhos do grupo (funcionando como uma porta de entrada para alunos interessados em participar dos encontros do MobLaTus). Nessa cadeira, temos nos aventurado a tentar entender como a ciência vem abordando questões relativas ao turismo, desvelando os fundamentos teóricos e paradigmas do seu campo de estudos, a partir do contato com outras áreas científicas/campos de estudo, e do aprofundamento ao investigar teorias, autores e pesquisas. A outra disciplina que ofereço, Lazer e Turismo, vem hospedando alunos que buscam, com as suas pesquisas, gerar reflexões acerca do turismo como possibilidade de lazer e como fenômeno construído a partir de um ideário da modernidade.

---

[19] "Esta Linha de Pesquisa tem por objetivo refletir criticamente sobre o fenômeno turístico e seus aspectos socioculturais e ambientais, analisando-os em sua complexidade e diversidade, em seus múltiplos tempos e espaços, e investigando atores e relações sociais que compõem a dinâmica turística. Os estudos relacionados a esta Linha de Pesquisa valorizam aspectos epistemológicos e filosóficos do turismo como campo do saber, bem como questões concernentes aos processos históricos, socioantropológicos e socioambientais que envolvem a atividade turística. Para tratar das problemáticas que se evidenciam a partir da proposta da Linha de Pesquisa, enquadram-se temas sobre a relação entre turismo, cultura e ambiente, podendo ser abordados nas esferas local, regional, nacional ou internacional. Como assuntos a serem investigados, estão aqueles relacionados ao desenvolvimento sustentável, à utilização turística do patrimônio cultural e natural, aos processos vinculados à identidade e memória social, ao paradigma da mobilidade e às condições de cidadania (inclusão, exclusão e acessibilidade), hospitalidade e lazer nas sociedades contemporâneas, resultantes dos processos de turistificação de espaços públicos ou privados." Cf. PPGTUR-UFF. Disponível em: <www.ppgtur.uff.br/index.php/menu-pesquisa/menu-linhas>. Acesso em: 10 jan. 2018.

No mestrado, minhas orientações estão voltadas para pesquisas a respeito do turismo social (história, concepções, ideologias, políticas e ações), numa perspectiva local, regional e transcontinental, tentando enxergar o fenômeno de forma complexa, diacrônica e sincrônica (Cheibub, 2015). Com essa compreensão, oriento a pesquisa de mestrado, em andamento, de Jordânia Eugenio que, por meio de uma investigação de base etnográfica, tem observado como se dá a experiência turística oportunizada para moradores de rua a partir da conexão do Centro Pop de Niterói com o projeto de extensão Turismo Social UFF[20], e a de Luciana Rodrigues, sobre acessibilidade para pessoas com deficiência, analisada pela óptica das políticas públicas, em conjugação com as políticas privadas, na cidade turística de Paraty-RJ.

Como docente do curso de mestrado, também tenho orientado ou co-orientado pesquisas que vão além da questão do turismo social – realizadas por discentes que integram o grupo MobLaTus –, buscando observar a realidade da experiência turística em diferentes contextos: Erick Zickwolff (2017) discutiu os significados atribuídos à ideia de turismo sexual pela academia, poder público e outros segmentos da sociedade, contribuindo para a ampliação do debate sobre o tema[21]; Rafael Melo (2017) investigou o turismo praticado na favela Santa Marta à luz da teoria de Pierre Bourdieau, especialmente os conceitos de campo e *habitus*[22]; e Bruno Barcellos, com uma pesquisa, ora em andamento, que analisa as percepções de turistas urbanos que vivenciaram a experiência do manejo em propriedades rurais (tituladas de agroturismo) e a possibilidade de mudanças de mentalidade e de comportamento no retorno ao cotidiano da cidade[23].

Programa Bolsa de Desenvolvimento Acadêmico

Tem por objetivo integrar ações de apoio socioeconômico ao acadêmico, colaborando para o desenvolvimento de estudantes em situação de vulnerabilidade socioeconômica (Proaes-UFF, 2015). O projeto Turismo Social UFF ingressou no programa em 2017, recebendo o cadastro de duas graduandas contempladas com a bolsa, uma estudante de turismo, outra do

---

[20] Jordânia é bolsista de pesquisa da Faperj – Fundação de Amparo à Pesquisa do Estado do Rio de Janeiro.
[21] A principal orientadora dessa pesquisa é a professora doutora Valéria Guimarães (UFF).
[22] Orientadora principal: professora doutora Carolina Lescura (UFF).
[23] Coorientação do professor doutor Aguinaldo Fratucci (UFF).

serviço social. O projeto envolve estudo dirigido e iniciação científica. As alunas construíram um roteiro semiestruturado de questões e têm realizado entrevistas gravadas desde setembro de 2017, ouvindo os funcionários e alunos beneficiados pelo projeto, no intuito de analisar se o passeio trouxe contribuições para as suas vidas. A pesquisa se encontra em fase final, no trabalho de análise das transcrições dos áudios, paralelamente à construção do relatório de pesquisa, circundado pelo debate sobre acesso e ampliação das opções de lazer conjugado a possíveis benefícios e mudanças de atitude em relação às escolhas no "tempo livre" dos indivíduos.

Pesquisas de conclusão de curso (TCC)

Algumas pesquisas para o TCC que orientei sofreram a influência direta ou indireta do MobLaTus: Camila Teixeira (2017) entrevistou alguns (ex-)trabalhadores de cruzeiros marítimos e dissecou suas precárias condições laborais e de lazer, apontando a exploração da força de trabalho e o descumprimento dos direitos trabalhistas por parte dos empregadores. Mariana Gimenes (2016) ouviu alunos e professores responsáveis por um relevante projeto de extensão chamado Rosa dos Ventos, da USP, similar ao Turismo Social UFF, para refletir sobre os limites e intersecções teóricas entre turismo social e pedagógico.

Pesquisas de TCC em andamento têm recebido muitas contribuições importantes, por meio do *feedback* proporcionado por participantes do grupo. Assim, Débora Maranhão vem tentando compreender a relação entre a experiência turística e a religiosidade, ao comparar formas de organização de viagens realizadas por três diferentes tipos de instituições religiosas: caravanas para *shows* e eventos evangélicos; igrejas católicas como meio de hospedagem para fiéis participando de encontros/jornadas da juventude; e retiros budistas que atraem viajantes oriundos de diversas regiões. Já Andrea Batista busca reconhecer as efetivas contribuições para um grupo de jovens com espectro autista – assistidos pela Escola Especial Favo de Mel, que qualifica jovens em cursos profissionalizantes – que acessam a experiência turística por meio do projeto Turismo e Hospitalidade Inclusiva (FTH-UFF), em convênio com a instituição de ensino especial aludida. Por fim, Juliana Pinheiro está fazendo uma pesquisa etnográfica sobre a escolha no tempo de lazer relacionada ao erotismo, ao fetiche e à sexualidade, ao observar e conversar com usuários da praia de nudismo de Abricó (Rio de Janeiro); ao passo que procura determinar as motivações, desejos e buscas dos frequentadores da praia, ela afrontará, também, as diferenças conceituais entre naturismo, nudismo e outras práticas correlatas ou mescladas.

Duas investigações na graduação têm utilizado o projeto Turismo Social UFF do MobLaTus como objeto direto de investigação: Elisa Rodrigues, uma das primeiras bolsistas do grupo, entusiasta do turismo social desde 2013, vem desenvolvendo uma pesquisa sobre os possíveis benefícios psicossociais da prática turística, para o que recorre ao exame de questionário preenchido pelos excursionistas nos primeiros passeios organizados pelo projeto. Já Raiza Dias busca reconhecer, pela óptica da experiência do participante, as diferenças de mediação entre um guiamento "clássico" (realizado por guias locais e/ou monitores de determinados atrativos) e uma moderação pautada nos princípios da animação cultural, seguidos pelos bolsistas do projeto – capacitados por meio dos debates nas reuniões do grupo e da disciplina optativa Fundamentos da Animação Cultural, oferecida ocasionalmente na graduação.

A metodologia privilegiada nas pesquisas

A pluralidade de temas abordados no MobLaTus, embora desenvolvidos em pesquisas de naturezas e enfoques diferentes, não deixa de apresentar ao menos dois pontos em comum: a metodologia empregada e a maneira de encarar o campo. Levando em conta uma relativa experiência nos trabalhos que realizei durante o mestrado e o doutorado, e as características e os objetivos das pesquisas desenvolvidas no grupo, temos privilegiado a história oral, compreendida como método interpretativo da história e das especificidades do(s) tema(s) proposto(s). Segundo Verena Alberti (1998, p. 7), na história oral, "o papel central é do indivíduo único e singular, de sua experiência de vida concreta, histórica e viva, que, graças à compreensão hermenêutica, é transformada em expressão do humano". Como pressuposto a nortear nosso tratamento, temos optado por trabalhar com o que foi efetivamente dito, contextualizando a fala do emissor ao considerar o lugar que ele ocupa no conjunto das relações em pauta (Cheibub, 2014). Tentamos observar o modo como, circulando e se modificando, enunciados e práticas vão constituindo novos conjuntos de poder, de saberes e de intervenções (Brêtas, 2008). A etnografia (ou pesquisa de base etnográfica) também aparece na investigação da orientanda de mestrado Jordânia, e se apresenta de maneira interessante para projetos futuros.

06
RESSONÂNCIAS[24]

Projetos, pesquisas, trocas construídas nas reuniões/encontros, ou seja, tudo o que o MobLaTus produziu, tiveram como desdobramentos participações, convites, construção de eventos, apresentações, publicações, entrevistas, notícias, etc.

Em relação às apresentações de trabalho e publicações em anais de congressos, desde a criação do grupo estivemos representados em três relevantes eventos do campo de estudos turísticos e do campo de estudos do lazer, por meio de comunicações de orientandos de mestrado, participantes ativos do grupo. Essas apresentações, oriundas de artigos ou resumos expandidos escritos em coautoria, registravam os resultados parciais ou finais de suas pesquisas, expostas em edições de encontros promovidos pela Associação Nacional de Pesquisa e Pós-Graduação em Turismo – Anptur, pelo Programa de Pós-Graduação em Turismo e Hospitalidade da Universidade de Caxias do Sul (PPGTURH-UCS) e pela Organização Mundial de Lazer (WLO): Anptur-2016[25], Anptur-2017[26], SeminTur-2017[27] e WLC-2018[28].

Algumas produções coletivas do grupo estão em processo de finalização e/ou submissão. Um relato de experiência, contando toda a trajetória do projeto de pesquisa/extensão Turismo Social UFF, está em fase final de confecção, e logo será submetido. A pesquisa, já mencionada, com os turistas participantes do projeto Turismo Social UFF gerará, até junho de 2018,

---

[24]
A direção da FTH e o PPGTUR estimulam e apoiam financeiramente a ida de docentes e discentes (alguns integrantes do MobLaTus) a eventos acadêmicos da área. Essa participação gera experiência e desenvolve os contatos interinstitucionais e as trocas culturais, aprimorando o andamento das pesquisas, especialmente nas apresentações orais.

[25]
B. L. Cheibub; C. Lescura; R. M. Pereira, Articulações entre as noções de campo e habitus de Bourdieu e a turistificação das favelas. Em: XIII Seminário Anptur – Turismo e Sustentabilidades, São Paulo.

[26]
B. L. Cheibub; J. O. Eugenio. As políticas públicas de lazer atreladas ao turismo social como possibilidade de inclusão. Em: XIV Seminário Anptur – Pesquisa Científica em Turismo: limites e possibilidades, Balneário Camboriú.

[27]
B. L. Cheibub; E. C. C. Zickwolff; V. L. Guimarães. Considerações históricas sobre a prostituição feminina no Rio de Janeiro e sua relação com as viagens e o turismo. Em: IX Seminário de Pesquisa em Turismo do Mercosul (Semintur), Caxias do Sul.

[28]
B. L. Cheibub; J. O. Eugenio. Turismo social e a população em situação de rua. Em: Congresso Mundial de Lazer (WLC) – Lazer sem Restrições, São Paulo.

um artigo acadêmico com seus principais resultados. Já aprovado pela editora Routledge, será lançado, provavelmente em 2018, o livro *Brazilian Mobilities*; organizado pelas professoras doutoras Camila Moraes (Unirio) e Maria Alice Nogueira (UFRJ), o livro contará com a participação de renomados pesquisadores das mobilidades. Um dos capítulos está sendo redigido por mim e pela integrante do grupo Jordania Eugenio; nesse texto, descreveremos as experiências turísticas proporcionadas a partir da conexão dos moradores em situação de rua, usuários do Centro Pop, com o projeto Turismo Social UFF, tendo como referência principal a pesquisa de mestrado realizada por Jordania e orientada por mim.

Em consequência da notoriedade alcançada pelo MobLaTus, recebemos alguns convites para palestrar em eventos cujos objetivos mantinham correlação com os temas debatidos e ações elegidas pelo grupo: durante a semana de turismo, evento organizado pela Fecomércio-MG, em 2015, proferi as palestras "Os desafios do desenvolvimento e inclusão no Brasil", no Sesc de Belo Horizonte, e "Turismo social e desenvolvimento integrado", no Sesc de Poços de Caldas. No Centro de Pesquisa e Formação do Sesc-SP, em 2015, fiz uma palestra intitulada "Análise das transformações históricas e conceituais concebidas no programa de turismo social do Sesc-SP". Em 2016, no II CBEL, avaliei e moderei o grupo de trabalho Teoria e História do Lazer e do Ócio, juntamente com a professora doutora Maria Cristina Rosa, da UFMG. Nesse mesmo ano, no I Seminário Nacional de Turismo e Cultura, organizado pela Fundação Casa de Rui Barbosa, avaliei e mediei os trabalhos apresentados no GT Faces do Fenômeno Moderno do Lazer. Ainda em 2016, no evento Turismo – Diversidade, Acessibilidade e Inclusão, do PPGTUR-UFF, minha explanação teve como título "O projeto de extensão 'turismo social para servidores e alunos da UFF' enquanto campo de pesquisa e reflexões". Em 2017 integrei o comitê avaliador da Primeira Escola de Ciência Avançada em Mobilidades: Teoria e Métodos (USP) e palestrei no evento A Universidade e o Morro do Palácio: Primeiro Encontro de Extensão Universitária Transdisciplinar do MACquinho, em que pude contar sobre a relação do grupo MobLaTus com o MACquinho e a favela. Também em 2017 o grupo foi convidado para ter uma fala no V Encontro Conversando sobre Aposentadoria: Ações em Grupo (Projetos de Extensão), durante a qual bolsistas e integrantes do MobLaTus trouxeram questões sobre a relação entre aposentaria e experiência turística, projetando a possibilidade da construção de passeios com servidores aposentados da UFF em 2018 – quiçá com a colaboração da Seção de Qualidade de Vida e Saúde do Servidor da Pró-Reitoria de Gestão de Pessoas da Universidade.

O MobLaTus, em 2017, integrou a comissão organizadora do VI ENHTUR (Encontro de Turismo e Hospitalidade da UFF), evento bienal da FTH que acontece desde 2007. Durante a semana acadêmica da

UFF, o MobLaTus promoveu uma atividade na praça popular do caminho Niemeyer, chamada Questões de Mediação e Turismo, com a colaboração de alguns alunos monitores, estagiários da Secretaria de Lazer e Turismo de Niterói – fizemos um bate-papo sobre um tema relevante para o projeto Turismo Social UFF, já debatido em alguns encontros do grupo. Outro importante evento foi o Cineclube no MACquinho, organizado pelos integrantes do MobLaTus, contando também com a presença dos alunos do PPGTUR-UFF: começamos com uma visita, mediada por Breno Platais, ao Morro do Palácio, de que participaram alguns moradores da favela que frequentam e/ou trabalham na Plataforma Urbana Digital; depois, assistimos ao filme *Em busca de um lugar comum*, de Felipe Mussel, a que se seguiu uma palestra e um debate sobre a película, coordenado pela doutora Camila Moraes, pesquisadora de turismo em favela.

Para o segundo semestre de 2018, está sendo organizado o I Simpósio MobLaTus, com apresentação dos projetos dos integrantes e das pesquisas e ações de extensão realizadas pelo grupo. Além disso, os melhores documentários de curta duração, apresentados pelos alunos enquanto avaliação da disciplina de graduação Introdução aos Estudos do Lazer, serão exibidos no evento. O simpósio tem o intuito de compartilhar as realizações das diversas frentes de trabalho que surgem no âmbito do grupo, proporcionando a oportunidade e a experiência de os alunos apresentarem um trabalho acadêmico e de publicá-lo nos anais de um evento científico.

Entre os projetos pensados para um futuro próximo, há o de um documentário sobre a região do cais do porto do Rio de Janeiro, de que já foram estabelecidos o argumento, o conceito e as demandas técnicas. O projeto tem como mola propulsora a experiência que obtivemos com o Turismo Social UFF naquela região, ao registrarmos a fala de moradores que participaram dos dois passeios realizados pelo projeto; alguns deles, aliás, fazem parte de relevantes movimentos sociais surgidos nessa região de condições complexas, transformada abruptamente em atrativo turístico (turistificada) com o intuito de receber visitantes na esteira dos megaeventos. A produção desse documentário, de curta duração, está sendo encabeçada por Gabriel Vieira, estudante de cinema que participa do grupo.

Todas as possibilidades e iniciativas comentadas acima são decorrentes da atuação e da repercussão do trabalho do grupo, especialmente da grande visibilidade alcançada pelo projeto Turismo Social UFF – o principal "produto" do MobLaTus, por assim dizer –, que ajuda a divulgar o grupo na mídia. Após conceder entrevistas para dois meios de comunicação em 2016, uma reportagem foi publicada no jornal do estado do Rio *O Fluminense*, e um vídeo exibido na UFF-Tube, feito pela UniTeVê, ambos realçando a ideologia e o funcionamento do projeto e do grupo.

Toda essa ressonância alimenta esforços que convergem para um mesmo propósito: fazer pesquisa, formar pesquisadores e ajudar a construir políticas públicas que articulem cultura, educação e ciência.

07
CONSIDERAÇÕES FINAIS

O MobLaTus é um entre os vários grupos que tenta fazer a ponte entre dois campos de estudos que, no Brasil, curiosamente encontram-se cientificamente separados: o lazer e o turismo. Essa aproximação, que vem se estreitando paulatinamente nos últimos dez, talvez quinze anos, é fruto da iniciativa de alguns pesquisadores, provenientes dos dois campos.

Há no grupo um compromisso ético: ser, continuamente, um espaço de criação e multiplicação, ao tentar, com cuidado e atenção, expor, denunciar e rasgar a realidade, objetivos intrínsecos a todo pesquisador e a todo grupo de pesquisa. Grupos que têm como tema o lazer e sua ampla potencialidade transformadora, emancipatória e revolucionária, com suas investigações coletivas – atreladas às ações de extensão/políticas públicas – podem e devem contribuir com a efetivação de direitos e a melhoria da qualidade de vida, estimulando o protagonismo social e ajudando a promover a diversidade cultural dos indivíduos. Em outras palavras, devem incentivar, como propósito existencial, a busca por lazer diversificado e gratuito, tendo em vista a igualdade de condições e o respeito às diferenças.

Talvez por isso priorizo, no grupo, pesquisas que tentem compreender as intencionalidades de diferentes instituições – considerando seus contextos históricos e políticos – ao oferecerem opções de lazer para determinados grupos, olhando, também, para os significados construídos por estes em suas histórias de vida. Na ordem capitalista, é notório que a desigualdade é condição de existência e funcionamento das estruturas sociais de produção, distribuição e consumo (Cardoso, 2010). Entre as mais variadas manifestações de lazer, por uma questão de lugar/pertencimento/formação, evidenciamos, no MobLaTus, as práticas turísticas, notadamente atraentes e distintivas, majoritariamente desiguais quanto ao acesso e à oportunidade e que, por essas características, colaboram para uma melhor compreensão da sociedade em que vivemos.

08
REFERÊNCIAS

ALBERTI, V. A vocação totalizante da história oral e o exemplo da formação do acervo de entrevistas do CPDOC. Em: Internacional Oral History Conference, 1998, Rio de Janeiro.

BRÊTAS, A. "Serviço de Recreação Operária: a singularidade de uma experiência (1943-1945)". Em: BRÊTAS, A.; ALVES JUNIOR, E. de D.; MELO, V. A. (org.). *Lazer e cidade: reflexões sobre o Rio de Janeiro*. Rio de Janeiro: Shape, 2008.

_____; VIEIRA, A. L. "O balanço do Esquina: a trajetória de um grupo no âmbito da extensão universitária". *Revista Cultura e Extensão USP*. São Paulo: 2015, Suplemento, n. 13.

CASTRO, M. G. *Rosa dos Ventos: turismo social para crianças e sua relação com o turismo pedagógico*. Trabalho de conclusão de curso (Graduação em Turismo) – Universidade Federal Fluminense. Rio de Janeiro: 2016.

CHEIBUB, B. L. *Lazer, experiência turística, mediação e cidadania: um estudo sobre o projeto Turismo Jovem Cidadão (Sesc-RJ)*. Dissertação (Mestrado em Estudos do Lazer) – Universidade Federal de Minas Gerais. Belo Horizonte: 2009.

_____. *A história do "turismo social" no Serviço Social do Comércio-SP*. Tese (Programa de Pós-Graduação em História, Política e Bens Culturais) – Fundação Getúlio Vargas. Rio de Janeiro: 2014.

_____. "Notas históricas sobre el turismo social desarrollado en Brasil y en Europa: ideologías, intenciones y características". *Lecturas*. Buenos Aires: 2014, vol. 18.

_____. "As contribuições da produção científica para o entendimento do lazer como direito social". Em: GOMES, C. L.; ISAYAMA, H. F. (org.). *O direito social ao lazer no Brasil*. Campinas: Autores Associados, 2015.

_____. *Lazer, turismo e demandas sociais*. Projeto de pesquisa. Rio de Janeiro: PPGTUR-UFF, 2015. Disponível em: <www.ppgtur.uff.br/index.php/menu-pesquisa/menu-projetos>. Acesso em: 19 jan. 2018

_____. MobLaTus – Mobilidades, Lazer e Turismo social. Grupos de pesquisa. PPGTUR-UFF, 2017. Disponível em: <www.ppgtur.uff.br/index.php/menu-pesquisa/menu-grupos>. Acesso em: 19 jan. 2018.

MATTOS, R. M.; FERREIRA, R. F. "Quem vocês pensam que (elas) são? – Representações sobre as pessoas em situação de rua". *Psicologia & Sociedade*. 2004, 16 (2).

PEREIRA R. M. *O turismo na favela Santa Marta: reflexões à luz da teoria de Pierre Bourdieu*. Dissertação (Mestrado em Turismo) – Universidade Federal Fluminense. Rio de Janeiro: 2017.

PPGTUR. Linha 2 – Turismo, cultura e ambiente. Linhas de pesquisa. PPGTUR-UFF, 2015. Disponível em: <www.ppgtur.uff.br/index.php/menu-pesquisa/menu-linhas>. Acesso em: 19 jan. 2018.

PROAES-UFF. Programa Bolsa de Desenvolvimento Acadêmico da Universidade Federal Fluminense. Proaes-UFF, 2015. Disponível em: <www.uff.br/?q=programa-de-desenvolvimento-academico-no-grupo-assistencia-estudantil-programa-de-desenvolvimento>. Acesso em: 19 jan. 2018.

TEIXEIRA, C. *A dinâmica de trabalho em cruzeiros turísticos e o lazer do tripulante*. TCC (Graduação em Turismo) – Universidade Federal Fluminense. Rio de Janeiro: 2017.

URRY, J. *Mobilities*. Cambridge: Polity Press, 2007.

ZICKWOLFF, E. da C. C. *Repensando o conceito de turismo sexual: para além da exploração sexual, do tráfico de pessoas e da prostituição feminina*. Dissertação (Mestrado em Turismo) – Universidade Federal Fluminense. Rio de Janeiro: 2017.

Grupo de pesquisa Luce – Ludicidade, Cultura e Educação

Christianne Luce Gomes
César Teixeira Castilho

01
INTRODUÇÃO

Iniciamos este texto agradecendo aos organizadores desta obra pelo convite para apresentar e registrar as principais atividades realizadas pelo grupo de pesquisa Luce – Ludicidade, Cultura e Educação, da Universidade Federal de Minas Gerais (UFMG). Para desenvolver o texto, nesta breve introdução contextualizamos o processo de criação do grupo, que está credenciado no Conselho Nacional de Desenvolvimento Científico e Tecnológico (CNPq). Em seguida, discutimos alguns dos fundamentos que têm subsidiado os estudos e pesquisas dos integrantes do grupo Luce. A terceira parte do texto apresenta as linhas de pesquisa e as principais temáticas investigadas pelos seus membros nos últimos dez anos. A discussão é complementada com algumas considerações finais.

O grupo Luce desenvolve atividades acadêmicas, culturais, sociais e pedagógicas vinculadas ao lazer nos âmbitos do ensino, da pesquisa e da extensão universitária. Essas atividades integram o Centro de Estudos de Lazer e Recreação (Celar) há vários anos, mas a denominação do grupo Luce é recente: foi definida em 2014. No entanto, como o grupo iniciou suas atividades há mais de uma década, consideramos fundamental contextualizar o seu percurso ao longo dos anos.

As atividades de pesquisa do Celar foram potencializadas a partir de 2006, quando foi criado o Mestrado em Lazer na UFMG. Desde o início desse mestrado multidisciplinar, foi escolhida como área de concentração a temática Lazer, Cultura e Educação. Paralelamente, fundou-se um grupo de pesquisa com a mesma nomenclatura da área de concentração, de enfoque abrangente, para acolher as pesquisas dos professores e mestrandos envolvidos com o curso. À medida que o mestrado foi se consolidando e as atividades de pesquisa foram ampliadas, cada professor pôde constituir um grupo de pesquisa específico no CNPq. Nesse processo, as pesquisas coordenadas pela professora Christianne Luce Gomes fizeram parte, desde 2008, do grupo Otium – Lazer, Brasil e América Latina. A escolha da palavra latina *otium* foi intencional. Entre outras coisas, o grupo pretendia contribuir com novas vertentes de discussão, na região latino-americana, ao tomar o termo espanhol *ocio* como um conceito análogo ao de lazer, em português. De fato, essa discussão foi ampliada, mas o termo *recreación* ainda predomina nesse contexto, muitas vezes com um sentido mais restrito e operacional, ligado à oferta de atividades recreativas.

Duas dificuldades tiveram de ser enfrentadas nesse percurso. A primeira delas foi o fato de o nome do grupo ser o mesmo de uma associação já constituída na Universidade de Deusto[01], em Bilbao, o que dificultou a identificação institucional do grupo de pesquisa Otium da UFMG. A segunda dificuldade relacionou-se à abrangência das atividades acadêmicas, culturais, sociais e pedagógicas de lazer realizadas por estudantes e pesquisadores de diferentes níveis, e com distintas formações, sob liderança da professora Christianne. Essas atividades contemplam uma diversidade de temáticas multidisciplinares e de práticas culturais lúdicas, desenvolvidas em diferentes âmbitos e contextos socioculturais. Foi necessário, assim, definir uma nova denominação para o grupo, que cobrisse esse vasto espectro de interesses, sendo acolhida, em 2014, a antiga sugestão de designá-lo pela sigla Luce – Ludicidade, Cultura e Educação.

Como será tratado posteriormente, as propostas de pesquisa sobre o lazer com enfoque latino-americano (derivados do Otium-UFMG) foram contempladas em uma linha específica, sendo constituídas outras linhas de pesquisa para englobar a diversidade de temáticas trabalhadas pelos membros do grupo. Por isso, considera-se que o atual grupo Luce foi se transformando e amadurecendo ao longo dos tempos. Em 2017, na ocasião de seu pós-doutoramento na UFMG, o professor César Castilho foi convidado para participar da coordenação do grupo. Atualmente, o grupo conta com dezoito membros[02] que compartilham alguns fundamentos sobre o lazer, conforme será explicitado no tópico a seguir.

01
A Associação Otium está sediada na Universidade de Deusto, na Espanha, e por vários anos foi liderada pelo professor Manuel Cuenca. Atualmente, essa organização é presidida pela professora María Jesús Monteagudo Sánchez. Disponível em: <http://asociacionotium.org/pt/>. Acesso em: 13 abr. 2018.

02
Membros do grupo Luce cadastrados no CNPq no segundo semestre de 2017: Agustín Arosteguy, Ana Paula Guimarães Santos de Oliveira, Christianne Luce Gomes, César Teixeira Castilho, Denise Falcão, Dominique Charrier, Eduardo Penna de Sá, Gabriela Baranowski Pinto, Gleice Aparecida Ferreira, Irene Benevides Dutra Murta, Iris da Silva, Iuri Cordeiro, Juliara Lopes da Fonseca, Luciana Cecilia Noya Casas, Marcina Amália Nunes Moreira, Maria de Fátima Queiroz Costa Maia, Rodrigo Lage Pereira Silva, Salete Gonçalves, Sandra Akemi Narita e Tatiana Néri de Aguiar dos Santos. Disponível em: <http://dgp.cnpq.br/dgp/espelhogrupo/1712454786501131#recursosHumanos>. Acesso em: 13 abr. 2018.

02
PROBLEMATIZANDO O LAZER

Do ponto de vista da produção do conhecimento, uma peculiaridade das propostas desenvolvidas pelos membros do grupo Luce é a realização de estudos e pesquisas que contribuam com o repensar das abordagens dicotômicas e parciais que concebem o lazer como algo oposto ao trabalho. Algumas dessas reflexões têm atraído pesquisadores de diferentes campos do conhecimento – educação física, turismo, administração, serviço social, economia, geografia e comunicação, entre outros –, culminando nos olhares cruzados, multidisciplinares, tão caros aos estudos do lazer e aos debates presentes nas reuniões do grupo, bem como nas investigações realizadas pelos seus integrantes.

Um ponto de partida para a problematização dos significados, restrições e alcances do lazer de forma situada, crítica e multidisciplinar, é a discussão conceitual desse fenômeno (Gomes, 2011; 2014), que guia muitas das pesquisas teóricas e empíricas desenvolvidas no grupo. Cabe destacar que, em nosso contexto, geralmente o lazer é entendido como um fenômeno gestado como contraponto ao trabalho, nas modernas sociedades urbano-industriais europeias. Concebido por esse prisma, o lazer constitui uma esfera da vida social oposta ao trabalho produtivo, um tempo liberado das obrigações ou uma ocupação do chamado "tempo livre". Essa compreensão foi amplamente difundida por Dumazedier (1976), que considerava que o lazer é um produto da sociedade moderna urbano-industrial decorrente do desenvolvimento tecnológico. Para o autor, o lazer correspondia a uma liberação periódica de tempo no fim do dia, da semana, do ano e do próprio trabalho, quando se alcançava a aposentadoria.

Ainda hoje, esse é um olhar possível para se compreender o lazer, no que se refere tanto aos estudos ocidentais empreendidos sobre o tema (desde as primeiras décadas do século XX) quanto à apreensão mais imediata desse fenômeno por parte das pessoas cuja existência é solapada pelo trabalho nas sociedades regidas pela lógica do lucro e da produtividade alienante, como a nossa. Entretanto, mesmo que essa abordagem dicotômica entre trabalho e lazer seja hegemônica, não é a única. Tal entendimento, além de negligenciar que o que surgiu no século XIX foi *o conceito de lazer* como antítese do trabalho industrial, sobretudo nos moldes capitalistas, revela uma interpretação eurocêntrica[03] na medida em que a Europa, com suas práticas e instituições, é considerada responsável pelo suposto "surgimento" do lazer (Gomes, 2014).

Esses fundamentos contribuem com a manutenção de uma lógica evolutiva e linear que não contempla as dinâmicas que marcam a vida coletiva em diferentes âmbitos e contextos, especialmente neste século XXI. É fundamental, assim, repensar e superar a crença de que existe uma história única e universal do lazer e apenas um conceito a ser legitimado, pois um conceito não é o fenômeno, é somente uma representação da realidade que se pretende designar. Como toda produção teórico-conceitual é política e ideológica, é necessário assumir que cada conceito de lazer expressa pontos de vista particulares, e que estes refletem as percepções, os imaginários sociais, as identidades, subjetividades, visões de mundo, projetos políticos de sociedade, construções intelectuais e modos de intervenção que são próprios de quem o elabora (Gomes; Elizalde, 2012).

O entendimento de lazer como uma necessidade humana e como dimensão da cultura ainda é incipiente nos estudos sobre a temática. Seguindo essa perspectiva, o que geralmente é designado como lazer enraíza-se na ludicidade e constitui uma prática social complexa, que abarca uma multiplicidade de vivências culturais situadas em cada contexto:

Apesar de serem pouco conhecidos, diferentes modos de vida continuam vigentes nos dias atuais. Como exemplo, podem ser citadas as coletividades indígenas, quilombolas, ribeirinhas e ciganas, entre várias outras. O reconhecimento dessa diversidade apresenta substanciais desafios para aqueles que buscam problematizar o lazer em diferentes realidades e perspectivas. Nos contextos minoritários, em especial, nem sempre há uma palavra similar ao termo "lazer", portanto encarregada de nomear as práticas sociais que são vividas, localmente, como possibilidades de desfrute sociocultural cotidiano. Por isso, é essencial problematizar e compreender o lazer de modo situado, isto é, levando em conta algumas das peculiaridades históricas, culturais, sociais, políticas, éticas e estéticas, entre outras, que expressam as diversidades e as singularidades locais (Gomes, 2014, p. 9).

03
A crítica ao eurocentrismo não é dirigida à Europa ou aos europeus, e, sim, à relação histórica e socialmente opressiva entre a hegemonia europeia e seus "outros", sejam eles internos ou externos. Em todo norte geopolítico há um sul, e vice-versa. Como o pensamento eurocêntrico é um discurso social e historicamente situado, os europeus também podem ser antieurocêntricos, assim como os não europeus podem perpetuar o eurocentrismo (Shohat; Stam, 2006).

As festas e celebrações, as práticas corporais, os jogos, as músicas, as conversações e outras experiências de sociabilidade são lazeres que têm significados e sentidos singulares para os sujeitos que as vivenciam ludicamente. Nesse processo, muitas tensões se fazem presentes, indicando a relevância de problematizar o lazer indo além do entendimento convencional e restrito que o define como um simples apêndice do trabalho. "Nesse âmbito, compreende-se o lazer como uma necessidade humana e dimensão da cultura que constitui um campo de práticas sociais vivenciadas ludicamente pelos sujeitos, estando presente na vida cotidiana em todos os tempos, lugares e contextos" (Gomes, 2014, p. 9).

Geralmente as necessidades humanas são associadas à subsistência, mas elas não se limitam a isso. Para Max-Neef, Elizalde e Hopenhayn (1986), tratar as necessidades somente como algo que falta implicaria considerar primordialmente o âmbito fisiológico, que é aquele em que uma necessidade assume com maior força a sensação de carência/ausência. Mas as necessidades são também potencialidades na medida em que comprometem, motivam e mobilizam as pessoas para satisfazê-las. Considerando as categorias axiológicas – que dizem respeito aos valores produzidos culturalmente –, os autores afirmam que as necessidades humanas são finitas. O que varia de uma cultura para outra, e de acordo com o contexto histórico, são os modos de satisfazê-las – esses sim, são infinitos. Dito de outro modo, o que está culturalmente determinado não são as necessidades humanas fundamentais, mas as formas como elas são satisfeitas. Temos, segundo os autores, necessidade de subsistência, de proteção, de afeto, de entendimento, de participação, de criação, de identidade, de liberdade e de lazer. Toda necessidade humana não satisfeita adequadamente gera uma pobreza; por isso, devemos tratar de pobrezas, no plural. Tem-se, assim, a pobreza de afeto, de entendimento, de liberdade, de lazer etc.

O lazer diz respeito à necessidade de fruir, ludicamente, diferentes práticas sociais construídas culturalmente. Quando essa necessidade não é satisfeita adequadamente, são geradas várias pobrezas nesse campo, tais como a entrega desmedida à TV como opção de lazer passivo, consumista, acrítico e alienante; uma festa ou uma partida esportiva que termina em violência; a crença de que a compra de mercadorias pode preencher o vazio do lazer e da vida como um todo, assim como o desenvolvimento de programas recreativos massivos e assistencialistas, sem envolvimento efetivo dos participantes, entre outros exemplos que poderiam ser citados (Gomes, 2014).

Assim, o lazer é uma necessidade humana fundamental que pode ser satisfeita de múltiplas formas, de acordo com os valores e interesses dos sujeitos, grupos e instituições em cada contexto. Todavia, quando o lazer é reconhecido e assimilado como um fenômeno social, cultural, político e historicamente situado, ampliam-se as possibilidades de satisfazê-lo de forma sinérgica e construtiva.

Concebido enquanto uma produção cultural humana, o lazer constitui relações dialógicas com a educação, com o trabalho, com a política, com a economia, com a linguagem e com a arte, entre outras dimensões da vida social, sendo parte integrante e constitutiva de cada coletividade. Nesse sentido, o lazer pode e deve dialogar com o trabalho, mas não de uma forma binária, que exclua outros fenômenos sociais; tampouco esse dialogismo entre lazer e trabalho seria o mais importante a ser contemplado na produção teórico-conceitual sobre a temática. Pelo contrário, as lógicas, por serem plurais, fomentam relações dialógicas várias, múltiplas e diversas, importantes de serem situadas nos contextos em que vigoram (Gomes, 2014, pp. 12-13).

Em suma, o lazer pode ser compreendido como uma necessidade humana e como dimensão da cultura caracterizada pela vivência lúdica de manifestações culturais no tempo/espaço social (Gomes, 2011). Desse ponto de vista, o lazer constitui-se na articulação de três elementos fundamentais, que serão tratados a seguir: a ludicidade, as manifestações culturais e o tempo/espaço social.

Ludicidade

A ludicidade é inerente à condição humana, pois as práticas culturais não são lúdicas por si mesmas: elas são construídas na interação do sujeito com a experiência vivida, podendo se manifestar de diversas formas (gestual, verbal, impressa, visual, artística etc.) e ocorrer em qualquer momento da vida. Nesse processo, a ludicidade é construída culturalmente e cerceada por vários fatores (normas sociais, princípios morais, regras educacionais etc.), mesclando alegria e angústia, relaxamento e tensão, prazer e conflito, regozijo e frustração, liberdade e concessão, entrega, renúncia e deleite (Gomes, 2004). Esses aspectos perpassam os lazeres vividos pelos sujeitos ao longo de suas vidas.

Manifestações culturais

As manifestações culturais que constituem o lazer são práticas sociais vivenciadas como desfrute e como fruição da cultura. Podem ser ressaltados, como exemplos, as festas, jogos, brincadeiras, passeios, viagens, diversas práticas corporais, danças, espetáculos teatrais, músicas, cinema, diferentes formas de expressão artística, artesanatos, jogos virtuais e diversões eletrônicas, entre inúmeras possibilidades construídas nas interações locais/globais. O lazer compreende, ainda, práticas culturais com possibilidades introspectivas, tais como o ócio que envolve meditação, contemplação e relaxamento (Gomes, 2011). Esses e outros lazeres detêm significados singulares para os sujeitos que os vivenciam, ludicamente, no tempo/espaço social.

Tempo/espaço social

Conforme indicado por Santos (1980), é fundamental problematizar as representações abstratas das categorias tempo e espaço. Como essas dimensões são inseparáveis, o espaço social não pode ser explicado sem o tempo social, e vice-versa. O tempo/espaço social é um produto das relações sociais e da natureza, e constitui-se por aspectos objetivos, subjetivos, simbólicos, concretos e materiais, evidenciando conflitos, contradições e relações de poder (Lefebvre, 2008). Por isso, torna-se fundamental superar as compreensões de lazer que negligenciam a territorialidade e enfatizam o aspecto tempo, focalizando principalmente o tempo residual do trabalho produtivo ou escolar.

Considerando esses e outros fundamentos, o grupo Luce prioriza reflexões/ações sobre o lazer no Brasil e em outros contextos, com enfoque na produção do conhecimento e nos sentidos/significados de práticas sociais vivenciadas cotidianamente como lazer. Para isso, propõe estudos multi/interdisciplinares sobre o lazer, articulando-o com temáticas diversas, como será apresentado a seguir.

03
LINHAS DE PESQUISA E TEMÁTICAS INVESTIGADAS

O grupo Luce está credenciado no CNPq, uma agência do atual Ministério de Ciência, Tecnologia, Inovações e Comunicações que objetiva fomentar a pesquisa científica e tecnológica e incentivar a formação de pesquisadores. Conforme consta no Diretório dos Grupos de Pesquisa do CNPq[04], o grupo Luce conta com quatro linhas de pesquisas, que foram criadas em diferentes momentos da sua trajetória. Para que se tenha ideia da produção acadêmica do grupo, será apresentada, na sequência, a relação das

---

04
Disponível em: <https://goo.gl/HA4NwY>. Acesso em: 13 abr. 2018.

pesquisas desenvolvidas por seus membros nos últimos dez anos, agrupadas por linha de pesquisa.

Ludicidade, Lazer, Cultura e Educação

Objetivo: estudar, problematizar e sistematizar conhecimentos sobre diferentes práticas socioculturais lúdicas no contexto do lazer. Compreender as influências e ressignificações globais/locais dos lazeres nas dinâmicas sociais dos sujeitos em suas relações lúdicas com o território, a cultura, a educação, a arte e as tecnologias, entre outros âmbitos.

QUADRO I: LINHA DE PESQUISA LUDICIDADE, LAZER, CULTURA E EDUCAÇÃO

TÍTULO DA PESQUISA	EQUIPE	OBSERVAÇÃO
Músicos de rua: luzes e sombras sobre uma prática social contemporânea no Rio de Janeiro e em Barcelona	Denise Falcão Christianne Luce Gomes (orientadora)	Pesquisa de doutorado (2013-2017). Bolsas Fapemig/Capes
Tem um lugar em seu sofá? A hospitalidade em Jaguarão-RS na perspectiva da Rede *Couchsurfing*	Marcina Amália Nunes Moreira Christianne Luce Gomes (orientadora)	Pesquisa de doutorado (2013-2017)
Lazer na empresa	Eduardo Penna de Sá Christianne Luce Gomes (orientadora)	Pesquisa de doutorado (2016-2020). Bolsa Capes
A rede imigratória motivada pelo lazer no litoral oriental potiguar	Salete Gonçalves Christianne Luce Gomes (orientadora)	Pesquisa de doutorado (2014-2018)
Um olhar geográfico sobre o lazer e a cidade: mapeando lugares de contemplação da paisagem urbana e as desigualdades socioespaciais em Vitória-ES	Ana Lucy Oliveira Freire, Christianne Luce Gomes (supervisora)	Pesquisa de pós-doutorado (2016). Bolsa Ufes
Lazer e trabalho em tempos líquidos: apropriação das redes sociais virtuais por bibliotecários da Universidade Federal de Minas Gerais	Iris da Silva, Christianne Luce Gomes (orientadora)	Pesquisa de mestrado (2014-2016)

Apropriações sociais e vivências de lazer em rios urbanos de Foz do Iguaçu e suas margens	Sandra Narita Christianne Luce Gomes (orientadora)	Pesquisa de mestrado (2013-2015)
O grupo ciclístico Massa Crítica em Belo Horizonte: relações entre movimentos sociais e lazer	Irene Benevides Dutra Murta Christianne Luce Gomes (orientadora)	Pesquisa de mestrado (2013-2015). Bolsa Fapemig.
Lazer, internet e idosos: hábitos e experiências de alunos do projeto "Educação Física para a 3ª idade"	Rodrigo Lage Pereira Silva Christianne Luce Gomes (orientadora)	Monografia de graduação (2015). Bolsa IC
A cultura *soul* em BH: os participantes e suas motivações	Bruno Bitarães Christianne Luce Gomes (orientadora)	Monografia de graduação (2015). Bolsa PET
Lazer de jovens cristãos	Ana Bárbara Oliveira Christianne Luce Gomes (orientadora)	Monografia de graduação (2015)
O lazer sob a perspectiva de idosos	Gleice Aparecida Ferreira Christianne Luce Gomes (orientadora)	Monografia de graduação (2015)
Vamos ao museu hoje? Educação e lazer em visitas mediadas	Romilda Aparecida Lopes Christianne Luce Gomes (orientadora)	Pesquisa de mestrado (2012-2014). Bolsa Capes
Modalidade *Todo Incluido* de Tenerife: um estudo acerca de sua influência no índice de visitação do Parque Nacional del Teide-Espanha	Joyce Kimarce do Carmo Pereira Christianne Luce Gomes (orientadora)	Monografia de graduação (2014)
Lazer na natureza e atuação profissional: discursos e práticas contemporâneas	César Teixeira Castilho Christianne Luce Gomes (orientadora)	Pesquisa de mestrado (2011-2013). Bolsa Capes
Turismo como experiência	Ana Carolina Assis Ribeiro Christianne Luce Gomes (orientadora)	Monografia de graduação (2013). Bolsa IC
Os luxos do lixo: representações sociais de lazer de catadores de papel	Fernanda Caetano Cunha Christianne Luce Gomes (orientadora)	Pesquisa de mestrado (2008-2010). Bolsa Capes

Significações de um espaço de lazer e trabalho: a Feira de Arte, Artesanato e Produtores de Variedades da Avenida Afonso Pena, em Belo Horizonte	Iacy Pisolato Silvera Christianne Luce Gomes (orientadora)	Monografia de graduação (2009)
Lazer em hospitais: realidades e desafios	Gabriela Baranowski Pinto Christianne Luce Gomes (orientadora)	Pesquisa de mestrado (2007-2009). Bolsa Fapemig

Lazer e Ludicidade: conhecimento, formação, política e intervenção no Brasil e na América Latina

> *Objetivo*: estudar/problematizar o lazer e suas práticas culturais lúdicas em diferentes contextos do Brasil e da América Latina, considerando quatro possíveis eixos de análise sobre a temática: a) produção/socialização de conhecimento; b) formação profissional/acadêmica; c) atuação/intervenção profissional; d) políticas públicas e sociais.

QUADRO 2: LINHA DE PESQUISA LAZER E LUDICIDADE: CONHECIMENTO, FORMAÇÃO, POLÍTICA E INTERVENÇÃO NO BRASIL E NA AMÉRICA LATINA

TÍTULO DA PESQUISA	EQUIPE	OBSERVAÇÃO
El Derecho a la Recreación/Ocioenlas Políticas Públicas de la scapitales de los países andinos: posibilidades y limitaciones para su concreción/O direito ao lazer/recreação nas políticas públicas das capitais dos países andinos: possibilidades e limites para sua concretização	Luciana Cecilia Noya Casas Iuri Cordeiro Christianne Luce Gomes (coordenadora)	Pesquisa de mestrado (2015-2018). Apoio: Rede Cedes/Min. do Esporte. Bolsa de mestrado Fapemig, Bolsa IC/ME
Desenvolvimento regional do turismo e suas interações com o lazer no contexto do projeto estruturante Rota das Grutas de Peter Lund (MG)	Ana Paula G. Santos de Oliveira Christianne Luce Gomes (orientadora)	Pesquisa de doutorado (2014-2018)
Pontos de cultura em Belo Horizonte: uma abordagem afetiva do território a partir de suas apropriações de lazer	Agustín Arosteguy Christianne Luce Gomes (orientadora)	Pesquisa de doutorado (2014-2018). Bolsa Fapemig

Interfaces entre lazer e turismo em teses e dissertações brasileiras: estado do conhecimento (2009-2015)	Tatiana Néri de Aguiar dos Santos Christianne Luce Gomes (orientadora)	Pesquisa de mestrado (2014-2016). Bolsa Capes
Lazer, sustentabilidade e meio ambiente: pesquisa exploratória sobre saberes e experiências desenvolvidas na América Latina.	Christianne Luce Gomes (coordenadora) Rodrigo Elizalde Mirleide Chaar Bahia Leonardo L.L. Lacerda Rodrigo Silva	Pesquisa com Apoio Fapemig/ PPM e CNPq/Edital Universal, bolsa IC (2012-2014)
Programa Esporte e Lazer da Cidade (Pelc): uma política pública sob a perspectiva daqueles que a executam	Claudio Gualberto Christianne Luce Gomes (orientadora)	Pesquisa de mestrado (2011-2013)
Formação profissional, lazer e saúde	Natascha Stephanie Nunes Abade Christianne Luce Gomes (orientadora)	Monografia de graduação (2013). Bolsa PET
A formação de profissionais que atuam com esportes e atividades de lazer na natureza no entorno da cidade de Belo Horizonte (MG)	Jeyller Henrique Rosa de Araujo Christianne Luce Gomes (orientadora)	Pesquisa de mestrado (2011-2013)
Saberes sobre o lazer privilegiados em um curso técnico a distância sobre a temática	Suzana Santos Campos Christianne Luce Gomes (orientadora)	Pesquisa de mestrado (2011-2013)
Formação de recursos humanos para a área do lazer na América Latina: análise dos mestrados em lazer/*Recreación/Tiempo Libre* do Brasil, Costa Rica, Equador e México	Christianne Luce Gomes(coordenadora) Rodrigo Elizalde Vania Noronha Gabriela Baranowski Pinto José Fernando Tabáres Victor Molina Ana Carolina A. Ribeiro Joyce Kimarce Pereira	Pesquisa com apoio Fapemig/PPM; CNPq/Edital Universal e bolsas IC; Ministério do Esporte/Rede Cedes
O direito ao *ocio/recreación* em constituições de países latino-americanos de língua espanhola	Alicia Maricel Oliveira Ramos Christianne Luce Gomes (orientadora)	Pesquisa de mestrado (2010-2012). Bolsa Ministério do Esporte/Rede Cedes
Aportes desde el ocio para el aprendizaje transformacional	Rodrigo Antonio Elizalde-Soto Aldo Calcagni (orientador) Christianne Luce Gomes (co-orientadora)	Pesquisa de doutorado (2009-2012).

Lazer e turismo em periódicos: análise de artigos no período 2006-2010	Juliana Azevedo Schirm Faria Christianne Luce Gomes (orientadora)	Pesquisa de mestrado (2010-2012). Bolsa Capes
Análise dos estudos sobre a temática do lazer em mestrados em turismo e hospitalidade no Brasil (2001-2007)	Tatiana Roberta de Souza Christianne Luce Gomes (orientadora)	Pesquisa de mestrado (2009-2011). Bolsa Capes
Análise dos conhecimentos sobre o lazer nos cursos de graduação em turismo do estado de Minas Gerais (2008-2010)	Christianne Luce Gomes (coordenadora) Hilton F. Boaventura Serejo Cleide A. Gonçalves de Sousa Tatiana Roberta de Souza Alicia M. Oliveira Ramos Júnia Gontijo Cândido Ticiane F. Martins da Cruz Ana Cristina D. Caldeira Bruna Fantini S. Von Dollinger	Pesquisa apoiada pela Fapemig/PPM e CNPq/Edital Universal e bolsas IC
Interface turismo-lazer: análise de suas relações na produção científica em periódicos brasileiros de turismo qualificados pelo Qualis (2006-2008)	Juliana Schirm Faria Christianne Luce Gomes (orientadora)	Monografia de graduação (2009). Bolsa IC
Resignificación del ocio: aportes para un aprendizaje transformacional	Rodrigo Antonio Elizalde-Soto Aldo Calcagni (orientador) Christianne Luce Gomes (co-orientadora)	Pesquisa de mestrado (2007-2009)
Lazer na América Latina – *Tiempo libre, ocio y recreación en Latinoamérica*	Christianne Luce Gomes (coordenadora) Esperanza Osorio Leila M. S. M. Pinto Rodrigo Elizalde	Pesquisa realizada com apoio do Ministério do Esporte (2008-2009).
Estudos sobre a temática "Lazer e saúde" produzidos na área da educação física publicados na base de dados Lilacs	Natália de Sousa Araújo Gabriela Baranowski Pinto (co-orientadora) Christianne Luce Gomes (orientadora)	Monografia de graduação (2008-2009). Bolsa PET
Inserção da temática lazer nos currículos dos cursos de graduação em educação física, fisioterapia e terapia ocupacional da Universidade Federal de Minas Gerais	Marcos Filipe Guimarães Pinheiro Christianne Luce Gomes (orientadora)	Pesquisa de mestrado (2008-2010). Bolsa Ministério do Esporte/Rede Cedes

Lazer, idosos e inclusão social: explorando o potencial dos interesses turísticos na perspectiva da animação sociocultural	Christianne Luce Gomes (coordenadora) Marcos Filipe Guimarães Pinheiro Leonardo L. L. Lacerda.	Pesquisa realizada com apoio do Ministério do Esporte (2009-2010)
Ethel Bauzer Medeiros: trajetória no campo da recreação e do lazer	João Franco Lima Christianne Luce Gomes (orientadora)	Pesquisa de mestrado (2007-2009). Bolsa Capes

Lazer e Cinema

Objetivo: realizar estudos e pesquisas interdisciplinares sobre o lazer e as produções cinematográficas, contemplando forma/conteúdo em suas dimensões narrativas, técnicas, estéticas, culturais e pedagógicas. Análise do cinema em diferentes épocas, âmbitos e contextos. Limites e possibilidades do turismo cinematográfico. O papel das produções audiovisuais na formação do imaginário e na promoção de destinos turísticos.

QUADRO 3: LINHA DE PESQUISA LAZER E CINEMA

TÍTULO DA PESQUISA	EQUIPE	OBSERVAÇÃO
Por trás das câmeras: turismo cinematográfico nas Gerais	Christianne Luce Gomes (coordenadora) Flavienne Couto Ricardo Juliana Schirm Faria	Projeto de pesquisa submetido ao CNPq (2018-2021)
Narrativas do cinema para/com as mulheres negras: lazer, estética e educação	Iara Pires Viana Christianne Luce Gomes (orientadora)	Pesquisa de doutorado (2017-2021). Bolsa Fapemig
Das telas à formação do turismólogo: usos, possibilidades e dilemas relativos ao uso de produções cinematográficas no processo ensino-aprendizagem do bacharel em turismo em instituições de ensino superior	Edwaldo Sérgio dos Anjos Christianne Luce Gomes (orientadora)	Pesquisa de doutorado (2017-2021)
"Velho Chico": relações entre a produção audiovisual e a atividade turística de Pirapora-MG	Juliara Fonseca Christianne Luce Gomes (orientadora)	Pesquisa de doutorado (2016-2020)

Lazer e cinema como viagem simbólica/Lazer, mulher e cinema	Christianne Luce Gomes (coordenadora) Ariane Silva dos Santos Maria de Fátima Queiroz Costa Maia Mariana Silva Renata Gontijo	Apoio: CNPq (Produtividade em Pesquisa); Bolsas IC e Fapemig/PPM (2015-2018)
Um olhar sobre a hospitalidade retratada em filmes latino-americanos	Maria de Fátima Queiroz Costa Maia Christianne Luce Gomes (orientadora)	Monografia de graduação (2016-2017). Bolsa IC
Elementos fundamentais da comunicação e do *design* para a análise fílmica	Renata Gontijo Christianne Luce Gomes (supervisora)	Pesquisa de pós-doutorado (2016-2017)
Cinema e turismo: uma viagem pelos filmes de estrada *Into the Wild* e *Thelma & Louise*	Nathália Rodrigues de Souza Silva Christianne Luce Gomes (orientadora)	Monografia de graduação (2017)
Cinema, turismo e mulher: a jornada de autoconhecimento nos filmes *Wild* e *Burn Burn Burn*	Giulia Joarta Ventura Camila Montovani (orientadora) Christianne Luce Gomes (co-orientadora)	Monografia de graduação (2017)
Relação das *Film Commissions* da região Sudeste com o turismo cinematográfico	João Lucas de Almeida Campos Christianne Luce Gomes (orientadora)	Monografia de graduação (2017-2018)

Geopolítica de Megaeventos Esportivos e de Lazer

Objetivo: pesquisar e compreender criticamente as articulações de bastidores que permeiam os megaeventos esportivos e de lazer, desvendando questões geopolíticas que afetam, sobretudo, as populações locais menos favorecidas, relações de poder, embates entre nações, estratégia política, entre outras possibilidades.[05]

05
Essa linha realiza pesquisas internacionais com as universidades francesas Paris-Sud (Paris XI) e Paris-Saclay, bem como com o Institut de Relations Internationales et Stratégies (Iris) de Paris.

QUADRO 04: LINHA DE PESQUISA GEOPOLÍTICA DE MEGAEVENTOS ESPORTIVOS E DE LAZER

TÍTULO DA PESQUISA	EQUIPE	OBSERVAÇÃO
Politiques publiques et Coupe du monde de football 2014 au Brésil: des espoirs aux héritages locaux	César Teixeira Castilho Barbara Evrard (co-orientadora) Dominique Charrier (orientador)	Pesquisa de doutorado (2013-2016). Bolsa Capes
A hospitalidade da população brasileira na Copa do Mundo 2014: uma análise das festas populares e das "FanFests" em Belo Horizonte, Manaus, Recife e Rio de Janeiro.	César Teixeira Castilho Christianne Luce Gomes (supervisora)	Pesquisa de pós-doutorado (2017-2018). Bolsa Capes
Legados da Copa do Mundo Fifa 2014 para o turismo em Belo Horizonte	Flavienne Couto Ricardo Christianne Luce Gomes (orientadora)	Monografia de graduação (2013). Bolsa IC
Acompanhamento e avaliação de serviços e operações de infraestrutura destinadas à Copa do Mundo 2014 em Belo Horizonte	Coordenação geral: Christianne Luce Gomes, com a participação de 49 pesquisadores (bolsistas DTI A/B/C) e 75 bolsistas de graduação (ITI-A)	Pesquisa multidisciplinar realizada com o apoio do CNPq (2013-2014)

Além da diversidade temática proposta para aprofundar saberes e conhecimentos sobre o lazer, as 54 pesquisas teóricas e empíricas relacionadas neste tópico compartilham algumas características, tais como: a abordagem crítica desse fenômeno, a sensibilidade política/social ao investigá-lo em contextos de desigualdade e exclusão social, o compromisso com o desenvolvimento de projetos e ações interdisciplinares, a utilização de estratégias metodológicas coerentes com os objetos de estudo escolhidos e o envolvimento de pesquisadores com formações diferentes e de níveis formativos variados – da graduação ao pós-doutorado.

04
CONSIDERAÇÕES FINAIS

As pesquisas realizadas pelos membros do grupo Luce nos últimos dez anos contemplam o lazer em diferentes âmbitos e contextos: políticas públicas e sociais, processos formativos, gênero e empoderamento feminino, redes de sociabilidade, territórios e desigualdades sociais, mídias e redes sociais, entre outros. As duas linhas de pesquisa mais recentes vêm propondo pesquisas sobre o cinema, o turismo e os megaeventos esportivos como experiências de lazer. À medida que estiverem consolidadas, poderão dar origem a grupos de pesquisa mais específicos, a serem conduzidos pelos próprios membros do grupo.

Os resultados das pesquisas vêm sendo socializados, sobretudo, por meio da apresentação de trabalhos em eventos, da publicação de artigos, livros e capítulos de livros e, mais recentemente, por pequenos vídeos e textos de divulgação cultural em jornais e revistas, com o objetivo de popularizar o conhecimento produzido sobre o lazer. A maioria dessas publicações está disponibilizada na internet. Os livros publicados com apoio da Rede Cedes do Ministério do Esporte, entre outros trabalhos, estão disponíveis em formato *e-book* e podem ser acessados gratuitamente no Repositório Institucional Vítor Marinho[06]. O grupo também está nas redes sociais: sua página, no Facebook, é "Grupo Luce – Ludicidade, Cultura e Educação – UFMG". Esse grupo é público e está aberto a acolher novos membros interessados em fomentar diálogos sobre o lazer em nossa sociedade e cultura.

Outras iniciativas comprometidas com o aprofundamento/ampliação de saberes e conhecimentos sobre a temática do lazer podem ser citadas, como a realização de palestras, cursos e conferências; o desenvolvimento de materiais didáticos; a participação na equipe da UFMG responsável pela gestão pedagógica de programas formativos no campo das políticas públicas e sociais de lazer (como o Programa Esporte e Lazer da Cidade, do Ministério do Esporte), a organização de eventos culturais e acadêmicos sobre o lazer em distintos contextos, a concretização de projetos/ações multidisciplinares de ensino e os intercâmbios acadêmicos empreendidos no Brasil e em outros países. No campo da extensão universitária, algumas iniciativas já foram realizadas, mas espera-se que outras propostas sejam implementadas pelos integrantes do grupo nos próximos anos, potencializando ainda mais a troca de saberes entre a universidade e a sociedade que a acolhe.

05
REFERÊNCIAS

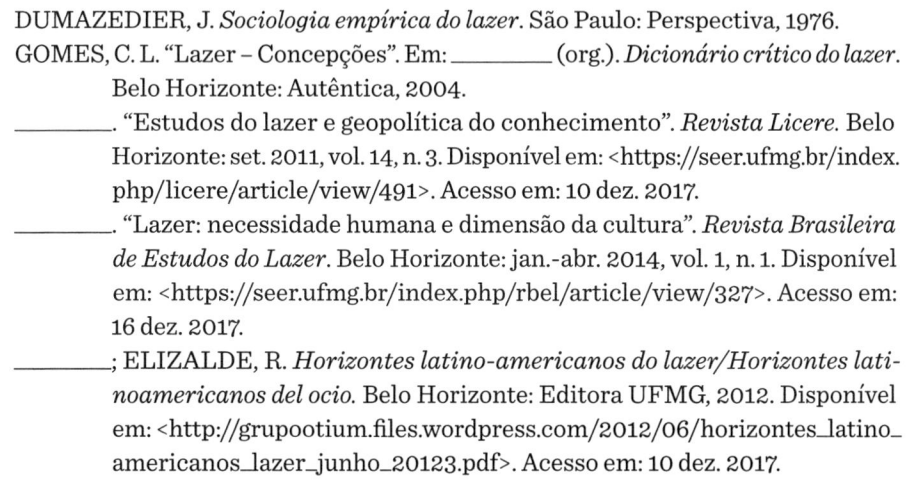

DUMAZEDIER, J. *Sociologia empírica do lazer*. São Paulo: Perspectiva, 1976.
GOMES, C. L. "Lazer – Concepções". Em: _____ (org.). *Dicionário crítico do lazer*. Belo Horizonte: Autêntica, 2004.
_____. "Estudos do lazer e geopolítica do conhecimento". *Revista Licere*. Belo Horizonte: set. 2011, vol. 14, n. 3. Disponível em: <https://seer.ufmg.br/index.php/licere/article/view/491>. Acesso em: 10 dez. 2017.
_____. "Lazer: necessidade humana e dimensão da cultura". *Revista Brasileira de Estudos do Lazer*. Belo Horizonte: jan.-abr. 2014, vol. 1, n. 1. Disponível em: <https://seer.ufmg.br/index.php/rbel/article/view/327>. Acesso em: 16 dez. 2017.
_____; ELIZALDE, R. *Horizontes latino-americanos do lazer/Horizontes latinoamericanos del ocio*. Belo Horizonte: Editora UFMG, 2012. Disponível em: <http://grupootium.files.wordpress.com/2012/06/horizontes_latino_americanos_lazer_junho_20123.pdf>. Acesso em: 10 dez. 2017.
LEFEBVRE, H. *Espaço e política*. Belo Horizonte: Editora UFMG, 2008.
MAX-NEEF, M.; ELIZALDE, A.; HOPENHAYN, M. "Desarrollo a escala humana: una opción para el futuro". *Revista Development Dialogue*. Santiago; Uppsala: Cepaur; Dag Hammarskjöld Foundation, 1986.
SANTOS, M. *Por uma geografia nova – da crítica da geografia a uma geografia crítica*. 2. ed. São Paulo: Hucitec, 1980.
SHOHAT, E.; STAM, R. *Crítica da imagem eurocêntrica*. São Paulo: Cosac Naify, 2006.

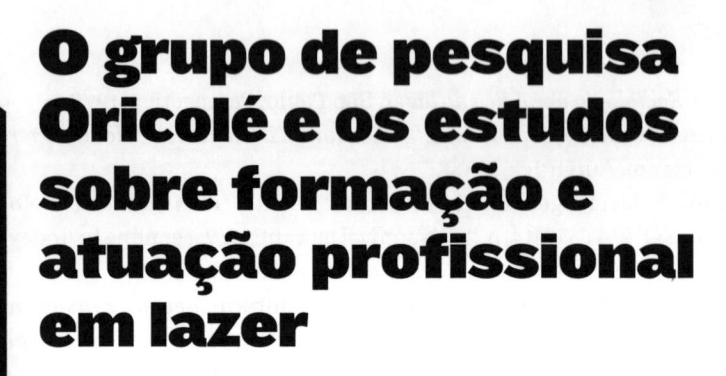

O grupo de pesquisa Oricolé e os estudos sobre formação e atuação profissional em lazer

Hélder Ferreira Isayama
Marcília de Sousa Silva

01
CONTEXTUALIZANDO O ORICOLÉ

A produção de conhecimento em lazer como fenômeno social e cultural moderno vem nos mostrando o quanto o interesse por esse campo acadêmico é crescente no contexto brasileiro. No ano de 2003, Gomes e Melo apontaram que, desde a década de 1990, há uma progressiva diversificação nos estudos sobre o lazer, e um aumento do volume das pesquisas e publicações, bem como da variedade de enfoques, de perspectivas de abordagem e de embates teóricos no campo. Em um trabalho mais atual, Melo e Alves Júnior (2012) notam a intensificação do interesse acadêmico pelos estudos do lazer, quando se consultam dados do Conselho Nacional de Desenvolvimento Científico e Tecnológico (CNPq) que retratam o panorama das iniciativas reconhecidas, acessíveis e consolidadas, como grupos de pesquisa, periódicos, cursos de formação, eventos científicos e associações.

Os dados do CNPq demonstram ainda que existem, em 2018, 237 registros de grupos de pesquisa que têm em seu nome, ou como tema de uma de suas linhas, a palavra lazer. Isso significa um aumento significativo de grupos, uma vez que o número revelado em pesquisa anterior, realizada por Souza e Isayama (2006), assinalava a existência de 81 grupos de pesquisa na mesma plataforma de busca. Importante destacar que esses grupos estão vinculados a diferentes áreas do conhecimento, e que abordam relações diversas com a temática do lazer.

Nesse contexto, no ano de 2006 foi criado, na Escola de Educação Física, Fisioterapia e Terapia Ocupacional (Eeffto) da Universidade Federal de Minas Gerais (UFMG), o curso de Mestrado em Lazer, que apresentava, entre suas linhas de pesquisa, a temática da Formação, Atuação e das Políticas de Lazer. Já em 2009, o grupo de pesquisa Oricolé[01] iniciou suas atividades com uma proposta de trabalho baseada na orientação coletiva das pesquisas desenvolvidas por seus integrantes[02]. Assim, o Oricolé constituiu-se como um grupo composto por docentes da EEFFTO, estudantes dos cursos de Mestrado e Especialização em Lazer e de Graduação em Educação Física e Turismo.

O grupo[03] foi certificado pelo CNPq sob a liderança do professor Hélder Ferreira Isayama, e cadastrado na "grande área predominante" das ciências humanas e na "área predominante" da educação.

Em 2011, foi aprovado o Programa de Pós-Graduação Interdisciplinar em Estudos do Lazer (PPGIEL) da UFMG, com os cursos de mestrado e doutorado e que, atualmente, tem o conceito 5 na avaliação quadrienal da Capes[04]. Paralelamente ao crescimento do PPGIEL, o Oricolé expandiu-se quanto ao número de integrantes, bem como em relação à quantidade de pesquisas coletivas e individuais desenvolvidas, na participação em eventos acadêmicos, no número de publicações e no envolvimento de seus integrantes com outras atividades acadêmicas (bancas, organização de eventos, palestras, cursos, entre outros).

Atualmente, o grupo é composto por 28 pesquisadores com títulos de mestrado e doutorado e quatro estudantes de graduação e de mestrado. Três são as linhas de pesquisa focalizadas pelo Oricolé: Atuação Profissional em Lazer nos Diferentes Setores (composta por seis pesquisadores); Lazer, Formação Profissional e Currículo (com três estudantes e doze pesquisadores) e Políticas Públicas de Lazer (que envolve um estudante e dezenove pesquisadores). Cada integrante do grupo pode estar cadastrado em mais de uma linha de pesquisa, o que demonstra as inter-relações que os temas pesquisados mantêm entre si.

01
O grupo de pesquisa Oricolé (Laboratório de Pesquisa em Formação e Atuação Profissional no Lazer) é vinculado ao Programa de Pós-Graduação Interdisciplinar em Estudos do Lazer (PPGIEL) da Escola de Educação Física, Fisioterapia e Terapia Ocupacional da Universidade Federal de Minas Gerais.
02
O nome Oricolé surgiu da perspectiva de orientação ("ori") coletiva ("colé").
03
O espelho do grupo no CNPq está disponível em: <dgp.cnpq.br/dgp/espelhogrupo/6801983939864956>, e sua estrutura e publicações estão disponíveis em: <http://oricole.wordpress.com>. Acesso em: 15 abr. 2018.
04
A Coordenação de Aperfeiçoamento de Pessoal de Nível Superior (Capes) foi instituída em 1951 e desempenha papel determinante na expansão e consolidação da pós-Graduação *stricto sensu* em todos os estados brasileiros. Esse órgão tem o objetivo de assegurar a disponibilidade de pessoal especializado para atender às necessidades de empreendimentos públicos e privados que visam ao desenvolvimento público do país.

Os membros do grupo têm formação em diferentes áreas do conhecimento (educação física, turismo, pedagogia, arquitetura e urbanismo e economia doméstica), apesar do número elevado de pesquisadores e estudantes com formação inicial em educação física. No âmbito do Programa de Pós-Graduação Interdisciplinar em Estudos do Lazer, o Oricolé formou dezenove mestres, dez doutores e duas pós-doutoras; o grupo conta, ainda, com três mestrandos, dez doutorandos e dois pós-doutorandos.

O grupo vem estabelecendo parcerias com outros centros e grupos de pesquisa de relevância no cenário nacional e internacional, como: Andaluz (Ufes); Anima (UFRJ); Grupo de Pesquisa em Lazer, Ambiente e Sociedade (UFPA); Grupo Interdisciplinar de Estudos do Lazer (Giel-USP); Políticas Públicas de Esporte e Lazer (Unicamp) e o Núcleo de Estudos sobre Cultura e Ócio (Universidade de Aveiro, Portugal). O intercâmbio com esses grupos tem possibilitado a realização de pesquisas, de produção e de diferentes ações em conjunto com pesquisadores de vários estados brasileiros e de outros países.

02
OS ENCONTROS DO GRUPO E A METODOLOGIA DE TRABALHO

A origem do grupo foi pautada pela ideia de orientação coletiva, mas, na medida em que os debates sobre as pesquisas foram se desenvolvendo, houve a necessidade de construir uma metodologia de estudo. Dessa forma, construímos três estratégias para o aprofundamento de estudos: 1) discussões sobre os projetos de pesquisa (individuais e coletivos) desenvolvidos por seus membros; 2) debates sobre temas e autores referenciais para os estudos desenvolvidos, mediados por membros do grupo e subsidiados pela leitura prévia de material selecionado; 3) conversa com pesquisadores externos sobre temáticas focalizadas pelo Oricolé, cujos referenciais teóricos remetam a interesses em comum. Importante destacar que as temáticas e autores selecionados para os estudos são definidos a partir das articulações possíveis entre os estudos do lazer e outros campos, como educação, cultura e ciência política. As problematizações acerca do lazer nos fizeram adotar estratégias e práticas metodológicas que nos aproximam da perspectiva de grupo de discussão, vislumbrado como uma prática de pesquisa que aborda diferentes enfoques e pressupostos teóricos.

Para que o Oricolé funcione segundo esses pressupostos, consideramos fundamental o espaço de encontro, que contribui, inclusive, para a construção da identidade do próprio grupo. Assim, suas reuniões ocorrem, a cada quinze dias, na Escola de Educação Física, Fisioterapia e Terapia Ocupacional (EEFFTO), da UFMG, com uma agenda construída antecipadamente para o semestre e prevendo cerca de quatro horas para a duração de cada encontro. Essa organização temporal permite aos membros participantes do grupo o investimento nas leituras que fundamentam os debates.

Os componentes do grupo são estudantes e pesquisadores que manifestaram o desejo pela participação, e cuja adesão se concretiza por meio de consulta e posicionamento coletivo. Entendemos que a forma de adesão dialogada é relevante para a manutenção da coerência no interior do grupo, uma vez que é a participação efetiva nos encontros que influencia a conformação dos discursos e posicionamentos teóricos do Oricolé.

Assim, o líder do grupo é o moderador que assume o papel de mediador das demandas de pesquisas e estudos do grupo. Seu posicionamento possibilita instigar os participantes para temas e debates, articulando os conhecimentos produzidos, cujo marco teórico resultante gera ações organizadas e partilhadas. Nesse sentido, o Oricolé se estrutura por meio de comissões responsáveis pelas demandas do grupo, como levantamento de temáticas e autores, organização do acervo bibliográfico, da sala de estudo, da infraestrutura para as reuniões, das tecnologias e redes sociais, dos encontros e confraternizações.

Os participantes se comprometem com a realização das leituras indicadas para os encontros, a fim de que estes sejam dinâmicos, qualificados, e para que haja mobilização no debate. O desafio para a qualificação das ações do grupo é a construção de processos colaborativos que favoreçam a autonomia de gestão como condição necessária à permanência do grupo no cenário acadêmico. As orientações coletivas dos projetos e pesquisas em andamento são construídas no formato de bancas avaliadoras, nas quais os participantes assumem o compromisso de se aprofundarem no debate da temática e de produzir questionamentos que contribuam para a qualificação dos estudos.

Nossa experiência tem nos mostrado que o caminho para uma gestão autônoma é a corresponsabilização, a cooperação e a prática ética e democrática nas tomadas de decisão do grupo. Essas diretrizes favorecem os posicionamentos descentralizados, no grupo, e a liderança distribuída sem estruturas hierárquicas rígidas. Ainda que o grupo tenha líderes cadastrados no CNPq, os integrantes assumem responsabilidades e posições importantes para a continuidade do grupo e qualificação das ações propostas. Todavia, há entre os participantes o compromisso com a produtividade do grupo de pesquisa e com a presença assídua nos encontros. Entre as tomadas de decisão do grupo, há uma normativa para o desligamento de membros que não cumprem a exigência da participação. Tendo em vista o número de pesquisadores de diferentes regiões do território nacional, o

Oricolé recorre à estratégia de videoconferência para garantir a participação de seus integrantes nas reuniões.

No processo de construção do conhecimento no campo do lazer, o Oricolé se constitui como lócus de discussão, formação, problematização e trocas, visando ao desenvolvimento de trabalhos, concepções e experiências significativas para suas produções individuais e coletivas. Como espaço de formação, o grupo promove estudos que subsidiam teoricamente a fundamentação de suas pesquisas, favorece o aprimoramento de pesquisadores e complementa os processos formativos dos estudantes que o integram. Entendemos que a pesquisa é relevante no processo formativo, e que sua divulgação é uma possibilidade de enriquecimento, fundamentação e qualificação dos trabalhos dos estudantes e profissionais integrantes de um grupo. Dessa forma, há o incentivo e investimento do laboratório para participações individuais e coletivas em eventos científicos de diferentes áreas de conhecimento.

03
LINHAS DE PESQUISA DO ORICOLÉ

As temáticas de pesquisa e estudo pelos quais o Oricolé se direciona propõem pensar sobre o lazer numa dimensão interdisciplinar, para cujo aprofundamento teórico e metodológico diversas áreas do conhecimento podem contribuir. Concordamos, portanto, com Raynaut e Zanoni (2011) quanto à necessidade de refletir sobre os princípios da prática interdisciplinar na pesquisa, pois há uma multiplicidade de facetas mediante as quais o tema é tratado, de modo que imprecisões e ambiguidades podem provocar confusão. Por isso, tratamos a interdisciplinaridade como uma inovação no processo de gerar conhecimento, por propor ir além da multidisciplinaridade, rompendo com o insulamento das áreas e provocando reflexões e diálogos acerca do universo da produção acadêmica.

Calcado nessa concepção, o Oricolé desenvolve pesquisas em três linhas: Atuação Profissional em Lazer nos Diferentes Setores; Lazer, Formação Profissional e Currículo; e Políticas Públicas de Lazer.

Atuação Profissional em Lazer nos Diferentes Setores

A primeira linha de pesquisa tem como enfoque a caracterização do campo de intervenção, bem como o perfil, características, limites e potencialidades dessa ação profissional. Além disso, nos concentramos no debate sobre o mercado de trabalho e as possibilidades que se abrem de inserção nos setores público, privado e terceiro setor.

Os trabalhos desenvolvidos nessa linha de pesquisa abordam diferentes questões: Lacerda (2009) analisou a qualidade dos serviços de lazer no Museu de Artes e Ofícios da cidade de Belo Horizonte, a missão e os objetivos da instituição, bem como as barreiras práticas e culturais ali existentes; Barbosa (2010) realizou um diagnóstico do lazer nos *resorts* brasileiros, na perspectiva da estratégia organizacional, de forma a identificar como ele é compreendido, tratado e desenvolvido nesses empreendimentos; Brêtas (2010) objetivou conhecer e analisar a atuação do profissional de lazer diretamente vinculado ao serviço público municipal, tendo em vista identificar suas escolhas, as representações da política, da estrutura e natureza do Estado e dos interesses que se legitimam, do lazer e de seu tratamento como conteúdo de política pública. Viana (2010), por sua vez, descreveu e analisou a comunidade virtual *EstudioLivre.org*, com o intuito de coletar elementos para a construção de parâmetros de intervenção para a animação cultural na rede; Mól (2010) realizou um diagnóstico do lazer em brinquedotecas hospitalares, buscando identificar como o tema é tratado, que ações são desenvolvidas e de que maneira está presente no cotidiano hospitalar; Tavares (2011) objetivou diagnosticar e analisar o campo de atuação profissional na área do lazer no terceiro setor, tendo em vista compreender o trabalho realizado nesse campo por organizações não governamentais ligadas ao movimento LGBT. Já Santos (2013) identificou e analisou os saberes mobilizados por oficineiros formados em cursos de educação física que atuam no Programa Fica Vivo!, de Belo Horizonte, empenhando-se em compreender de que forma os saberes são construídos e apropriados por eles; Silva (2013) investigou as concepções e interfaces entre lazer e educação no contexto da prática do contraturno escolar, em Belo Horizonte; Ungheri (2014) procurou identificar e analisar os saberes necessários para a atuação de profissionais em elaboração, implementação, desenvolvimento e avaliação de políticas públicas de esporte e lazer.

Lazer, Formação Profissional e Currículo

Nessa linha de pesquisa, os estudos enfocam a compreensão de currículo para além dos espaços formais de educação. Segundo Paraíso (2010), um currículo não se apresenta somente nas políticas curriculares das escolas e universidades, mas circula por vários espaços, percorre-os, move-se neles e atravessa-os. Para a autora, um currículo se materializa e acontece também nas salas de aula, nas bibliotecas, nos museus, nas propostas político-pedagógicas, na internet, nos jogos, na mídia, no cinema, na música, no cotidiano e nas práticas de lazer.

Entre os estudos que compõe essa linha, Silva (2010) analisou a trajetória profissional de professores universitários no campo do lazer, tendo em vista compreender como os saberes pessoais e os provenientes da formação, do currículo das instituições e da experiência são significados e construídos ao longo da trajetória desses profissionais, analisando se as experiências pessoais de lazer são incorporadas como saber sobre o lazer pelos docentes. Santos (2011), por seu turno, diagnosticou e analisou o perfil de formação profissional, por meio do estudo de caso do Centro de Educação Profissional do Amapá (Cepa), que oferece curso técnico em lazer. Além disso, na tentativa de compreender o que o currículo pretende, e que influências sofreu em sua construção, buscou identificar como se dá o trato com o lazer, e quais saberes e competências têm sido enfatizados. Peres (2013) teve como referência a discussão de currículo, ao analisar o Programa Esporte Esperança, da prefeitura Municipal de Belo Horizonte, buscando identificar os discursos representados nas falas de parte dos profissionais envolvidos no programa e em alguns documentos sobre esporte, lazer e políticas públicas. Gomes (2013) analisou o trabalho desenvolvido nas disciplinas relacionadas ao lazer dos cursos de licenciatura e bacharelado em educação física de instituições de ensino superior públicas e privadas de Belo Horizonte (MG). Além disso, buscou compreender as diferenças, as similaridades e as finalidades das disciplinas nos dois cursos, analisando os discursos dos docentes sobre a aplicabilidade dos programas de tais disciplinas. Capi (2016) enfocou a trajetória profissional do grupo de formadores do Programa Esporte e Lazer da Cidade, buscando compreender como os saberes pessoais e da formação profissional foram construídos e articulados com a sua trajetória na atuação como formador do programa. Silva (2016) teve como objetivo descrever e analisar o currículo dos cursos de formação oferecidos por dois acampamentos de férias, realizados como parte das atividades do processo de seleção de seus profissionais. Além disso, na tentativa de descobrir o que o currículo desses cursos almeja, o estudo buscou identificar as estratégias metodológicas utilizadas, os conteúdos, as dinâmicas de trabalho, os objetivos dos cursos e as concepções de lazer desenvolvidas pelos profissionais por eles responsáveis. Ainda em 2016, Dores analisou o processo da intersetorialidade, provocada pela estrutura da política municipal e do Programa BH em Férias, que interfere no compartilhamento de saberes entre os profissionais com formações diferentes; buscou identificar os saberes partilhados entre os analistas e as relações desses saberes com a atuação do profissional no programa e, ainda, preocupou-se em entender como os profissionais articulam os saberes da formação acadêmica e da experiência para atuarem com o lazer. Ribeiro (2017) procurou entender que sentidos de lazer têm coordenadores de núcleos do Programa Segundo Tempo (PST), do Ministério do Esporte, que sentidos são apropriados nas capacitações e por meio de que mediações se apropriam do sentido de lazer. No que se refere às capacitações do programa, buscou saber se o PST tem clareza da inclusão do lazer em seus princípios e diretrizes, que estratégias o PST usa para atuar a partir destes, como o lazer é debatido nas capacitações e se esses debates influenciam a ação pedagógica.

Políticas Públicas do Lazer

O enfoque da terceira linha de pesquisa do grupo procura analisar o papel do Estado nos processos de organização das políticas públicas de lazer, discutindo a produção histórica dos direitos sociais e o lugar institucional e político que o lazer vem ocupando na agenda e gestão pública.

No que se refere aos trabalhos desenvolvidos nessa linha de pesquisa, Ewerton (2010) estudou a política de formação profissional dos agentes sociais do Programa Esporte e Lazer da Cidade (Pelc), formulado pelo Ministério do Esporte e implementado por meio de parcerias com órgãos públicos e privados (sem fins lucrativos). A autora buscou compreender de que maneira é desenvolvida a proposta de formação profissional no programa, e qual o olhar dos agentes sociais do Pelc quanto à proposta de formação profissional. Gontijo (2011) analisou as compreensões dos profissionais da Secretaria Municipal Adjunta de Esportes (Smaes), da Prefeitura Municipal de Belo Horizonte, que atuam no Programa BH Cidadania na condição de analistas técnicos, com relação aos princípios políticos adotados pela política do município Intersetorialidade, Participação Popular, Territorialidade e Descentralização. Grasso (2015) descreveu e analisou as políticas públicas de esporte e lazer do município de Santarém (PA), na gestão de 2005 a 2012, considerando os seguintes aspectos: conceitos de lazer, de esporte e de política pública; formação dos profissionais; programas, projetos e ações desenvolvidas; espaços, equipamentos e público-alvo das ações; e financiamento. Ribeiro (2012) analisou como o lazer é tratado no currículo da formação dos profissionais do Programa Segundo Tempo (PST), da Secretaria de Esporte Educacional do Ministério de Esportes da União. Apesar de ser um programa que se preocupa com o esporte educacional, as conexões com o campo do lazer podem ser estabelecidas, se tomarmos como referência as questões do tempo em que são desenvolvidas as ações, das atividades realizadas e da própria atitude dos sujeitos diante das possibilidades e do espaço/lugar. Santos (2016) estudou a existência ou não de uma política de formação continuada nas políticas públicas de lazer desenvolvidas por órgãos da Prefeitura Municipal de Belém (PA) nas áreas de esporte e lazer, cultura, meio ambiente e turismo. Além disso, mapeou as políticas de lazer desenvolvidas pela PMB, identificando as leis e diretrizes da política municipal, as ações, programas e projetos, as concepções de lazer e seu financiamento; ao lado disso, debruçou-se, também, sobre as ações de formação continuada vivenciadas pelos profissionais. Silva (2017) examinou a implementação de programas de contraturno escolar em Belo Horizonte e as representações de esporte e lazer no contexto das práticas discursivas escolares. Para tal, foi necessário: identificar e investigar as representações de esporte e lazer dos sujeitos envolvidos no programa (gestores, professores, monitores, pais e estudantes); entender como o esporte e o lazer são concretizados nas ações executadas no programa; examinar a contribuição dos programas na construção do imaginário social sobre esporte e lazer e compreender suas relações com a dinâmica da comunidade escolar.

Alves (2017) investigou as implicações pedagógicas e políticas inerentes ao currículo do Programa Escola da Família, tentando compreender os conhecimentos e discursos disseminados sobre lazer por meio da ação dos educadores universitários, bem como descrever os modos de ser desses sujeitos. Morais (2017) avaliou como os objetivos e as diretrizes do Pelc materializam-se no convênio de Recife nos aspectos políticos, pedagógicos e técnicos. Buscou analisar, ainda, os limites e as potencialidades apontados pelos sujeitos para a materialização dos objetivos e das diretrizes do Pelc; a relação entre as políticas locais e federais, tendo em vista a continuidade do programa em uma perspectiva municipal; de que forma as atividades do cotidiano do Pelc, oficinas-eventos-formação, realizam-se no convênio de Recife, e as motivações para o acesso e permanência dos participantes. Por fim, Pintos (2017) analisou o Pelc no que diz respeito ao aspecto da gestão e controle social, tendo como unidade (indicador) de análise o seu monitoramento e avaliação no período de 2004 a 2015.

Linhas de pesquisa e as inter-relações possíveis

Alguns estudos desenvolvidos no grupo são resultantes da interface do Oricolé com outros grupos de estudos e pesquisas do PPGIEL-UFMG. Dentre eles, destacamos: os estudos de Viana (2016), que investigou como o *download* de música foi representado nos discursos do portal de notícias *G1*, nos anos de 2006 a 2013; as pesquisas de Soutto Mayor (2017), que problematizou a utilização discursiva dos divertimentos e dos esportes, em suas variadas facetas, como um dos contributos para a afirmação do progresso e da modernidade em Belo Horizonte, no período de 1930 a 1940; e o trabalho de Soares (2017), que identificou as aproximações das práticas culturais do povo Akwe-Xerente com o campo de Estudos do Lazer. Soares investigou, ainda, as práticas culturais que se revelam como modo de vida e de constituição da alteridade Akwe-Xerente, e que se aproximam dos estudos do lazer.

O grupo vem se engajando nos Estudos do Lazer, visando contribuir com avanços qualitativos; além disso, investe em diferentes reflexões teóricas, estimulando a construção de novas ideias e abordagens sobre o lazer. Dessa forma, o Oricolé se aprofunda nas temáticas da formação, da atuação e das políticas de lazer, visando à sua compreensão em suas dimensões política, científico-instrumental, ético-moral e estético-expressiva, nos múltiplos tempos, espaços e dinâmicas da vida social. Como já foi dito, apesar da divisão em três linhas de pesquisa, os estudos realizados podem se relacionar com mais de uma das linhas, demonstrando as interseções existentes entre as temáticas abordadas.

04
TECENDO DESAFIOS E CONSIDERAÇÕES

Ao traçar o panorama do Oricolé, trouxemos reflexões acerca das contribuições do grupo para a formação de pesquisadores no âmbito do lazer. Contudo, historiar sua trajetória nos fez pensar sobre os desafios e avanços presentes nesses oito anos de sua existência. Temos consciência de que nossos esforços de estudo e pesquisa se somam aos de várias instituições que, no Brasil, se dedicam a qualificar o vasto campo de estudos e pesquisa em lazer.

Um aspecto a ser destacado é a participação de um corpo de pesquisadores(as) que estão inseridos em diferentes contextos de prática profissional. A experiência que eles trazem para o grupo fortalece a articulação entre a produção do conhecimento acadêmico-científico e a vivência profissional, o que promove a inter-relação teórico-prática, na medida em que as experiências produzem saberes importantes para o debate sobre o lazer em nossa realidade.

Ressaltamos também que, nos últimos anos, o grupo Oricolé obteve financiamentos para pesquisas coletivas em editais universais e chamadas específicas lançadas pelo CNPq, Fapemig e Rede Cedes do Ministério do Esporte. Além disso, em dois anos fomos contemplados com o edital da Fapemig para a participação do grupo em eventos científicos nacionais: o Congresso Brasileiro de Ciências do Esporte, realizado em Vitória (ES) em 2015, e o Congresso Brasileiro de Estudos do Lazer, ocorrido em Belém (PA) em 2016.

Em 2018, o grupo lançou, pela editora da UFMG, o livro *Formação e atuação profissional em políticas públicas de esporte e lazer: estudos e pesquisas*, com o resultado das pesquisas desenvolvidas pelo grupo ao longo de sua existência e artigos de parceiros da UFMG e de outras instituições de ensino superior que desenvolvem pesquisas no âmbito da temática abordada pelo Oricolé.

Em função das ações citadas, identificamos avanços do grupo no que diz respeito às parcerias firmadas com outros grupos de pesquisa e aos investimentos em referenciais teóricos e metodológicos que fundamentam os trabalhos desenvolvidos. Ao longo de sua existência, o grupo tem procurado referenciais em outros campos, visando construir novos diálogos e compreensões acerca do lazer e de suas interfaces com a formação, a atuação profissional e as políticas públicas.

Por consequência, há um empenho nos trabalhos do grupo em explorar as metodologias e conceitos que emergem do universo teórico vislumbrado e aprofundado pelos estudos proporcionados nos encontros. Todavia, há, também, o entendimento de que precisamos avançar na constituição de uma rede colaborativa, a fim de agregar experiências de outros grupos de pesquisa para articulações de projetos, financiamentos e publicações. Uma rede de articulação de pesquisas permite novas organizações para o trabalho acadêmico, bem como fortalece o desempenho do pesquisador que, por vezes, é influenciado por pressões da produtividade e da necessidade de publicações. Outro aspecto relevante na articulação com outros grupos de pesquisa é o reconhecimento e visibilidade acadêmica para os estudos do lazer.

Diante disso, sublinhamos, como desafios, a necessidade de construção coletiva de concepções e posicionamentos que interajam com os estudos do lazer, assim como a melhoria da articulação entre a graduação e a pós-graduação, potencializando os processos de aprendizagens da/sobre a pesquisa, o domínio e coerência na elaboração de argumentos teóricos e a formação de profissionais pesquisadores no campo dos estudos do lazer.

05
REFERÊNCIAS

ALVES, C. *O lazer no Programa Escola da Família: análise do currículo e da ação dos educadores universitários*. Tese (Doutorado em Estudos do Lazer) – Universidade Federal de Minas Gerais. Belo Horizonte: 2017.

ASSIS, A. F. S. *Avaliação do Programa Esporte e Lazer da Cidade no Convênio de Recife*. Tese (Doutorado em Programa de Pós-Graduação em Estudos do Lazer) – Universidade Federal de Minas Gerais, 2017.

BARBOSA, M. A. *O lazer nos resorts brasileiros: um diagnóstico na perspectiva das estratégias organizacionais*. Dissertação (Mestrado em Lazer) – Universidade Federal de Minas Gerais. Belo Horizonte: 2010.

BERNARDINI, H. F. B. S. *Discursos sobre a recreação e o lazer na Escola de Educação Física da UFMG (1952 a 1990)*. Tese (Doutorado em Estudos do Lazer) – Universidade Federal de Minas Gerais. Belo Horizonte: 2017.

CAPI, A. H. C. *Construção de saberes sobre o lazer nas trajetórias de formadores(as) do Programa Esporte e Lazer da Cidade (Pelc)*. Tese (Doutorado em Estudos do Lazer) – Universidade Federal de Minas Gerais. Belo Horizonte: 2016.

DORES, L. A. *Programa BH em férias: os desafios de uma política intersetorial e os saberes dos profissionais*. Dissertação (Mestrado em Programa de Pós-Graduação Interdisciplinar em Estudos do Lazer) – Universidade Federal de Minas Gerais. Belo Horizonte: 2016.

EWERTON, A. N. *Análise da formação profissional no Programa Esporte e Lazer da Cidade (Pelc): o olhar dos agentes sociais*. Dissertação (Mestrado em Lazer) – Universidade Federal de Minas Gerais. Belo Horizonte: 2010.

GOMES, R. O. *Lazer e formação profissional: um estudo sobre licenciatura e bacharelado em educação física*. Dissertação (Mestrado em Lazer) – Universidade Federal de Minas Gerais. Belo Horizonte: 2013.

GRASSO, R. P. *Políticas públicas de esporte e lazer: uma análise da gestão do município de Santarém-Pará (2005-2012)*. Dissertação (Mestrado em Estudos do Lazer) – Universidade Federal de Minas Gerais. Belo Horizonte: 2015.

LACERDA, L. L. L. *Marketing de serviços de lazer: estudo de caso do Museu de Artes e Ofícios de Belo Horizonte*. Dissertação (Mestrado em Lazer) – Universidade Federal de Minas Gerais. Belo Horizonte: 2009.

LOPES, C. G. *Os princípios políticos do Programa BH Cidadania: o olhar de profissionais da Secretaria Municipal Adjunta de Esportes*. Dissertação (Mestrado em Lazer) – Universidade Federal de Minas Gerais. Belo Horizonte: 2012.

LOPES, T. B. *Sobre o fazer técnico e o fazer político: a atuação do profissional de lazer no serviço público municipal*. Dissertação (Mestrado em Lazer) – Universidade Federal de Minas Gerais. Belo Horizonte: 2009.

MÓL, T. L. S. *O (re)conhecimento do lazer em brinquedotecas hospitalares*. 2010. Dissertação (Mestrado em Lazer) – Universidade Federal de Minas Gerais. Belo Horizonte: 2010.

PARAÍSO, M. A. "Currículo e formação profissional em lazer". Em: ISAYAMA, H. F. (org.). *Lazer em estudo: currículo e formação profissional*. Campinas: Papirus, 2010.

PERES, F. A. S. *Currículo e políticas públicas de esporte e lazer: analisando o Programa Esporte Esperança*. Dissertação (Mestrado em Estudos do Lazer) – Universidade Federal de Minas Gerais. Belo Horizonte: 2013.

PINTOS, A. E. S. *Análise da experiência em monitoramento e avaliação de políticas públicas do Programa Esporte e Lazer da Cidade (Pelc)*. Dissertação (Mestrado em Educação Física) – Universidade de Brasília. Brasília: 2017.

RAYNAUT, C.; ZANONI, M. "Reflexões sobre princípios de uma prática interdisciplinar na pesquisa e no ensino superior". Em: SILVA NETO, A. J.; PHILIPPI JR., A. (orgs.). *Interdisciplinaridade em ciência, tecnologia & inovação*. Barueri: Manole, 2011.

RIBEIRO, S. P. *O lazer na política pública de esporte*: uma análise do Programa Segundo Tempo. Dissertação (Mestrado em Lazer) – Universidade Federal de Minas Gerais. Belo Horizonte: 2012.

_____. *Aprendendo a ser profissional do lazer: investigação do processo de recepção das concepções de lazer pelos profissionais do PST*. Tese (Doutorado em Lazer) – Universidade Federal de Minas Gerais. Belo Horizonte: 2017.

SANTOS, C. A. N. L. E. *O currículo dos cursos técnicos de lazer no Brasil: um estudo de caso da formação profissional*. Dissertação (Mestrado em Lazer) – Universidade Federal de Minas Gerais. Belo Horizonte: 2011.

SANTOS, D. C. S. *Políticas públicas de lazer e formação continuada de profissionais: uma análise na Prefeitura de Belém (2009-2014)*. Tese (Doutorado em Estudos do Lazer) – Universidade Federal de Minas Gerais. Belo Horizonte: 2016.

SANTOS, S. *A intervenção no lazer na política de segurança pública: a construção de saberes de oficineiros do Programa Fica Vivo!* Dissertação (Mestrado em Estudos do Lazer) – Universidade Federal de Minas Gerais. Belo Horizonte: 2013.

SILVA, A. G. *Trajetórias e construção do saber docente de professores universitários do campo do lazer*. Dissertação (Mestrado em Lazer) – Universidade Federal de Minas Gerais. Belo Horizonte: 2010.

SILVA, G. S. C. *Acampamentos de férias e lazer: uma análise de currículos de formação profissional*. Dissertação (Mestrado em Estudos do Lazer) – Universidade Federal de Minas Gerais. Belo Horizonte: 2016.

SILVA, M. S. *A implementação dos programas de contraturno escolar e as representações de lazer e esporte*. Tese (Doutorado em Estudos do Lazer) – Universidade Federal de Minas Gerais. Belo Horizonte: 2017.

_____. *Interfaces entre lazer e educação: o caso do Programa Escola Integrada do Município de Belo Horizonte*. Dissertação (Mestrado em Estudos do Lazer) – Universidade Federal de Minas Gerais. Belo Horizonte: 2013.

SOARES, K. C. P. C. *Cultura e lazer na vida cotidiana do povo Akwe-Xerente*. Tese (Doutorado em Lazer) – Universidade Federal de Minas Gerais. Belo Horizonte: 2017.

SOTTO MAYOR, S. T. *O futebol na cidade de Belo Horizonte: amadorismo e profissionalismo nas décadas de 1930 e 1940*. Tese (Doutorado em Lazer) – Universidade Federal de Minas Gerais. Belo Horizonte: 2017.

SOUZA, A. P. T.; ISAYAMA, H. F. "Lazer e educação física: análise dos grupos de pesquisa em lazer cadastrados na plataforma Lattes do CNPq". *Lecturas: Educación Física y Deportes*. 2006, n. 99.

TAVARES, M. L. *Na parada do lazer: diagnóstico do campo de atuação profissional em ONGs LGBT de Belo Horizonte-MG*. Dissertação (Mestrado em Lazer) – Universidade Federal de Minas Gerais. Belo Horizonte: 2011.

UNGHERI, B. O. *A atuação profissional em políticas públicas de esporte e lazer: saberes e competências*. Dissertação (Mestrado em Estudos do Lazer) – Universidade Federal de Minas Gerais. Belo Horizonte: 2014.

VIANA, J. A. *Ascensão e queda: o download de música na internet nos discursos do site G1 (2006-2013)*. Tese (Doutorado em Lazer) – Universidade Federal de Minas Gerais. Belo Horizonte: 2016.

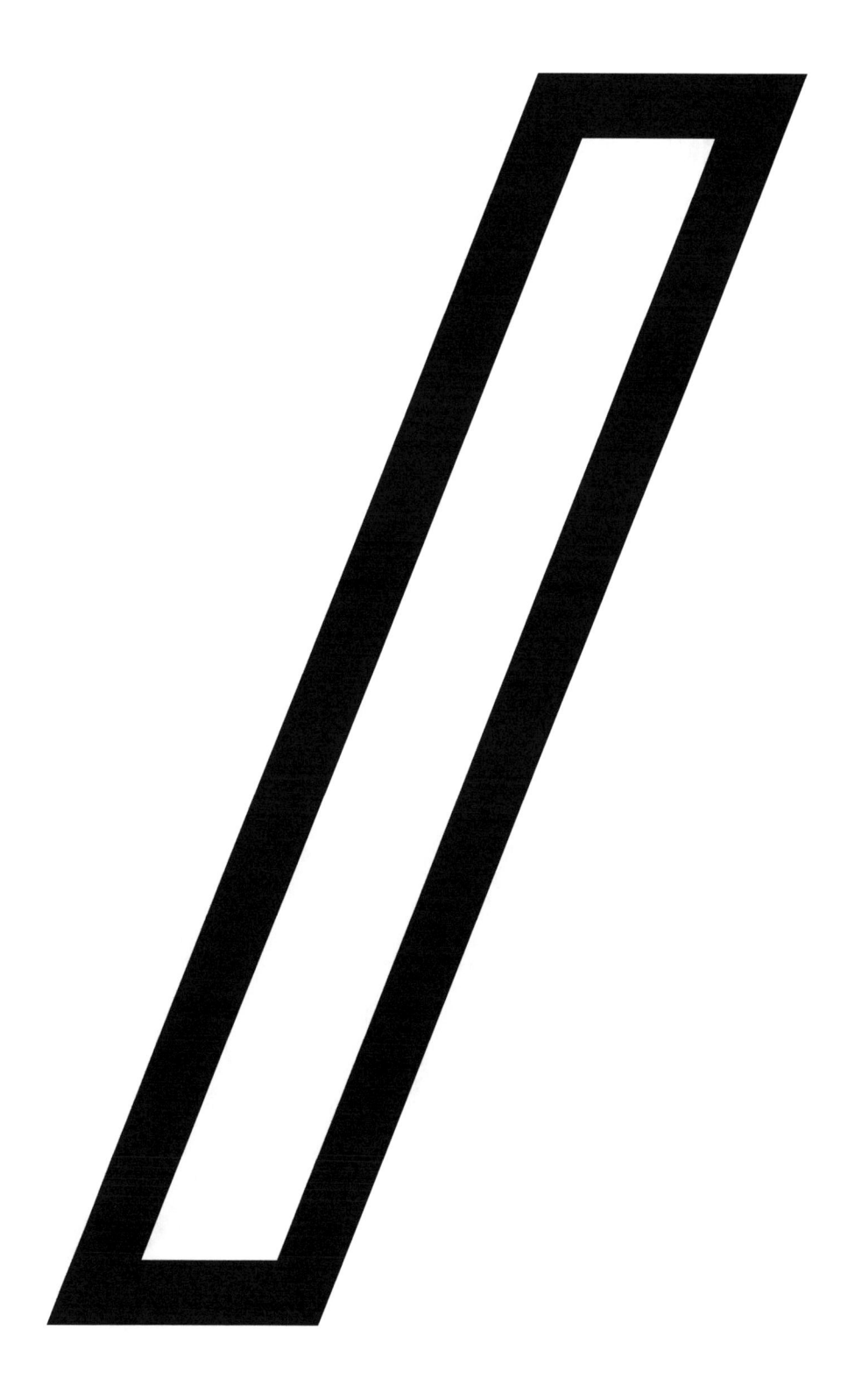

Andaluz: grupo de pesquisa em lazer, educação e uso de drogas

Liana Romera
Gelsimar José Machado
Heloisa Heringer Freitas

01
INTRODUÇÃO

O presente capítulo tem por objetivo apresentar o grupo de pesquisa Andaluz, do Centro de Educação Física e Desportos da Universidade Federal do Espírito Santo (Ufes) registrado na Plataforma do Conselho Nacional de Desenvolvimento Científico e Tecnológico (CNPq)[01]. O grupo iniciou suas atividades no ano de 2012, e sua líder, desde a fundação até os dias atuais, é a professora Liana Romera. O Andaluz conta, atualmente, com doze participantes, entre eles doutores, doutorandos, mestres, mestrandos e graduandos. Sua missão reside em compreender os usos e usuários de drogas e seus contextos de lazer, conhecer e analisar os principais modelos de desenvolvimento de ações de prevenção ao uso excessivo de drogas e, ainda, conhecer as diferentes formas de inserção dos profissionais de educação física e lazer nos campos de atuação profissional, quer no âmbito da educação, aqui compreendida em seu sentido mais amplo[02], quer na esfera da saúde.

Os objetivos do grupo estão contemplados em duas linhas de pesquisa. A primeira delas é marcada pela inserção nos diferentes contextos de uso de substâncias e de manifestação das experiências de lazer dos públicos jovens; quanto à segunda, é pontuada por investigações acerca dos modos de fazer profissional nas áreas de saúde e educação, tendo sempre o caráter sociológico como modo de condução das investigações. De modo resumido, podemos apresentá-las como:

---

[01] Disponível em: <dgp.cnpq.br/dgp/espelhogrupo/0134066014211746>. Acesso em: 16 abr. 2018.

[02] A educação no sentido restrito refere-se somente àquela desenvolvida no âmbito escolar, ao passo que a educação no sentido amplo pode abarcar toda forma de educação social promovida nas escolas, programas sociais e contextos de lazer.

- Linha de pesquisa 1 – Lazer, Juventude e Uso de Drogas: estudos de caráter sociológico que abordam as manifestações culturais do lazer na sua inter-relação com diferentes modos de consumo de drogas lícitas e ilícitas.

- Linha de pesquisa 2 – Educação, Saúde e Prevenção ao Uso de Drogas: estudos sociológicos acerca da inserção e do fazer na atuação do profissional de educação física e lazer nas áreas da saúde e educação.

A organização interna do Andaluz faz com que o grupo se atenha, de maneira consistente, a essas duas linhas de pesquisa, a fim de que possa contemplar os objetivos estabelecidos no desenvolvimento de seus estudos. Tais objetivos estão assim descritos: investigar as diferentes manifestações de experiências do lazer da juventude e as possíveis relações que se estabelecem entre experiência do tempo livre e uso de substâncias lícitas e ilícitas na sociedade atual. Com caráter multidisciplinar, a produção científica do grupo visa, em última análise, subsidiar políticas públicas de lazer, juventude e a qualificação de ações de prevenção pela via da educação e do lazer.

O termo Andaluz, que dá nome ao grupo, justifica-se pelo desejo de prestar homenagem à região da Andalucía (em português, Andaluzia), comunidade autônoma, localizada no sul da Espanha, bem como a um dos principais personagens da literatura espanhola: Dom Quixote de la Mancha, cavaleiro andante improvisado que, com seu escudeiro, Sancho Pança, lutava contra inimigos imaginários – como os moinhos de vento que julgou serem gigantes – e nutria grande paixão por Dulcineia, seu amor não correspondido. A obra foi publicada por Miguel de Cervantes no ano de 1605 e é uma das mais lidas no mundo. Ainda que aborde as desventuras de um homem atormentado por sua obsessão pela cavalaria e pela luta inglória contra injustiças irreais, o livro de Cervantes sinaliza, também, a riqueza da conversação travada entre o simples e o complexo, entre o letrado e o não letrado, o contraste do sonhador e fantasioso com o realista e sério. Sobretudo, representa uma declaração de apreço a valores humanos que persistem, a despeito das dificuldades impostas à sua vigência, nas relações na sociedade.

02
ASPECTOS NORTEADORES DO ANDALUZ

De modo geral, as pesquisas desenvolvidas no Andaluz partem da triangulação entre três campos do saber: lazer, educação e drogas, tendo como sujeitos de pesquisa as diferentes juventudes. Os estudos desenvolvidos pelo

Andaluz não têm a intenção de ser moralistas, nem, tampouco, de fazer a apologia do uso de drogas, o que o induz a transitar por linhas tênues de discussão, que levam em consideração, especialmente, a responsabilidade social de produzir conhecimento acerca de tema tão complexo e controverso como o do uso de drogas.

Embora impulsionados pelas questões afetas aos diferentes usos de drogas, os estudos realizados pelo Andaluz não enfatizam propriamente as substâncias, compreendidas como inertes, estáticas, sem vida. As investigações apresentam-se mais voltadas para a atenção ao usuário e aos contextos de uso, considerando as variantes socioemocionais, econômicas e culturais intrínsecas aos diferentes grupos sociais. Como aponta Espinheira (2004), não são as drogas que caracterizam a ação social do uso e dependência, mas os motivos e a natureza do que se consome. As motivações para o consumo e não consumo são justificadas por uma diversidade de fatores, sejam de risco ou de proteção. Assim, desenvolver pesquisas com ênfase nesses fatores pode contribuir para o uso regulado/consciente e minimizar os danos oriundos do consumo prejudicial de drogas, entre outros resultados.

As pesquisas desenvolvidas no Andaluz consideram a dimensão biopsicossocial, caracterizada pela visão integrativa e holística do ser humano, que foca não um único aspecto da vida social, mas busca a abordagem integral do sujeito.

A filosofia que direciona os estudos do Andaluz postula que vivemos, na atualidade, inúmeros paradoxos, um deles no campo da educação e sociedade. Enquanto os modelos de educação seguem seus aspectos civilizatórios, a sociedade realiza um movimento líquido no sentido da valorização hedônica do prazer instantâneo, do consumo e da superficialidade em diferentes setores da vida em sociedade. O choque entre os dois movimentos interfere nos modos de vivenciar e experimentar o lazer, que, por sua vez, também carrega matrizes paradoxais, podendo representar tempo e espaço de educação, formação e emancipação humana, como, também, de consumo alienado e uso de drogas.

Por tratar-se de pesquisas desenvolvidas com base em contextos e experiências de lazer, tais estudos consideram a complexidade e os paradoxos que envolvem a temática, corroborando afirmações de Freire (2012) e Caldwell e Smith (2006). Assim exposto, o lazer representa, hoje, um paradoxo: por um lado, acena com a possibilidade da experiência de situações e contextos que contribuirão para a construção da identidade, para a gratificação pessoal, para o alívio de tensões e para o sentimento de pertencimento a grupos ou comunidades; por outro, é possível descrevê-lo como inserido em um contexto de liberdade relativa e de socialização com pares, circunstâncias em que pode contribuir para experiências de comportamento de risco, como o consumo de drogas. Trata-se, ainda, de um tema que implica complexidade, o que significa que não pode ser tratado de maneira simplista, unilateral. Nesse sentido, asseveram Mune e Codina:

> *O fenômeno do ócio apresenta duas características chamativas: é ambivalente e é multiforme. No primeiro aspecto, o ócio é fonte do mais criativo e, a par, do mais patológico que se encontra em qualquer sistema social. O que tem de comum são situações tão variadas como a infância e a terceira idade, a arte e o desemprego, a diversão e a delinquência. Para apresentar alguns exemplos quase aleatórios, está o fato de que em todas elas o ócio chega a ser o protagonista. Mas o fenômeno em questão não se limita a essas perspectivas [...] o ócio, além de ser um fator de desenvolvimento humano, com atividades como o jogo e o esporte, e de fomentar a passividade, a privacidade, a alienação etc., é também um instrumento de terapia e de formação* (Mune; Codina, 1996, p. 430).

Ao evidenciar a afirmação de Mune e Codina, em consonância com Caldwell e Faulk (2013), como, também, ratificada por Freire (2012), consideramos, nos debates e reflexões desenvolvidos no Andaluz, a ambiguidade que acompanha as discussões sobre o lazer e as possibilidades que este carrega, ao ser capaz de contribuir para a promoção, desenvolvimento e emancipação humana ao mesmo tempo em que encontra-se repleto de possibilidades voltadas ao consumismo e à alienação.

O tema das drogas precisa ser discutido por diferentes áreas do conhecimento, sempre considerando, porém, que inexiste um motivo único para o uso, e que, tampouco, é possível generalizar usos e usuários. As razões do uso são multifatoriais, advêm de diferentes motivações e de justificativas individualizadas. Compenetrar-se da complexidade do tema representa, em si, a adoção de uma visão crítica distanciada do olhar contaminado por concepções ingênuas, ao aproximar a questão dos diferentes campos do conhecimento e possibilidades de intervenção, quer sejam o da educação, da prevenção, ou do lazer, entre outros.

O grupo Andaluz considera, também, que o uso de drogas, no contexto mundial, representa um fato inegável, sobre o qual se debruçam estudiosos de diferentes áreas do conhecimento. No Brasil, de modo específico, tais estudos surgiram, timidamente, a partir da década de 1960, momento em que o uso abusivo de drogas se acentuava de maneira mais explícita, intensificando-se sobremaneira até os dias atuais. Sobre a questão, alerta Gorgulho: "Conhecer o fenômeno do uso de drogas mais de perto, sem as limitações e sem a rigidez que os preconceitos costumam impingir às nossas condutas, é o primeiro passo para podermos operar eficazmente neste campo" (Gorgulho, 1996, p. 150).

Os resultados dessa aproximação dialógica entre áreas do conhecimento proporcionam o enriquecimento de cada uma delas, as quais, conjuntamente, poderão sugerir intervenções preventivas mais produtivas e eficientes. Acreditamos, assim, que outro olhar é possível para a construção das políticas de prevenção, que passam por necessárias transformações. Para tanto, faz-se essencial promover o diálogo entre campos do conhecimento – lazer, juventude, educação, usos de substâncias, entre outros – que deixam de ser estudados de forma isolada e passam a ser compreendidos a partir das confluências que esses distintos campos promovem em meio social.

Não cabe, aqui, a realização de um apanhado histórico aprofundado dos usos ritualísticos, religiosos, terapêuticos, mágicos e recreacionais dos psicoativos, mas vale a pena destacar que a maneira pela qual o homem trava relação com essas substâncias difere em função do tempo e do espaço, de acordo com cada sociedade, conforme propõe Espinheira (2004).

Desde seu surgimento o homem busca formas para alterar a consciência, para atingir certo estado psicológico capaz de, de algum modo, situá-lo além da realidade vivida. As vulnerabilidades às quais o homem está sujeito podem, em algum nível, promover o consumo de drogas, na medida em que esse uso, entre outras possibilidades, pauta-se como subterfúgio para alterar o estado de consciência, assim como para diminuir determinado sofrimento ou angústia existencial (Sodelli, 2010).

Mesmo com evidências empíricas a respeito da presença das drogas como algo intrínseco à sociedade mundial, bem como acerca da utilização dessas substâncias psicoativas com a intenção de alterar o estado de consciência ao longo da história, pode-se detectar tentativas de proibição e controle que vêm sendo travadas ao longo dos anos. Tais tentativas têm se mostrado pouco eficientes.

Nessa perspectiva, Bergeron entende que:

[...] a categorização social de uma substância como "droga" e sua classificação jurídica como "entorpecente" dependem muito mais de uma convenção social e cultural. Isso quer dizer que o conceito "droga" e a diversidade de substâncias que ele compreende em seu perímetro devem ser considerados o produto, por natureza provisório, de lutas simbólicas e científicas, tanto quanto políticas e sociais: a fronteira que separa a classe das drogas ilícitas e a classe dos produtos psicoativos lícitos é basicamente permeável, como nos ensina a história (Bergeron, 2012, pp. 8-9).

A afirmativa de Bergeron (2012) leva-nos a considerar, ainda que minimamente, algumas das características gerais da sociedade na qual estamos inseridos. Substâncias que em determinado momento histórico estiveram classificadas como lícitas encontram-se, atualmente, na classificação de drogas ilícitas, e o inverso também é verdadeiro. O principal fator a determinar a classificação como lícita ou ilícita não considera os impactos negativos que cada droga promove, mas, sim, os interesses econômicos de cada época.

Lipovetsky (2007) acredita que passamos por uma nova fase no capitalismo mundial, classificada por ele como hiperconsumista. Além do estímulo ao consumo desenfreado e compulsivo, a busca dos consumidores, hoje, não gira em torno apenas da aquisição de mercadorias, mas, também, da obtenção de conforto psíquico – e da maneira mais fácil e rápida possível, tornando a felicidade interior uma mercadoria.

O consumo, antes visto como distinção social, dá lugar a um consumo privado, íntimo; consome-se menos para o outro e mais para si. O indivíduo consumidor já não almeja somente o bem-estar material, mas também uma harmonia interna, estética – o conforto trazido pelas sensações originadas do consumo, com que faz frente aos anseios acarretados pela liquidez moderna. A busca pelo equilíbrio e pela autoestima se prolifera nas ofertas de produtos e "farmacopeias do prazer e da felicidade". A longevidade do homem foi estendida, e há mais tempo disponível para o lazer e mais maneiras de adquirir produtos (Lipovetsky, 2007).

Todo esse cenário contribui para que a civilização do objeto e da posse de bens seja substituída por uma busca não só de coisas, mas principalmente de experiências e sensações. Tal substituição marca a procura por outros produtos do lazer, que não se limitam aos de aquisição material, mas configuram elementos de natureza imaterial – e, portanto, intangíveis ao lazer. Os momentos de lazer são caracterizados por um hedonismo exacerbado, por uma busca de novas sensações e experiências diversificadas. Se o consumo é pautado pela novidade, o prazer também está diretamente ligado a ela (Lipovetsky, 2007). As drogas se encaixam perfeitamente nesse contexto, uma vez que podem representar uma espécie de atalho ou fórmula para novas sensações e "bem-estar" momentâneo.

Nessa perspectiva, Romera e Marcellino afirmam:

> *Há que se considerar que, entre os aspectos característicos da vivência do tempo disponível, destacam-se a busca pela liberdade, possibilidade de expressão das emoções socialmente reprimidas e conquista de prazeres, tornando-se ocasião favorável para a experimentação e uso de drogas lícitas e ilícitas* (Romera; Marcellino, 2010, p. 82).

A busca pelo prazer nos momentos de lazer tem contribuído para que o consumo de drogas pela população jovem seja cada vez mais precoce. Segundo

Gomez (s. d.), esse consumo prematuro pode estar relacionado com maior autonomia, independência dos pais e com a relação com os pares. Este último fator constitui-se como elemento significativo de pressão e aceitação do/no grupo, sendo o álcool a principal droga utilizada como ritual de passagem para a adolescência e a de uso mais comum nos contextos de lazer noturno. No entanto, Romera adverte:

Ainda que diferentes estudos – aqui vale citar Bertolo (2011), Dumazedier (2003), González e Bueno (2003), Martins et al. (2008), Pinsky (2009) e Romera e Reis (2009) – tenham observado o lazer como espaço associado ao uso de drogas, não é recomendado e tampouco produtivo incorrer no reducionismo simplista de atribuir a todo lazer tal possibilidade, pois que a complexidade do tema exige análises mais amplas e profundas (Romera, 2014, p. 96).

Faz-se necessário problematizar os pontos aqui destacados – sem a intenção de limitar a diversidade de temas que atravessa as discussões sobre lazer e drogas –, possibilitando contribuir para que o debate sobre temas tão presentes em nossos dias possa derrubar as barreiras do preconceito e os estigmas impostos aos usuários de drogas, uma vez que atos de discriminação dificultam ações de prevenção e redução de danos ou experiências de lazer, especialmente aquele vivenciado pela população jovem. Algumas barreiras foram – e ainda são – impingidas no decorrer da história, em virtude de equívocos do senso comum e da própria ciência, sendo reforçados pela influência dos meios de comunicação de massa, que, por sua vez, estão atrelados a interesses políticos e econômicos que refutam determinados consumos (drogas ilegais) e reforçam e legitimam outros (drogas legais) muito mais prejudiciais (Romera, 2014).

Percorrendo caminhos tão delicados, o grupo Andaluz visa problematizar as temáticas do lazer, da juventude, das drogas, da prevenção e educação de maneira imparcial, com ênfase no desenvolvimento do ser humano. No que diz respeito às vertentes possíveis e necessárias na abordagem e problematização do assunto, o grupo Andaluz se apresenta embasado em uma concepção inter e multidisciplinar, com produções teóricas e, principalmente, empíricas, que almejam produzir subsídios para a compreensão de algumas entre as tantas possíveis manifestações do ser humano, tanto individuais quanto coletivas.

Assim posto, a seguir apontaremos algumas das pesquisas desenvolvidas pelo grupo, desde a sua criação até os dias atuais:

Iniciação científica:

- Anna Carolina Martins Cassani: "Educação física e prevenção ao uso de drogas: acervos didáticos".
- Jaqueline Aparecida Meneghel: "Uso recreativo de drogas nas práticas corporais: contextos de areia".
- Anna Carolina Martins Cassani: "Uso recreativo de drogas nas práticas corporais: contextos de água".
- Julia Borges Rocha: "Práticas culturais e vivências corporais: sujeitos e consumos no calçadão de Camburi".
- Heloisa Heringer Freitas: "Práticas culturais e vivências corporais: sujeitos e consumos na praia de Camburi".

Pesquisas de pós-graduação concluídas:

- Dissertação de mestrado defendida no ano de 2013, por Michelli Coutinho Devens: *Ações preventivas ao uso indevido de drogas e a Secretaria de Educação do Estado do Espírito Santo*.

- Dissertação de mestrado defendida no ano de 2015, por Poliana Nery Castro: *Educação e prevenção: a educação física como espaço preventivo ao uso de drogas*. A pesquisa teve por objetivo desenvolver e avaliar um programa estratégico de prevenção ao uso de drogas visando às vulnerabilidades sociais de uma parcela da população jovem de Vitória, Espírito Santo. Para tanto, procurou sensibilizar professores e alunos de uma escola-piloto para a participação no programa, além de implementar e avaliar os resultados de uma temporada de aplicação do referido programa de prevenção com um grupo de alunos e professores.

- Dissertação de mestrado defendida no ano de 2015, por Gelsimar José Machado: *A atuação do professor de educação física nos Centros de Atenção Psicossocial Álcool e Drogas (CAPSad)*. A pesquisa analisou a inserção do profissional de educação física em duas unidades do Centro de Atenção Psicossocial Álcool e Drogas, no intuito de conhecer e avaliar sua função em equipes multidisciplinares que compõem esses serviços. Para a produção de dados, dois CAPSad da região metropolitana de Vitória, Espírito Santo, compuseram os campos de pesquisa e realização de observações e entrevistas.

Pesquisas em andamento:

- Mestrado – Derick dos Santos Tinôco: *Fatores de proteção contra o uso indevido de substâncias psicoativas*. O objetivo do estudo é conhecer e analisar os fatores que contribuem para a utilização, em excesso, de substâncias psicoativas. Trata-se de uma pesquisa quantitativa, cuja coleta de dados foi feita por meio de um questionário fechado, aplicado aos estudantes dos cursos de licenciatura e bacharelado em educação física da Universidade Federal do Espírito Santo (Ufes). As primeiras análises indicam que apenas participar de atividades esportivas não confere proteção ao consumo de álcool e outras drogas. Espera-se detectar outros fatores protetivos, com o intuito de subsidiar políticas de prevenção com base em resultados, visando à qualificação dos projetos e grupos de intervenção. Essa pesquisa conta com a colaboração da professora Nuria Codina, da Universitat de Barcelona.

- Mestrado – Samuel Coelho da Silva: *Trajetória, formação e práticas de educadores sociais nos Centros POP da Grande Vitória-ES*. O objetivo desse trabalho é investigar a trajetória profissional dos educadores sociais que atuam em unidades do Centro de Referência Especializado para População em Situação de Rua – Centro Pop da Grande Vitória, Espírito Santo (Vila Velha, Vitória e Serra). Para tanto, justifica-se a pesquisa em três movimentos: o primeiro diz respeito à necessidade de compreender a formação e qualificação dos educadores sociais; o segundo retrata a mudança do contexto habitual da prevenção, da escola para outros espaços; o último remete à possibilidade de o profissional de educação física compor a equipe multidisciplinar que atua no Centro Pop. Nesse sentido, como caminho metodológico, tomam-se como referência as narrativas dos educadores sociais, para compreender seu processo de (auto)formação, o que envolve a importância de se conhecer a trajetória (pessoal e profissional) dos sujeitos, bem como suas experiências significativas. Assim, nessa via interpretativa, consideram-se os processos de formação, que dão suporte ao saber-fazer dos educadores sociais, bem como a reflexão sobre esse saber-fazer.

- Mestrado – Heloisa Heringer Freitas: *Os modos de vivência do lazer noturno*. Segundo a pesquisadora, o lazer noturno apresenta-se como um espaço-tempo de grandes possibilidades para a compreensão das dinâmicas de ocupação do tempo livre nas culturas juvenis contemporâneas. Trata-se de contextos marcados por socialização e procura por diversão que fomentam, por vezes, usos abusivos de drogas. Essa pesquisa objetiva investigar as manifestações e ocupações de lazer noturno de jovens estudantes de graduação do curso de educação física da Universidade Federal do Espírito Santo. Com base na condição paradoxal do lazer na vida humana, o estudo será desenvolvido com análise qualiquantitativa, a fim de que se compreendam os modos de ocupação de lazer dessa parcela da população juvenil. Será discutida a relação do lazer noturno com o consumo de drogas nas culturas juvenis contemporâneas.

- Doutorado – Gelsimar José Machado: *Prevenção ao uso abusivo de álcool e outras drogas a partir das habilidades sociais*. A pesquisa visa abordar o tema da presença do álcool e outras drogas no contexto educacional, em uma escola da rede pública estadual localizada no interior do estado do Espírito Santo. Os índices de consumo de drogas no município são elevados, sobretudo no que se refere ao álcool; entre as situações diretamente relacionadas a esse consumo há casos de depressão e de suicídio. O objetivo do estudo é desenvolver um plano de ação, com estudantes adolescentes, para a prevenção do uso abusivo dessas substâncias, evitando os riscos a elas associados por meio do fortalecimento das habilidades sociais. Essa pesquisa se constitui como qualitativa, e tem, como método, a pesquisa-ação. Valendo-se de instrumentos de triagem, observações, questionários e entrevistas, busca-se trabalhar com estudantes do Ensino Fundamental II e Ensino Médio, com ações voltadas para o grupo de risco/intervenção apoiadas por estudantes multiplicadores/pares em todo ambiente escolar.

02
PARCERIAS NACIONAIS E INTERNACIONAIS

Visando contribuir para o processo de internacionalização dos programas de pós-graduação das instituições públicas brasileiras, o grupo Andaluz realiza trabalhos em parceria com duas instituições espanholas – a Universitat de Barcelona e a Universidad de Deusto – e uma instituição portuguesa – o Instituto Universitário de Lisboa –, com as quais tem convênios institucionais firmados. Está firmada, também, uma parceria com a Edex – Educação e Experiência, instituição privada que pesquisa e desenvolve material didático para a prevenção ao uso de drogas, sediada em Bilbao, Espanha. Recentemente, por meio das ações empreendidas pelo grupo Andaluz, a Universidade Federal do Espírito Santo foi incorporada à Red Otium, associação ibero-americana de estudos do ócio.

No âmbito nacional, o grupo Andaluz mantém estreita relação de intercâmbio com o grupo Oricolé, da UFMG, coordenado pelo professor doutor Hélder Isayama Ferreira.

Desenvolve, ainda, pesquisas em parceria com a Universidade Estadual Paulista "Júlio de Mesquita Filho" (Unesp) nos programas de pós-graduação das cidades de Botucatu, Marília e São José do Rio Preto.

Participação e promoção de eventos científicos

Os membros do grupo Andaluz participam de inúmeros eventos nacionais e internacionais, priorizando as temáticas do lazer e dos estudos multidisciplinares sobre drogas, com o intuito de estabelecer inter-relações dos temas abordados com suas investigações próprias. Na esfera das discussões sobre o lazer, o grupo elege a participação no Seminário Lazer em Debate, no Congresso Brasileiro de Estudos do Lazer, no Mundial de Lazer e no OcioGune, por considerá-los os eventos mais representativos da área. No âmbito das discussões relativas aos usos e usuários de drogas, as participações se dão nos congressos realizados pela Associação Brasileira Multidisciplinar de Estudos sobre Drogas (Abramd), instituição à qual os membros do Andaluz estão afiliados.

Visando celebrar os cinco anos de existência do grupo, foi realizado, no mês de dezembro de 2017, o I Seminário Internacional Ócio Noturno e Metodologias de Investigação, desenvolvido pelas professoras Aurora Madariaga e Idurre Lazcano, do Instituto de Estudios de Ócio da Universidade de Deusto, Espanha.

Ao destacar a importância dos diálogos multidisciplinares, o grupo de pesquisa Andaluz avança na busca por parcerias e interlocuções, tendo sempre como prioridade a compreensão dos diferentes fatores que conjugam o uso de substâncias lícitas e ilícitas e as experiências de lazer. Nessa perspectiva, o Andaluz forma pesquisadores e desenvolve pesquisas que subsidiem políticas de prevenção, educação e lazer.

03
REFERÊNCIAS

BERGERON, H. *Sociologia da droga*. São Paulo: Ideias e Letras, 2012.
BERTOLO, M. A.; ROMERA, L. A. "Cerveja e publicidade: uma estreita relação entre lazer e consumo". *Licere*. Belo Horizonte: 2011, vol. 14, n. 2.
CALDWELL, L. L.; FAULK, M. "Adolescent Leisure from a Developmental and Prevention perspective". Em: FREIRE, T. (org.). *Positive Leisure Science: from Subjective Experience to Social Contexts*. New York: Springer Netherlands, 2013.

_____; SMITH, E. A. "Leisure as a Context for Youth Development and Delinquency Prevention". *Australian and New Zealand Journal of Criminology*. 2009, vol. 39, n. 3, pp. 398-418.

DUMAZEDIER, J. "As drogas e a revolução social do lazer". *Licere*. Belo Horizonte: 2003, vol. 6, n. 2.

ESPINHEIRA, G. "Os tempos e os espaços das drogas". Em: ALMEIDA, A. R. *et al*. *Drogas: tempos, lugares e olhares sobre seu consumo*. Salvador: EdUFBA, 2004.

FREIRE, T. (org.). *Positive Leisure Science: from Subjective Experience to Social Contexts*. Nova York: Springer Netherlands, 2013.

GONZÁLEZ, E. M.; BUENO, S. M. "Programa de prevención de ocio alternativo". *Revista Adicciones*. Madrid: 2003, vol. 15, suplemento 2.

GOMEZ, J.P. "Drogas, consumo y culturas juveniles". *Revista Humanitas*. Coimbra: s. d., n. 5.

GORGULHO, M. *Adolescência e toxicomania, dependência: compreensão e assistência às toxicomanias (uma experiência do Proad)*. São Paulo: Casa do Psicólogo, 1996.

LIPOVETSKY, G. *A felicidade paradoxal: ensaio sobre a sociedade de hiperconsumo*. São Paulo: Companhia das Letras, 2007.

MARTINS, R. A. *et al*. "Utilização do Alcohol Use Disorders Identification Test (Audit) para identificação do consumo de álcool entre estudantes do ensino médio". *Revista Interamericana de Psicologia*. Porto Alegre: 2008, vol. 42, n. 2. Disponível em: <http://pepsic.bvsalud.org/scielo.php?script=sci_abstract&pid=S0034-11969020080002000012>. Acesso em: 16 jan. 2018.

MUNE, F.; CODINA, N. *"Psicología social delocio y tiempo libre"*. Em: ALVARO, J. L.; GARRIDO, A.; TORREGROSA, J. R. (orgs.). *Psicología social aplicada*. Madrid: McGraw-Hill Interamericana de España, 1996.

PINSKY, I.; SILVA, M. T. A. "As bebidas alcoólicas e os meios de comunicação: revisão da literatura". *Revista ABP-APAL*. São Paulo: 1995, vol. 17, n. 3.

ROMERA, L. A. "Lazer e festas: estudo sobre os modos de divulgação de bebidas nos *campi* universitários". *Cadernos de Terapia Ocupacional da UFSCar*. São Carlos: 2014, vol. 22.

ROMERA, L. A.; MARCELLINO, N. C. "Lazer e uso de drogas: a partir do olhar sociológico". *Impulso*. Piracicaba: 2010, vol. 20, n. 49.

ROMERA, L. A.; REIS, H. H. B. "O uso de álcool, futebol e torcedores brasileiros". *Motriz*. Rio Claro: 2009, vol. 15, n. 3.

SODELLI, M. *Uso de drogas e prevenção: da desconstrução da postura proibicionista às ações redutoras de vulnerabilidades*. São Paulo: Iglu, 2010.

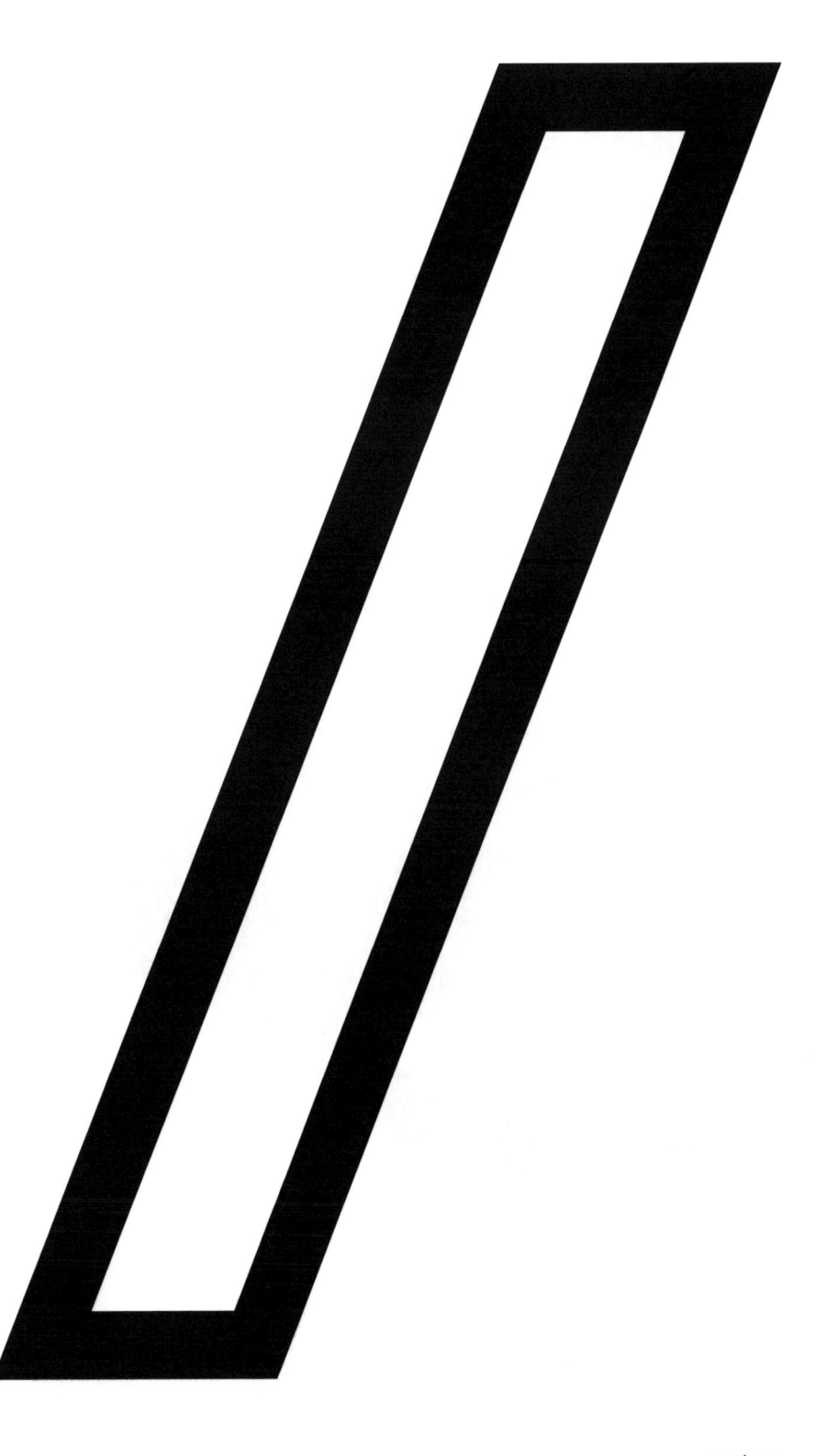

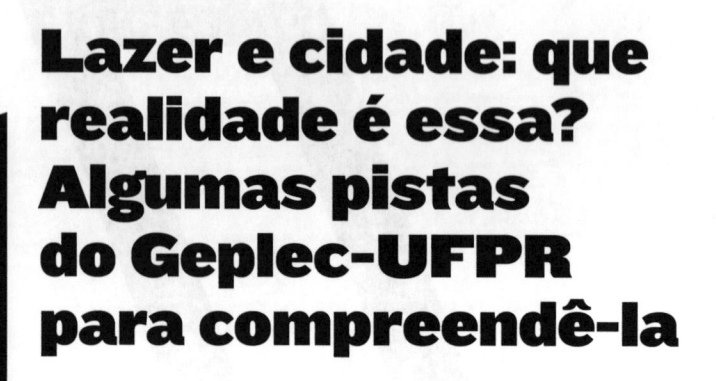

Lazer e cidade: que realidade é essa? Algumas pistas do Geplec-UFPR para compreendê-la

Simone Rechia
Aline Tschoke

01
INTRODUÇÃO

A intenção deste capítulo é descrever como transcorre o trabalho cotidiano do Grupo de Estudos e Pesquisas em Lazer, Espaço e Cidade (Geplec), da Universidade Federal do Paraná (UFPR), e quais são os estudos e pesquisas sobre espaços e equipamentos de lazer nas cidades, produzidos pelo grupo, a partir da discussão de alguns de seus principais resultados.

Optamos por apresentar a produção do conhecimento sobre esse tema contemplando tanto as pesquisas que trazem dados mais objetivos, ou seja, de cunho mais quantitativo – as quais nos permitem compreender uma importante faceta da sociedade –, quanto pesquisas mais qualitativas, que possibilitam que esses dados sejam recolocados no contexto social que lhes dá origem, oportunizando uma compreensão mais apurada do fenômeno do lazer.

Desse modo, temos, como objetivos específicos, descrever os processos de criação e organização do Geplec, mapear e identificar a produção do conhecimento no que tange à temática do grupo e discutir os principais resultados das pesquisas e estudos desse coletivo.

02
OS PRIMEIROS PASSOS DO GEPLEC

A trajetória do Geplec e, consequentemente, a delimitação de seu objeto de estudo, inicia-se com uma dissertação de mestrado, de autoria de Simone Rechia, defendida, em 1988, no Programa de Pós-Graduação em Educação da Pontifícia Universidade Católica do Paraná (PUC-PR), cujo propósito foi investigar como mulheres de 30 a 50 anos de idade, na cidade de Curitiba, percebiam seu corpo, e em que espaços da cidade vivenciavam práticas corporais. O resultado dessa pesquisa determinou que os parques públicos eram tidos, pelas entrevistadas, como os locais mais agradáveis para o desenvolvimento de suas práticas corporais. Após aprofundar a análise, e a partir do desenvolvimento de outros projetos de pesquisa, a coordenadora do Geplec constatou que, embora Curitiba contasse com muitos espaços públicos de lazer adequados para a realização de práticas corporais, poucos deles, na época, eram utilizados.

Com o intuito, portanto, de esmiuçar tais resultados, a referida coordenadora passou a pesquisar a relação entre práticas corporais, tempo e espaço de lazer em parques públicos na cidade de Curitiba, como eixo de um projeto de doutoramento (Rechia, 2003) orientado pela professora doutora Heloisa Turini Bruhns, a qual coordenava a linha de pesquisa intitulada Lazer e Meio Ambiente na Faculdade de Educação Física da Universidade Estadual de Campinas (FEF-Unicamp). Assim, por meio desse percurso, Rechia delimita as pesquisas do Geplec, estabelecendo o foco das investigações nas formas de apropriação dos parques na cidade de Curitiba, tendo, atualmente, como objeto central, a relação entre cidade e lazer.

Tais estudos tiveram de ser desenvolvidos com referenciais de outras áreas – geografia, arquitetura, sociologia, antropologia, educação, meio ambiente, entre outras – além da educação física, principalmente pelo fato de, até certo ponto, o tema ainda ser inédito nessa área.

A título de exemplo, destacamos alguns teóricos elementares ao grupo, dentre os quais se destacam Jane Jacobs (2000) e Milton Santos (1996); ao analisar os documentos escritos por Jaime Lerner, acrescentamos aos dois primeiros, como referências, Henry Lefebvre (2001), José Guilherme Cantor Magnani (1984), Michel de Certeau (1996), Sebastian De Grazia (1996) e Clifford Geertz (1989).

Vale ressaltar que, até o início dos anos 2000, a ideia de cidade, planejamento urbano e meio ambiente era abordada de forma muito tímida na área de educação física. Tal constatação gerou a busca por novas referências para o campo, vinculadas a outras áreas do conhecimento.

A partir desses primeiros passos, o Geplec se articula e, em 2004, Simone Rechia o cria oficialmente na UFPR. Segundo consta em *blog*, o contexto em que o grupo foi criado está relacionado com

[...] *a cidade, uma paisagem artificial criada pelo homem, [...] composta por objetos e imagens, uma mistura entre espaço criado e natural, dinamizada entre a vida privada e pública, onde são articulados tempo/ espaço, trabalho, política, consumo, cultura, lazer. Em tal ambiente, os espaços públicos são o pulsar da vida urbana, é através dele que se estabelece o vínculo entre participação ativa e vida na cidade. Porém, atualmente, as cidades vivem um período de crise, com intensa desvalorização e redução de espaços públicos, principalmente daqueles destinados às experiências no âmbito do lazer, causando grande desestímulo para os cidadãos no convívio e na apropriação desses espaços, o que se torna uma grande perda, visto que é durante as práticas de lazer e por meio delas que os sujeitos, conscientemente ou não, podem realizar a crítica de sua vida cotidiana*[01] (Geplec, 2017).

Além disso, enfatiza-se que o grupo busca

[...] *refletir acerca das práticas corporais e temas transversais, relacionando-os com as questões emergentes do cotidiano, estimulando pesquisadores que têm interesse na área, oferecendo uma diversidade de saberes que são fundamentais para o crescimento profissional e pessoal dos participantes, com reflexos diretos na vida social. Hoje o grupo conta com a participação de vários alunos bolsistas da Graduação (iniciação científica, monitoria, licenciar, extensão) e Pós-Graduandos, os quais desenvolvem de forma articulada projetos de ensino, pesquisa e extensão* (Geplec, 2017).

Por consequência, podemos afirmar que esse grupo ajudou a potencializar a temática dentro da área de educação física. Hoje existem outros grupos, mas o Geplec-UFPR é pioneiro nessa discussão, pois investiga o tema, de forma intensa, há mais de treze anos – o que permite, inclusive, que muitos outros grupos brasileiros que discutem a mesma temática o tomem como base.

Quanto a procedimentos metodológicos, o Geplec utiliza a análise cultural, investigando os aspectos socioculturais envolvidos no uso e apropriação dos espaços públicos de lazer, tendo como ferramentas investigativas entrevistas e observações do cotidiano das cidades. A proposta é sempre articular e triangular a narrativa dos usuários, dos gestores públicos e das teorias que sustentam os estudos sobre cidade e lazer.

Na proposta do grupo também é dada ênfase a projetos de pesquisa e extensão voltados à formação inicial dos acadêmicos envolvidos no Geplec e à formação continuada de professores da rede pública de ensino no que diz respeito ao tema lazer e cidade. O objetivo é sensibilizar os participantes desses programas para a importância do fenômeno do lazer, levando-os a percebê-lo como um direito social a ser conquistado pelos cidadãos. Além disso, busca-se preparar o professor que está na escola – ou que pretende atuar no âmbito escolar –, para que possa contemplar o conteúdo do fenômeno do lazer na perspectiva do direito à cidadania e, consequentemente, do acesso aos espaços e equipamentos públicos de lazer na cidade.

01
Disponível em: <http://geplecufpr.blogspot.com.br/p/quem-somos_30.html>.
Acesso em: 27 dez. 2017.

Compreendemos que a formação, tanto inicial quanto continuada, é essencial, por deslocar o entendimento do lazer como mera ferramenta vinculada a jogos e brincadeiras que possibilitam a diversão e distração, na perspectiva funcionalista e utilitarista, para uma abordagem mais reflexiva, crítica, questionadora, fundamentada em estudos socioculturais do direito ao lazer e à cidade.

Acreditamos ser importante ensinar os gestos motores e as formas de praticar determinados conteúdos no âmbito da educação física escolar, mas advertimos que, se não indicarmos os locais na cidade que possibilitam vivenciar essas experiências concretamente, no tempo livre dos estudantes, corremos o risco de não torná-las realmente efetivas.

Assim, os desafios são, primeiro, não abrir mão, no âmbito escolar, das práticas corporais, da alegria, da diversão, da recreação; e, segundo, agregar a essas dimensões conteúdos reflexivos e críticos que tenham sentido e significado, contribuindo para o desenvolvimento da sociedade.

Consideramos que, hoje, o lazer já começa a ser entendido como um fenômeno social vinculado à dimensão da cidadania, que deve ser estudado, potencializado e conquistado. Exemplos disso são os programas governamentais como o Mais Educação[02] e Segundo Tempo[03], entre outros projetos sociais do governo brasileiro, os quais contemplam a dimensão do lazer. Tal fenômeno, nessa última década, passou da periferia para o protagonismo em diferentes âmbitos escolares, acadêmicos e da agenda das políticas públicas urbanas brasileiras. Entretanto, a maioria dos brasileiros ainda não está envolvida cotidianamente com as práticas corporais nos espaços públicos das cidades, no tempo/espaço de lazer.

O *Relatório Nacional de Desenvolvimento Humano do Brasil*, também intitulado *Movimento é vida: atividades físicas e esportivas para todas as pessoas* (2017)[04], defende as práticas realizadas no tempo livre, em contextos

---

[02]
O programa Mais Educação, ofertado pelo Ministério da Educação (MEC), tem o objetivo de melhorar o ambiente escolar, oferecendo atividades nas áreas de acompanhamento pedagógico, meio ambiente, esporte e lazer, direitos humanos, cultura e arte, cultura digital, prevenção e promoção da saúde, comunicação, educação científica e educação econômica. Disponível em: <https://goo.gl/V37zqe>. Acesso em: 12 jan. 2018.

[03]
O Programa Segundo Tempo (PST) é desenvolvido pela Secretaria Nacional de Esporte, Educação, Lazer e Inclusão Social do Ministério do Esporte; visa democratizar o acesso à prática e à cultura do esporte educacional e promover o desenvolvimento integral de crianças e adolescentes como fator de formação da cidadania e melhoria da qualidade de vida, prioritariamente daqueles que se encontram em áreas de vulnerabilidade social e, preferencialmente, regularmente matriculados na rede pública de ensino. Disponível em: <https://goo.gl/UZnF9V>. Acesso em: 12 jan. 2018.

[04]
Disponível em: <http://movimentoevida.org>/ Acesso em: 14 jan. 2018.

de lazer, para traçar as relações com o desenvolvimento humano, e sugere que os governos, a iniciativa privada e a sociedade civil adotem políticas públicas condizentes com a importância dessas práticas.

Em consonância com esse entendimento, o Geplec vem atuando em parceria com alguns programas governamentais, nas esferas municipal, estadual e federal. A seguir, apresentamos, no Quadro 1, os projetos vinculados a programas institucionais, a fim de exemplificar a maneira como as reflexões apontadas anteriormente ganham materialidade mediante a elaboração de diferentes ações.

QUADRO I: SÍNTESE DOS PROJETOS GEPLEC-UFPR

A escola e os espaços lúdicos 2004/2017	Este projeto tem por finalidade investigar como são planejados os espaços e equipamentos destinados a vivências no âmbito do esporte e do lazer no ambiente escolar e no entorno da escola. Vinculado ao Programa Licenciar da Pró-Reitoria de Graduação da UFPR.
UniverCidade – um giro pela cidade, brincando, aprendendo e conservando 2008/2009	Projeto de extensão universitária que visava aliar o lazer à educação ambiental, tecendo conexões entre o educar para e pela cidade. Financiado pela Pró-Reitoria de Extensão da UFPR.
O estado do Paraná e seus espaços e equipamentos de esporte e lazer 2005/2011	Vinculado ao Programa Rede Cedes – Centro de Desenvolvimento de Esporte Recreativo e de Lazer na UFPR-DEF, financiado e gerenciado pela Secretaria Nacional do Esporte e do Lazer (SNDEL) do Ministério do Esporte, esse projeto tem por finalidade investigar como são planejados e vivenciados os espaços e equipamentos destinados a vivências no âmbito do esporte e do lazer em algumas cidades do estado do Paraná.
Diagnóstico das políticas públicas de esporte e lazer das indústrias do Paraná 2006/2008	Análise dos espaços e equipamentos de esporte e lazer das indústrias do Paraná. Pesquisa desenvolvida em parceria com o Sesi – Serviço Social da Indústria (Paraná).
Gestão de três núcleos do Pelc – Programa Esporte e Lazer da Cidade	Projeto de pesquisa e extensão na área do esporte e lazer, desenvolvido em comunidades carentes de Curitiba, região metropolitana e litoral paranaense, em parceria com o Ministério do Esporte.
Edupesquisa: o fenômeno do lazer – o educar para e pela cidade 2014/2015	Curso de formação continuada desenvolvido na cidade de Curitiba-PR, presencialmente e a partir de ambiente virtual de aprendizagem, em parceria com a Prefeitura Municipal de Curitiba.

Educação física escolar: o fenômeno lazer como conteúdo 2012/2013	Curso de formação continuada para professores de educação física da rede pública de ensino.
A escola e a cidade: Univer-Cidade – o educar para e pela cidade 2012/2013	Curso de formação para educadores da rede pública de ensino.
Vem brincar na praça e na escola você também, vem! 2014	Curso de formação de professores na cidade de Antonina-PR. Vinculado à Proec – Pró-Reitoria de Extensão e Cultura – UFPR.

Como se pode depreender da leitura do Quadro 1, há, na dinâmica do grupo na UFPR, desenvolvimento de ações no ensino, na pesquisa e na extensão, e seus participantes têm atuado, a partir do trabalho colaborativo – com autonomia, em busca de seus desejos e intenções individuais, mas também com uma proposta científica, política e acadêmica voltada à formação de futuros profissionais –, com bolsistas ligados à Iniciação Científica, ao Programa Licenciar[05] e ao Programa de Educação Tutorial (PET)[06], entre outras ações.

Finalmente, salientamos que, entre os anos de 2005 e 2017, a coordenadora do Geplec, professora doutora Simone Rechia, esteve diretamente vinculada ao Programa de Pós-Graduação *Stricto Sensu* em Educação Física da UFPR, orientando, no mestrado e doutorado, na linha Esporte, Lazer e Sociedade. Atualmente, está integrada ao Programa de Pós-Graduação em Educação da UFPR, na linha Cultura, Escola e Ensino, e ao Programa de Pós-Graduação Interdisciplinar em Estudos do Lazer da Universidade Federal de Minas Gerais (UFMG), na linha Identidade, Sociabilidades e Práticas de Lazer. Desses vínculos surgem diversos estudos, oriundos da redação de dissertações e teses, sempre conectados ao tema central do Grupo – Lazer, Espaço e Cidade.

05
O Licenciar é um programa da UFPR cujo objetivo é congregar projetos de apoio à qualidade de ensino nas Licenciaturas (UFPR, 2016).
06
O PET é desenvolvido por grupos de estudantes, com tutoria de um docente, organizados a partir de formações em nível de graduação nas instituições de ensino superior do país, orientados pelo princípio da indissociabilidade entre ensino, pesquisa e extensão, e da educação tutorial, vinculados ao Ministério da Educação. Disponível em: <http://portal.mec.gov.br/pet>. Acesso em: 14 jan. 2018.

03
CONSTRUINDO CONHECIMENTO A PARTIR DA PRODUÇÃO CIENTÍFICA

Nesta seção, inspiradas na tese de doutorado intitulada *Da recreação e lazer para o lazer e sociedade: as maneiras de fazer acadêmico no campo do lazer ligadas à área da educação física*, de autoria de Tschoke (2016)[07], apresentamos quadros demonstrativos de artigos e capítulos de livros publicados pelo Geplec, para melhor esclarecer o caminho científico percorrido pelo grupo. No Quadro 2, apontamos apenas as principais produções do Geplec nos últimos seis anos, de modo a sistematizar as tendências do grupo.

QUADRO 2: PRINCIPAIS ARTIGOS DE SIMONE RECHIA E COLABORADORES DO GEPLEC (2012-2017)

"Concepção e planejamento de áreas infantis de parques públicos da cidade de Rennes na França."	*Licere*, 2017.
"As brechas da cidade: a praça de bolso do ciclista da cidade de Curitiba-PR."	*Movimento*, 2017.
"Grupos de pesquisa no campo do lazer a partir do GTT Lazer e Sociedade do CBCE."	*Revista Interdisciplinar INTERLOGOS – IFPR*, 2017.
"Trabalho e lazer: oposição ou composição."	*Licere*, 2016.
"A relação entre as transformações dos espaços de lazer advindas dos megaeventos esportivos e a humanização das cidades."	*RBEL*, 2016.
"O jogo das cidades em tempos de megaeventos esportivos: algumas reflexões."	*Movimento*, 2015.
"Políticas públicas de lazer nas cidades: uma contextualização do cenário nacional."	*Licere*, 2015.
"O lazer na Vila Nossa Senhora da Luz: dos espaços informais aos espaços formais."	*RBCE*, 2015.

07
A pesquisadora desenvolveu toda sua trajetória acadêmica no Geplec, sendo bolsista e/ou formadora de vários dos projetos; realizou seus estudos de conclusão de curso, mestrado e doutorado sob orientação da professora doutora Simone Rechia. Em sua tese de doutorado, questionou quais são as maneiras de fazer acadêmico, na perspectiva de alguns pesquisadores, vinculadas aos estudos e pesquisas no campo do lazer, concernentes à área da educação física, a partir da constituição do grupo de trabalho temático Lazer e Sociedade, inserido no Colégio Brasileiro de Ciências do Esporte.

"Parkouritiba: conexão entre corpo, cidade e espaço."	*Licere*, 2015.
"As regras do jogo: reflexões sobre a produção científica na sociologia do esporte."	*Revista Brasileira de Ciência e Movimento*, 2015.
"A copa do mundo de futebol 2014 na região Sul do Brasil: uma análise dos espaços da cidade."	*Movimento*, 2015.
"O lugar do lazer nas políticas públicas: um olhar sobre alguns cenários."	*Licere*, 2015.
"As possibilidades de superação da educação física sem sentido: uma experiência na prática de ensino."	*Cadernos de formação RBCE*, 2015.
"Espaços de lazer do Colégio Estadual do Paraná: os hiatos entre discursos, planejamento e usos."	*RBEL*, 2015.
"Espaços e equipamentos de lazer na Vila Nossa Senhora da Luz: suas formas de apropriação no tempo/espaço de lazer."	*RBCE*, 2015.
"As mudanças do programa Dança Curitiba: a questão dos espaços."	*Licere*, 2014.
"Espaços de lazer, meio ambiente e infância: relação entre sustentabilidade social e ambiental para o desenvolvimento integral do cidadão urbano."	*RBEL*, 2014.
"Lazer para todos? Análise de acessibilidade de alguns parques de Curitiba-PR."	*Cadernos de Terapia Ocupacional da UFSCar*, 2014.
"A cidade de Curitiba e seus espaços públicos centrais de lazer."	*Pensar a Prática*, 2013.
"Os espaços retratados no Colégio Estadual do Paraná: diferentes olhares, uma mesma realidade."	*Licere*, 2013.
"A dialética entre espaço, lugar e brincadeiras: o que pensam professores e o que vivem os alunos."	*Pensar a Prática*, 2012.
"As forças sociais de estrutura, estética e movimento."	*Movimento*, 2012.
"Crianças no bairro Uberaba, em Curitiba-PR: a dialética entre os espaços de lazer e a problemática urbana na periferia."	*RBCE*, 2012.
"O espaço Univer-Cidade e Pelc: a experiência do grupo Geplec-UFPR na gestão do programa de esporte e lazer na cidade de Curitiba."	*Licere*, 2012.
"Os espaços de lazer de Curitiba: entre o colorido do centro e o preto e branco da periferia."	*Revista Mineira de Educação Física*, 2012.

Em relação às temáticas das pesquisas orientadas, pode-se acompanhar, nos quadros a seguir, um pouco da diversidade de abordagens e, ao mesmo tempo, da centralidade dos objetos de pesquisa. Por meio da análise dos títulos das pesquisas, encontramos o lazer como ponto central de discussão, tendo como referência o trabalho empírico sobre espaços de lazer (parques, praças, escola, associação de funcionários), além da abordagem sobre a importância do processo educacional para possibilitar a apropriação desses espaços e a análise da produção do conhecimento na área.

Percebemos o predomínio de espaço de publicação em periódicos diretamente relacionados à educação física que possuem, em seu escopo, o lazer. Dentre eles, destacam-se: *Licere* – revista do Programa de Pós-Graduação Interdisciplinar em Estudos do Lazer (UFMG) (oito artigos); revista *Movimento*, publicação científica da Escola de Educação Física, Fisioterapia e Dança da Universidade Federal do Rio Grande do Sul (UFRGS) (quatro artigos); *Revista Brasileira de Estudos do Lazer* (*RBEL*), publicação da Anpel – Associação Brasileira de Pesquisa e Pós-Graduação em Estudos do Lazer (três artigos); *Revista Brasileira de Ciências do Esporte* (*RBCE*), publicada sob a responsabilidade do Colégio Brasileiro de Ciências do Esporte (CBCE) (três artigos); revista *Pensar a Prática*, periódico científico da Faculdade de Educação Física e Dança da Universidade Federal de Goiás (FEFD-UFG) (dois artigos).

Além disso, é possível verificar a relação da maioria dos artigos com dissertações de mestrado ou teses de doutorado, com campo empírico bem definido. Os dados demonstram que pesquisas diretamente relacionadas ao trabalho cotidiano do Geplec, no que tange ao ensino, extensão e à pesquisa, são sistematizadas a partir das experiências em projetos, geram projetos de pesquisas individuais e, consequentemente, produção científica e o desejo dos bolsistas de permanecerem vinculados ao grupo, realizando seus mestrados e doutorados com o tema que já vêm estudando. No Quadro 3 relacionamos somente algumas obras, de modo a exemplificar a conexão do tema abordado em determinado capítulo com livros importantes para a área de estudos do lazer.

QUADRO 3: CAPÍTULOS PUBLICADOS EM LIVROS DE SIMONE RECHIA E COLABORADORES DO GEPLEC

TÍTULO DO CAPÍTULO	TÍTULO DO LIVRO
"A praça é nossa, vamos revitalizá-la! Conexão entre 'lazer, educação urbana e práticas ambientais'."	AZEVÊDO, A. C.; BRAMANTE, P. H. (org.). *Gestão estratégica das experiências de lazer*, 2017.

"Cidadania e direito ao lazer nas cidades brasileiras: da fábula à realidade."	GOMES, C. L.; ISAYAMA; H. F. (org.). *O direito social ao lazer no Brasil*, 2015.
"Espaços e equipamentos de lazer nas cidades brasileiras: o que a produção científica aponta sobre essa realidade."	ISAYAMA, H. F.; TABORDA, M. A. (org.). *Produção do conhecimento em estudos do lazer: paradoxos, limites e possibilidades*, 2014.
"Espaços e equipamentos de lazer em época de megaeventos esportivos: entre o sonho mais dourado e a realidade mais cruel."	MARCELLINO, N. C. (org.). *Legados de megaeventos esportivos*, 2013.

Em relação aos capítulos de livros, destaca-se que o amadurecimento da coordenadora do grupo, junto com a relevância dos temas explorados, tem ganhado espaço em publicações temáticas, e foi em um deles que publicou pela primeira vez de forma explícita o entendimento do fenômeno do lazer urbano que sustenta as pesquisas do Geplec, o qual é transcrito a seguir:

Lazer urbano é a possibilidade de organização e materialização da cultura e, também, tempo e espaço de educação e desenvolvimento – sem esquecer que, na sociedade atual, esse fenômeno tornou-se palco de disputas hegemônicas, cuja tensão se dá entre a indústria cultural e a ação política e pedagogicamente orientada para a formação crítica e criativa dos sujeitos que vivem nos centros urbanos e sonham com uma vida de qualidade a partir do uso e apropriação dos espaços públicos de lazer (Rechia, 2015).

No Quadro 4, apresentamos as referências analisadas nas principais obras de Rechia, segundo Tschoke (2015), de modo a elucidar a base da produção científica do grupo.

Para tanto, são indicados os principais pontos de seis obras selecionadas por Rechia (2015) como prioritárias para representar a diversidade do Geplec. Em seguida, no quadro 5, apontamos os principais conceitos e teorias utilizadas como base para as discussões das pesquisas, seus autores e respectivas áreas de formação.

QUADRO 4: SISTEMATIZAÇÃO DA ANÁLISE DE OBRA CIENTÍFICA DE RECHIA PUBLICADA PELO GEPLEC

TÍTULO DA OBRA/ TIPO DE OBRA	PROBLEMA DE PESQUISA	METODOLOGIA UTILIZADA/ ESTRATÉGIAS METODOLÓGICAS
"Espaço e planejamento urbano na sociedade contemporânea: políticas públicas e a busca por uma marca identitária na cidade de Curitiba." Artigo. *Movimento*, 2005.	Quais as relações entre a formação do espaço urbano de Curitiba e as marcas identitárias atribuídas a esta cidade?	Estudo teórico baseado na tese de doutorado. Revisão de literatura.
"O jogo do espaço e o espaço do jogo em escolas de Curitiba." Artigo. *RBCE*, 2006.	Relato de experiência dos primeiros resultados do Projeto A Escola e os Espaços Lúdicos. Como as escolas fazem o jogo do espaço para oportunizarem o espaço do jogo e da brincadeira no ambiente escolar?	Etnografia; análise cultural (Geertz). Descrição densa. Protocolos, entrevistas, registros fotográficos.
"As experiências no âmbito do lazer e o princípio da inércia: uma analogia para pensar sobre os fatores que influenciam a apropriação dos espaços públicos." Artigo. *Movimento*, 2011.	Quais as forças atuantes nos espaços que permitem que eles sejam vivos ou sofram do mal do vazio?	Qualitativa. Participação das atividades, registros fotográficos, descrição densa, diário de campo, levantamento de literatura.
"Cidadania e o direito ao lazer nas cidades brasileiras: da fábula à realidade." Em: GOMES, C. L.; ISAYAMA, H. F. (org.). *O direito social ao lazer no Brasil*, 2015.	Quais os impactos sociais, no âmbito do lazer, esperados para as cidades como resultado da realização desses megaeventos esportivos?	Analise teórica – com base em orientações de dissertações de mestrado. Correlações entre pesquisas do Geplec, seleção e análise de dados.
"As brechas da cidade: a praça de bolso do ciclista da cidade de Curitiba-PR." Artigo. *Movimento*, 2017.	Como é criado um *pocket park*? Descrição a partir da experiência da construção da Praça de Bolso do Ciclista (PBC) Curitiba-PR.	Estudo empírico, qualitativo. Análise de documentos, observação, registros de imagem e entrevistas semiestruturadas.
"A Copa do Mundo de Futebol 2014 na região Sul do Brasil: uma análise dos espaços da cidade." Artigo. *Movimento*, 2017.	Quais as transformações que ocorreram nos espaços e equipamentos de lazer e esporte das cidades do Sul do Brasil que foram sede da Copa do Mundo de Futebol 2014?	Pesquisa descritiva de campo, com abordagem qualitativa. Observações sistemáticas e entrevistas.

QUADRO 5: SISTEMATIZAÇÃO DE CONCEITOS, TEORIAS E REFERÊNCIAS UTILIZADAS POR RECHIA

CONCEITOS E TEORIAS UTILIZADOS	REFERÊNCIA/ÁREA DO CONHECIMENTO
Cidade/urbanização	HARVEY, D. *Condição pós-moderna: uma pesquisa sobre origens da mudança cultural.* São Paulo: Loyola, 2000. / Geografia
Usos principais e combinados; diversidade; olhos atentos	JACOBS, J. *Morte e vida nas grandes cidades.* São Paulo: Martins Fontes, 2000. Jornalismo
Lugar; espaço; ordem global e local	SANTOS, M. *A natureza do espaço: técnica, tempo, razão e emoção.* São Paulo: Hucitec, 1996. / Geografia
Alegria na escola.	SNYDERS, G. *A alegria na escola.* São Paulo: Manole, 1998. / Filosofia / Educação
Jogo: características lúdicas	BRUNHS, H. T. *O corpo parceiro e o corpo adversário.* Campinas: Papiros, 1993. 1996. / Educação física
Jogo e socialização	BROUGÉRE, G. *Jogo e educação.* Trad. Patricia C. Ramos. Porto Alegre: Artes Médicas, 1998. / Filosofia
Estratégia; táticas; astúcia e brechas	CERTEAU, M. *A invenção do cotidiano.* Petrópolis: Vozes, 1996. / Filosofia
Análise cultural	GEERTZ, C. *A invenção das culturas.* Rio de Janeiro: LTC Editora S.A., 1989. / Antropologia
Direito à cidade; continuidades e descontinuidades	LEFEBVRE, H. *O direito à cidade.* São Paulo: Centauro, 2001. / Urbanismo
Poder e controle	PELLEGRIN, A. de. "Espaço de lazer": Em: GOMES, C. L. (org.). *Dicionário crítico do lazer.* Belo Horizonte: Autêntica, 2004. / Educação física
Identidade; forças coletivas	BAUMAN, Z.; MAY, T. *Aprendendo a pensar com a sociologia.* Rio de Janeiro: Zahar, 2010. / Sociologia
Espaço	LUCHIARI, M. T. D. P. "A categoria espaço na teoria social". *Temáticas.* Campinas: jan./jun. 1996. / Geografia / Ciências Sociais
Tempo e espaço de lazer	MARCASSA, L. P.; MASCARENHAS, F. "Lazer". Em: GONZALEZ, F. J.; FENSTERSEIFER, P. E. (org.) *Dicionário crítico da educação física.* Ijuí: Editora Unijuí, 2005. vol. 1. / Educação física
Apropriação	SMOLKA, A. L. B. "O (im)próprio e o (im)pertinente na apropriação das práticas sociais". *Caderno Cedes.* Campinas: abr. 2000, vol. 20, n. 50. / Filosofia / Educação

Cidadania	MARSHALL, T. H. *Cidadania, classe social e status*. Trad. Meton Porto Gadelha. Rio de Janeiro: Zahar, 1967. / Sociologia CORREA, D. *Estado, cidadania e espaço público: as contradições da trajetória humana*. Ijuí: Editora Unijuí, 2010. / Sociologia
Direitos	ARENDT, H. *A condição humana*. 10. ed. Rio de Janeiro: Forense Universitária, 2000. / Filosofia
Justiça democrática	BORJA, J. *La ciudad conquistada*. Madri: Alianza Editorial, 2003. / Geografia / Urbanismo / Sociologia
Direito à preguiça	LAFARGUE, P. *O direito à preguiça*. Trad. J. Teixeira Coelho. São Paulo: Hucitec/Unesp, 1999. / Jornalismo
Experiência	MAFESSOLI, M. *O ritmo da vida: variações sobre o imaginário pós-moderno*. Trad. Clovis Marques. Rio de Janeiro: Record, 2007. / Sociologia
Moradia adequada	ROLNIK. R. "Removidos pelos megaeventos são os últimos a saber". 2011. [28 de julho de 2011]. Entrevista concedida a Manuela Azenha para o *site Vi o mundo: o que você não vê na mídia*. Disponível em: <www.viomundo.com.br/entrevistas/raquel-rolnik-removidos-pelos-megaeventos-sao-os-ultimos-a-saber.html>. Acesso em: 30 abr. 2018. / Arquitetura e Urbanismo
Cidade para as pessoas; diferentes escalas	GEHL, J. *Cidades para pessoas*. 3. ed. São Paulo: Perspectiva, 2015. / Arquitetura e Urbanismo
Pesquisa social qualitativa	DESLANDES, S. F; CRUZ NETO, O; GOMES, R. Em: MINAYO, M. C. de S. (org.). *Pesquisa social: teoria, método e criatividade*. 30. ed. Petrópolis: Vozes, 2011. / Sociologia
Interesses culturais do lazer	DUMAZEDIER, J. *Valores e conteúdos culturais do lazer*. São Paulo: Sesc, 1980. / Sociologia

Em síntese, a trajetória desse grupo assinala, como ponto de partida, a "prática do fazer" cotidiano, seguido de um desenvolvimento teórico de muitos estudos e pesquisas e de um apogeu da práxis[08], mostrando conexão entre a formação de professores e gestores e seu objeto de pesquisa: "lazer e cidade".

Percebe-se, também, que têm sido desenvolvidas pesquisas relacionando o mapeamento de espaços públicos de lazer e a educação para a apropriação de tais espaços. Para tanto, aposta-se no trabalho colaborativo de seus membros, à luz de diferentes autores das ciências humanas e sociais, para abordar a temática de forma interdisciplinar, haja vista a variedade de áreas do conhecimento das referências e da articulação entre elas.

08
Compreendemos o conceito de práxis inspiradas em Santos (1996, p. 256), segundo o qual "a copresença, simultaneidade e cooperação ligam-se ao território compartilhado que impõe a interdependência como práxis".

Nota-se uma maneira de fazer acadêmico resistente no Geplec, uma vez que tematiza o fenômeno do lazer em todas as perspectivas da formação universitária, ou seja, no ensino, pesquisa e extensão, embora, atualmente, os grupos de pesquisa brasileiros, em função da busca e exigência da área 21 da Capes – em que a educação física está classificada – sejam forçados à lógica do produtivismo, apostando mais na pesquisa do que nos outros âmbitos universitários.

Fica claro, assim, que o Geplec valoriza o espaço de orientação e formação no ambiente acadêmico, mantendo projetos que abordam essa multiplicidade da formação, tendo a análise cultural como fio condutor dos caminhos de pesquisa. Embora esteja subordinado à estratégia da Capes, e às táticas do Programa de Pós-Graduação na área 21, em que atua diretamente, revela que resiste às pressões com muito esforço, e que sua sobrevivência está atrelada ao trabalho colaborativo do grupo, que se pauta na formação de professores e no lazer na perspectiva comunitária. Atualmente, está vinculado, também, ao Programa de Pós-Graduação em Educação da UFPR e ao Programa de Pós-Graduação Interdisciplinar em Estudos do Lazer da UFMG, a fim de alcançar uma experiência mais equilibrada no ambiente da pós-graduação.

Seu capital científico e autoridade científica repousam nessas relações acadêmicas, de valorização da formação de professores e pesquisadores. As maneiras de fazer acadêmico levaram a coordenadora do grupo a manter-se fiel à bandeira do lazer em diferentes ambientes que representa e nos quais atua. Vale lembrar, ainda, que, depois de vinte anos como militante no Colégio Brasileiro de Ciências do Esporte (CBCE), e de doze anos orientando na pós-graduação, a coordenadora assume a posição de presidente do CBCE (gestão 2013-2017), demonstrando sua relação orgânica com o CBCE, a partir dos estudos do Lazer.

04
PESQUISAS SOBRE ESPAÇOS E EQUIPAMENTOS DE LAZER: ALGUNS RESULTADOS

Para compreendermos o fenômeno do lazer e suas múltiplas facetas, faz-se necessário analisarmos, segundo Gomes (2011, p. 121), "sua relação íntima com os processos históricos, sociais, políticos, trabalhistas, pedagógicos, econômicos, temporais, espaciais, ambientais, simbólicos, entre outros". Para tanto, a produção científica deve estar atenta às problemáticas citadas, ampliando as análises e aprofundando os estudos e pesquisas. Entretanto, segundo a autora, verifica-se que a pesquisa e a produção de conhecimentos sobre o lazer, na América Latina, está ainda centrada

[...] no empirismo e na dimensão técnica da recreação em detrimento de fundamentos sociais, históricos, políticos e culturais, entre outros. Em geral, esses aspectos vêm sendo sistematizados no campo de estudos acadêmicos sobre o lazer – que é tratado como mais abrangente do que a recreação, seja no Brasil ou em outros países do mundo. Muitas vezes, destaca-se a importância de se repensar criticamente estes aspectos, pois, os problemas sociais, políticos e econômicos que marcam a região latino-americana precisam ser enfrentados de modo urgente ao invés de serem simplesmente disfarçados ou amenizados por programas recreativos (Gomes, 2010, p. 109).

Como já afirmamos anteriormente, as pesquisas desenvolvidas no Geplec almejam fazer frente justamente às demandas expostas anteriormente. Para ilustrar a fidelidade do grupo a esse objetivo, apresentamos, a seguir, de forma resumida, mediante consulta ao banco de dados da UFPR, as dezesseis dissertações de mestrado e as três teses de doutorado desenvolvidas nos últimos dez anos no Geplec, sob orientação da professora doutora Simone Rechia.

A dissertação de Cagnato (2007) investigou as formas de usos e de apropriação de uma praça pública, verificando a organização dos grupos sociais no seu ambiente. O estudo revelou que, a partir das formas de uso e apropriação das áreas públicas no tempo e espaço de lazer, são estabelecidas relações significativas de aproximação dos sujeitos com o lugar, com as experiências no âmbito do esporte e lazer e entre os próprios usuários, fazendo desse local um ambiente propício para o surgimento e organização de diferentes grupos.

Alguns anos mais tarde, um estádio de futebol em frente à praça em pauta foi colocado no centro da análise por Drula (2015), que investigou como as transformações ocorridas entre 2009 e 2014, em relação à infraestrutura e funcionalidade, podem ter influenciado as formas de apropriação dele. Foi possível apontar que as características de determinado espaço criam uma cultura que passa a ser inerente a ele, ou seja, uma "força do lugar", e que, quando esse lugar é alterado pelas "forças do espaço", pode haver uma perda de identidade.

A vinda da Copa do Mundo de Futebol para o Brasil foi vista como uma possibilidade para a reestruturação das cidades-sede, no que tange às questões de mobilidade, segurança, moradia, estádios e espaços públicos de esporte e de lazer. Em contrapartida, cogitou-se que poderia também acarretar algumas consequências negativas, como a segregação a partir das desapropriações de comunidades, a interferência na cultura local, elevados gastos públicos e obras atrasadas, entre outras. Levando em conta esse contexto, Silva (2016) buscou diagnosticar as transformações das cidades-sede da região Sul. Os resultados indicaram que as mudanças se restringiram aos estádios privados e seu entorno, verificando-se pouca participação comunitária no processo de transformação; houve falta de acesso aos estádios, assim como de informação, de novas experiências no âmbito do esporte e lazer. A conclusão do estudo sugere que, mesmo quando as questões sociais são pensadas na elaboração de um megaevento esportivo, os resultados que geram permanecem muito aquém do ideal.

No estudo de França (2007) foi apontado que os espaços que possuem força comunitária efetiva, as chamadas associações de moradores, tendem a ser priorizados pelo poder público quando se trata de segurança, de manutenção, de transporte e de acessibilidade. Os dados reforçaram que os moradores do entorno de alguns parques e praças de Curitiba, quando organizados em associações, conseguiram minimizar a distância entre o poder público e os anseios e vivências da população.

No trabalho de Gonçalves (2008), observamos que, em bairros mais periféricos, como a Vila Nossa Senhora da Luz, localizada na Cidade Industrial de Curitiba, as condições de preservação e segurança de espaços e equipamentos de lazer são precárias. Dessa forma, áreas da periferia, que muitas vezes não apresentam força comunitária organizada, como a apontada no estudo de França (2007), não contam, entre outros aspectos, com regularidade quanto à manutenção e proteção desses locais, o que possivelmente causa o esvaziamento de tais ambientes públicos.

Santana (2016) também teve um espaço público como ponto central em sua pesquisa, buscando elucidar os processos que envolveram a implementação da praça de bolso do ciclista, assim como as formas de apropriação da praça e sua relação com as experiências no âmbito do lazer. O estudo apontou que, para além da objetiva construção desse espaço de lazer, a iniciativa da implementação da PBC esteve imbuída de valores agregados, tais como: evidenciar a importância dos ciclistas e dos benefícios trazidos pela locomoção por bicicleta; promover a intensificação do uso desse meio de locomoção e alertar para a segurança necessária no trânsito; romper com a individualização crescente a partir da dimensão comunitária e seu agir efetivo; e, por fim, chamar a atenção para a humanização e democratização da cidade.

No mesmo ano, Machado (2016) buscou compreender os arranjos sociais e as tensões inerentes à utilização de um parque público da cidade de Curitiba, colocando em foco as possíveis alterações que práticas como o consumo de maconha podem introduzir na rotina de utilização de um parque público. Os resultados expõem os conflitos existentes no uso do espaço público nas grandes cidades.

Já Oliveira (2009) pesquisou a relação entre o desfrute da natureza e as práticas corporais em parques públicos da cidade de Curitiba. A pesquisa teve como resultado principal a informação de que as práticas de caminhada e corrida são as mais realizadas, quase sempre justificadas, pelos usuários dos espaços, segundo o viés do conceito tradicional de saúde, ou seja, objetivando a "ausência de doenças".

Anos mais tarde, Assis (2015) abordou as relações existentes no processo de privatização dos espaços públicos, especificamente o caso da concessão do Pavilhão de Eventos do Parque Barigui, em Curitiba-PR. Seu estudo conclui que, entre as consequências da concessão para apropriação do Parque Barigui, estiveram a falta de qualificação dos equipamentos do parque por essa concessão, a criação de problemas de mobilidade para os usuários e a dificuldade de acesso de muitos usuários às feiras promovidas pelo Pavilhão de Eventos do parque, por conta dos altos preços de seus ingressos.

Em relação ao histórico e planejamento da cidade, em outra dissertação de mestrado, defendida por Vieira (2010), percebeu-se que Curitiba buscou, a partir de políticas públicas implantadas na década de 1970, a interação entre comércio e lazer, agregando a essa iniciativa valores subjetivos, como o sentimento de pertencimento, o que gerou no curitibano um cuidado mais apurado com os espaços públicos. O estudo comprovou que muitas das mudanças ocorridas no centro da cidade têm relação com o fenômeno do lazer, e que este está diretamente atrelado ao consumo, à diversão, ao entretenimento, ao encontro e à diversidade.

Outro estudo localizado no banco de dados do Geplec é o de Tschoke (2010), que destacou fatores específicos da região periférica no tocante a espaços destinados ao lazer, tais como: a violência, o vazio dos locais, a escassez de políticas públicas efetivas de lazer e esporte, assim como questões relacionadas à gestão e administração dos espaços e equipamentos. De acordo com esse estudo, os problemas mencionados dificultam e até impedem a apropriação desses ambientes pelas crianças.

Já em 2011 tornou-se premente o tema da acessibilidade. Cassapian (2011) discorreu sobre a falta de opções de acesso em grande parte dos espaços públicos de lazer da cidade, e sobre a dificuldade de mobilidade urbana. Tais adversidades reduzem a possibilidade de escolha do lazer e, consequentemente, restringem a garantia desse direito aos cidadãos.

O mesmo tema foi revisitado, sob nova perspectiva, por Girardi (2017), ao analisar as ações nas políticas públicas de inclusão direcionadas ao lazer da pessoa com deficiência intelectual na cidade de Curitiba, verificando se elas de fato repercutiam nas atividades de lazer dos integrantes do grupo Amigos do Handebol, composto por catorze homens. A autora concluiu que olhar para condições específicas de segmentos da população pode ser um caminho para a elaboração de políticas públicas voltadas ao lazer mais abrangentes, a partir de uma educação para a inclusão e pela inclusão. Além disso, compreender o lazer como algo além de uma ferramenta para o processo de autonomia da pessoa com deficiência intelectual pode proporcionar o exercício da liberdade de escolha e o convívio com a diversidade.

Em relação aos estudos que abordam o lazer na infância, Moro (2012) mostrou que os espaços destinados exclusivamente às brincadeiras infantis, nos parques da cidade de Curitiba, possuem diversos problemas referentes à organização e infraestrutura, os quais podem afetar as vivências lúdicas das crianças, principalmente no que se refere à segurança das mesmas.

Outro tema abordado em dissertações e teses, no âmbito do grupo, foi o lazer na escola. Richardi (2012) explorou as possibilidades de ocorrência de experiências de lazer no Colégio Estadual do Paraná, mais especificamente nos seus espaços localizados ao ar livre. Os resultados dessa pesquisa demonstraram que, nessa instituição, os espaços ao ar livre não recebiam o mesmo cuidado nem eram considerados potencialmente educativos como os demais espaços localizados internamente, apesar de esses espaços terem sido ressignificados ao longo dos anos, passando de locais destinados, no início, principalmente à circulação das pessoas para locais que possibilitariam novas formas de uso e de apropriação por parte de toda a comunidade escolar.

Já Santos (2012) se propôs responder à seguinte questão: de que forma ocorre a educação para o lazer, e quais são suas barreiras e seus facilitadores, nas aulas de educação física, em escolas situadas no estado do Paraná? Foi possível concluir que, diante das barreiras encontradas, os professores, sem confrontá-las diretamente, descobrem maneiras de superação. Esta resistência pode ser considerada uma brecha, nesse caso materializada a partir da busca por formação inicial e continuada dos professores selecionados para a pesquisa, pois, a partir dessa formação, percebemos que os professores conseguem minimizar, e em alguns momentos até mesmo superar, as barreiras à educação para o lazer encontradas no cotidiano da atuação docente.

Em abordagem complementar à de Santos (2012), Moro (2017), em sua tese de doutorado, explora o "lugar" do lazer no processo ensino-aprendizagem vinculado à área educação física enquanto área de conhecimento presente no currículo da escola. Contando com a participação dos professores de educação física da rede municipal de ensino de Curitiba, a pesquisadora inferiu que a educação para e pelo lazer encontra lugar nas práticas pedagógicas desenvolvidas por esses professores – no entanto, ainda de forma periférica e fragilizada, pois, muitas vezes, a execução de tais práticas se defronta com um sistema educacional ainda muito fragmentado, conteudista e controlador.

Passando para a discussão lazer e trabalho, Domingues (2015) investigou o modo como se dá a relação entre oferta e demanda no âmbito do lazer em uma associação de funcionários e em uma fundação – pertencentes a duas empresas de Curitiba –, na perspectiva de gestores responsáveis por tais sedes e na de trabalhadores frequentadores. Os principais resultados indicam que a relação entre oferta e demanda, no âmbito do lazer, possui ligação com a política de lazer adotada pelas empresas e sedes investigadas, bem como: com sua concepção; com a localização dos espaços e sua relação com a cidade; com os espaços/equipamentos, atividades e programas ofertados; e, finalmente, com a atitude dos sujeitos – tanto gestores quanto frequentadores – em relação ao lazer, ao trabalho e à vida cotidiana. A relação lazer e trabalho, nos locais de desenvolvimento do estudo, parece estar distante de uma possibilidade de complemento diferente daquela da perspectiva funcional; no entanto, vale lembrar que são imprescindíveis na relação entre oferta e demanda no âmbito do lazer, condizente com os desafios atuais da sociedade.

Finalmente, Tschoke (2016), em sua tese de doutorado, já citada anteriormente, revelou que as maneiras de fazer acadêmico dos estudos do lazer na área da educação física, na visão dos pesquisadores selecionados, seguem tendências epistemológicas, relacionadas às ciências sociais e humanidades, e aos aspectos socioculturais e pedagógicos. Além disso, sua pesquisa demonstrou o protagonismo de instituições como a Capes e o CBCE, tanto no que se refere à sugestão de estratégias quanto à possibilidade de criação de espaços de resistência, diante da tensão constatada entre as ciências sociais e as ciências biológicas. Ademais, o CBCE, com base na configuração dos GTTs – grupos de trabalhos temáticos, notadamente, para este estudo, o GTT Lazer e Sociedade –, pode ser entendido como espaço de formação acadêmica, "laboratório de conduta científica", "apadrinhamento" e resistência. Ambas as instituições, quer de forma articulada, quer articulada com os programas de pós-graduação e graduação na área do lazer, tiveram importante papel no desenvolvimento do campo de estudos do lazer na seara da educação física, auxiliando na definição dos limites que o legitimam, os quais passaram das discussões sobre recreação e lazer às que se propõem debater lazer e sociedade.

Conclui-se, após esse breve mapeamento, e mediante a análise de ainda outros resumos de trabalhos, artigos e capítulos de livros – entre outras ações acadêmicas desse grupo, desenvolvidas nos últimos quinze anos –, que a produção do conhecimento, sistematizada e divulgada nos principais periódicos da área de educação física, embora significativa, ainda é escassa, o que evidencia a necessidade de potencializarmos e ampliarmos essa discussão. Vale ressaltar que o direito ao lazer, garantido pela Constituição da República Federativa do Brasil, passa, prioritariamente, pelo acesso aos equipamentos, para que tais experiências se materializem;

por conseguinte, os dados das pesquisas podem fortalecer a luta pelo direito ao uso da cidade em espaços qualificados.

É importante esclarecer que não se pretendeu, com a exposição realizada, esgotar os temas trabalhados nas investigações do Geplec, identificando e apresentando todos os autores que têm sustentado nossas pesquisas. Ou seja, este capítulo não consiste em um levantamento do tipo "estado da arte"; nossa preocupação, ao redigi-lo, foi relacionar e conectar algumas problemáticas dos estudos correlatos ao tema, principalmente com foco sobre as cidades. Assim, o critério de escolha das pesquisas apresentadas levou em conta o fato de se constituírem como aportes teóricos a outras pesquisas que têm sido desenvolvidas no grupo; considerou-se, ainda, sua pertinência no que concerne ao investimento, consistência e repercussão. Reconhecemos, portanto, que vários autores não foram contemplados nesta análise; contudo, acreditamos que os escolhidos representam as perspectivas teóricas com as quais temos nos identificado.

Assim, ao finalizar a descrição do trabalho cotidiano do Geplec, conclui-se que o grupo o conduz enfatizando a abordagem qualitativa, o que implica, entre outras atitudes, valorizar os atores sociais; buscar sentidos e significados a partir da descrição densa do cotidiano; e incentivar o olhar interdisciplinar do fenômeno do lazer, recorrendo a autores de diferentes áreas do conhecimento para sustentar as análises, sempre que necessário. Considerar esses pressupostos, na visão do Geplec, é fundamental, quando se almeja compreender como a vida nas grandes cidades possibilita experiências significativas no tempo e espaço de lazer, e o quanto a educação física pode contribuir com a perspectiva de uma educação urbana a partir das práticas corporais no tempo e espaço de lazer.

05
REFERÊNCIAS

ASSIS T. S. *A relação entre o poder público e a iniciativa privada como uma possibilidade de apropriação dos espaços públicos de lazer da cidade de Curitiba.* Dissertação (mestrado em Educação Física) – Universidade Federal do Paraná. Curitiba: 2015.

CAGNATO, E. V. *Praças de Curitiba: espaços que possibilitam as experiências no âmbito do esporte e lazer?* Dissertação (mestrado em Educação Física) – Universidade Federal do Paraná. Curitiba: DEF, 2007.

CASSAPIAN, M. R. *Da cidade planejada ao lazer para todos: as experiências no âmbito do lazer vividas pelos cadeirantes do grupo: "A União faz a força".* Dissertação (mestrado em Educação Física) – Universidade Federal do Paraná. Curitiba: DEF, 2011.

CERTEAU, M. *A invenção do cotidiano*. Petrópolis: Vozes, 1996.
DE GRAZIA, S. *Tiempo, trabajo y ócio*. Madrid: Editorial Tecnos, 1996.
DOMINGUES, T. *Lazer e trabalho, oposição ou composição? A relação entre oferta e demanda no âmbito do lazer em entidades não governamentais vinculadas a empresas de Curitiba*. Dissertação (mestrado em Educação Física) – Universidade Federal do Paraná. Curitiba: DEF, 2015.
DRULA, A. J. *O processo de transformação de um estádio para arena: o caso da Arena da Baixada*. Dissertação (mestrado em Educação Física) – Universidade Federal do Paraná. Curitiba: DEF, 2015.
GEERTZ, C. *A invenção das culturas*, Rio de Janeiro: LTC, 1989.
GIRARDI, V. *Lazer e inclusão da pessoa com deficiência intelectual na cidade de Curitiba-PR: entre a cidade de todos e a cidade para todos*. Dissertação (mestrado em Educação Física) – Universidade Federal do Paraná. Curitiba: DEF, 2017.
GOMES, C. "Pesquisa e produção de conhecimentos sobre o lazer na América Latina: diagnóstico e perspectivas". Em: PINTO, L. M. S. M. (org.). *Lazer, turismo e hospitalidade: desafios para as cidades sede e subsedes de megaeventos esportivos*. Atibaia: Dinâmica Print Gráfica e Editora, 2010.
GONÇALVES, F. S. *Espaços e equipamentos no âmbito do lazer e esporte na Vila Nossa Senhora da Luz*. Dissertação (mestrado em Educação Física) – Universidade Federal do Paraná. Curitiba: DEF, 2007.
FRANÇA, R. *Diálogos entre oferta e demanda: uma análise da relação entre poder público e as associações de moradores/usuários e amigos de parques e bosques da cidade de Curitiba*. Dissertação (mestrado em Educação Física) – Universidade Federal do Paraná. Curitiba: DEF, 2007.
JACOBS, J. *Morte e vida nas grandes cidades*, São Paulo: Martins Fontes, 2000.
LEFEBVRE, H. *O direito à cidade*, São Paulo: Centauro, 2001.
MACHADO, G. C. *O parque Bacacheri e seus arranjos sociais: a relação entre o lazer e o uso da maconha*. Dissertação (mestrado em Educação Física) – Universidade Federal do Paraná. Curitiba: DEF, 2016.
MAGNANI, J. G C. *Festa no pedaço: cultura popular e lazer na cidade*. São Paulo: Hucitec, 1984.
MORO, L. *O lugar do lazer no cotidiano das aulas de educação física: as maneiras de fazer dos professores do Município de Curitiba*. Tese (doutorado em Educação Física) – Universidade Federal do Paraná. Curitiba: DEF, 2017.
MORO, L. *Conhecendo os espaços públicos de lazer destinado às brincadeiras infantis*. Dissertação (mestrado em Educação Física) – Universidade Federal do Paraná. Curitiba: DEF, 2012.
OLIVEIRA, M. P. *A relação entre atividade física/esporte e lazer em parques públicos de Curitiba*. Dissertação (mestrado em Educação Física) – Universidade Federal do Paraná. Curitiba: DEF, 2007.

RECHIA, S. "Cidadania e direito ao lazer nas cidades brasileiras: da fábula à realidade". Em: GOMES, C. L.; ISAYAMA, H. (org.). *O direito social ao lazer no Brasil*. Campinas: Autores Associados, 2015. vol. 1.

RECHIA, S. *Parques públicos de Curitiba: a relação cidade-natureza nas experiências de lazer*. Tese (doutorado em Educação Física) – Universidade Estadual de Campinas (Unicamp). Campinas: 2003.

RECHIA, S. *A prática pedagógica em educação física: seu impacto sobre as concepções de corpos em mulheres de diferentes gerações*. Dissertação (mestrado em Educação) – Pontifícia Universidade Católica do Paraná (PUC-PR). Curitiba: 1998.

RICHARDI, F. *Os espaços de esporte e lazer do Colégio Estadual do Paraná: possíveis espaços de aprendizagem para o uso da cidade tempo/espaço de lazer*. Dissertação (mestrado em Educação Física) – Universidade Federal do Paraná. Curitiba: DEF, 2012.

SANTANA, D. T. *Praça de bolso do ciclista de Curitiba/PR: idealização, cotidiano e o uso da bicicleta como forma de contestação*. Dissertação (mestrado em Educação Física) – Universidade Federal do Paraná. Curitiba: DEF, 2016.

SANTOS, K. R. *A educação para o lazer a partir dos conteúdos curriculares da educação física do ensino médio: um estudo de caso do Colégio Estadual do Paraná*. Dissertação (mestrado em Educação Física) – Universidade Federal do Paraná. Curitiba: DEF, 2012.

SANTOS, M. *A natureza do espaço: técnica e tempo, razão e emoção*. São Paulo: Hucitec, 1996.

SILVA, E. A. P. C. *Os espaços das cidades e os megaeventos esportivos no Brasil: uma análise da Copa do Mundo de Futebol 2014 na região Sul do Brasil*. Dissertação (mestrado em Educação Física) – Universidade Federal do Paraná. Curitiba: DEF, 2016.

TSCHOKE, A. *Da recreação e lazer para o lazer e sociedade: as maneiras de fazer acadêmico no campo do lazer ligadas à área da educação física*. Tese (doutorado em Educação Física) – Universidade Federal do Paraná. Curitiba: DEF, 2016.

TSCHOKE, A. *Lazer na infância: possibilidades e limites para vivência do lazer em espaços públicos na periferia de Curitiba-PR*. Dissertação (mestrado em Educação Física) – Universidade Federal do Paraná. Curitiba: DEF, 2010.

VIEIRA, F. G. L. *Espaços públicos de lazer no centro de Curitiba: a transformação da cidade urbana para cidade humana*. Dissertação (mestrado em Educação Física) – Universidade Federal do Paraná. Curitiba: DEF, 2010.

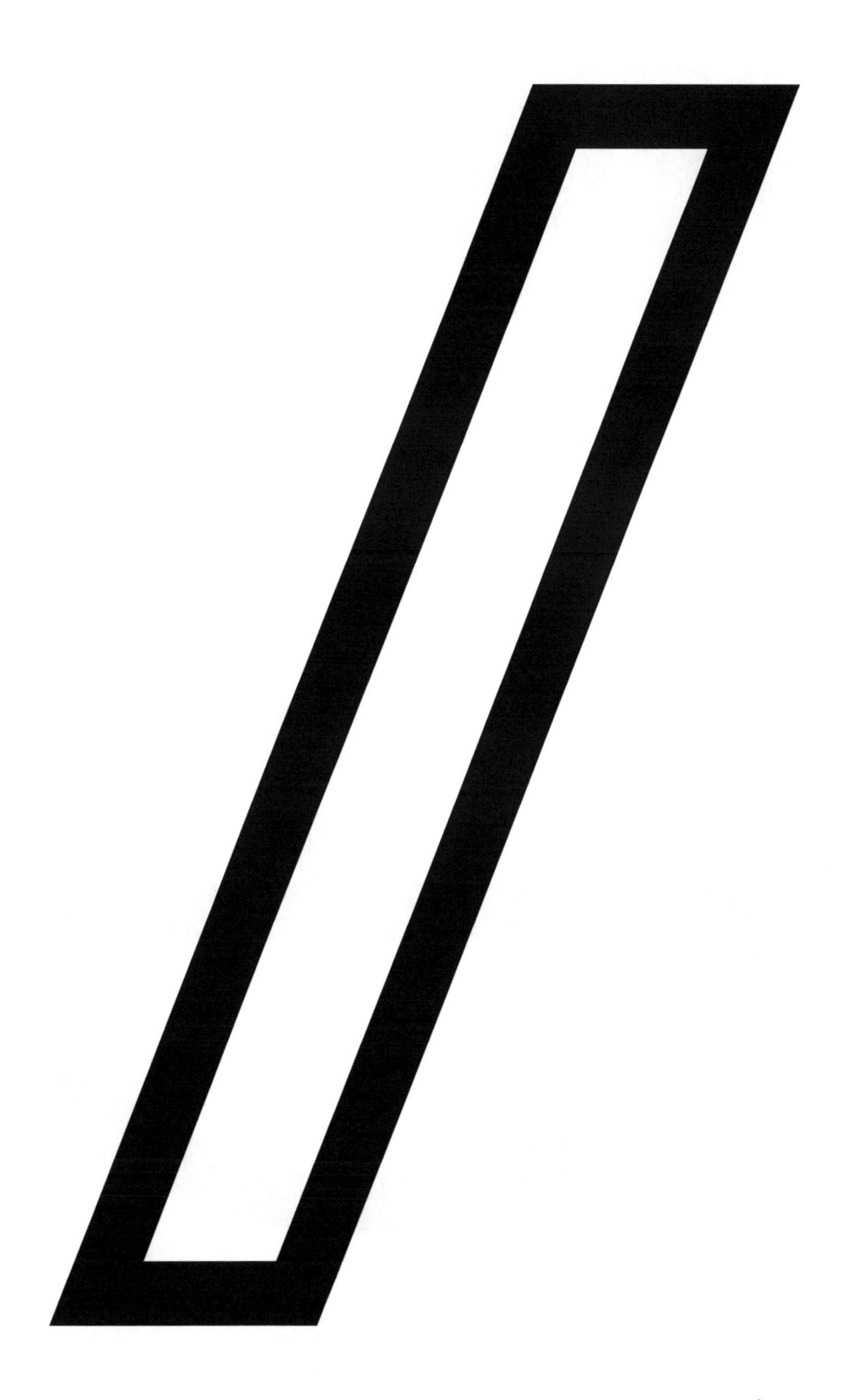

Grupo de Estudos do Lazer (GEL)

Giuliano Gomes de Assis Pimentel

01
INTRODUÇÃO

Discorro, neste texto, sobre o Grupo de Estudos do Lazer (GEL), sediado na Universidade Estadual de Maringá (UEM). Para tanto, enfatizo sua história, linhas de pesquisa, atores, intercâmbios, influências e, especialmente, contribuições na pesquisa sobre lazer.

Os grupos de pesquisa representam uma tendência consolidada nas principais universidades brasileiras. Potencializam a produção do conhecimento em rede, dentro de uma determinada especialidade e/ou abordagem, bem como incrementam a formação acadêmica por meio de um trabalho coletivo e criativo. Em alguns casos, por meio da inovação, facilitam a comunicação da universidade com o mercado e com o Estado. Por fim, grupos de pesquisa com excelência fazem nucleação, que é a formação de novos grupos nas instituições para onde migram seus egressos.

No Brasil, os dois primeiros grupos de pesquisa explicitamente direcionados ao lazer foram o Centro de Estudos do Lazer (Celazer, instituído em 1970, no Sesc-SP) e o Centro de Estudos do Lazer (Celar, criado em 1973 na PUC-RS). Nessa época, o lazer, como objeto, ainda se desenhava no país. Em termos teóricos, tais centros se esforçavam por delimitar o objeto lazer, marcando, concomitantemente, suas diferenças e aproximações com a recreação e com a cultura, especialmente a popular. Ambos os centros de pesquisa dividiram seus esforços entre produção de conhecimento, difusão do lazer para a sociedade e formação de quadros. Enfim, foram legitimando o objeto e responderam por uma primeira geração de pesquisadores – *stricto senso* – do lazer no país.

O cenário, na atualidade, aponta para avanços na especialização do conhecimento. Congressos regulares, programas de pós-graduação, periódicos e uma associação de pesquisadores. Destacaria, ainda, as três centenas de grupos de pesquisa – cadastrados no CNPq – que, ao menos, possuem uma linha de pesquisa sobre lazer. Em termos dominantes, esses grupos estão em cursos de educação física de universidades públicas, no Sul ou no Sudeste do país. Grupos localizados em instituições do Norte-Nordeste e/ou oriundos de outras disciplinas também compõem esse cenário, mas, a meu ver, sofrem uma migração de recursos humanos para grupos cujas instituições concentram cursos de mestrado/doutorado com possibilidade de estudar o lazer. Isso pode ser exemplificado quando os índices bibliométricos apontam quais são os grupos mais produtivos e com mais participação em eventos: GPL, LEL, Otium, Giel, GEL, Gesef, Geplec (Pimentel; Nunes, 2016)[01].

É nesse cenário, marcado pela consolidação de grupos de estudos do lazer, que tratarei o caso específico do GEL. Ao trazer o estado da arte da produção do grupo, ensejo, simultaneamente, enfatizar a importância da pesquisa em lazer no Brasil.

02
CARACTERIZAÇÃO DO GEL

O Grupo de Estudos do Lazer foi originado em março de 2000, no então Centro Universitário de Maringá, sendo transferido em 2004 para a Universidade Estadual de Maringá. Na formação do GEL, a influência mais importante foi o Grupo de Pesquisa Lazer e Cultura (Glec), liderado por Heloisa Turini Bruhns, do já-extinto Departamento de Estudos do Lazer (Unicamp). O enfoque em questões como lúdico, cultura e aventura é atributo dessa nucleação. Já como aspectos originais do GEL, temos a questão da atuação profissional e os estudos sobre lazer desviante, os quais serão mais esmiuçados neste texto.

O grupo agrega pesquisadores, alunos de graduação e pós-graduação (mestrado e doutorado), oriundos de diferentes formações (artes, educação física, psicologia, turismo). Entre 2000 e 2004, os trabalhos eram desenvolvidos com estudantes de graduação, enfatizando temas aplicados ao contexto regional. Exemplos dessa fase são estudos sobre turismo rural, perfil do recreador, e *undokai* (uma gincana japonesa). Já em 2000 é realizada a primeira edição do Seminário de Estudos do Lazer (SEL), que funcionava, à época, como um evento local, preparatório ao Encontro Nacional de Recreação e Lazer (Enarel) e ao Encontro do Lazer do Paraná (Elap), este último promovido pela Confraria dos Profissionais de Lazer do Paraná.

---

[01] As siglas indicadas correspondem, respectivamente, a: Grupo de Pesquisas em Lazer da Unimep, Laboratório de Estudos do Lazer da Unesp, Grupo Interdisciplinar de Estudos do Lazer da USP, Grupo de Estudos do Lazer da UEM, Grupo de Estudos Socioculturais em Educação Física da UFRGS e Grupo de Estudos e Pesquisa em Lazer, Espaço e Cidade na UFPR. Os grupos cadastrados no CNPq com maior destaque em produção nos últimos dez anos estão na região Sul e Sudeste.

O GEL é um dos grupos fundadores desse movimento regional que, entre outros aspectos, visava aumentar a visibilidade tanto dos estudos do lazer no estado quanto a do próprio Paraná, no campo do lazer.

A partir de 2004, os estudos começam a se reconfigurar para abranger as Atividades Físicas de Aventura na Natureza (Afan), o que liga o GEL a intervenções com acampamentos, numa tentativa de vincular a intervenção à pesquisa. Em 2006, a confraria realiza o Enarel, momento em que a identidade dos integrantes do GEL, como pessoas que estudam o lazer e a aventura, já mostra sinais de amadurecimento. Esse aspecto é muito importante, uma vez que, na história dos grupos de pesquisa em lazer, alguns deles fracassaram porque seus integrantes os viam como um meio de formação continuada, sem compromisso com a pesquisa.

Um terceiro ciclo se inicia em 2008, com a participação do líder como docente no Programa Associado UEM/UEL de Pós-Graduação em Educação Física. Com isso, desencadeia-se um duplo movimento: a) o movimento centrífugo, que se dá quando pessoas de outras regiões e países integram o GEL, predominantemente por meio da sua vinculação ao programa de pós-graduação; b) o movimento centrípeto, com a participação de membros em congressos internacionais (ISA World Congress, LSA Conference, World Leisure Congress, Sieflas) e parcerias internacionais com universidades (Antioquia-Colômbia; Maule-Chile; Coimbra-Portugal; Munster-Alemanha). A obtenção de recursos via Edital Universal-CNPq e Rede Cedes-ME permitiram estudos de amplo espectro, a exemplo do levantamento das práticas lúdicas nas trinta terras indígenas do Paraná.

No presente, perspectivamos um quarto ciclo histórico, quando a constituição de recursos humanos de forma estável já não é um problema, e o grupo encontra sua maturidade. Trata-se de sedimentar contribuições. Ter contribuições temáticas originais à área, mas, também, qualificar a produção para que nossa abordagem traga avanços teóricos aos estudos do lazer e contribuições à sociedade. Isso significa projeção acadêmica internacional e reconhecimento nacional (formação de quadros, nucleação de grupos de pesquisa, aprimoramento das políticas de lazer, difusão do conhecimento ao público).

Nesse sentido, temos dado continuidade às parcerias já implementadas e buscado pesquisas com densidade empírica ou teórica. Dois projetos ilustram essa fase. Primeiro, dentro do GEL identificamos, ao estudar o lazer desviante, limites na conceituação acadêmica do lazer, o que nos levou a estudar Michel Foucault, rumo a uma desconstrução dos discursos dominantes sobre essa prática social. O outro projeto é uma pesquisa-ação longitudinal, com parcerias nacionais e estrangeiras, sobre a educação para e pelo lazer por meio do ensino de atividades de aventura no ambiente escolar. O interessante, nesse projeto, foi que ele tomou grande amplitude e visibilidade pública, necessitando que criássemos um nome fantasia (Escola de Aventuras) para distinguir essa ação do todo, que é o GEL em suas quatro linhas de pesquisa.

Concluída essa breve contextualização, apresento as quatro linhas de pesquisa que orientam as atividades acadêmicas do GEL no presente:

- *Corpo, Lúdico e Diversidade*: nessa linha investigamos particularmente as práticas corporais ou a representação do corpo em diferentes grupos étnicos, bem como manifestações lúdicas representativas de tradições culturais. Na perspectiva multiculturalista, também temos acolhido questões de gênero e inclusão, uma vez que nosso posicionamento exige não restringir o olhar sobre o objeto lazer, mas, pelo contrário, valorizar sua diversidade.

- *Práticas Desviantes de Lazer*: buscamos compreender o significado do lazer como um dispositivo de controle do lúdico. Para tanto, além das questões conceituais, nos atemos à investigação das formas de usufruto do tempo livre que sofrem alguma forma de constrangimento ou, até mesmo, de proibição legal. A partir da procura por formas não usuais de lazer, analisamos como se constitui a dinâmica do lazer na sociedade, visando reorientar as políticas que incidem sobre o lazer.

- *Práticas Corporais de Aventura*: estudamos os significados atribuídos às práticas de lazer que envolvem risco, no ambiente natural ou urbano, estabelecendo interface com as seguintes dimensões: saúde, trabalho, educação, cultura, meio ambiente, classes sociais, gênero e deficiência. As atividades de aventura sofrem abordagens descritivas/compreensivas e, também, intervenções, voltadas a identificar, por exemplo, como o ensino de modalidades pode afetar a vivência do tempo livre, o que inclui a produção de estratégias metodológicas inclusivas a grupos com deficiência física ou mental.

- *Formação e Atuação Profissional*: inclui a sistematização dos conhecimentos advindos da *práxis*, nos diferentes nichos de atuação, na perspectiva de uma teoria da recreação. Com isso, observamos aspectos históricos, pedagógicos e socioculturais envolvidos na intervenção. Tais estudos abrangem desde a produção de tecnologias para a atuação profissional até o diagnóstico e análise crítica da formação para o campo do lazer e suas relações com a sociedade.

Essas linhas são representadas na produção acadêmica do grupo, tanto nos estudos do lazer quanto na educação física, com repercussão acadêmica (livros, artigos, orientações, tecnologias), e no âmbito profissional (formação de recursos humanos, suporte a políticas públicas, assessoria).

Nos tópicos que se seguem, farei um recorte de produções expressivas em cada uma das linhas de pesquisa.

Corpo, Lúdico e Diversidade

Essa linha privilegia estudos baseados no lazer como um domínio da cultura. Nesse sentido, interessa ao GEL explorar a diversidade, uma vez que não é possível falar de uma cultura superior a outra, mas apenas em termos de culturas diferentes.

Em relação às populações indígenas do Paraná, realizamos um amplo levantamento das práticas corporais. A esse respeito verificamos, de um lado, a adoção de esportes e danças originários da cultura não indígena, como, por exemplo, o futebol e o vanerão. Todavia, os significados atribuídos a essas manifestações são ressignificados pelos sujeitos. Aliás, não há como falar em índio de maneira genérica. Cada povo possui uma cosmologia que orienta suas práticas históricas. Entre os kaingang, por exemplo, o futebol é assimilado por ser análogo a uma atividade belicosa, o que é fundamental para eles demonstrarem sua força física a qualquer outra etnia, indígena ou não indígena. O futebol, por ser praticado em quase todo o país, facilita ao kaingang exercitar esse espírito emulativo com mais frequência (Boaretto; Pimentel, 2017).

Por outro lado, em suas terras, especialmente nos momentos rituais, é recorrente a presença de suas manifestações singulares. O nativo ameríndio já sabe que o olhar ocidental o valoriza como "índio verdadeiro", conforme o vê trajado de modo tradicional e praticando alguma *performance* "original". Com isso, alguns grupos se constituem e produzem versões de suas danças rituais como forma de diálogo intercultural com a sociedade não indígena. Além de uma dimensão simbólica de afirmação de sua autenticidade, essas apresentações permitem o recebimento de algum ganho monetário e a diversificação do próprio lazer, uma vez que a viagem para os locais de exibição é algo bastante apreciado, particularmente entre os jovens.

Não obstante o que acabamos de expor, aprendemos que o lazer não é um conceito significativo para os povos xetá, guarani e kaingang. Não significa que eles não o tenham, mas sua relação com o tempo ainda é fortemente influenciada pelos ciclos naturais, mesmo que eles também se organizem pela visão linear de tempo. Assim, o estudo do lazer, aplicado a esse contexto, precisa considerar o processo de trocas com outros povos, ameríndios, africanos e europeus. De fato, pode-se falar em hibridação cultural, especialmente nas manifestações eleitas para facilitar a interação multicultural, como é o caso do esporte ou da música sertaneja. Em contrapartida, a afirmação da identidade se dá principalmente por meio língua, sendo exibida à visão por intermédio do artesanato, da pintura corporal, das lutas e das danças que eles selecionam para exibir.

Em se tratando da diversidade cultural, o GEL também teve oportunidade de investigar a locução nas festas de rodeio. Esse estudo descreveu a animação cultural no rodeio, caracterizando-a a partir das representações e práticas de seus produtores. Na tradição metodológica do grupo em combinar procedimentos (observação participante e entrevistas), o estudo entendeu a festa de peão como oferta de lazer que se distribui em quatro ambientes: 1) a área externa ao parque; 2) a feira; 3) as arquibancadas; 4) a arena. É das arquibancadas que o público assiste às competições de rodeio, tendo como mediador cultural a figura do narrador, cuja fala contribui para a fruição do esporte. Aqui se verifica, também, um processo de hibridação cultural, especialmente pela combinação de elementos arcaicos da cultura rural com tecnologias do entretenimento moderno.

Em nossa análise, buscamos compreender como esse lazer aciona, do ponto de vista da ruralidade, a exaltação coletiva das emoções. A evocação do sentimento religioso, a combinação entre música e esporte, a referência a qualidades do competidor que gerem empatia no público e a insuflação da percepção do risco ao espectador são algumas das estratégias que o locutor recolhe do contexto para animar o rodeio. Por isso, é importante observar as condições de recepção geradas pela dinâmica cultural, uma vez que esses elementos podem ser recorrentes e simbolicamente eficazes em outras circunstâncias (Moraes; Santos; Pimentel, 2016).

As manifestações afro-brasileiras têm recebido atenção entre os pesquisadores do grupo. Em um dos estudos, abordamos o Clube Palmares, criado em 1964, como forma de a população negra de Volta Redonda-RJ ter acesso a um clube sócriorrecreativo. Interessante notar que seus fundadores eram economicamente emergentes, como classe média pertencente ao conjunto de empregados da Companhia Siderúrgica Nacional. Sua necessidade original era entrar nos espaços associativos já constituídos. É a partir de negativas de ingresso em outros clubes que eles percebem a necessidade de criar um clube inclusivo e, ao mesmo tempo, conhecer mais sobre a cultura afro-brasileira (Oliveira, 2012).

Outro estudo nessa linha de investigação tratou de compreender como ocorre a animação educativa do Museu Afrobrasil, localizado dentro do Parque do Ibirapuera, em São Paulo. Esse museu é dividido em estações, que traduzem aspectos como a diáspora africana, a escravidão, a cultura, a religião e a história. Como o conceito de museu é uma invenção eurocêntrica, os animadores tentam mudar a forma de interação com esse equipamento. Assim, utilizam-se da corporeidade como estratégia adotada para desconstruir os estereótipos e preconceitos relativos ao povo africano e à cultura afro-brasileira. O visitante é instigado a, por exemplo, colocar-se em um navio negreiro, com seus sentidos acionados por sons que o remetem àquela realidade. Com isso, o bloqueio sensorial entre sujeito e objeto é diminuído, tornando a visita uma experiência incorporada (Santos; Pimentel, 2016).

Graças a essa configuração, o Clube Palmares e o Museu Afrobrasil são exemplos de um modelo de animação multiculturalista, cuja efetivação orbita elementos representativos na matriz afro-brasileira, como a vadiagem, o axé, a oralidade e a religiosidade. Esses elementos distintivos, elencados a partir dos estudos empíricos do GEL, nos levam a desdobramentos na investigação sobre a maneira como podemos enriquecer a matriz nacional de animação cultural – tal como o grupo Otium (UFMG), liderado por Christiane Gomes, almeja um olhar latino-americano sobre o lazer.

Práticas Desviantes de Lazer

Essa linha de pesquisa foi aberta a partir dos estudos sobre lazer desviante, desenvolvidos por Cris Rojek. Esse autor é uma das mais importantes e atuais referências da sociologia do lazer. Rojek notou que o lazer possuía uma sombra, um lado anormal, constituído de três camadas: invasiva, mefítica e selvagem. Invasivo é o lazer patológico em nível individual; ocorre quando o indivíduo não consegue lidar com outras pessoas e vivencia seu lazer de forma solitária, a exemplo dos adictos. O lazer mefítico é praticado em pequenos grupos, como as gangues que depredam o patrimônio urbano por diversão. E a dimensão selvagem corresponde às explosões coletivas, como no Carnaval ou em comemorações de torcidas, quando os pudores sociais são temporariamente adormecidos (Rojek, 2005).

Mesmo que Rojek (2005) não explicite que as formas não usuais de lazer (invasiva, mefítica, selvagem) seguem esse critério (individual, grupal, massivo), essa é uma leitura que fazemos no GEL. Segundo essa interpretação, a tipologia do autor enfatizaria uma associação entre a qualidade dos desajustamentos sociais e a quantidade de sujeitos envolvidos. Todavia, dentro do grupo, começamos a nos debruçar sobre o potencial da categoria lazer desviante como um ponto de inflexão que nos ajudaria a entender por que determinadas práticas sociais recebiam o rótulo de lazer e outras não. Embora Rojek tivesse chegado a afirmar que o lazer desviante é uma forma de distensão do nosso lado reprimido, ainda faltava saber o que estaríamos liberando nesses momentos. Assim, fomos encontrando, primeiro em documentos e depois em estudos de observação direta, três características que melhor definem essa sombra do lazer: loucura, violência, sexualidade.

Com o auxílio de leituras de Michel Foucault, delimitamos que a primeira característica seria a loucura. De fato, algumas experiências de lazer geram indisfarçável estranhamento, a ponto de as considerarmos bizarras, doentias, de mau gosto. Podemos citar, como exemplos, a suspensão corporal e o *base jump*, o que nos dá pistas para entender por que certas atividades de aventura foram taxadas de suicidas ou de vagabundagem. Enfim, nossa compreensão sobre a aventura foi expandida, mediante essa investigação, pois descobrimos que o grau de risco percebido pela prática era um marcador para situar a aventura na esfera do normal ou do anormal.

A segunda característica é a violência, que se expressa, por exemplo, em torneios de artes marciais mistas (MMA), touradas, rodeios e, possivelmente, em muitos *videogames*. Embora as práticas citadas sejam convencionais no Brasil, sua experimentação passa por controles sociais. Outras formas lúdicas de violência, como as brigas de torcida, a rinha de galos, a pichação ou o racha automobilístico já foram legalmente banidas. Teríamos, ainda, campos cinzentos, como é o caso do *bullying*, que borra as barreiras entre brincadeira e agressão (Gonçales; Pereira; Pimentel, 2014). Essas constatações nos levaram a reforçar a suspeita de que poderia haver mais que a mera polaridade entre normal e anormal. Assim, postulamos que houvesse nuances entre esses polos, conforme explanarei mais adiante.

Por fim, a sexualidade é, também, um elemento que gera controvérsias em relação ao lazer. O Grupo de Estudos do Lazer realizou trabalhos sobre a (des)construção social desse "desvio" e chegou a denominá-lo de pornolazer (Noda; Santos; Pimentel, 2016). Trata-se de uma experiência lúdica difusa, que abarca desde explorar "brinquedos" de *sex shop* até a prática do sadomasoquismo, ressalvando-se que, em níveis intoleráveis – quando não há consentimento –, já não há mais lazer. Um aspecto importante é que a disseminação de formas de consumo do pornolazer parece corroborar a tese foucaultiana de que o capitalismo mais estimula que reprime a curiosidade sexual. Ao lidar com a transgressão imaginária, a vivência lúdica de desejos e fantasias eróticas jamais causa saciedade e, portanto, reiteradamente alimenta a produção de novos produtos e serviços.

Em síntese, conforme nossos estudos apontam, o lazer desviante não se tipifica apenas por sua dimensão (invasiva, mefítica, selvagem). É possível caracterizá-lo a partir do que não é mais reprimido – loucura, violência e sexualidade–, seja em termos de risco ou de estética. Adicionalmente, como contribuição ao estudo do lazer desviante, podemos evocar suas nuances: a) marginal, quando criminalizada, a exemplo de brincar de pipa com cerol; b) subterrânea (*underground*), quando é experimentada com discrição, por conta do preconceito, como ocorre em clubes de *swing*; c) alternativa, por representar algo próximo do normal, mas ainda fora do convencional, sendo o *skate* de rua uma ilustração recorrente da ambivalência, no senso comum, de uma prática.

O estudo do lazer desviante não é apenas uma via privilegiada para indagar sobre os limites conceituais do lazer, mas, sobretudo, uma oportunidade de ampliá-los. Um caso emblemático foi o estudo sobre os efeitos da redução das áreas de lazer em território fluvial, na região da tríplice fronteira, que acarretou a opção crescente pelo lazer desviante, em desafio às formas canônicas de diversão (Loro; Pimentel, 2015). Portanto, entendo que esses estudos, dada a especificidade das informações que agregam, são úteis para a formulação de políticas mais criteriosas, no que tange à gestão social dos desvios.

Práticas Corporais de Aventura

O termo prática corporal se apresenta como um contraponto conceitual ao vocábulo atividade física, limitado à dimensão biodinâmica do corpo. Assim, podemos definir prática corporal como o movimento realizado com *intencionalidade, contextualizado* numa rede de *significado(s)*. Ou seja, é algo muito diferente de realizar um movimento com gasto energético acima de 1 MET – unidade equivalente ao gasto metabólico em repouso. Isso implica dizer que, segundo essa definição, não realizamos uma atividade pela atividade, pois uma prática corporal possui três aspectos: história, intenção e significado. Desse modo, um praticante de *skate*, por exemplo, pode realizar um *ollie* sobre um chafariz, e isso assume, em sua intencionalidade, a superação de um desafio, ao passo que, para um observador hipotético, venha a ser uma transgressão ao uso do espaço público. Logo, prática corporal evoca contextualizar o que nosso corpo produz.

A respeito de sua adjetivação, o entendimento de aventura pode ser visto como a experimentação lúdica da sensação de risco. Nesse sentido, uma referência básica que se estuda no GEL é a tipologia de Roger Caillois para as emoções presentes na situação de jogo. Esse autor se refere à vertigem (*ilinx*) como o gosto pela exploração dos limites sensoriais por meio de um descontrole calculado. Para nós, o lazer é um mecanismo sociocultural de racionalização do lúdico em um tempo departamentalizado. Logo, vista nessa perspectiva, a aventura é um dispositivo específico de orientação dos impulsos por vertigem para um risco controlado, tal qual o lazer responde, globalmente, ao acontecimento urbano-industrial e à individualização do sujeito moderno na sua demanda lúdica.

A partir dessa premissa, temos avançado no entendimento das práticas corporais de aventura. Primeiro, observamos como o desenvolvimento tecnológico inicialmente diminuiu a exigência física, ampliando práticas antes exóticas a um público consumidor maior. Diante de uma nova tecnologia de aventura, elaboramos a noção de *fetichismo tecnológico*: um fascínio pelo uso de novos equipamentos. Os mesmos são geralmente justificados pela melhoria da segurança, diminuição da fadiga e aumento da velocidade. Estranhamente, ter um equipamento mais veloz costuma tornar a prática mais perigosa e aumentar o estresse psicológico ao realizá-la.

Todavia, a tecnologia não pode ser classificada como um bem ou um mal em si, o que significaria reificá-la. Por isso, estudamos, no grupo, os significados presentes na busca pelo risco como opção de lazer. Especialmente nas práticas com maior risco, como o voo livre, os praticantes trabalham com a tríade equipamento-praticante-meio como forma de gerenciar os riscos. Avançamos ao trazer, à concepção de meio, o elemento humano. Com isso identificamos a *sociabilidade* como uma nova variável, que controla ou intensifica os riscos na aventura.

Outra contribuição foi mapear as representações reais que praticantes possuem sobre suas atividades de aventura. Afinal, embora os autores identifiquem-nas como lazer, como os sujeitos praticantes e não praticantes as veem? Para responder a essa questão, realizamos seguidas coletas de campo tipo *survey*, em diferentes estados (Pará, Paraná, Minas Gerais, Rio Grande do Sul e São Paulo) e até na Colômbia. Foram feitos recortes por práticas (motociclismo, *skate*, *parkour*, balonismo), demonstrando que essas pessoas atribuem significados diferentes às modalidades, embora o lazer seja uma identificação forte para a maioria. No caso do *skate*, por exemplo, 70% dos entrevistados o associam ao lazer, uma vez que a diversão é a principal finalidade da prática. (Noda; Pimentel, 2015).

Identificamos, igualmente, o perfil de pessoas que se encontram excluídas das atividades de aventura como opção de lazer. Em geral são mulheres, a partir dos 30 anos, com baixa renda e escolaridade. Também constatamos que o padrão de gênero poderia ser revertido, a partir da oferta aberta de iniciação esportiva de modalidades de aventura, o que foi corroborado, inicialmente, no tocante a adolescentes e, depois, em relação a crianças (Pimentel; Saito, 2010; Fernandes; Santos; Pimentel, 2017).

Em vista desses resultados, a adesão de certos grupos a práticas corporais de aventura se explicaria mais por falta de oportunidades do que pela livre opção de não as praticar. A fim de medir os efeitos do ensino de aventura no usufruto do tempo livre, o GEL vem produzindo um sistema de ensino da aventura e aplicando-o na realidade. O objetivo é contemplar aqueles sujeitos que não foram autodidatas em modalidades como o *skate*, por exemplo, e que precisam de mediação pedagógica para se emanciparem – caso optem por alguma modalidade de aventura em seu lazer. A premissa é a mesma que a relativa à linha sobre diversidade: ninguém pode ser excluído da vivência simplesmente por ser diferente.

Todas as proposições do GEL foram verificadas empiricamente. Desde 2008, temos a Escola de Aventuras recebendo crianças que se constituem como tipos excluídos da aventura, por serem descoordenadas, obesas, com dificuldade de atenção ou simplesmente meninas. Também já foram realizados estudos monográficos que propuseram e avaliaram o ensino de aventura para deficientes. Assim, desenvolvemos procedimentos de ensino da escalada adaptados para cegos, amputados e surdos. Em complemento, abrimos, em 2015, uma turma de aventura (*skate*, escalada, cama elástica, *slackline*) na Universidade Aberta da Terceira Idade (Unati-UEM).

Os resultados da Escola de Aventura são modestos, pois, se a educação para o lazer amplia o universo cultural dos sujeitos e gera praticantes de aventura no lazer, ela não é mais significativa que os reforços ou as limitações vindas da família e do círculo social mais próximo. Por outro lado, na continuidade de nossas investigações, percebe-se que a educação para o lazer por meio da aventura motivou os sujeitos a aprenderem outras novas práticas. Também verificamos que, embora as barreiras para o lazer sejam estruturais, a oportunidade de praticar essas modalidades contribuiu para cada pessoa aprimorar o cuidado de si e a resiliência diante desses determinantes macroscópicos.

Formação e Atuação Profissional

As primeiras produções do GEL são dedicadas a estudar o profissional do lazer, da concepção de suas competências à sua inserção no mercado. Para ser justo, o GEL nasce com a preocupação de qualificar a formação – para o lazer – dos estudantes de educação física, psicologia e turismo que compunham, originalmente, o grupo. Dessa forma, a inspiração era a "educação pela pesquisa", que servia de norte à metodologia de trabalho durante o primeiro ciclo histórico do GEL (Pimentel, 2000). A primeira edição do Seminário de Estudos do Lazer (SEL), referia-se a essa temática e apresentava as investigações iniciais do grupo.

A articulação do GEL com outros atores, por meio da Confraria dos Profissionais de Lazer do Paraná, permitiu um estudo, em rede, nas principais cidades do estado, traçando o perfil do trabalhador desse campo. Observamos uma diversificação na atuação, tanto no que se referia ao nicho de mercado quanto à metodologia de trabalho. A formação era problemática, com muitos agentes não diplomados em curso superior. Vários não se identificavam como profissionais do lazer, e a maioria entendia que um recreador é mais o resultado das características da pessoa do que da formação (Pimentel *el al.*, 2001).

Mais à frente, realizamos o mapeamento dos estabelecimentos de turismo rural na região noroeste do Paraná. Essa investida dos graduandos de turismo tinha como propósito, depois de um diagnóstico, prestar consultoria aos pesqueiros e hotéis-fazenda. Além da aplicabilidade profissional, o estudo permitiu identificar características do lazer em ambiente rural, o que representava um potencial a ser trabalhado. A animação nos hotéis-fazenda, por exemplo, não dialogava com a cultura local. Replicavam-se as estratégias recreativas comuns ao meio urbano, o que nos levou a aprofundar a reflexão sobre a necessidade de ajustar a recreação ao seu entorno.

Nos estudos que se sucederam, o quadro permanecia inalterado. Inclusive no imaginário disseminado por filmes da grande indústria cinematográfica, os agentes eram tomados como ingênuos, hedonistas, autoritários ou oportunistas, conforme a análise de discurso (Pimentel; Pimentel, 2005). Praticamente não havia uma identidade profissional, e os trabalhadores tinham restrita bagagem cultural fora de sua especificidade de atuação. Tomávamos isso como um paradoxo, pois considerávamos o lazer como cultura que se consome/produz no tempo livre. Enfim, em um cenário de crescimento da demanda para a intervenção, a qualificação de quem iria atuar se mostrava estagnada.

Por isso, os estudos de diagnóstico começaram a dar vez a trabalhos propositivos, em diferentes níveis. Ao pensar em ações voltadas à qualificação dos quadros, tivemos a realização de edições do SEL ou do Elap, assessorias, cursos, publicação de manuais, eventos comunitários e produção de tecnologia, na forma de brinquedos pedagógicos. Essa *expertise* resultou na inserção dos egressos em distintos campos de atuação: acampamentos, *resorts*, cruzeiros marítimos e clubes. Ao líder, alavancou o trabalho de assessoria, com destaque para o Projeto Recreio nas Férias (Oliveira; Pimentel, 2009), do Programa Segundo Tempo. Outra contribuição à formação continuada foi a coorganização da obra *Recreação total* (Awad; Pimentel, 2016), que incluiu integrantes-pesquisadores do GEL entre os autores e revelou um esforço disciplinado em ofertar um manual fundamentado sobre diferentes nichos de mercado da recreação.

Academicamente, ao tomarmos como possibilidade a produção de modelos especializados de atuação, construímos uma rotina de promoção da saúde por meio da recreação hospitalar. Inovamos, ao direcionar uma pesquisa-ação a pacientes adultos (renais crônicos), em vez de crianças (Cattai *et al.*, 2007). Já na perspectiva da animação sociocultural, interagimos com o público portador do vírus HIV para construirmos, conjuntamente, uma proposta educativa baseada nos conceitos de autonomia e autocuidado. O interesse por esse trabalho pioneiro gerou parcerias inopinadas, de modo a verificarmos que animação sociocultural e exercícios físicos combinados, na mesma semana, resultaram em melhoria dos parâmetros de saúde mental e física das pessoas soropositivas (Pupulin *et al.*, 2016).

Essas experiências, tanto na formação quanto na pesquisa, representam a característica dessa linha de pesquisa do GEL, qual seja, a de produzir e disseminar conhecimentos que elevem o nível profissional dos serviços prestados na área. Ainda assim, há uma lacuna que desejamos explorar – a construção de uma genealogia da recreação. Nesse particular, destacaria o trabalho de Ruiz (2017), que, ao investigar a história da recreação em clubes sóciorrecreativos da elite curitibana, descobriu que, antes do uso da recreação como dispositivo de controle das massas proletárias, ela fora utilizada na docilização dos impulsos lúdicos da própria elite, visando à sua adaptação à dinâmica urbano-industrial no século XIX.

Estudos orientados por esse tipo de preocupação estão desconstruindo o preconceito epistêmico sobre a recreação. Como somos seres que compreendem para intervir na cultura, urge produzir conhecimento no sentido da *práxis*, a começar por dissolver a falsa dicotomia que opõe, de um lado, os estudiosos do lazer (como teóricos) e, de outro, os recreadores (como práticos). Essa é uma distinção hegeliana. Como práticas sociais, tanto lazer como recreação atuam como dispositivos de sedução na Modernidade. No entanto, se, como coloca Foucault, conhecemos como um objeto se transformou em algo, também podemos conhecer como desfazer essa identidade.

Nesse caso, as investigações genealógicas em torno da recreação começam a evidenciar uma "teoria da prática", cujo efeito seria sistematizar a teoria como ferramenta de trabalho, qualificando as tradições de ofício existentes na organização cultural do profissional do lazer. Quiçá, por meio desse investimento intelectual, possa haver uma recriação epistemológica da recreação.

03
DECURSO FINAL

Apresentei uma amostra dos resultados obtidos por trabalhos de pesquisa e extensão do Grupo de Estudos do Lazer, em cada uma de suas quatro linhas de pesquisa. Tal estado da arte permitiu vislumbrar a contribuição do lazer como canalizador de diversidade cultural e de organização dos impulsos lúdicos. Para avançar ainda mais nessa abordagem, o GEL conduz investigações diagnósticas e compreensivas, de modo a chegar a proposições úteis ao aprimoramento dos procedimentos de atuação, metodologicamente eficazes para ampliar o universo cultural das pessoas enquanto usufruem do tempo livre.

04
REFERÊNCIAS

AWAD, H. A.; PIMENTEL, G. G. A. (org.). *Recreação total*. Várzea Paulista: Fontoura, 2015.

BOARETTO, J. D.; PIMENTEL, G. G. A. "O esporte em terras indígenas no Paraná: elementos para uma política pública". *Revista Brasileira de Educação Física e Esporte*. São Paulo: 2017, vol. 31, n. 1.

CATTAI, G. B. P. *et al.* "Qualidade de vida em pacientes com insuficiência renal crônica – SF-36". *Ciência, Cuidado & Saúde*, 2007, vol. 6.

FERNANDES, A. V.; SANTOS, S. dos; PIMENTEL, G. G. A. Educação para e pelo lazer por meio de atividades de aventura. *Anais do XX Conbrace*, Goiânia: 2017.

GONÇALES, C; PEREIRA, B; PIMENTEL, G. G. A. "Escárnio de corpos, *cyberbullying* e corrupção do lúdico". *Movimento*. 2014, vol. 20.

LORO, A. P.; PIMENTEL, G. G. A. O lazer nas fronteiras brasileiras: um território propício para os desvios? *In*: *Anais*, vol. 1, XIX Conbrace, Vitória: 2015.

MORAES, J. C.; SANTOS, S. dos; PIMENTEL, G. G. A. "Festa no esporte: a construção do entretenimento no rodeio". *Revista Brasileira de Estudos do Lazer*. 2016, vol. 2.

NODA, L. M.; SANTOS, S. dos; PIMENTEL, G. G. A. Casas de *swing*: um exercício etnográfico de estudo do lazer desviante. *Anais do II CBEL*. Belém: 2016.

_____; PIMENTEL, G. G. A. "Caracterização da prática esportiva/recreativa do *skate* em São Paulo, Paraná e Rio Grande do Sul". *Licere*. 2015, vol. 18.

OLIVEIRA, A. A. B.; PIMENTEL, G. G. A. (org.). *Recreio nas férias: reconhecimento do direito ao lazer*. Maringá: Eduem, 2009.

OLIVEIRA, C. G. *Lazer no preto e branco: a integração do negro e a animação sociocultural no Clube Palmares em Volta Redonda*. Dissertação (Mestrado em Educação Física) – Universidade Estadual de Maringá/Universidade Estadual de Londrina. Maringá: 2012.

PIMENTEL, G. G. A. Grupos de estudo na perspectiva da formação profissional: uma estratégia de educação pela pesquisa. *Coletânea do 12º Enarel*. Balneário Camboriú: Roca, 2000.

_____ "A formação para a transformação do profissional do lazer". *Iniciação Científica Cesumar*. Maringá: 2001, vol. 3, n. 1.

_____ *et al.* Proposições metodológicas para diagnóstico dos profissionais do lazer no estado do Paraná-Brasil. *Coletânea do 13º Enarel*, [cd], Natal, 2001.

_____; PIMENTEL, R. M. L. "Representações cinematográficas e atuação profissional do recreador". *Revista Brasileira de Ciências do Esporte*. Campinas: 2005, vol. 26, n. 2.

_____; SAITO, C. F. "Caracterização da demanda potencial por atividades de aventura". *Motriz*. 2010, vol. 16.

_____ PIMENTEL, G. G. A.; NUNES, T. R. A. "Produção Acadêmica no lazer: comparação por estados, instituições e grupos de pesquisa". *Licere*. 2016, vol. 19.

PUPULIN, A. R. T. *et al.* "Efeito de exercícios físicos e de lazer sobre os níveis de cortisol plasmático em pacientes com aids". *Revista Brasileira de Ciências do Esporte*. 2016, vol. 38.
ROJEK, C. *Leisure Theory: Principles and Practice*. Nova York: Palgrave Macmillan, 2005.
SILVA, M. R. *A elite curitibana se diverte: a recreação nos clubes sóciorrecreativos no fim do século XIX*. Tese (Doutorado em educação física) – Universidade Estadual de Maringá. Maringá: 2017.
SANTOS, S.; PIMENTEL, G. G. A. "Animação educativa e cultura afro-brasileira: o caso do Museu Afro Brasil". *Licere*. 2016, vol. 19.

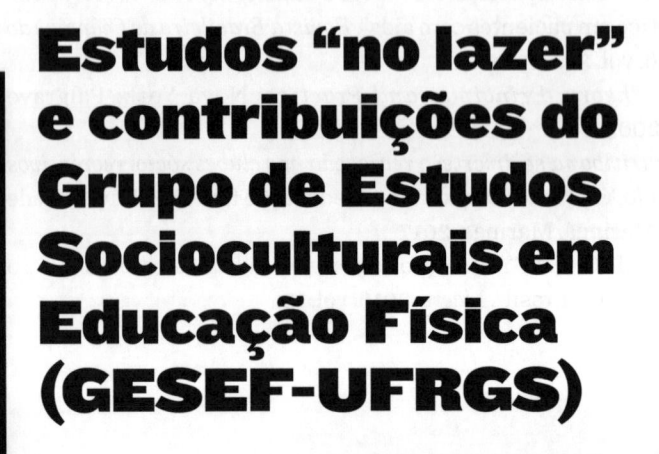

Estudos "no lazer" e contribuições do Grupo de Estudos Socioculturais em Educação Física (GESEF-UFRGS)

Marco Paulo Stigger
Mauro Myskiw
Raquel da Silveira

01
INTRODUÇÃO

Há algum tempo a *Revista Brasileira de Estudos do Lazer* (*RBEL*) publicou um texto (Stigger, 2015) no qual foi relatada a trajetória do Grupo de Estudos Socioculturais em Educação Física (Gesef). O artigo, de autoria do fundador[01] do grupo, se desenvolvia como uma narrativa "meio biográfica", como ficou expresso em seu título. Além de fazer a "biografia" do Gesef (expondo suas "origens" e bases teórico-epistemológicas iniciais), o texto tratava do seu "desenvolvimento", no que se refere ao olhar etnográfico adotado sobre os objetos investigados.

Naquele momento, a escolha por uma narrativa de teor semelhante ao de uma biografia fez todo o sentido, pois, como registrado no próprio relato, o artigo se constituía como um primeiro texto em que se buscava refletir acerca das "origens" do Gesef e sobre os caminhos que ele percorrera ao longo de sua trajetória. Dizia o autor que essa trajetória não teria sido planejada. Ele iniciava o texto afirmando que

[...] *o que fazemos hoje é resultado de um processo que vem se constituindo há alguns anos. Um processo coletivo que não foi planejado, mas que sendo olhado "pelo retrovisor" talvez possa nos dar algumas pistas "do que somos", "do que temos sido" e "do estamos vindo a ser"* (Stigger, 2015, p. 37).

Em que pese essa publicação ter ocorrido tão recentemente, talvez hoje faça mais sentido uma narrativa com caráter coletivo, até porque o Gesef – "o que ele foi", "o que é" e "o que poderá vir a ser" – "tem sido",

---

01
O Gesef foi fundado, em 2001, pelo professor Marco Paulo Stigger. Atualmente, o grupo é coordenado pelo professor Mauro Myskiw e pela professora Raquel da Silveira (vice-coordenadora).

progressivamente, o resultado de um projeto que não pode ser reduzido ao protagonismo individual.

Em certa medida, os mesmos temas já haviam sido tratados num texto anterior, publicado coletivamente na *Revista Brasileira de Ciências do Esporte* (*RBCE*), o qual abordava aspectos da "lógica" da produção acadêmica que conduz o nosso grupo. Nele desenvolvemos uma

[...] *reflexão em torno da produção de conhecimento sobre as práticas de lazer/esporte no âmbito das cidades, especialmente daquelas que englobam esforços de auto-organização das pessoas, dos grupos ou das comunidades para constituir e legitimar seus espaços e tempos em distintos lugares ou projetos sociais* (Myskiw; Mariante Neto; Stigger, 2014, p. S298).

Esse enfoque corresponde a uma das linhas de pesquisa do Gesef, que tem feito esforços para compreender a diversidade cultural no âmbito do esporte e do lazer, na vida das cidades. E foi a partir de aprendizagens conseguidas ao realizar uma pesquisa sobre o futebol de várzea em Porto Alegre (Myskiw, 2012) que, nesse segundo texto, procuramos problematizar a escrita etnográfica, então identificada como um exercício de produção das realidades/identidades, o que coloca o autor/pesquisador que escreve sobre a cultura (no nosso caso cultura "de" esporte/lazer) na condição de alguém que coproduz as diferenças (Myskiw; Mariante Neto; Stigger, 2014).

Esses dois trabalhos antecedentes se pautaram, de forma mais particular, por questões decorrentes do "método" que tem orientado a maior parte de nossas pesquisas – a etnografia. Neste terceiro trabalho, nossa intenção é abordar outros aspectos que – acreditamos – estão entre aqueles que dizem sobre o que talvez possa ser tomado como elementos que constituem a nossa "identidade" enquanto grupo de pesquisa. Esses outros aspectos estão relacionados com a perspectiva de estudos "no lazer", que tem caracterizado o Gesef desde as suas primeiras investigações.

Assim, o texto que agora se inicia pode ser visto como uma continuação dos anteriores, aqueles publicados na *RBCE* e na *RBEL*. Contudo, dessa vez voltado para a apresentação – igualmente reflexiva – da maneira como alguns dos esforços investigativos do grupo, nos diálogos com distintas tradições teóricas, têm procurado contribuir nos debates acadêmicos que pretendem mostrar avanços na compreensão do fenômeno lazer, tendo em vista suas relações com a intervenção pedagógica-profissional – o que ocorre na interface com o Programa de Pós-Graduação em Ciências do Movimento Humano (PPGCMH) da Escola de Educação Física, Fisioterapia e Dança (Esefid) da Universidade Federal do Rio Grande do Sul (UFRGS).

É importante demarcar que essa contribuição, no caso do Gesef, tem se caracterizado pela perspectiva de estudos "no lazer", e não "sobre o lazer"[02]. Nosso entendimento é o de que há uma diferença entre essas perspectivas investigativas e compreensivas. De um lado, estamos sustentando as pesquisas "sobre o lazer" como aquelas que objetivam entender esse fenômeno enquanto uma dimensão da vida, a qual se identifica ou se caracteriza por vários aspectos, esses capazes de diferenciar o lazer como um universo singular das experiências cotidianas, dialogando com outros. Colocamos, entre esses esforços, os que se dedicam a "definir" o lazer ou, ainda, a realizar exercícios ao modo de generalizações com potenciais heurísticos para afirmar que o lazer "é/envolve isso", "é/está assim".

Já no entendimento que sustenta este texto (obviamente provisório e submetido ao julgamento dos leitores), os estudos "no lazer" – mesmo prescindindo de definições sobre "o que é o lazer" – são aqueles que, ao estudar pessoas e grupos "em situação de lazer", buscam entender como essa "questão da vida" – o lazer – é vivida coletivamente, e como as suas redes e lógicas de sociabilidade e de reciprocidade articulam (podem articular) diferentes questões não menos significativas no cotidiano. Assumimos essa perspectiva, embora notemos que outras abordagens poderiam ser adotadas. Assim, nossas escolhas estão, nesse momento, direcionando-se à elucidação das seguintes questões: o que está em jogo no lazer? Isto é, o que o lazer está sendo e o que ele mobiliza na vida das pessoas?

Queremos, com isso, antecipar ao leitor que não encontrará, neste ensaio, uma definição "de lazer" *a priori*. Mas alguém poderia perguntar: como estudar "no lazer" sem definir de antemão – e com limites fixos – "o que é o lazer"? Nossa resposta (também provisória) a essa indagação parte de nossa experiência investigativa – boa parte dela sustentada em estudos etnográficos –, a qual mobiliza, sistematicamente, o acúmulo de aprendizagens ocorridas "nas realidades empíricas" por nós (Gesef) estudadas, o que se relaciona com as abordagens teóricas que tratam do tema. Daí respondermos a essa interrogação com outras: será tão difícil identificar pessoas "em situações de lazer"? As teorias "do lazer" não nos oferecem consensos suficientes para identificar essas situações?

Ao anunciarmos essa posição, não queremos encerrar a possibilidade de ter o lazer como objeto de estudo, nem criar uma perspectiva

---

02
Não temos a pretensão de dizer que estudar "no lazer" é um avanço em relação a estudar "sobre o lazer", pois compreendemos que ambas as perspectivas são muito significativas e complementares. Nosso empenho, com essa demarcação distintiva, se justifica pela necessidade de mostrar, para os leitores, como o grupo tem procurado contribuir a partir de uma posição teórico-epistemológica.

pessimista acerca dessa dimensão da vida. Pelo contrário, o que instiga o Gesef é a possibilidade de entendermos que o lazer, como objeto de investigação, tem exigido outras abordagens. O lazer, como fenômeno, está pulsante na vida das pessoas e dos grupos sociais, e a maneira como isso se materializa, cada vez mais, abrange uma enorme diversidade, fazendo proliferar nuances que, não raramente, mostram como os exercícios conceituais ("sobre o lazer") impõem limites para a compreensão, mais do que possibilitam a sua ampliação. Isso não significa, vale enfatizar, que esses exercícios não sejam importantes.

Esclarecida essa tomada de posição, e com o intuito de mostrar como o Gesef tem buscado contribuir no debate do lazer, passamos a pontuar três conjuntos de reflexões sustentadas em trabalhos que foram produzidos durante a sua trajetória. As diferentes reflexões estão orientadas por aquilo que estamos denominando de "questões sociais" capazes de conferir significados e materialidade ao lazer na vida das pessoas: apropriação; socialização; e intermediação. Passamos a descrevê-las com o propósito de expor como são tomadas pelo grupo, como emergiram nas/das investigações realizadas e quais os principais diálogos sociológicos que estão na pauta.

02
A QUESTÃO DAS APROPRIAÇÕES NO LAZER

Uma das investigações do Gesef tem como objeto as produções populares de culturas esportivas nos lazeres, com especial atenção à heterogeneidade de significados das práticas corporais. Vários trabalhos etnográficos foram desenvolvidos, na tentativa de compreender a maneira pela qual determinado "grupo" de "pessoas comuns" se apropriava das práticas corporais "no lazer", e que significados eram atribuídos a elas. Sobretudo a partir da tradição da antropologia simbólica, ancorada em Clifford Geertz, a etnografia tornou-se determinante na maneira como as pesquisas foram desenvolvidas, privilegiando o "estar lá" e a descrição densa dos momentos de lazer constituídos por esses coletivos. Nessa linha, apresentamos três investigações que nos ajudam a evidenciar o processo das apropriações cotidianas no lazer.

A primeira pesquisa que mencionamos foi realizada por Marco Paulo Stigger na cidade do Porto, Portugal. Stigger (2002), com base num estudo etnográfico em três "grupos" de prática esportiva no lazer, procurou questionar uma tese bastante recorrente na educação física, naquele momento: a de que a prática esportiva reproduzia uma estrutura social capitalista que fazia expandir as lógicas da razão instrumental em diferentes esferas da vida e que, portanto, era um forte vetor de alienação humana e de dominação das classes hegemônicas. Para problematizar essa concepção, o autor parte justamente para o estudo do esporte "no lazer", convivendo com pessoas comuns, praticando futebol e voleibol em distintos "grupos" auto-organizados.

Resultou dessa investigação a compreensão de que, "no lazer", os "grupos", cada um ao seu modo, de acordo com os arranjos por eles constituídos, produzem significados heterogêneos aos esportes. Vivendo o lazer com as pessoas, olhando de perto e de dentro, Stigger notou que os universos investigados se constituíam como conjuntos de produções culturais singulares. Por exemplo, no Grupo Caídos na Praia – que apenas praticava o futebol no âmbito do grupo, jamais jogando contra adversários "de fora" e que, no período da pesquisa, já tinha 75 anos de existência – eram desenvolvidas apropriações das regras de arbitragem (os próprios jogadores "pediam as faltas", e eram condescendentes em relação aos "pedidos"), das formas de competir (o fundamental era formar equipes equilibradas, para que o jogo tivesse um nível de excitação agradável) e dos critérios de participação (mais do que a *performance* no jogo, era valorizada a assiduidade, o engajamento em formas de boa convivência). Essa maneira de viver o futebol claramente se diferenciava daquilo que estava exposto em lógicas de poder dominantes, instrumentais e profissionais, significando que, nas redes de lazer, era desenvolvida uma produção de significados por processos de apropriação.

Um segundo estudo que agrega colaborações importantes para compreender questões de apropriações "no lazer" e corrobora a tese da heterogeneidade do esporte (Stigger, 2002) é a dissertação de mestrado de Ariane Corrêa Pacheco (Pacheco, 2012; Pacheco; Stigger, 2016). Ao investigar um grupo de mulheres que se reuniam, em seus momentos de lazer, para jogar voleibol, a autora identifica que a rotina desse grupo, dentro e fora das quadras, e a vinculação da equipe com a Liga Master Feminina de Voleibol da cidade de Porto Alegre, estabeleceu um modo de vivenciar o lazer em que a questão da seriedade tornava-se central. Muitas vezes dita como ausente do tempo/espaço de lazer, a seriedade compunha os laços de sociabilidade e os significados atribuídos ao voleibol por aquelas mulheres. Esse traço ficou evidente, estimulando a pesquisadora a investir nessa temática, quando uma de suas colaboradoras sintetizou a lógica esportiva daquele grupo com a seguinte afirmativa: "é lazer, tudo bem, mas é sério".

Essa frase foi dita num contexto relativo às exigências de *performance* esportiva que ocorriam no grupo. Mas os momentos de lazer que elas vivenciavam juntas não se restringiam à quadra, e eram compostos de festas, jantares e viagens. Assim, era necessário realizar algumas negociações, a fim de tornar compatíveis as obrigações familiares de cada uma das mulheres e as exigências impostas para integrar e se manter no time de voleibol. Essas negociações envolviam, por exemplo, como descreveu Pacheco, a programação das férias, que as mulheres faziam com suas famílias. Se, por exemplo, Rafaela, uma das jogadoras, optou por viajar com o namorado em detrimento da participação em um jogo que o time tinha agendado, havia mulheres que ajustavam a realização dessas viagens à condição de não se ausentarem do time em momentos de treinos e jogos. As negociações também aconteciam no próprio momento dos jogos, uma vez que não era incomum elas levarem para os locais de treinos e de competições os(as) filhos(as) e terem de sair da quadra para cuidar deles. Já em relação ao ato de jogar, este também implicava certa seriedade. Para se manter no time era preciso, além de saber jogar, "jogar bem". Para elas, o "jogar bem" estava relacionado com determinada qualidade técnica que proporcionasse níveis ótimos de tensões durante o jogo. O rendimento esportivo exigido para permanecer no time era o que proporcionava a estimulação de emoções agradáveis, assim como o que oferecia condição para vencer as partidas, algo bastante desejado. Desse modo, ao investigar a apropriação daquelas mulheres em relação ao voleibol "no lazer", Pacheco coloca em debate a questão da seriedade e das obrigações coletivas, estabelecendo um diálogo com alguns entendimentos sobre lazer que, *a priori*, não abordam esses temas e, inclusive, revelam dificuldade para aceitar que "o sério possa ser divertido".

A questão da seriedade vinculada a experiências de práticas corporais esportivas nos lazeres também emergiu no estudo desenvolvido por Túlio Zambelli (2014). Nesse trabalho, e na reflexão publicada posteriormente (Zambelli; Stigger, 2015), os autores propõem elementos que questionam a compreensão do lazer com base num exercício de distanciamento entre seriedade e ludicidade. Desenvolvendo uma pesquisa etnográfica de dez meses num "grupo" de nadadores *masters* da cidade de Porto Alegre (RS), num espaço-tempo vivido como de lazer, Zambelli pôde conviver com os interlocutores na "borda da piscina" (observações de fora da água) e também "de dentro da piscina" (nadando e competindo com os nadadores da equipe), sendo tais lugares de observação decisivos para a compreensão de formas de apropriação das práticas pelos nadadores e, portanto, da própria vivência de lazer.

Nesse contexto, o autor percebeu que, para os nadadores *masters*, a prática intercambiava e, por vezes, produzia sobreposições de duas dimensões: a "competitiva" (lógica da competição, do rendimento e da seriedade) e a "*ligth*"[03] (envolvendo uma pluralidade de interesses, como pertencer a um grupo, viver o espírito de equipe, cuidar da saúde etc.). Zambelli notava o que chamou de heterogeneidade interna "no grupo", chegando à conclusão de que, nas redes de sociabilidade da natação, se desenvolvia um esforço coletivo para produzir compromissos singulares, que gerenciavam as noções de "competitivo" e de *"light"*, porém não vivendo isso de maneira antagônica ou ambivalente, tal como é comumente observado nas narrativas do campo do lazer.

Tanto esse trabalho "na natação" (Zambelli, 2014) como o "no voleibol" (Pacheco, 2012) e o "no futebol" (Stigger, 2002) foram capazes de mostrar e sustentar que "no lazer" se produzem condições privilegiadas para apropriações culturais diversas, heterogêneas. Os diálogos teórico-reflexivos que essas pesquisas proporcionaram têm levado ao entendimento de que as redes de sociabilidade de lazer – os distintos "grupos" formados por "pessoas comuns" nos seus cotidianos – criam suas lógicas de solidariedade e de reciprocidade, a partir das quais operam apropriações não só das/nas práticas corporais esportivas, mas também dos espaços e dos equipamentos esportivos.

Tal entendimento foi constituído mediante a interlocução com as obras de dois autores frequentemente citados nos debates do Gesef: Pierre Bourdieu e Michel de Certeau. De um lado, com a obra de Pierre Bourdieu (2003), as apropriações "no lazer" se relacionam com a compreensão de que "os grupos" – sobretudo aqueles mais institucionalizados – desenvolvem espécies de retraduções das práticas, dos espaços e dos equipamentos esportivos, segundo as características de propriedade de seus universos simbólicos (seus princípios imanentes, seus capitais, suas posições relacionais etc.). De outro, com a obra de Michel de Certeau (2002), as apropriações "no lazer" são produções secundárias, invenções cotidianas da marginalidade da maioria (os sujeitos comuns), isto é, produções sub-reptícias que se consumam diante do poder, operações configuradas como táticas e bricolagens, engenhosidades que, embora não tenham uma relação de homologia com um universo simbólico (um próprio, como refere o autor), não devem ser descartadas como cultura.

Dessa maneira, o exercício investigativo orientado pela antropologia simbólica, ancorada na interpretação da cultura (Geertz), nos tem feito não adotar posicionamentos nem em um lado (Bourdieu), nem em outro (Certeau). Isso porque "no lazer", notamos ambas as apropriações, por vezes pela mesma pessoa, o que revela a complexidade do fenômeno.

03
A QUESTÃO DAS SOCIALIZAÇÕES NO LAZER

Outra questão cara aos estudos "no lazer" desenvolvidos pelo Gesef tem sido a socialização, entendida aqui, principalmente, no sentido de educação não formal. Ao longo dos estudos empreendidos no Gesef, temos sido convencidos de que aquilo que se incorpora "no lazer" não resulta de aprendizagens numa esfera ou dimensão que fica "entre parênteses" na vida cotidiana das pessoas e grupos sociais, nem está isento de disputas simbólicas, de processos de legitimação atravessados por questões de poder. Essa reflexão já foi pontuada noutro trabalho que discute a relação entre lazer, cultura e educação (Stigger, 2009), sustentando – como aqui o fazemos – que "no lazer" as ações-aprendizagens, mais do que fundamentais para a convivência, existência e continuidade dos "grupos", produzem impactos na formação social das pessoas. É "no lazer", por exemplo, que também aprendemos a ser velhos, a ser jovens, a ser meninos ou meninas, tal como passamos a descrever sucintamente, tendo em vista três trabalhos investigativos realizados.

A primeira pesquisa que optamos por comentar é a desenvolvida, por Raquel da Silveira e Marco Paulo Stigger (2004), no Parque da Redenção de Porto Alegre, um importante espaço de lazer da cidade. Lá acontecem muitas atividades e, entre elas, há um grupo de homens, na sua maioria aposentados, que se reúne para jogar bocha diariamente. Preocupados em investigar os significados "da bocha" para aqueles homens, Silveira e Stigger identificam a existência de uma associação (Sociedade Esportiva Recanto da Alegria – Soeral), criada por eles como forma de organização interna, financiada com o pagamento de mensalidades e que assume as funções de organização e cuidado com a limpeza do espaço, manutenção das canchas de bocha e coordenação de equipes competitivas. Além disso, essa associação também ganha importância externamente, quando esse grupo de homens passa a dialogar, com o poder público, sobre o direito de organizar o uso das canchas do parque.

Diante dessa conformação, os autores constataram que jogar bocha na Soeral significava integrar uma rede de sociabilidade a que era atribuída grande importância na vida daqueles homens. Era na Soeral que eles encontravam um espaço para vivenciar, de certa maneira, a condição de aposentados, e viver a velhice não como restrita "ao ficar em casa", mas, sim, como propiciadora de um momento da vida em que estabeleciam outros vínculos sociais. Esses senhores se comprometiam com funções administrativas criadas na associação (presidente, vice-presidente, tesoureiro, entre outras), assim como demarcavam espaços no próprio jogo da bocha, uma vez que desejavam ser reconhecidos como bons jogadores e que, para isso, frequentavam as canchas diariamente. Assim, ao estudar esse espaço de lazer, os autores nos mostraram que lá os homens aprendiam a viver o envelhecimento de uma maneira peculiar, na qual novos vínculos eram instaurados.

Outra pesquisa que contribui para compreendermos os processos de socialização que acontecem "no lazer" foi realizada, no âmbito do recreio escolar, por Ileana Wenetz (2005). Ao problematizar esse tempo vivenciado por crianças da primeira à quarta série do ensino fundamental, a autora identificou diferentes maneiras mediante as quais elas aprendiam a ser meninas ou meninos. Isso porque, assim como em outros espaços formais de aprendizagem da escola, também no recreio os processos de socialização das crianças aconteciam de diferentes formas.

Ao longo da pesquisa, Wenetz notou que tanto as brincadeiras como a ocupação dos espaços disponibilizados para o recreio ofertavam aprendizagens "não oficiais e não intencionais", carregadas de modos de ser menina ou menino. No que se refere a brincadeiras, ficou evidente, por exemplo, que, em sua maioria, as meninas escolhiam as danças, em que era permitida certa dose de erotização ao criarem ou reproduzirem coreografias. Já para os meninos, o futebol era a brincadeira favorita. Nessas situações de lazer (dançando ou jogando), as crianças "classificavam" as brincadeiras como sendo "de meninas" e "de meninos" a partir de padrões hegemônicos de gênero e sexualidade. Essas classificações constituíam parte dos seus quotidianos, fazendo que as crianças considerassem "normal que o(a) menino(a) seja assim". Mas havia crianças que rompiam com essa classificação, o que acarretava reprovações: se um menino mostrasse interesse em dançar, ou se uma menina quisesse jogar futebol, não raramente recebiam críticas dos seus pares, durante as quais eram pronunciadas expressões como "barangas", "bebezinhos da mamãe", "bicha", "bambi" etc. Já em relação aos espaços do pátio, a ocupação envolvia desde negociação até imposições entre meninos e meninas, e entre os mais velhos e os mais novos. Nesses processos que constituem o recreio, as crianças se socializavam, aprendendo a ser meninas ou meninos. Em suma, o tempo do recreio, ao se configurar como o tempo "de lazer" dentro do universo escolar, também trazia ensinamentos e contribuições para a formação das crianças.

Mas, se "no lazer" há aprendizados sobre "ser/tornar-se velho" e para "ser/tornar-se menino/menina", também há sobre "ser/tornar-se jovem". É exatamente o que revelou a pesquisa etnográfica desenvolvida por Marcelo Rampazzo (2012), que conviveu com praticantes de *skate* numa pista da cidade de Porto Alegre. O propósito desse trabalho foi entender como essa prática fazia parte dos projetos de vida dos jovens, e como isso indicava caminhos para articulações com os contextos familiares, educacionais e de trabalho. Os resultados apontaram para o fato de que os projetos eram marcadamente diferentes conforme os grupos de sociabilidade: de um lado, os chamados "calças coladas" e, de outro, os "calças largas", cada um deles propondo projetos distintos de "ser jovem" e de viverem o *skate*.

Os jovens "calças largas" tinham uma perspectiva – e até uma maior condição – de "viver profissionalmente" do *skate*, enquanto os "calças coladas" eram um grupo formado por aqueles que, predominantemente, viam no *skate* uma prática de lazer. Rampazzo desenvolveu sua pesquisa frequentando o segundo grupo, procurando saber como as relações constituídas "na pista" produziam impactos sobre seus projetos de ser jovem. Pôde observar, então, que aquele lugar era significado como um universo que não limita a convivência (como a educação formal vista como possibilidade de uma certificação importante), que servia para escapar das cobranças dos familiares (ainda que houvesse apoio destes) e que os fazia buscar trabalhos para sustentar a prática (o que se aliava com os anseios da família).

Num debate sociológico sobre as questões de socialização descritas acima, nos vinculamos, de um lado, à perspectiva crítica dos estudos culturais (Hall, 1997), que propõem a centralidade da cultura, fazendo-nos observar os currículos dos lazeres[04] como espaços de poder, onde também se desenvolvem distinções, classificações e hierarquizações, mas que, ao mesmo tempo, figuram como espaços privilegiados de formação, que questionam, que estranham os enunciados culturais hegemônicos. De outro, temos tomado a socialização "no lazer" na interlocução com a obra de Bernard Lahire (2002; 2006), isto é, como um processo de incorporação de disposições culturais que servirão como esquemas de ação – um senso prático –, mas que podem ser plurais, tanto quanto possibilitam os diferentes contextos nos quais os sujeitos participaram ao longo de suas trajetórias de vida (Lahire, 2002; 2006). O entendimento, portanto, é o de que as redes de sociabilidades de lazer se oferecem como contextos tão relevantes como a família, o trabalho e a escola, nos quais as pessoas adquirem também seus patrimônios disposicionais, que lhes possibilitam e permitem agir e se reconhecer como sujeitos sociais (ser criança, jovem, adulto, velho, homem, mulher, por exemplo).

Esses diálogos teórico-sociológicos não têm sido efetivados para comprovar as teorias, mas para sustentar que, "no lazer", há currículos culturais em ação – e que também eles oportunizam a incorporação de disposições plurais e, por vezes, contraditórias, sem que sejam vividas enquanto tal ou como ambiguidades (como o debate da seriedade-ludicidade).

---

[04] O uso da palavra currículo se dá num sentido que engloba as propostas e intenções do que se faz nesse espaço/tempo, seguindo uma lógica dos chamados estudos culturais.

04
A QUESTÃO DAS INTERMEDIAÇÕES NO LAZER

Cabe ainda mencionar uma linha de trabalho mais recente no Gesef, a qual resulta justamente das provocações gestadas pelo acúmulo de reflexões que pudemos rapidamente expor até aqui, com destaque para a dificuldade de explicar o fenômeno com base numa linha teórica e de conferir contornos ao que acontece nele. Estamos nos referindo a uma proposta de investigação "no lazer" que não se dedica aos estudos "nos grupos" de sociabilidade (como os mostramos anteriormente), mas que se propõe, fundamentalmente, a seguir arranjos (mais ou menos estáveis, mais ou menos explícitos, mais ou menos controversos) de elementos heterogêneos que constituem as ações de diversão relacionadas às corporais esportivas.

Essa outra atitude metodológica tem nos proporcionado compreender que, "no lazer", existem possibilidades profícuas para conexões de elementos bastante heterogêneos (como demonstraremos a seguir), algo que apenas tem sido possível observar pela descrição dos fluxos e conexões de pessoas, de ideias, de histórias, de objetos. Além de "permanecer nos grupos", fomos aprendendo que era também "necessário" seguir – em etnografias multilocalizadas – os elementos que constituem as práticas "nos lazeres" desses "grupos". Isso significa reconhecer que a produção de conhecimento "no lazer" está imbricada com as posições que o pesquisador ocupa e, diante disso, com as possibilidades de mapeamento deste sobre tudo aquilo que está conectado numa determinada ação-situação de diversão.

Uma das investigações que operou nessa perspectivada etnográfica multilocalizada foi realizada por Mauro Myskiw (2012), "no circuito" de futebol de várzea da cidade de Porto Alegre. Tratava-se de um grande arranjo de pessoas, times, ligas, comunidades e instituições para desenvolver campeonatos regionais no primeiro semestre de cada ano, e o campeonato municipal no segundo semestre, este contando com os times classificados nos regionais. Esse arranjo era descrito e vivenciado pela maioria dos interlocutores como "de lazer". Inicialmente, o autor buscava descrever seus contornos, isto é, aquilo que fazia parte da "constituição da várzea" como um universo simbólico singular, em relação a outros circuitos (profissional, amador, praiano etc.).

Ora, se havia um circuito amplamente reconhecido pelas pessoas – em Porto Alegre – como sendo "a várzea", o pesquisador logo buscou compreender quais os elementos simbólicos em torno dos quais ele se consolidava. Contudo, ao longo do processo de investigação, notou que esse era um exercício que criava mais limites do que possibilidades para a compreensão daquele futebol "no lazer". Myskiw teve, então, de reorientar sua pesquisa para aquilo que denominou de "controvérsias da várzea", pois passou a observar que a produção de significados, naqueles lazeres futebolísticos, envolvia a circulação e os arranjos bastante dinâmicos acerca do que estava sendo "um time", "a organização", "um campo" e "a disciplina". Somente lhe foi possível compreender "a várzea" a partir de situações etnográficas em circulação e multilocais.

Um exemplo didático possível dessa dinâmica de controvérsias pode ser observado naquilo que se mencionava como "organização". Seguindo um "dono de liga" de futebol da cidade, Myskiw acompanhou como ele atuava à maneira de um agente que conectava um amplo conjunto de elementos bastante heterogêneos: negociava com a Prefeitura, na Secretaria de Esportes, Recreação e Lazer, para obter a cessão do campo; pagava taxas para a associação comunitária, no parque; acionava uma liga de arbitragem, cujo gestor mobilizava suas relações para compor uma equipe de árbitros; ainda "na Vila" conversava com os patrões do tráfico, solicitando que controlassem "os seus", na torcida; enviava ofícios para batalhões da brigada militar da cidade, alertando para a necessidade de policiamento; contratava ônibus para "levar a comunidade" até o local das partidas; alugava "carretos" para transportar bebidas e salgadinhos que seriam comercializados na beira do campo; ligava para os candidatos a deputado na eleição próxima, para estarem presentes; entrava em contato com o "dono" do jornal *A Voz do Amador*, para que cobrisse a realização do evento; organizava a vida da sua companheira e dos filhos para que estivessem lá, para assistir à disputa e para trabalhar; ligava para o pesquisador, solicitando que o ajudasse a "fazer a súmula" das partidas e as "tabelas" dos jogos; por fim, acertava, com os "donos dos times" que se enfrentariam, o uso dos cartões e o compromisso com a disciplina e a moral desportiva. A ação de organizar uma partida "no lazer", portanto, conectava times, Prefeitura, associação comunitária, policiamento, políticos, transporte privado, famílias, tráfico, veículo de comunicação, pesquisa e empresa de arbitragem. Mas em cada jogo, em cada rodada, cada lugar distinto onde "a várzea" era materializada, os arranjos que constituíam "a organização" não eram necessariamente os mesmos. Assim, para entender o fenômeno, numa das frentes da pesquisa, foi necessário seguir esse conjunto de elementos que eram acionados e que constituíam as ações "no lazer".

Outra pesquisa que ampliou o olhar para arranjos que passam a sustentar os espaços/tempos de lazer foi desenvolvida por Leandro Forell (2014), apesar de não estabelecer um diálogo mais direto com as obras que norteiam os estudos mais recentes do grupo. Com o objetivo de compreender a participação da comunidade na gestão das políticas públicas de esporte e lazer em um parque da cidade de Porto Alegre, o autor traz para o debate os aspectos históricos do parque; as diferentes noções de participação e democracia para a comunidade em questão; as ações cotidianas, dos usuários do parque, para manterem a política e a participação nas atividades; e a atual organização do parque, que envolve a gestão municipal, os distintos grupos sociais que o frequentam e a sua associação. Atenta a esses diferentes elementos, a pesquisa não se foca em estudar "as" políticas públicas de esporte e lazer, mas, sim, em estudar "nas" políticas. Esse direcionamento investigativo ganhou materialidade por meio dos deslocamentos que o autor foi estabelecendo, tanto espacialmente quanto temporalmente.

Ao longo desse processo, Forell (2014) constata uma "produção coletiva" do lazer naquele parque, a qual não cabe reduzir aos processos do mercado ou aos da "emancipação". A partir da participação das pessoas que frequentam o parque nos processos decisórios de gestão, organização e manutenção, as políticas públicas de esporte e lazer que lá acontecem se mantêm de maneira significativa, proporcionando um sentimento de pertencimento àquele espaço pela população. Um relato descrito pelo autor foi o pedido de um frequentador do parque, que desejava que, quando morresse, suas cinzas fossem jogadas no campo de futebol do parque. Esse fato se concretizou no dia 22 de outubro de 2012 e, conforme afirmou o autor, demonstra a potência afetiva e simbólica que o espaço representa para os seus frequentadores. Além disso, esse acontecimento mostra a diversidade de elementos que o lazer foi capaz de acionar na vida das pessoas.

Com o recurso a esses dois trabalhos (Myskiw, 2012; Forell, 2014), quisemos enfatizar que divertir-se "no lazer" não é uma ação que se localiza somente em corpos (no prazer individual), mas que, além disso, é uma produção momentânea, que se dá em redes de elementos bastante diversos, os quais – segundo as características dos arranjos possíveis (mais ou menos estáveis ou controversos) – possibilitam ou impossibilitam sua realização. Essa é uma linha de estudos que dialoga com a obra de Bruno Latour (2012) quanto à sua proposição para uma teoria ator-rede. Segundo essa linha, o pressuposto da ação de divertir-se "no lazer", por exemplo, não pertence somente ao sujeito que se diverte, pois as capacidades necessárias para tal diversão estão distribuídas numa série de elementos que se conectam e atuam na dinâmica de intermediação.

05
CONSIDERAÇÕES FINAIS

Iniciamos este texto indicando que não é a primeira vez que produzimos trabalhos destinados a expor e, até mesmo, a analisar reflexivamente as produções e trajetórias do Gesef. Os dois trabalhos precedentes estiveram focados nos modos de investigação, ao passo que este teve, como ponto central, a apresentação de eixos de contribuições aos debates sobre questões do lazer, mostrando alguns diálogos com teorias sociológicas que – mesmo que não estejam presentes em todos os trabalhos do grupo – têm se mostrado importantes para os processos analíticos e interpretativos desenvolvidos.

Antes de passar para as conclusões, vale lembrar que as contribuições elencadas estiveram sustentadas numa perspectiva de estudos "no lazer", isto é, de convivência com pessoas comuns e grupos nas "situações de lazer", em vista de esforços compreensivos a respeito do que está em jogo no lazer, de como o lazer mobiliza a vida social e cultural. E, para isso, pontuamos, com base nas investigações etnográficas do grupo, três questões, conforme seguem.

- As apropriações culturais que ocorrem no lazer frequentemente operam o que podemos denominar de mediações de dois movimentos entrelaçados: ora demonstram ser resultado daquilo que é válido, adequado e legítimo numa rede de sociabilidade específica, entendida como um universo simbólico particular, com seus princípios e lógicas imanentes (o grupo de futebol Caídos na Praia, o grupo de mulheres no voleibol e o grupo de nadadores num clube faziam valer suas tradições); ora abrem espaços e oportunidades para consumos culturais que escapam ou se esquivam das lógicas imanentes aos grupos, porém sem que isso seja, necessariamente, uma prática de resistência ou de enfrentamento às dinâmicas de poder. Esses dois movimentos – juntos – se oferecem como base para a heterogeneidade de significados das práticas corporais, possibilitando compreender como, nos lazeres esportivos, coabitam as noções de ludicidade e seriedade.

- As aprendizagens que ocorrem no lazer, ainda que num ambiente de pouca formalidade e institucionalidade, não estando "entre aspas" na vida social, também são marcadas por currículos culturais que congregam enunciados, dinâmicas de enunciação e de poder fortemente determinadas por setores, grupos ou coletivos que podemos denominar de dominantes ou de hegemônicos (nas práticas esportivas, nas brincadeiras, na recreação se aprende a envelhecer, a ser mulher/homem, a ser jovem); mas, ao mesmo tempo, podemos observar, nas socializações, as incorporações de patrimônios disposicionais diversos, alguns contraditórios em relação aos outros, sobre o que é ser velho, mulher/homem ou jovem, como observamos na pista de *skate*, em que foram percebidos diferentes projetos possíveis em relação a como viver aquela prática corporal (como um "calça colada" ou como um "calça larga).

- As capacidades para o lazer estão diluídas nas possibilidades ou impossibilidades de intermediação ou de colocar em ação, de mobilizar, de articular, de conectar agregados de elementos heterogêneos (família, polícia, política, prefeitura, empresas, times, pesquisa e associação, como no caso da rodada de futebol mencionada), que nos servem como instrumento para escrever as ações. Essa escrita das ações, quando observada na perspectiva dos fluxos de seus elementos e na multilocalidade em que se materializa, imprime a necessidade de compreensão, sempre atrelada aos arranjos, sobre aquilo que está sendo o lazer, mais do que sobre o que ele é ou pode ser.

Numa síntese conclusiva do que pudemos expor nesses três itens, se retornamos à nossa questão sobre "o que está em jogo no lazer", considerando as experiências e aprendizagens investigativas do Gesef, podemos responder que são as apropriações, as socializações e as intermediações. E, para pensar cada uma dessas questões que estão colocadas no estudo do lazer, reforçamos a importância de compreendê-las em movimentos interpretativos que abram espaços para sobreposições teórico-metodológicas. Portanto, não se trata de dizer que o lazer é uma questão social e cultural ambígua, mas que as teorias com as quais dialogamos ainda devem ser forjadas com base nessa perspectiva: "no lazer". Está aí o nosso desafio contínuo.

06
REFERÊNCIAS

BOURDIEU, P. "Como se pode ser desportista?" Em: _____. *Questões de sociologia*. Lisboa: Fim de Século, 2003.

CERTEAU, M. *A invenção do cotidiano: 1. artes de fazer*. 7. ed. Petrópolis: Vozes, 2002.

FORELL, L. *Participando na cidade: um estudo etnográfico sobre a participação em políticas públicas de esporte e lazer no Parque Ararigboia em Porto Alegre-RS*. 181 f. Tese (Doutorado em ciências do movimento humano) – Escola de Educação Física, Fisioterapia e Dança, Universidade Federal do Rio Grande do Sul. Porto Alegre: 2014.

HALL, S. "A centralidade da cultura: notas sobre as revoluções de nosso tempo". *Educação e Realidade*, jul./dez. 1997, vol. 22, n. 2.

LAHIRE, B. *A cultura dos indivíduos*. Porto Alegre: Artes Médicas, 2006.

_____. *O homem plural: os determinantes da ação*. Petrópolis: Vozes, 2002.

LATOUR, B. *Reagregando o social: uma introdução à teoria do ator-rede*. Salvador; Bauru: Edufba; Edusc, 2012.

MYSKIW, M. *Nas controvérsias da várzea: trajetórias e retratos etnográficos em um circuito de futebol da cidade de Porto Alegre*. 415 f. Tese (Doutorado em ciências do movimento humano) – Programa de Pós-Graduação em Ciências do Movimento Humano, Universidade Federal do Rio Grande do Sul. Porto Alegre: 2012.

MYSKIW, M.; MARIANTE NETO, F. P.; STIGGER, M. P. "Estranhando as necessidades da pesquisa: reflexões sobre os posicionamentos de quem escreve sobre a cultura". *Revista Brasileira de Ciências do Esporte*. Florianópolis: abr./jun. 2014, vol. 36, n. 2, supl.

PACHECO, Ariane Corrêa. *"É lazer, tudo bem, mas é sério": o cotidiano de uma equipe master feminina de voleibol*. 128 f. Dissertação (Mestrado em ciências do movimento humano) – Programa de Pós-Graduação em Ciências do Movimento Humano, Universidade Federal do Rio Grande do Sul. Porto Alegre: 2012.

_____; STIGGER, M. P. "'É lazer, tudo bem, mas é sério': notas sobre lazer a partir do cotidiano de uma equipe *master* feminina de voleibol". *Movimento*. Porto Alegre: jan./mar. 2016, vol. 22, n. 1.

RAMPAZZO, M. Skate, *uma prática no lazer da juventude: um estudo etnográfico*. 128 f. Dissertação (Mestrado em ciências do movimento humano) – Universidade Federal do Rio Grande do Sul. Porto Alegre: 2012.

SILVEIRA, R.; STIGGER, M. P. "A prática da 'bocha' na Soeral: entre o jogo e o esporte". *Movimento*. Porto Alegre: maio/ago. 2004, vol. 10, n. 2.

STIGGER, M. P. *Desporto, lazer e estilos de vida: uma análise cultural a partir de práticas desportivas realizadas nos espaços públicos da cidade do Porto*. 321 f. Tese (Doutorado em ciências do desporto) – Faculdade de Ciências do Desporto e de Educação Física, Universidade do Porto. Porto: 2000.

_____. *Esporte, lazer e estilos de vida: um estudo etnográfico*. Campinas: Autores Associados, 2002.

_____. "Grupo de Estudos Socioculturais em Educação Física (Gesef): uma trajetória meio biográfica em diálogo com estudos do lazer". *Revista Brasileira de Estudos do Lazer*. Belo Horizonte: set./dez. 2015, vol. 2, n. 3.

_____. "Lazer, cultura e educação: possíveis articulações". *Revista Brasileira de Ciências do Esporte*. Campinas: jan. 2009, vol. 30, n. 2.

WENETZ, I. *Gênero e sexualidade nas brincadeiras do recreio*. 204 f. Dissertação (Mestrado em ciências do movimento humano) – Universidade Federal do Rio Grande do Sul. Porto Alegre: 2005.

ZAMBELLI, T. M.; STIGGER, M. P. Natação *master* é séria e/ou divertida? Lazer, diversidade e significados. Em: 19º Congresso Brasileiro de Ciências do Esporte, 6º Congresso Internacional de Ciências do Esporte, 2015, Vitória. Em: *Anais do XIX Congresso* Brasileiro de Ciências do Esporte, Vitória, 2015.

_____. *Significados da natação para praticantes* master *de um clube da cidade de Porto Alegre: um estudo etnográfico*. 129 f. Dissertação (Mestrado em ciências do movimento humano) – Programa de Pós-Graduação em Ciências do Movimento Humano, Universidade Federal do Rio Grande do Sul. Porto Alegre: 2014.

O Gesporte e suas contribuições no desenvolvimento acadêmico-científico dos estudos do lazer no Brasil

Antonio Carlos Bramante
Paulo Henrique Azevêdo

01
INTRODUÇÃO

Se considerarmos que os estudos do lazer, enquanto campo de estudo e intervenção, historicamente estiveram, na maioria das vezes, atrelados ao esporte, e que a geração de novos conhecimentos, advindos de pesquisas sistemáticas, se fez a partir dos cursos de pós-graduação *stricto sensu*, é plausível inferir que o seu desenvolvimento, no Brasil, é recente, já que o primeiro curso de mestrado em educação física (âmbito prioritário para o desenvolvimento do conhecimento sobre os esportes) surge na então Escola de Educação Física da USP, em 1976, e, no campo do lazer, somente em 1990, na Faculdade de Educação Física da Unicamp.

Da mesma forma, é possível identificar o perfil dos primeiros trabalhos advindos desses cursos, que recorreram prioritariamente, e em maior escala, as pesquisas "teóricas" em detrimento das pesquisas "aplicadas"[01].

Somente na virada do século começam a surgir os primeiros grupos de estudo e pesquisa ligados ao campo da gestão, especialmente no campo do esporte, mas com pouquíssimos grupos dedicados à gestão do lazer.

As pesquisas sobre esporte, aqui objeto de análise, embora sejam consideradas como uma manifestação cultural multidisciplinar, têm sua base epistemológica predominante dentro da educação física. Uma breve busca[02] nos canais disponíveis na página Diretório de Grupos de Pesquisas no Brasil do CNPq[03] mostrou que, separadamente, a palavra *esporte* indicou a existência de 608 grupos; *lazer*, 298 e gestão, 5.432. No entanto, quando associados, os termos *gestão* e esporte geram o reduzido número de 32 grupos, ao passo que a associação de *gestão* e *lazer* apesenta 19 resultados.

01
Essa divisão é feita, aqui, apenas para fins didáticos, visando evidenciar a predominância de um tipo de pesquisa em relação a outro.
02
Realizada em ll jan. 2018.
03
Disponível em: <http://lattes.cnpq.br/web/dgp/home>. Acesso em: 27 maio 2018.

Por fim, quando associados os três termos, somente 11 grupos são identificados. Vale ressaltar que o Gesporte (Gestão e *Marketing* da Educação Física, Esporte, Saúde e Lazer), sediado na Faculdade de Educação Física da Universidade de Brasília (UnB), aparece em todas as pesquisas realizadas (a partir daqui a sigla "Gesporte" será utilizada para referir-se a esse grupo de estudos, pesquisa e intervenção).

Quando associamos o termo *gestão*, seja a *esporte*, seja a *lazer*, longe de estabelecer a equivocada dicotomia entre "teoria e prática", como afirmado anteriormente, é usual que as ações de um grupo de estudo e pesquisa se aproximem mais das questões "aplicadas". Da mesma forma, dentro do tradicional tripé das competências e das responsabilidades de todo docente inserido no ambiente universitário – ensino, pesquisa e extensão –, na concepção antes retratada, um melhor equilíbrio entre essas funções é mais observado.

O grupo de pesquisa Gesporte teve origem em novembro de 2002. Criado pelo professor Paulo Henrique Azevêdo, que à época realizava o seu doutoramento, o grupo era composto, também, pelo professor doutor Jônatas de França Barros, seu orientador, e alguns poucos alunos de mestrado. As reuniões ocorriam em salas de aula, em momentos em que não estavam sendo utilizadas com outras atividades.

Cultivando sua característica fundamental, de manter uma ligação permanente entre a universidade e a sociedade, o Gesporte realiza estudos e debates acerca do impacto da gestão e do *marketing* enquanto agentes essenciais para a qualidade de organizações e eventos, temas que ainda encontram pouco referencial na literatura, sobretudo em nível nacional. Destacam-se as pesquisas científicas sobre políticas públicas, do terceiro setor e empresariais que repercutem no ambiente da educação física, esporte e lazer. Periodicamente, e de maneira intensa, o Gesporte realiza eventos e treinamentos que promovem a integração da universidade com a comunidade.

A reunião que transformou o grupo em multidisciplinar ocorreu em 13 de junho de 2007 e contou com a presença de profissionais da educação física, da sociologia e do jornalismo. Após esse evento inicial, o Gesporte passou a organizar atividades estrategicamente planejadas para o desenvolvimento do esporte e do lazer. O Gesporte foi oficialmente implantado, fisicamente, no dia 2 de maio de 2008, em instalação localizada no Centro Olímpico da Faculdade de Educação Física (FEF) da Universidade de Brasília (UnB).

02
O QUE É O GESPORTE

O Gesporte é um grupo de base científica, autônomo e independente, que estuda as práticas gerenciais dentro do ambiente esportivo e do lazer. De caráter multidisciplinar, fundamenta-se no ensino, pesquisa, extensão e comunicação das atividades que desenvolve, enfocando as áreas de gestão, *marketing* e desenvolvimento de políticas públicas de esporte e lazer. Tem por objetivos: a) integrar ensino e extensão para a produção de conhecimento por meio da pesquisa; b) capacitar e qualificar pessoas para atuarem com competência no ambiente gerencial esportivo e c) discutir, cientificamente, o esporte e o lazer enquanto instrumentos para a melhora das condições sociais e de saúde da população, utilizando ferramentas administrativas e mercadológicas para a consecução dos melhores resultados.

No rol de suas atividades, o Gesporte:

- realiza capacitação e qualificação profissional;
- planeja e organiza eventos técnico-científicos;
- interage com o campo de atuação do gestor esportivo; e
- promove ações multidisciplinares para o desenvolvimento do esporte e lazer, sempre com parcerias institucionais.

Periodicamente, o laboratório planeja, organiza e realiza diversos eventos – autonomamente ou por meio de parcerias –, como congressos, jornadas, ciclos de palestras e competições esportivas, que estimulam a difusão do conhecimento e o debate sobre a gestão esportiva e o *marketing* esportivo, e que servem como referência e orientação a graduandos e graduados, sempre relacionando o conhecimento acadêmico às reais necessidades do mundo do trabalho.

Registro oficial do Gesporte

Em 2005, o Grupo de Pesquisa Gestão e *Marketing* da Educação Física, Saúde, Esporte e Lazer (Gesporte) foi registrado no Conselho Nacional de Desenvolvimento Científico e Tecnológico (CNPq)[04] e certificado pela Universidade de Brasília (UnB). O grupo possui as seguintes linhas de pesquisa:

04
Disponível em: <http://dgp.cnpq.br/dgp/espelhogrupo/3507236297143321>.
Acesso em: 22 abr. 2018.

- Gestão de Experiências no Lazer;
- Gestão Pública e Empresarial da Educação Física, Esporte e Lazer; e
- Gestão de Organizações de Saúde.

Existe uma constante atualização de atividades no grupo, assim como a permanente adesão, a ele, de novos membros. Aliás, nesse particular é fundamental ressaltar a participação, em seus trabalhos, de duas das maiores expressões da educação física brasileira – o professor doutor Lamartine Pereira da Costa e o professor doutor Antonio Carlos Bramante.

Alunos de graduação e pós-graduação *stricto sensu* são participantes fundamentais no grupo de pesquisa, garantindo a sua perenização e o seu desenvolvimento ao longo do tempo.

Comunicação sobre as atividades desenvolvidas

Para dar suporte às atividades desenvolvidas pelo Gesporte, foram lançadas ferramentas de apoio, para divulgar os trabalhos realizados e facilitar a comunicação com a sociedade.

Em fevereiro de 2007, foi criado o *blog Gesporte*[05], especializado em informações, estudos técnicos e pesquisas científicas sobre a gestão e o *marketing* do esporte e do lazer.

O *site Gesporte*[06], instituído em 2007, tem como propósito propiciar condições favoráveis ao estudo da gestão e *marketing* do esporte e lazer, por meio do aprofundamento de questões conceituais e incentivo à escrita e publicação de trabalhos técnicos e científicos sobre o tema.

Além disso, a difusão de atividades e eventos é feita nas redes sociais, no Twitter e Facebook Gesporte[07].

Outra grande conquista, pela qual o Laboratório vinha trabalhando havia anos, foi a inclusão, em 2014, do Gesporte na Wikipédia[08].

---

[05] Disponível em: <http://gesporte.blogspot.com/>. Acesso em: 22 abr. 2018.
[06] Disponível em: <http://gesporte.net>. Acesso em: 22 abr. 2018.
[07] Disponível em: <www.facebook.com/gesporte/>. Acesso em: 22 abr. 2018.
[08] Disponível em: <http://pt.wikipedia.org/wiki/Gesporte>. Acesso em: 22 abr. 2018.

03
O GESPORTE NA PESQUISA E NA PÓS-GRADUAÇÃO

A partir de 2006, o grupo de pesquisa foi enriquecido com a criação do Programa de Pós-Graduação em Educação Física – Mestrado da UnB, o que representou o início do aprofundamento da pesquisa acerca da gestão e do *marketing* do esporte. Se, por um lado, a criação do mestrado contribuiu para o fortalecimento do grupo de pesquisa, por outro, a formação *stricto sensu* em gestão do esporte também recebeu relevantes contribuições do Gesporte, que passou a oferecer oportunidades para os alunos que estudam esse tema.

Dois fatos muito relevantes ocorreram para o grupo, nos anos de 2007 e de 2008. O primeiro foi a criação da disciplina Projeto de Pesquisa em Educação Física – Gestão do Esporte, que tem sido ministrada com um enfoque gerencial e mercadológico, dentro de temática ligada ao ambiente esportivo e do lazer. Desde então, por meio dessa disciplina, o Gesporte promove a iniciação dos graduandos no mundo da pesquisa científica, empregando, como tema, a gestão do esporte e do lazer. O esforço realizado até o presente culminou com a aprovação e apresentação de trabalhos – apresentações orais e pôsteres – em congressos nacionais e internacionais, além da conquista de prêmios de qualidade. O segundo acontecimento importante foi o início da participação no Programa de Iniciação Científica da FEF-UnB, ocorrido em 2008, pois, a partir daquele ano, a cada edital conseguiu-se a aprovação da maioria dos planos de trabalho propostos e um aproveitamento quase integral na conclusão das pesquisas. Ressalte-se, a propósito, o engajamento dos alunos do mestrado, que participam ativamente em todo o processo, contribuindo decisivamente para o sucesso dos graduandos.

Deve ser destacado que o primeiro discente a concluir o mestrado, no então recém-criado programa de pós-graduação, foi Rubens Eduardo Nascimento Spessoto, cuja pesquisa, voltada à gestão do esporte, foi orientada pelo professor Paulo Henrique Azevêdo. Para desenvolver seu trabalho, Spessoto pôde utilizar toda a estrutura do Gesporte.

Tanto as orientações do Grupo de Pesquisa Gesporte como as do Programa de Iniciação Científica, as da disciplina Projeto de Pesquisa em Educação Física e as dos discentes da disciplina Gestão de Eventos em Esporte, Saúde e Lazer passaram a ser realizadas no Laboratório Gesporte, que tem se tornado referência para pesquisadores da área. Somente após a utilização de instalações físicas próprias, que possuem equipamentos tecnológicos compatíveis, permitem acesso a livros e periódicos da área e possibilitam reuniões regulares, foi possível um crescimento e representatividade do Grupo de Pesquisa Gesporte em todo o Brasil, com repercussão internacional, o que promoveu a sua consolidação. A sede permite a realização de reuniões, apresentações técnico-científicas, recepção de visitantes, concessão de entrevistas e acondicionamento de documentos, entre inúmeras outras atividades e serviços.

Atuação proativa na criação da Associação Brasileira de Gestão do Esporte

A presença de integrantes do Gesporte foi fundamental no processo de fundação da Associação Brasileira de Gestão do Esporte (ABraGEsp), a instituição que congrega pesquisadores e profissionais que atuam nessa área, no Brasil, e que realiza a interface com as demais associações dessa área em todo o mundo.

Vale lembrar que três dos fundadores eram integrantes do Gesporte: João Eduardo Batista, Rubens Eduardo Nascimento Spessoto e Paulo Henrique Azevêdo, que se tornou, quando da fundação da instituição, seu vice-presidente.

Em novembro de 2009, durante o 3º Congresso Brasileiro sobre Gestão do Esporte (CBGEsp), realizado em São Paulo, o Gesporte conquistou o direito de organizar o 4º Congresso Brasileiro sobre Gestão do Esporte, em 2011 e, caso obtivesse condições, de tornar o evento internacional, com a criação do 1º Congresso Internacional sobre Gestão do Esporte (CIGEsp).

Destaque para o lazer nas atividades desenvolvidas
– Revezamento 25 Horas Nadando

Dentre as ações, treinamentos profissionais e suportes institucionais promovidos pelo Gesporte, sobressai um evento de lazer que acontece desde 1990 e que, em 2018, chegará à sua 25ª edição (suspenso em quatro ocasiões ao longo de sua história): o Revezamento Aquático 25 Horas Nadando. O Gesporte, desde a sua criação, assumiu a gestão desse evento, comprometendo-se a aprimorá-lo; seu principal parceiro, nessa empreitada, é o Serviço Social do Comércio do Distrito Federal (Sesc-DF).

O 25 Horas Nadando é uma das maiores e mais tradicionais maratonas de revezamento aquático do Brasil; voltado a todos os nadadores que queiram dele participar, é realizado anualmente, tendo deixado de se efetivar em apenas quatro ocasiões, ao longo de todos esses anos.

Uma das mais chamativas particularidades dessa maratona aquática é a existência de uma raia exclusiva para pessoas com necessidades especiais, englobando deficientes, gestantes e indivíduos em recuperação de lesões, entre outros.

Anualmente, cerca de 1,2 mil nadadores e 2,5 mil espectadores e participantes de atividades oferecidas paralelamente ao evento frequentam o Parque Aquático William Passos, da Universidade de Brasília e, durante 25 horas, desfrutam de um lazer de qualidade, criativo e de grande impacto social. Crianças a partir de 3 anos e idosos com quase noventa anos compõem o público, que já representa três gerações de fiéis participantes.

Além da natação propriamente dita, durante o 25 Horas são proporcionadas diversas atividades totalmente gratuitas, entre elas mergulho autônomo, gincanas, brincadeiras de pingue-pongue, de pebolim e de polo aquático, xadrez gigante, apresentação de vídeos e música ao vivo, com bandas das mais diversas tendências, entre outras tantas.

04
PRINCIPAIS ATIVIDADES DE EXTENSÃO

A Jornada Sobre Gestão do Esporte (JGesporte) foi lançada, em 2008, como um evento que qualifica profissionais, realiza debates e apresenta tendências sobre a gestão e o *marketing* do esporte e lazer no Brasil e no mundo. A partir de 2016, o evento, que era anual, tornou-se bianual, completando sua 9ª edição em 2018.

Em 2010, foi implantado o Ciclo de Palestras Gesporte, que objetiva apresentar o campo de intervenção em esporte e lazer e servir de referência para a escolha da área de atuação do futuro profissional de educação física. Foi o primeiro evento da FEF-UnB a articular a presença de membro externo de banca examinadora de mestrado, no Programa de Pós-Graduação em Educação Física da FEF, para a realização de palestra de interesse da educação física. O Ciclo de Palestras Gesporte já contou com a presença do professor Lamartine da Costa, do técnico de basquetebol José Vidal e do atleta olímpico Hugo Parisi, entre outros importantes profissionais de Educação Física do Brasil, da Austrália, de Portugal e da França. O evento é planejado, realizado e avaliado como componente curricular do curso de educação física, na disciplina Gestão de Eventos em Esporte, Saúde e Lazer, além de constituir atividade de qualificação profissional dos participantes do Programa de Qualificação Profissional em Gestão do Esporte, desenvolvido pelo Gesporte. Até 2017, foram realizadas 28 palestras técnicas.

Outra ação efetiva foi a participação, na orientação dos alunos de graduação, para a criação da empresa júnior da Faculdade de Educação Física – a Olé Júnior. A iniciativa data de 1994, mas somente em 2010 o projeto foi elaborado na disciplina Administração Desportiva, e o relato, aprovado por unanimidade no colegiado FEF. A Olé Jr. é parceira do Gesporte.

Em novembro de 2009, como já lembramos anteriormente, o Gesporte ganhou o direito de planejar e realizar o 1º Congresso Internacional e o 4º Congresso Brasileiro sobre Gestão do Esporte. O evento aconteceu em novembro de 2011, no Centro de Convenções Ulysses Guimarães, em Brasília, Distrito Federal. Estiveram presentes mais de 750 participantes, de diversos países, e os mais renomados palestrantes da área da gestão do esporte e lazer do Brasil e do exterior.

Planejado em 2010 e iniciado em 2011, o Congresso Internacional do Conselho Regional de Educação Física (ConCref7) acontece todo ano. Idealizado pelo professor Paulo Henrique Azevêdo, organizado pelo Gesporte e pelo Instituto de Desenvolvimento do Esporte (iGesporte) e realizado pelo Conselho Regional de Educação Física da 7ª Região, esse foi o primeiro congresso técnico-científico permanente realizado por um conselho regional de educação física no Brasil. O lazer é um dos temas abordados na parte técnica e na etapa científica, com diversos trabalhos premiados.

Principais parceiros

Todas as atividades realizadas pelo Gesporte contam com a presença de representantes de instituições relevantes no cenário nacional, podendo ser destacadas:

- Ministério do Esporte;
- Ministério das Relações Exteriores;
- Governo de Brasília;
- Conselho Regional de Educação Física da 7ª Região (Cref7) – Distrito Federal;
- Comunidade dos Países de Língua Portuguesa (CPLP);
- Serviço Social do Comércio do Distrito Federal (Sesc-DF);
- Instituto de Desenvolvimento do Esporte (iGesporte).

05
A CONSOLIDAÇÃO DO GESPORTE NO LAZER

Visando potencializar a área do lazer dentro do Gesporte, o professor doutor Antonio Carlos Bramante veio compor a equipe do laboratório em meados de 2014, permanecendo como professor visitante até meados de 2016. Fruto dessa presença, o grande consolidador do lazer enquanto parte institucional do Gesporte foi o pleito realizado em novembro de 2014 em Ilhéus, Bahia, que culminou no planejamento e realização do 27º Encontro Nacional de Recreação e Lazer (Enarel), na Tribuna de Honra do Estádio Nacional de Brasília "Mané Garrincha", com 680 participantes. Tratando do tema Gestão Estratégica das Experiências de Lazer, o evento contou com programação qualificada, palestrantes e participantes de todas as regiões brasileiras e de diversos países; esse projeto foi concluído com a publicação do livro *Gestão estratégica das experiências de lazer*, em junho de 2017.

Uma leitura da gestão do lazer no Brasil

A primeira iniciativa para se criar um grupo de estudos e pesquisa nessa área deu-se no então Departamento de Estudos do Lazer da Faculdade de Educação Física da Unicamp, em 1990. A criação desse grupo fez parte de um projeto mais amplo, na ocasião denominado Plano dos Cinco Anos/1989-1993, que incluía, também, a implantação de uma modalidade de Bacharelado em Recreação e Lazer na graduação, cursos de especialização, mestrado e doutorado na área, criação de um evento técnico-científico nacional (desde 1989 vem sendo realizado o Enarel), publicações no Brasil e no exterior e inserção internacional, entre outros objetivos.

Inicialmente, esse grupo foi denominado Gale (Grupo de Estudos em Administração de Lazer e Entretenimento). Desde o início de suas atividades, o grupo se abriu tanto a alunos de graduação e pós-graduação da FEF-Unicamp como, também, a profissionais que atuavam no campo do lazer e entretenimento, no setor público e na iniciativa privada. Assim, dirigentes de prefeituras, de secretarias de estado, do Sesc, do Sesi, de clubes sóciorrecreativos e dos mais diversos setores do entretenimento reuniam-se, mensalmente, para ampliar os conhecimentos por meio de seminários, promover a troca de experiências e qualificar a intervenção no campo profissional.

Em 2003, por ocasião da 15ª edição do Enarel, em Santo André (SP), coube ao Gale promover o I Encontro de Gestores Públicos em Recreação e Lazer, com duração de quatro horas. Esse evento foi realizado a partir de uma ampla consulta, feita a: 209 grupos de estudo, de abrangência nacional, cadastrados no CNPq; dirigentes de 147 municípios paulistas com mais de 80 mil habitantes, considerados estâncias turísticas; todas as capitais estaduais; 107 faculdades da região metropolitana de São Paulo, nas áreas de administração, turismo, hotelaria, artes e educação física; e 34 gestores e pesquisadores em recreação e lazer, considerados como especialistas da área e representando várias instituições brasileiras, indicados pelos organizadores do Enarel.

Na primeira etapa de consulta, 49 respondentes originaram 323 sugestões de temas. Essas sugestões foram agrupadas em 45 temas, dos quais foram selecionados os dez mais importantes, eleitos pelos respondentes, listados a seguir:

- Políticas públicas de esporte e lazer;

- Administração e gestão pública do lazer (planejamento, organização, execução e controle);
- Planejamento urbano: equipamentos e espaços públicos de lazer;
- Formação e qualificação de recursos humanos para o lazer (inclusive gestores);
- Lazer e inclusão social: atenção aos diferentes segmentos;
- Lazer e qualidade de vida;
- Lazer e educação;
- Lazer e turismo;
- Bases teóricas do lazer;
- Legislação pertinente ao lazer.

No total, somaram-se 170 participantes nesse primeiro encontro, com propostas para a sua continuidade nas edições futuras do Enarel.

As atividades do Gale na FEF-Unicamp estenderam-se até o ano de 2006, quando ocorreu a aposentadoria de seu coordenador, que passou, então, por uma nova etapa de trabalho até 2011, no Curso de Turismo da Universidade de Sorocaba (Uniso). Embora tenha recebido nova denominação – Grupo de Estudos e Pesquisa em Lazer, Turismo e Hotelaria –, o antigo Gale não perdeu as características anteriormente descritas. Agora instalado em uma universidade comunitária, com o escopo mais reduzido em relação à produção e disseminação de pesquisas, em virtude das características de seus membros (principalmente alunos de graduação, a maioria estudando e trabalhando), o grupo preparou jovens universitários durante cinco anos, por meio do aprofundamento de estudos nessas áreas. Como resultado, muitas pesquisas foram apresentadas em congressos, e trabalhos de conclusão de curso foram realizados – alguns dos quais serviram de base para o ingresso em cursos de mestrado, tanto na Uniso como em outras universidades.

Um novo ciclo começou a ser desenvolvido na área da gestão do lazer a partir de 2011, quando um grupo de experientes profissionais e acadêmicos, ligados tanto ao mercado de trabalho como a universidades públicas e privadas, reconstruiu aquele grupo que um dia atuou no Enarel, em 2003 e alguns anos seguintes. Esse grupo foi denominado Grupo de Estudos e Pesquisa sobre a Gestão das Experiências de Lazer (Gepgel). Desta feita, baseado numa nova arquitetura organizacional, voltada para a gestão do lazer nos diversos ambientes, o grupo assumiu que a experiência de lazer, no Brasil, ocorre predominantemente num contínuo de quatro dimensões, partindo do setor público para a iniciativa privada, com passagem pela nova denominação "semipública" e a "semiprivada". No setor público, há uma vasta rede de ambientes geridos no nível municipal, nas 5.570 cidades no país, nas 26 unidades da federação, além do Distrito Federal e da própria união, com inúmeros setores que atendem, direta ou indiretamente, essa dimensão da vida humana. A nomenclatura criada, "semipúblico", específica para a realidade brasileira, refere a uma considerável rede de espaços e equipamentos de lazer, representada pelo chamado Sistema S, ou seja, o Sesi, Sesc, Sest etc. Já o setor "semiprivado" é representado por quase quinze mil clubes sóciorrecreativos, com um número estimado em 50 milhões de associados, cuja finalidade maior é atender à dimensão do lazer de seus frequentadores. Finalmente, há a iniciativa privada, com empreendimentos de pequeno, médio e grande porte, focados em um ou mais interesses culturais do lazer, cujo objetivo principal é auferir lucro pelos serviços prestados. Assim, em decorrência da relevância dessas novas distinções, a partir do Enarel de 2011, realizado em Avaré (SP), foi criada uma nova sessão na programação desse evento, denominada Encontro Temático Institucional. O Gepgel, grupo original, com seis subgrupos cobrindo as especificidades acima relatadas, vem se sustentando até a atualidade, tendo se ampliado com um sétimo subgrupo a partir do Enarel de 2016 – Lazer nos Institutos Federais –, realizado em Natal; suas pesquisas geram, a cada ano, relatórios técnicos de significativo impacto na área.

Portanto, mesmo mudando alguns de seus líderes ao longo dos últimos sete anos, essa estrutura gerada – Gepgel – não deixa de se configurar como um conjunto de grupos de estudo e pesquisa, cada um atuando em base distinta, como se fossem células de conhecimento com dinâmica própria ao longo do ano, mas efetivando alinhamentos semestrais por meio de reuniões presenciais desses líderes, culminando com a realização do Encontro Temático Institucional em cada Enarel.

Após 2017, o Enarel tornou-se um evento bianual. Sua próxima edição, em 2019, deverá ser sediada em Curitiba. Seus organizadores se comprometem a manter, ainda, o Grupo de Estudos e Pesquisas em Gestão das Experiências de Lazer – Gepgel, cuja base institucional, desde meados de 2014 até a atualidade, tem o seu funcionamento dentro do Gesporte.

Nesse sentido, vale destacar as ações complementares realizadas pelo Gepgel dentro do Gesporte, durante o período 2014-2016, conforme segue:

1 Segundo semestre de 2014: grupo aberto, com a participação dos servidores da Secretaria de Esporte e Lazer do GDF, visando atualização de conhecimentos e qualificação profissional, com estímulo à elaboração de projetos de pesquisa, bem como à sua realização e apresentação em eventos técnico-científicos;

2 Elaboração do projeto executivo para o pleito para sediar o Enarel de 2015 em Brasília, tendo como tema Gestão Estratégica das Experiências de Lazer.

3   Durante todo ano de 2015, o Gepgel focou suas ações em duas ações principais:

a) Desenvolvimento do curso de extensão universitária com o título Lazer nos Parques e Unidades de Conservação, realizado em parceria com a Secretaria de Meio Ambiente do Governo do Distrito Federal, com a participação de quarenta gestores dos parques locais.

b) Organização e execução do 27º Encontro Nacional de Recreação e Lazer, realizado dentro do Estádio "Mané Garrincha", contando com a participação de 680 pessoas, numa vasta programação desenvolvida ao longo de quatro dias. Como produto concreto dessa edição do Enarel, foi publicado o livro com o mesmo título do evento, com 26 capítulos escritos por 38 autores, considerado um marco no campo da gestão do lazer no país.

4   No período compreendido entre o primeiro semestre de 2016 e a atualidade, houve a manutenção dos Encontros Temáticos Institucionais no Enarel em Natal (2016), Caruaru (2017) e, agora, com os preparativos para Curitiba (2019), sob a liderança do Gepgel.

Retrospectiva do Gesporte

O quadro a seguir apresenta uma retrospectiva do Gesporte, de 2002 a 2017.

ANO	ATIVIDADE DESENVOLVIDA
2002	Em novembro, foi criado o Grupo de Pesquisa sobre Gestão do Esporte (Gesporte). Sua primeira atividade consistiu na elaboração e implantação do Projeto Gesporte, com duração de dez anos, que englobava a criação do laboratório, de evento permanente, de veículos de divulgação das atividades desenvolvidas pelo Gesporte e a previsão de interação contínua com o mundo do trabalho.
2005	O Gesporte assume a coordenação geral do Revezamento Aquático 25 Horas Nadando.
2003	Primeira publicação em revista indexada no Qualis Capes.
2004 a 2006	Durante esse período, o professor Paulo Henrique integrou a comissão de elaboração do projeto de criação do Programa de Pós-Graduação em Educação Física (mestrado) da Faculdade de Educação Física da Universidade de Brasília.
2005	O Grupo de Pesquisa Gestão e *Marketing* da Educação Física, Saúde, Esporte e Lazer (Gesporte) é registrado no CNPq e certificado pela UnB.
2007	Criação do *blog Gesporte*.

2007	Lançamento do *site Gesporte*.
2007	Criação da Escola Internacional de Futebol da CPLP.
2008	Instalação física do Laboratório de Pesquisa sobre Gestão do Esporte (Gesporte).
2008	Criação da Jornada sobre Gestão do Esporte.
2010	Criação do Ciclo de Palestras Gesporte.
2011	1º Congresso Internacional e 4º Congresso Brasileiro sobre Gestão do Esporte.
2013	Ampliação de parceria com o Sesc-DF, com a realização do Seminário Internacional sobre Novas Perspectivas sobre o envelhecimento Humano, do Seminário Internacional sobre Segurança Alimentar e Nutricional e do Seminário Internacional sobre Sustentabilidade.
2014	Criação do Grupo de Estudos e Pesquisa sobre Gestão de Experiência de Lazer (Gepgel).
2014 a 2016	Planejamento, organização, realização e desmobilização do 27º Enarel.
2017	Lançamento do livro *Gestão estratégica das experiências de lazer*.

06
REFERÊNCIAS

ANAIS DO 23º ENCONTRO Nacional de Recreação e Lazer. Várzea Paulista: Fontoura, 2012.

AZEVÊDO, P. H.; BRAMANTE, A. C. (org.). *Gestão estratégica das experiências de lazer*. Curitiba: Appris, 2017.

BLOG GESPORTE. Disponível em: <http://gesporte.blogspot.com/>. Acesso em: 10 jan. 2018.

_____. Primeira postagem. 5 fev. 2007. Disponível em: <http://gesporte.blogspot.com.br/2007/02/referncias-bibliogrficas-bsicas.html>. Acesso em: 23 abr. 2018.

GESPORTE na Wikipedia. Disponível em: <http://pt.wikipedia.org/wiki/Gesporte>. Acesso em: 12 jan. 2018.

MARCELLINO, N. C.; ISAYAMA, H. F. (org..). *Enarel: 25 anos de história*. Campinas: Autores Associados, 2014.

SITE GESPORTE. Disponível em: <http://gesporte.net/>. Acesso em: 12 jan. 2018.

Grupo de Estudos e Pesquisas em Políticas Públicas de Esportes, Lazer e Saúde

Junior Vagner Pereira da Silva

01
INTRODUÇÃO

Inicialmente, agradeço o convite para participar do presente livro, livro este pelo qual parabenizo o organizador, e estou certo de que a obra trará grandes contribuições aos estudos do lazer, uma vez que, de modo inédito, atualiza a comunidade acadêmica sobre os grupos de pesquisas vinculados ao lazer e às temáticas que essa área multiprofissional[01] vem abordando.

Entendendo que as universidades se constituem nas principais responsáveis pelo crescimento dos grupos de pesquisa no país, este capítulo, em específico, a partir da caracterização da estrutura dos grupos de pesquisa vinculados ao Diretório dos Grupos de Pesquisa no Brasil do Conselho Nacional de Desenvolvimento Científico e Tecnológico (CNPq), busca apresentar o Grupo de Estudos e Pesquisas em Políticas Públicas de Esportes, Lazer e Saúde (Gepppels), trazendo sua história e identidade, suas linhas de pesquisa, recursos físicos, rede de colaboradores, produção científica e orientação epistemológica. Com isso, além de possibilitar à comunidade acadêmica o acesso ao "que", ao "como", ao "para que" e ao "por que" estamos desenvolvendo conhecimento científico sobre as políticas públicas de esporte, lazer e promoção da saúde, abrimos espaço para diálogos desconstrutivos-reconstrutivos – que poderão resultar em parcerias convergentes ou divergentes – e o estabelecimento da ampliação da rede de pesquisa do grupo.

01
Os estudos do lazer estão compostos por discussões, projetos e pesquisas coordenadas por estudiosos vinculados à administração, antropologia, arquitetura e urbanismo, economia, educação física, filosofia, geografia, história, matemática, pedagogia, psicologia, sociologia, terapia ocupacional, turismo e hotelaria, entre outras áreas.

02
DIRETÓRIO DOS GRUPOS DE PESQUISA NO BRASIL LATTES

O Diretório dos Grupos de Pesquisa no Brasil Lattes se constitui em um banco de dados que reúne informações acadêmicas a partir do registro de grupos de pesquisa – feito por seu líder, ou por lideranças acadêmicas –, vinculados a uma instituição previamente cadastrada e autorizada pelo CNPq.

Para se cadastrar como líder de um grupo de estudo, não há nenhuma exigência específica do CNPq quanto ao perfil do pesquisador, ficando os critérios, em sua maioria, a cargo da instituição à qual o mesmo se encontra ligado. Frequentemente, os grupos são formados a partir de um pesquisador que dispõe de *expertise* em uma temática (em alguns casos, em temáticas), a qual adota como objeto de estudo – temática essa que, por vezes, o faz reconhecido, como liderança, no curso, instituição, cidade, região ou país ao qual se encontra integrado.

No que tange ao perfil dos grupos de pesquisas cadastrados no CNPq, aqueles voltados aos estudos do lazer têm se configurado como formados, predominantemente, por doutores vinculados às ciências da saúde e educação física, oriundos de universidades públicas localizadas do Sudeste e Nordeste do país, com divulgação da produção científica em periódicos, experiência em orientações de iniciação científica e mestrado (Silva; Mendonça; Sampaio, 2014). Já os grupos direcionados aos estudos da atividade física e saúde são, predominantemente, constituídos por doutores vinculados às ciências da saúde e educação física, oriundos de instituições localizadas no Sul e Sudeste do país, com divulgação da produção científica em periódicos e experiência em orientações de iniciação científica e mestrado (Santos *et al.*, 2012).

Reconhecido por sua *expertise*, o líder capta a atenção de pessoas interessadas em estudar e produzir conhecimentos científicos a respeito de temáticas específicas. Embora haja a tendência de se estruturarem a partir do grupo de alunos de graduação (em que são redigidos trabalhos de iniciação científica e de conclusão de curso) e pós-graduação *stricto sensu* (mestrado e doutorado), que vão sendo orientados pelo líder, na última década tem-se observado novas nuances na constituição dos grupos de pesquisa, com a inserção de pesquisadores de outras regiões e países cooperando com a ampliação da rede de colaboradores em projetos de pesquisas e em publicações – sobretudo no âmbito internacional –, favorecendo a internacionalização da produção e divulgação do conhecimento científico produzido no país.

Essa dinâmica no âmbito da composição dos grupos de pesquisa tem sido induzida por órgãos de fomento à pesquisa e pós-graduação do Brasil, como pode ser observado em editais, como, por exemplo: o da chamada pública para o Programa de Professor Visitante no Exterior, que lista, entre seus objetivos, "incentivar a criação de parcerias e o início ou consolidação de uma rede de pesquisa existente" (Capes, 2017c, p. 1); o Programa Bolsas para Pesquisa Capes/Humboldt, que objetiva "ampliar o nível de colaboração e de publicações conjuntas entre pesquisadores que atuam no Brasil e no exterior e criar condições para a expansão das parcerias entre docentes e discentes nacionais e estrangeiros" (*idem*, 2017a, p. 1); e o Programa de Doutorado sanduíche no Exterior, que, entre seus objetivos, busca "fortalecer os programas de cooperação e de intercâmbio entre instituições ou grupos de pesquisa brasileiros" (*idem*, 2017b, p. 1).

Tal dinâmica também tem sido observada em editais regionais, como a Chamada Universal (Fundect, 2017), que tem, entre seus objetivos específicos, "fortalecer o Sistema Estadual de CT&I por meio de parcerias interinstitucionais", e o edital de Seleção Pública de Propostas para Realização de Eventos Científicos, Tecnológicos e de Inovação no Estado de Mato Grosso do Sul, que almeja "fortalecer os grupos de pesquisa e consolidar as bases científico-tecnológicas capazes de alavancar setores e atividades considerados de importância estratégica para o desenvolvimento econômico e social do Estado" (Fundect, 2018). Alguns editais, inclusive, condicionam a validação da proposta à existência de pesquisadores vinculados a pelo menos duas instituições (Fapesp, 2017).

Feita essa apresentação geral sobre como os grupos de pesquisa são constituídos, passamos a tratar, a seguir, do Gepppels em particular, apresentando um panorama de sua estrutura física, técnica e científica.

03
ASPECTOS HISTÓRICOS E IDENTIDADE DO GEPPPELS

A fundação do Grupo de Estudos e Pesquisas em Políticas Públicas de Esportes, Lazer e Saúde (Gepppels) deu-se em 2015, um ano após meu ingresso, como docente do magistério superior, na Universidade Federal de Mato Grosso do Sul (UFMS), já titulado doutor pela Universidade Católica de Brasília – instituição em que pudera me debruçar sobre as políticas públicas de esporte e lazer às pessoas com deficiência, em específico as relativas à acessibilidade arquitetônica, programática e metodológica.

Observa-se que, criado à luz das reflexões sobre as políticas públicas, o nome do grupo traz três objetos de estudo que, embora relacionados a campos específicos (esporte, lazer e saúde), configuram-se como focos de políticas sociais. Em que pesem suas especificidades, os mesmos mantêm íntima relação entre si, pois, se o esporte constitui interesse cultural do lazer, inclusive o mais vivenciado pela população, o lazer está para além do esporte, permitindo que estudos delineados pelo grupo possam também destinar atenção a outros interesses culturais. Aliás, o esporte e o lazer podem ser vivenciados pela sociedade com diferentes objetivos, entre eles o da promoção da saúde – expressão que, inclusive, seria mais apropriada ao propósito do grupo, mas que, por uma questão de conveniência para compor a sigla, foi limitada ao termo saúde.

Além de relacionada à trajetória acadêmica vinculada aos estudos do lazer e à área de conhecimento eleita para o desenvolvimento do doutorado, a criação do grupo deveu-se à constatação da inexistência de grupos de pesquisas, fosse na UFMS ou em outras instituições de ensino superior localizadas no estado de Mato Grosso do Sul, que promovessem estudos, discussões e produção de conhecimentos relativos às políticas públicas de esporte, lazer e saúde.

No entanto, afora visar preencher uma lacuna, a constituição do grupo esteve imbuída de pretensões de inovação e de projeção científica, por meio da criação de espaço acadêmico para a discussão das políticas públicas de esporte e lazer direcionadas a um público específico, as pessoas com deficiências. Vale lembrar, a propósito, estudo desenvolvido por Silva, Mendonça e Sampaio (2014), cujos resultados mostram que, da produção científica dos líderes de grupos de pesquisas (específicos e não específicos) relacionados aos estudos do lazer cadastrados no Diretório do CNPq, apenas 0,8% (grupos específicos) e 3,5% (grupos não específicos) tinham estudos sobre essa população.

Quanto ao que diz respeito à saúde, apesar de existirem diferentes grupos com *expertise* em investigações sobre lazer e promoção da saúde, optamos pela inserção dessa temática, entre as investigadas pelo Gepppels, por abordá-la, como objeto, do ponto de vista das políticas públicas, bem como por observamos haver um distanciamento, no âmbito da literatura, entre as questões fundamentadas na sociologia do lazer e as reflexões sobre a promoção da saúde.

Esse distanciamento decorre da análise da questão sob dois ângulos. Entre os estudiosos que alicerçam suas produções na sociologia do lazer, pouco se observam tentativas de estabelecer diálogo entre questões afetas ao lazer e à promoção da saúde. Já entre os estudiosos da promoção da saúde, verifica-se a produção de farta literatura em torno, principalmente, da atividade física como propiciadora da saúde, o que evidencia que o conceito de lazer se encontra destituído de olhar sociológico, fundamentado única e exclusivamente na fisiologia e, assim, desconsiderando a vasta produção científica sobre lazer existente no país e no exterior.

As investigações que buscam relacionar o lazer e a promoção de saúde por intermédio da atividade física têm sido baseadas, sobretudo, nas contribuições de Markus Nahas, por meio de projeto desenvolvido em parceria com o Sesc de Florianópolis em 1999, visando a promoção da saúde e qualidade de vida focada na atividade física e no estilo de vida saudáveis para os trabalhadores da indústria catarinense e seus familiares, a qual, a partir do elevado percentual de inatividade física diagnosticado na população investigada, criou o Lazer Ativo em 1999, programa voltado para promoção da saúde e qualidade de vida a partir da atividade física e de um estilo de vida saudável (Nahas et al., 2010).

A proposta, entretanto, encontra-se alicerçada tão somente em elementos fisiológicos, buscando passar a mensagem exposta abaixo.

A mensagem do Lazer Ativo é "Na matemática da vida: 5 + 5 + 5 = Mais Saúde" e veicula uma ideia simples, de que pequenas modificações em fatores do estilo de vida podem trazer significativos benefícios à saúde e qualidade de vida das pessoas. O primeiro "5" está relacionado à prática regular (5 dias) de atividades físicas, o segundo à alimentação saudável (5 porções de frutas e verduras por dia) e o terceiro ao controle do estresse (5 minutos para você a cada dia) (Nahas, 2006).

O conceito de lazer ativo causa certo desconforto entre os estudiosos adeptos da sociologia do lazer, que o consideram inadequado, uma vez que, segundo sua ótica – da qual partilhamos –, o elemento ativo no lazer não deriva de gasto energético, mas, sim, da forma política como o sujeito se posiciona diante das diferentes possibilidades de lazer. Dito de outro modo, a forma política com a qual o sujeito se posiciona frente à vivência do lazer diz respeito ao ato de refletir e atuar criticamente sobre a experiência de lazer e os diferentes condicionantes que a circunda. Desse modo, a partir da ótica da sociologia do lazer, ser ativo em uma experiência de exercício físico no lazer não significa vivenciá-la em intensidade moderada ou vigorosa por mais de trinta minutos, mas, sim, refletir criticamente sobre os diferentes fatores que atuam como barreiras e dificultam que parte da população ocupe seu tempo disponível com exercícios físicos em parques, praças, ciclovias, entre outros locais públicos, que deveriam ser democratizados em diferentes bairros da cidade, que deveriam dispor de animação sociocultural.

Não temos a pretensão, aqui, de separar o joio do trigo, mas de criar mecanismos teóricos que permitam a aproximação entre a teoria do lazer – pautada na sociologia – e a promoção da saúde, numa leitura ampliada. Isso se torna possível ao adotarmos a concepção de que a promoção da saúde pode ocorrer, no tempo de lazer, não apenas pelo envolvimento do sujeito com o *lazer fisicamente ativo*, mas, também, nas atividades em que opte pela contemplação.

Situando-o historicamente, entendemos que o lazer tem, como pilar, a cultura – entendida no seu sentido mais amplo e relacionada aos diversos conteúdos culturais –, podendo ser vivenciado por meio da prática, fruição ou conhecimento, em um tempo disponível que requer uma atitude, mesmo que seja a opção por não fazer nada. Gerado historicamente, o lazer mantém uma relação dialética com a estrutura social, influenciando e sendo influenciado, constituindo um momento importante para a vivência de valores que provoquem mudanças de ordem moral e cultural (Marcellino, 2008).

Se o lazer pode configurar-se como qualquer experiência realizada num tempo disponível, exigindo que o sujeito, nesse tempo, opte por fazer algo, mesmo que seja por "fazer nada", a promoção da saúde, em nossos estudos, é compreendida, por consequência, como campo fecundo para desenvolver a autonomia da sociedade para tomar decisões favoráveis à vivência multiforme do exercício físico (por meio de sua prática, contemplação e/ou conhecimento) no lazer – inclusive quando este se apresenta como elemento constituinte da saúde das pessoas, preferencialmente entendido segundo uma concepção ampliada da prática de exercícios físicos e da promoção da saúde no tempo de lazer, que pode ser efetivada por intermédio dos diferentes conteúdos culturais deste.

Aspectos como os apresentados figuraram como elementos acadêmicos e políticos impulsionadores da constituição do Gepppel e têm contribuído para seu gradativo fortalecimento.

04
LINHAS DE PESQUISAS E CARACTERIZAÇÃO DO GEPPPELS

Cadastrado na área das Ciências da Saúde/Educação Física, o grupo se encontra vinculado, institucionalmente, à Universidade Federal de Mato Grosso do Sul, e tem como objetivo geral realizar investigações relacionadas às políticas públicas de esportes, lazer e saúde, em suas diferentes fases (formação de agenda, formulação, decisão, implementação, avaliação) e dimensões (*polity, politics* e *policy*).

O grupo desenvolve estudos em três linhas de pesquisa: 1. Políticas Públicas de Esporte e Lazer; 2. Políticas Públicas Inclusivas de Esporte e Lazer; 3. Políticas Públicas, Exercícios Físicos e Promoção da Saúde.

A primeira linha tem, como objetivo, investigar políticas públicas de esporte e lazer em suas diferentes dimensões (*polity, politics* e *policy*) e etapas; a segunda busca investigar a inclusão de pessoas com deficiência em políticas públicas de esporte e lazer desenvolvidas pela administração pública nas esferas federal, estadual e municipal; por fim, a terceira e última linha objetiva investigar políticas públicas de promoção de exercícios físicos e saúde.

A política pública é assumida, no âmbito das discussões desenvolvidas pelo grupo, como aquilo que está relacionado ao que é público. De acordo com Souza (2012), público é o que é relativo à população, pertencente a todas as pessoas em determinado espaço e que não pode ser objeto de apropriação. Logo, subentende-se que a efetivação dessas políticas não se encontra limitada à intervenção do estado, podendo se estender ao terceiro setor e ao mercado.

Em que pese compreendermos que as políticas públicas não se restringem às ações e não ações da administração pública, as pesquisas realizadas pelo grupo (tanto quanto as que ainda estão em andamento) têm analisado, sobretudo, a ação ou omissão desta na efetivação do direito ao esporte e lazer e à promoção da saúde. Tal escolha se deve ao fato de compartilharmos a interpretação de que o Estado, além de estar obrigado, por lei, a fomentar, diante da sociedade, as condições para o exercício desse direito social (Dye, 2010), figura como produtor, por excelência, de políticas públicas (Souza, 2006).

Em relação às diferentes fases das políticas públicas (agenda, elaboração, formulação, implementação, execução, acompanhamento e avaliação) (Saraiva; 2007), as investigações, no Gepppels, têm dedicado maior atenção à avaliação, sobretudo por nossa identidade com pesquisas sobre essa fase do ciclo político e por nosso vínculo com a linha Avaliação de Tecnologias, Políticas e ações em saúde do Programa de Mestrado e Doutorado em Saúde e Desenvolvimento do Centro-Oeste.

Assim, buscamos evidências do êxito ou não de uma política ou programa público implementado quanto ao que se propôs a fazer, comparando os resultados obtidos com aqueles esperados. Tais resultados podem ser mensurados de diferentes formas – quanto à efetividade, eficácia e/ou eficiência (Arretche, 2009) –, interessando-nos, em particular, o critério de efetividade, compreendida como exame da relação entre a implementação e os resultados do programa, expresso pelo efeito concreto dos objetivos e metas que se pretendia alcançar (Sthephanou, 2005), ou seja, seu potencial de ser bem-sucedido ou de redundar em fracasso, em termos de efetiva mudança nas condições sociais daqueles que são atingidos pelo programa em questão (Figueiredo; Figueiredo, 1986).

Considerando que a efetividade pode ser investigada por meio de resultados ou impactos, temos privilegiado a avaliação de impactos, que buscam identificar "a efetividade de programas e projetos, estabelecendo o grau de correspondência entre objetivos e resultados [...]" (Cotta, 1998, p. 113).

A avaliação de impacto tem, como propósitos, determinar se houve modificação; a magnitude dessa modificação; quais segmentos afetou e em que medida; e quais foram as contribuições dos distintos componentes da política na realização de seus objetivos (Viana, 1996, p. 36).

Os impactos produzidos por uma ação política podem ser avaliados consoante a três diferentes dimensões, podendo as pesquisas de avaliação contemplar ou não cada uma delas: impactos objetivos (mudanças quantitativas, antes e depois da execução do programa); impactos subjetivos (estado de espírito ou percepção da importância do empreendimento, mudanças qualitativas nas condições de vida e que geram impactos ideológicos, adequações dos resultados objetivos dos programas aos desejos, aspirações e demandas da população); e impactos substantivos (qualidade do acrescimento e percepções de alterações qualitativas nas condições de vida dos sujeitos) (Figueiredo; Figueiredo, 1986; Arcoverde *et al.*, 2009).

A indicação – feita entre parênteses – das diferentes dimensões das políticas públicas (*polity, politics* e *policy*) que o grupo leva em conta em seus estudos constitui elemento crucial para a abordagem dos fenômenos analisados, sendo expresso nos objetivos gerais e específicos de cada trabalho efetuado no Gepppels, com o intuito de não nos permitirmos incorrer em utilização inapropriada e limitada de uma única expressão (políticas públicas), à semelhança do que vem ocorrendo na literatura sobre o tema produzida no Brasil, ao se referir, com a mesma designação, a questões que, por sua natureza, diferem entre si. Assim também, frequentemente, em nossos escritos, temos atentado às diferenças existentes, o que vem nos levando a sinalizar a partir de qual dimensão estamos explorando o tema e objeto analisado.

Em investigações nas quais temos por objetivo avaliar as instituições políticas, recorremos ao termo *Polity*, pois está relacionado ao sistema político, ou seja, ao sistema jurídico e estrutura institucional do sistema político-administrativo (Frey, 2000). Nas ocasiões em que o processo político é o foco das investigações, recorremos ao termo *politics*. O processo da política pública se preocupa com a análise da imposição de objetivos, dos conteúdos e das decisões de distribuição do sistema de disputa que se estabelece entre os diferentes atores envolvidos na seleção de objetivos, conteúdos e distribuição de poderes (Frey, 2000). Por fim, o termo *policy* referencia as análises relacionadas ao conteúdo de uma determinada política pública, aos casos concretos e aos resultados dos programas políticos/planos de governo (Frey, 2000).

Uma vez apresentadas as linhas de pesquisa e seus objetivos, e tendo sido pontuados, conceitualmente, os significados que cada uma das terminologias centrais dispõe para o grupo, a seguir passamos a apresentar a maneira como estamos organizados em relação ao espaço no qual o laboratório se encontra instalado, nossa rede de colaboradores e a produção científica alcançada até o momento.

05
RECURSOS FÍSICOS, REDE DE COLABORADORES E PRODUÇÃO CIENTÍFICA

O grupo dispõe de espaço físico que lhe confere identidade institucional, denominado laboratório do Centro de Desenvolvimento de Pesquisa em Políticas de Esporte e de Lazer da Rede Cedes no Mato Grosso do Sul (Rede Cedes-MS), equipado por intermédio da captação de recursos via chamada pública do Ministério do Esporte, homologada pela Portaria nº 3, de 1º de outubro de 2015. Tanto o grupo de estudo quanto o laboratório dispõem de identidade visual, a qual singulariza o grupo no âmbito da UFMS e em eventos acadêmicos-científicos.

Instalado em uma sala de 10 m × 10 m, o laboratório dispõe de confortável infraestrutura (iluminada, arejada, refrigerada, acessível e bem localizada); está equipado com seis computadores *desktop* e dois *notebooks*, organizados em mesas no formato ilha, todos com acesso à *internet* e impressora. Dispõe de armário, sofá, telefone e de uma biblioteca específica, cujo acervo inclui livros relacionados aos esportes, estudos do lazer e à promoção da saúde, sobretudo títulos que tratam de políticas públicas, dando reais condições de estudo e produção de conhecimento aos seus integrantes.

Quanto à composição dos recursos humanos, a rede de colaboradores ainda é pequena, fato que se deve ao curto tempo de existência do grupo – que, todavia, vem paulatinamente incorporando novos pesquisadores da UFMS e de outras instituições de ensino superior do país.

Na atualidade, contamos com a participação de três professores doutores em educação física vinculados à UFMS e um doutor em educação física ligado à Universidade Federal de Goiás.

Há ainda, no grupo, dez integrantes oriundos do curso de educação física da UFMS, sendo três orientandos de iniciação científica, dois mestrandos em saúde e desenvolvimento da região do Centro Oeste e cinco egressos. Além deles, compõem o grupo quatro egressos de outras universidades/faculdades localizadas em Campo Grande, sendo dois graduados em direito, um em administração e uma em educação física.

O grupo dispõe, também, do apoio de uma técnica administrativa que, além de zelar pelo bom uso do laboratório, auxilia nas atividades administrativas da Rede Cedes-MS e da *Revista Brasileira de Ciência e Movimento*, periódico em que o líder do grupo exerce, na atualidade, a função de editor-chefe.

No que tange à rede de colaboradores que integram o grupo, a Figura 1 ilustra, de forma sintetizada, que os três pesquisadores que compõem o grupo se encontram em processo de transição na rede de produção científica (artigos), pois, embora ainda mantenham forte vínculo de produção com seus orientadores de doutorado, começam, gradualmente, a estabelecer parcerias com novos integrantes, criando sua própria rede. Tal condição pode ser observada, no grau de vínculo, nas produções de J. Silva e T. Sampaio, D. Silva e S. Amaral, M. Salerno e P. Araújo.

Tal condição é de se esperar, visto que, além de o grupo ter sido criado há apenas três anos, os pesquisadores que compõem o Gepppels titularam-se doutores há menos de 4 anos, em 2014 (Junior Silva e Marina Brasiliano Salerno) e 2016 (Dirceu Santos Silva).

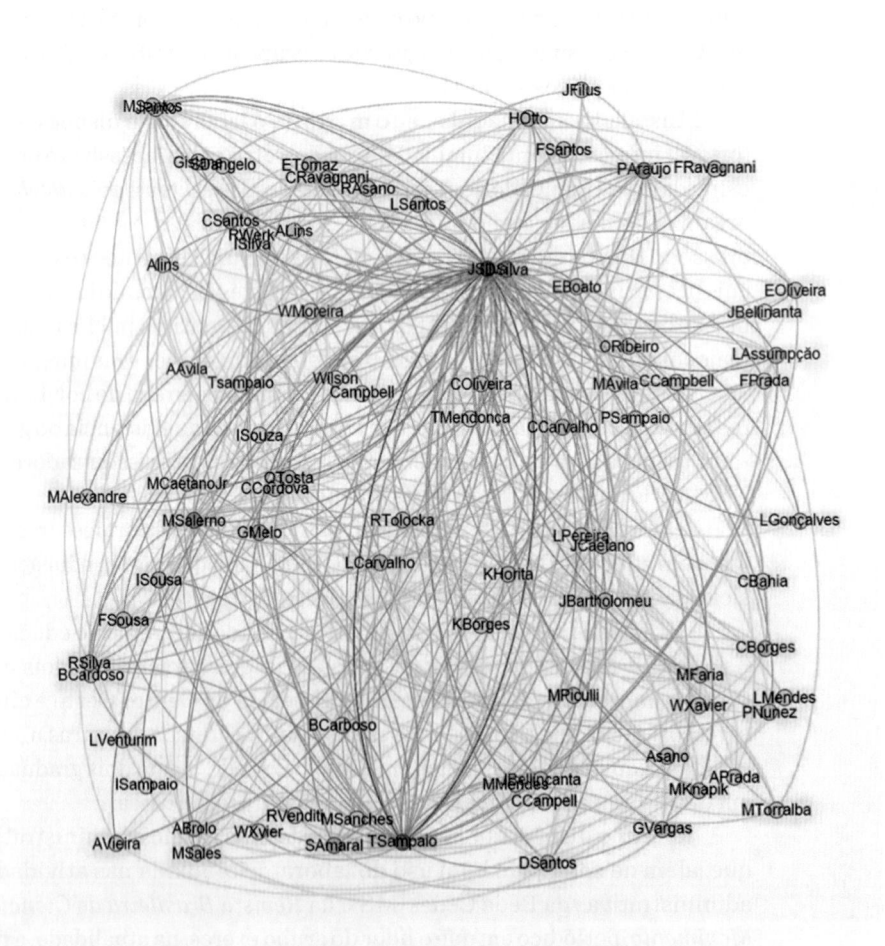

Figura 1.
Rede de colaboradores dos pesquisadores do Gepppels

06
ORIENTAÇÃO EPISTEMOLÓGICA

Quanto à sustentação teórica que tem alicerçado os estudos desenvolvidos, temos nos pautado, prioritariamente, pela abordagem qualitativa e de enfoque crítico-participativo, compartilhando o entendimento de que, para transformar a realidade, é imprescindível conhecê-la preliminarmente (Minayo, 2004).

Adotamos as ciências sociais e a abordagem qualitativa enquanto marcos epistemológicos norteadores. Reconhecemos a localização histórica em que o objeto de investigação se situa, elaborado, transformado e reconstruído ao longo dos tempos. Entendemos que, fruto da sociedade, o conhecimento carrega consigo as marcas do passado, buscando sua superação mediante sua projeção no futuro.

Nos dizer de Demo (2011), busca na realidade, sempre o novo, num constante devir, descobrindo e renovando.

[...] *Vivem o presente marcado pelo passado e projetado para o futuro, num embate constante entre o que está dado e o que está sendo construído. Portanto, a provisoriedade, o dinamismo e a especificidade são características fundamentais de qualquer questão social* (Minayo, 1994, p. 13).

Além de provisório, seu alcance é de caráter aproximado, pois, conforme nos ensina Minayo (1994, p. 13),

[...] *o labor científico caminha sempre em duas direções: numa elabora suas teorias, seus métodos, seus princípios e estabelece seus resultados; noutra, inventa, ratifica seu caminho, abandona certas vias e encaminha-se para certas direções privilegiadas. E, ao fazer tal percurso, os investigadores aceitam os critérios da historicidade, da colaboração e, sobretudo, imbuem-se da humildade de quem sabe que qualquer conhecimento é aproximado, é construído.*

Comunga-se a ideia de que o conhecimento é uma construção que se dá a partir da apreensão, crítica e dúvida em relação ao que já foi produzido a respeito de um determinado tema, pois, admite-se, que o conhecimento se realiza tão somente por aproximação, uma vez que a interpretação que fazemos de um fato sempre é imperfeita, se comparada ao próprio fato descrito (inatingibilidade do objeto). A escolha de um tema não se dá de forma espontânea, uma vez que carrega consigo as marcas da inserção do pesquisador no real. Logo, o olhar lançado ao objeto de pesquisa está condicionado, historicamente, pela posição social e correntes filosóficas que orientam o pesquisador (Minayo, 2004).

A relação dialética entre teoria e realidade empírica se expressa no fato de que a realidade informa a teoria que por sua vez a antecede, permite percebê-la, formulá-la, dar conta dela, fazendo-a distinta, num processo sem fim de distanciamento e aproximação. A teoria domina a construção do conhecimento através de conceitos gerais provenientes do momento anterior. Seu aprofundamento, de forma crítica, permite desvendar dimensões não pensadas a respeito da realidade que não é evidente e que não se dá: ela se revela a partir de interrogações elaboradas no processo de construção teórica (Minayo, 2004, p. 12).

Ao considerar que a sociedade e a realidade ocorrem pela provisoriedade, pela transição histórica, pela sucessão de fases umas sobre as outras, em que predomina mais o novo do que repetições de elementos anteriores, assumimos a dialética enquanto método, como forma lógica de pensar que conduzirá nossas reflexões, uma vez que ela nos permite entender o contraditório e o dinâmico em que o conhecimento se encontra inserido (Demo, 2010).

No intuito de formalizá-la, suas características básicas são encontradas na unidade de contrários (polarização das forças, que se excluem e se necessitam, provocando mudanças a partir do seu próprio interior), na historicidade (constitui-se por fases provisórias, em constante transformação, nunca chega a um ponto final – tese-antítese-tese), na complementariedade (a realidade se mostra ambivalente, pois se constitui não pela exclusão dos opostos, mas por sua complementariedade – teoria e prática, objetivo e subjetivo, qualidade e quantidade, linear e não linear) e na politicidade (dotada de potencial de organização de proposta própria, capaz de reconstrução da história, ou seja, por consequência, o ser humano também se faz sujeito de sua própria história (Demo, 2009).

Diante das diferentes dialéticas, assume-se como norteadora a perspectiva histórico-estrutural. Isso significa, enquanto hipótese de trabalho, que, se por um lado a sociedade, a realidade e o conhecimento estão em um contínuo vir-a-ser, fazendo-se elementos do inacabado, do imperfeito, do constante aperfeiçoamento/superação – logo, estando toda formação social alicerçada no contraditório, elemento que a faz historicamente superável, histórica –, por outro existem elementos em que a história não opera mudança, o que permite a estes que sobrevivam à transição das fases históricas – estrutura (Demo, 2010).

[...] Não há história sem conflito, mesmo porque é histórica por causa do conflito, na vestimenta típica de certa fase e que se supera com ela.

Assim, se superarmos o conflito capitalista, superaremos o modo histórico capitalista de ele se expressar, mas não superaremos o conflito como tal. Na fase nova, teremos ainda conflito, não mais qualificado como capitalista. E é por essa razão que a nova fase será também uma fase, não a estação final do trem da história (Demo, 2010, p. 91).

Parte da história se desenvolve por estruturas dadas, como unidade de contrários – desigualdade e poder, linguagem e mundo simbólico, afetividade e razão –, ou seja, independentemente do tipo de sociedade que existiu, exista ou venha a existir, esta carregará consigo aspectos internos (estruturais), não estando subvertida por vontade humana, mas sim pela própria dinâmica da dialética – unidade de contrários e conflito social (Demo, 2009).

Percebe-se que, embora esse método demonstre os limites que permeiam as mudanças, também nos alerta sobre as possibilidades de atuação do sujeito enquanto ator de sua história, indicando o importante papel que o ser humano, por se distinguir dos demais seres por sua capacidade de pensar e de produzir história, desempenha no desenrolar dos acontecimentos.

A intervenção dar-se-á por intermédio da produção de conhecimento crítico e criativo e de questionamento sistemático, composto pelos elementos desconstrutivo e reconstrutivo. Distanciando-se de outras formas de compreensão da realidade, o questionamento desconstrutivo se fundamenta na dinâmica da ciência, caracterizando-se pelo confronto de conhecimentos constituídos, paradigmas dominantes e dados oficiais com a realidade, colocando-os, assim, em xeque, não em uma perspectiva pejorativa, usada para desqualificá-los, mas como mecanismo desencadeador de avanços, o que se busca com o questionamento reconstrutivo (Demo, 2009).

Sem se pretender absoluto, uma vez que se pauta em autocrítica, o questionamento reconstrutivo, reconhecendo a influência exercida pelo conhecimento na realidade e a influência da realidade sobre o conhecimento, a partir da criatividade e autonomia crítica contrapõe a realidade, abrindo assim novos caminhos, um passar à frente (Demo, 2009).

A fim de dar conta de tal investida e de lançar luz sobre a realidade de maneira que assegure a cientificidade da investigação, a demarcação científica de nossos trabalhos tem buscando guarida na formalização lógico-analítica, ou seja, em critérios formais, entendidos como competência instrumental da teoria e do método que sustenta o estudo, assegurados por intermédio de elementos internos, quais sejam: a coerência (ausência de contradições no texto, ordenação das ideias e fluência entre os elementos que o compõe); a sistematicidade (abordagem do tema sob diversos ângulos); a consistência (capacidade de resistir a contra-argumentações sobre as justificativas e a fundamentação que sustenta o trabalho), a originalidade (desconstrução e reconstrução inovadora do conhecimento, com interpretação própria), a objetivação (captação da realidade como ela é, sem exageros, especulações e discursos contraditórios) (Demo, 2009; Demo, 2010).

Contudo, embora não eliminem os critérios formais, mas a eles se juntem, reconhecemos que a demarcação científica também dar-se-á por intermédio de critérios não formais, como os políticos, entendidos como espaço de ação do sujeito enquanto ator e produtor, pelo menos em parte, de sua história, pois quem analisa um fenômeno não o faz de fora, faz de dentro – ou seja, embora busque alcançar a realidade como ela é, e não como gostaria que fosse, o cientista também se faz ator político, pois influencia e é influenciado. Ainda, para que uma teoria seja aceita, faz-se necessário que, além da cientificidade formal-lógica de que deve estar revestida, ela seja reconhecida pela comunidade acadêmica como tal. Entre os critérios políticos que perpassam a cientificidade do conhecimento científico, podem ser citados a intersubjetividade (consenso dominante no meio científico a respeito de um paradigma) e a autoridade por mérito (uso de autores que conquistaram posição respeitada no meio acadêmico por notório saber e que são utilizados, em citações, como argumento) (Demo, 2011).

Porém, será na discutibilidade crítica (coerência no questionamento, pautado em crítica e autocrítica, ou seja, na crítica da crítica) que se manifestará o critério de cientificidade mais aceitável, uma vez que abarca os critérios formais e políticos. (Demo, 2009; Demo, 2010).

07
CONSIDERAÇÕES FINAIS

Procuramos, ao longo deste ensaio, apresentar as principais características do Gepppels, grupo de estudo que, embora ainda recente, vem somando forças, por intermédio de pesquisadores recém-chegados ao Mato Grosso do Sul, para que a Universidade Federal de Mato Grosso do Sul se torne referência no desenvolvimento de estudos e promoção de debates sobre as políticas públicas de esportes, lazer e promoção da saúde no estado.

Em que pesem as contribuições dadas à produção do conhecimento, à formação de quadro docente para o Ensino Superior por intermédio do Programa de Mestrado em Saúde e Desenvolvimento do Centro Oeste e a captação de recursos no Ministério do Esporte, na implantação da Rede Cedes-MS, como líder do Gepppels estamos cientes da importância da ampliação da rede de colaboradores, por meio de parcerias no desenvolvimento de projetos de pesquisas, intercâmbios de orientandos e produção do conhecimento em conjunto, desafios estes os quais estamos dispostos a enfrentar com tenacidade.

08
REFERÊNCIAS

ARCOVERDE, A. C. B. *et al*. Avaliação dos impactos dos empreendimentos econômicos solidários do Sertão Pernambucano. Em: XI Encontro Nacional da ABET – A crise mundial e os dilemas do trabalho, 2009, Campinas. *Anais...* Disponível em: <www.arcus-ufpe.com/files/semeap10/semeap1002.pdf>. Acesso em: 25 jun. 2014.

ARRETCHE, M. "Tendências no estudo sobre avaliação". Em: RICO, E. *et al. Avaliação de políticas sociais: uma questão em debate*. 6. ed. São Paulo: Cortez/Instituto de Estudos Especiais, 2009.

COORDENAÇÃO DE APERFEIÇOAMENTO de Pessoal de Nível Superior. *Programa de bolsas para pesquisa CAPES/Humboldt*. Disponível em: <www.capes.gov.br/images/stories/download/editais/14082017-Edital-36-2017-HUMBOLDT.pdf>. Acesso em: 20 jan. 2018a.

_____. *Programa de doutorado sanduíche no exterior*. Disponível em: <www.capes.gov.br/images/stories/download/editais/11-12-2017-Edital-n-47-2017-Doutorado-Sanduiche-2017-2018.pdf>. Acesso em: 20 jan. 2018b.

_____. *Programa professor visitante no exterior 2017/2018*. Disponível em: <www.capes.gov.br/images/stories/download/diversos/11-12-2017-Edital-45-2017-PVE.pdf>. Acesso em: 20 jan. 2018c.

COTTA, T. C. "Metodologias de avaliação de programas e projetos sociais: análise de resultados e de impacto". *Revista do Serviço Público*. 1999, 49(2).

DAGNINO, R.; DIAS, R. "A política de C&T Brasileira: três alternativas de explicação e orientação". *Revista Brasileira de Inovação*. 2007, 6(2).

DEMO, P. *Metodologia do conhecimento científico*. São Paulo: Atlas, 2009.

_____. *Introdução à metodologia da ciência*. 2. ed. 18 reimpr. São Paulo: Atlas, 2010.

_____. *Pesquisa: princípio científico e educativo*. 14. ed. São Paulo: Cortez, 2011.

DYE, T. "Mapeamento dos modelos de análise de políticas públicas". Em: HEIDEMANN, F.; SALM, J. F. *Políticas públicas e desenvolvimento: bases epistemológicas e modelos de análise*. Brasília: Editora da UnB, 2010.

FIGUEIREDO, M. F.; FIGUEIREDO, A. M. C. Avaliação política e avaliação de políticas: um quadro de referência teórica. *Análise e Conjuntura*, 1986, 1(3).

FREY, K. "Políticas públicas: um debate conceitual e reflexões referentes à prática da análise de políticas públicas no Brasil". *Planejamento e Políticas Públicas*, 2000.

FUNDAÇÃO DE AMPARO à Pesquisa do Estado de São Paulo. *Chamada de Propostas – Programa de Apoio a Núcleos de Excelência 2017. Chamada de propostas na modalidade auxílio à pesquisa – projeto temático – junto ao programa de apoio a núcleos de excelência – convênio Fapesp-MCTIC/CNPQ-PRONEX 2013*. Disponível em: <www.fapesp.br/10992>. Acesso em: 20 jan. 2018.

FUNDAÇÃO DE APOIO ao Desenvolvimento do Ensino, Ciência e Tecnologia do estado do Mato Grosso do Sul. Chamada Fundect n. 06/2017 – Universal-MS. *Seleção pública de projetos de pesquisa e inovação para o estado de Mato Grosso do Sul.* Disponível em: <https://sigfundect.ledes.net/edital_blank.php?id=570&keepThis=true&TB_iframe=true&width=1010&height=400>. Acesso em: 20 jan. 2018.

_____. Chamada Fundect n. 01/2018 – PAE-MS. *Seleção pública de propostas para realização de eventos científicos, tecnológicos e de inovação no estado de Mato Grosso do Sul.* Disponível em: <https://sigfundect.ledes.net/edital_blank.php?id=571&keepThis=true&TB_iframe=true&width=1010&height=400>. Acesso em: 20 jan. 2018.

MARCELLINO, Nelson Carvalho. "Lazer e sociedade: algumas aproximações". Em: _____ (org.). *Lazer e sociedade: múltiplas relações.* Campinas: Alínea, 2008.

MINAYO, Maria Cecilia de Souza. "Ciência, técnica e arte: o desafio da pesquisa social". Em: _____ et al. (org.). *Pesquisa social: teoria, método e criatividade.* Petrópolis: Vozes, 1994.

_____. *O desafio do conhecimento. Pesquisa qualitativa em saúde.* 8. ed. São Paulo: Hucited, 2004.

NAHAS, Markus Vinícius. *Atividade física, saúde e qualidade de vida.* Londrina: Midiograf, 2006.

_____ et al. "Lazer ativo: um programa de promoção de estilos de vida ativos e saudáveis para o trabalhador da indústria". *Revista Brasileira de Atividade Física & Saúde.* 2010, vol. 15, n. 4.

SANTOS, A. et al. "Distribuição, evolução e produção científica dos grupos de pesquisa em atividade física e saúde do Brasil. *Revista Brasileira de Atividade Física e Saúde*, 2012, vol. 17, n. 4.

SARAVIA, Enrique. "Introdução à teoria da política pública". Em: _____; FERRAREZI, Elisabete. *Políticas públicas*, Brasília: Enap, 2007, vol. 1.

SILVA, Junior Vagner Pereira da; MENDONÇA, Tatiana Côrtes Farias de; SAMPAIO, Tânia Mara Vieira. "Grupos de pesquisas e enfoque dado ao lazer das pessoas com deficiência na produção científica no Brasil". *Licere.* 2014, vol. 17, n. 3.

SOUZA, Antonio Lisboa Leitão. "O significado do público na oferta educacional estatal: um pressuposto na realização do direito". *Revista Educação e Políticas em Debate.* jan.-jul. 2012, vol. 1, n. 1.

SOUZA, Celina. "Políticas públicas: uma revisão da literatura". *Sociologias.* 2006, vol. 8, n. 16.

STEPHANOU, Michelle. "Análise comparativa das metodologias de avaliação das agências de fomento internacionais BID e Bird em financiamentos de projetos sociais no Brasil". *Civitas.* 2005, 5(1).

VIANA, Ana Luiza. "Abordagens metodológicas em políticas públicas". *RAP*, 1996, 30(2).

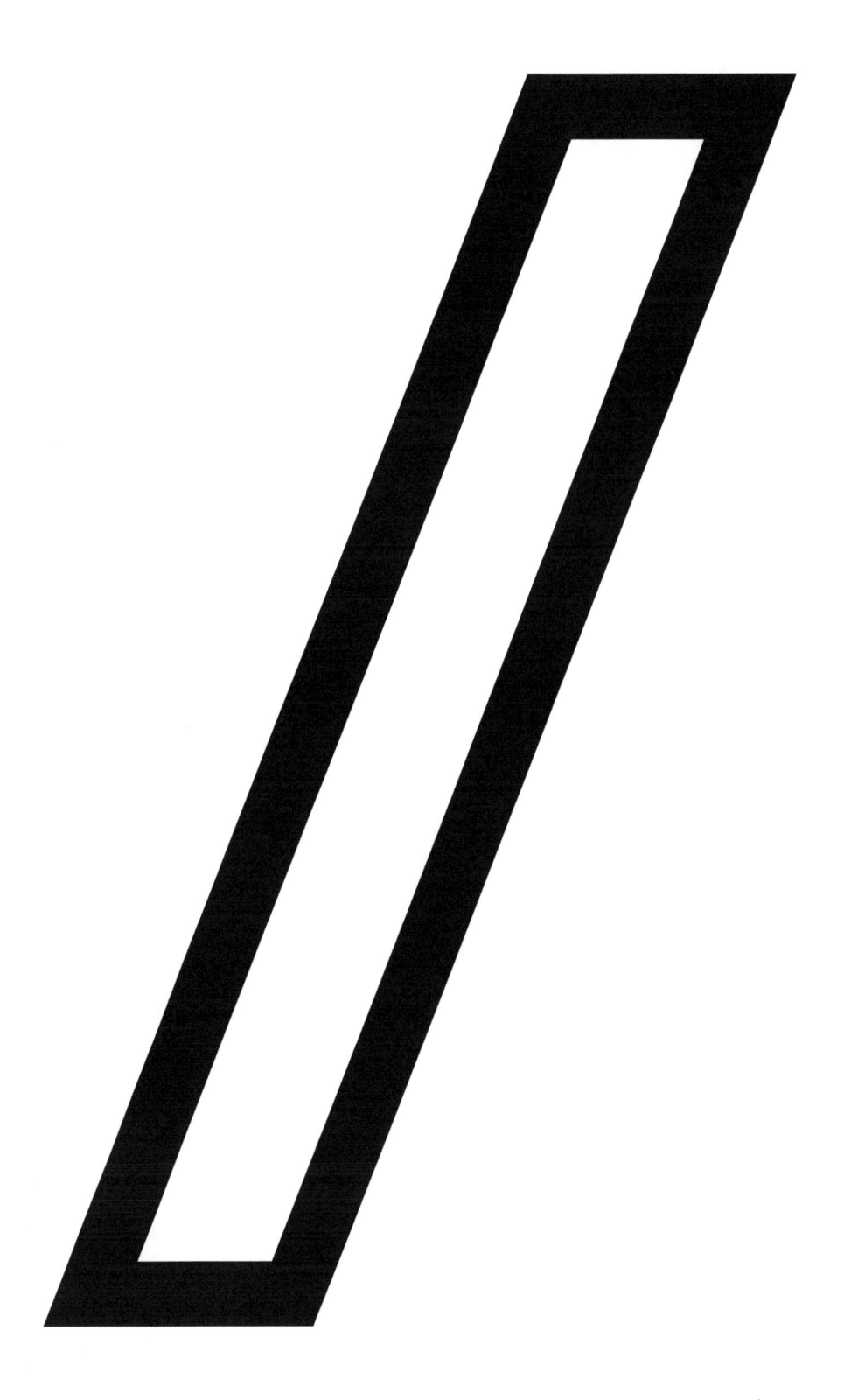

Ócio, lazer e tempo livre: enfoques para o desenvolvimento humano

José Clerton de Oliveira Martins

01
INTRODUÇÃO

Em 2006, observou-se que um número considerável de investigações chamava atenção pela preocupação sobre a relação entre o *sujeito* e suas *temporalidades*, assim como o que desta decorre. Foi o que se percebeu no âmbito dos estudos do Programa de Pós-Graduação em Psicologia da Universidade de Fortaleza, especificamente a partir de inquietações emergentes da linha de investigação Ambiente, Trabalho e Cultura das Organizações, no que concerne aos estudos sobre cultura das organizações e estudos sobre trabalho e tempo livre (que deram origem ao Otium, Laboratório de Estudos Sobre Ócio, Trabalho e Tempo Livre), e das interlocuções com a igualmente denominada Otium, Asociación Iberoamericana de Estudios del Ocio.

A partir de então, algumas ideias iniciais nos surgiram, incitando-nos aos enfoques pelos quais nos orientamos, tanto na observação da realidade quanto em leituras selecionadas, os quais passamos a expor a seguir, para entendimento de nossas opções de enquadramento de objeto de estudo.

02
O CONTEXTO DE ENFOQUE DOS ESTUDOS

A sociedade na qual estamos inseridos apresenta características como apressamento dos tempos, consumismo, violência urbana e tempo social centrado no trabalho, o que confere poder de consumo. Isso nos leva a perguntar quais suas influências e como esse quadro orienta o comportamento social e subjetivo no chamado tempo livre.

Nossa ideia partiu da premissa de que a dimensão temporal sofre um aprimoramento quanto a sua função coercitiva e reguladora, no qual seus mecanismos implicantes se apresentam de tal forma que o dito tempo livre está cada vez mais comprometido.

Entendemos que, originariamente, o tempo livre deveria ser um espaço de predomínio de mais disponibilidade pessoal. No entanto, na perspectiva apontada, a realidade apresenta um modelo interditor dessa possibilidade, pois se revela um direcionamento generalizado a um máximo de horas dedicadas ao tempo produtivo, o maior regente da vida social na atualidade (Martins, 2014).

Entre as consequências produzidas nesse decurso, pode-se citar a aceleração dos ritmos vitais: um processo que decorre do surgimento de uma série de patologias e mal-estares, acrescentando-se, ainda, o aparecimento do fenômeno da "escassez de tempo", que, por sua vez, corresponde a uma relação entre a aceleração social e a imersão, por parte dos indivíduos, em um elevado número de atividades desempenhadas, resultando numa percepção de "falta de tempo" (Beriain, 2008).

A partir desse contexto, o tempo social vem se organizando com certo comprometimento à autonomia subjetiva, gerando uma sensação cada vez maior de ausência de sentido, em meio às inúmeras necessidades de atender às demandas externas, principalmente no que concerne às obrigações laborais.

No decorrer da história, o tempo, enquanto um fenômeno sócio-histórico, constituído de elementos filosóficos, religiosos e culturais, incorporou diversos sentidos. Na Antiguidade, por exemplo, o espaço temporal era uma compreensão cíclica ligada aos ritmos naturais.

No entanto, em um dado momento da história ocidental, determinados fatores e condicionantes – de ordem econômica, social e cultural – fizeram mudar tal percepção, e introduziu-se a ideia de tempo como algo à parte e linear, isto é, em uma trajetória única, que se inicia no passado, cruza a nossa existência no presente e prolonga-se rumo ao infinito. Dessa forma, a noção de tempo dá lugar a novas representações pontuais, as quais se apresentam pautadas na sua medição e fins. Nesse âmbito, o relógio passa a ser um instrumento indispensável da vida diária, importante base material de uma ideologia da vida existencial, na qual tempo é dinheiro, e que tem como finalidade o trabalho, a produção e o progresso.

Diante desses fatos, é observado o aperfeiçoamento do poder coercitivo que o tempo cronometrado adquire perante os indivíduos, o qual passa a desempenhar um papel controlador e regulador da vida humana, destacando-se que o poder "autorregulador" que esse tempo possui sobre os indivíduos não é de caráter biológico, natural ou metafísico, mas social, resultante da assimilação de inúmeros valores ideológicos (Martins, 2000). Como exemplo dessa coação, observamos que nos dias laborais – chamados de úteis – a maioria da população deve acordar cedo, tomar o transporte e chegar ao trabalho, enquanto que, durante o final de semana, pode-se dormir um pouco mais, pois não há atividade laborativa/útil.

Comportamentos como esse passam a ser incorporados (interiorizados) pelas formas estruturais desse tempo cronometrado, tornando-se uma rede de significados cada vez mais complexa, à medida que as formas de relações sociais vão sendo alteradas.

As informações e a praticidade, com o advento da tecnificação, permitiram aos homens realizar suas atividades cada vez mais rápido. No entanto, essa tecnologização, que, aparentemente, facilitaria nossas vidas, na verdade nos orienta a aderirmos a mais atividades, conduzindo-nos a preencher, ainda mais, todos os espaços diários. Esse processo, na atualidade, nos oferece, muito claramente, a ideia da "aceleração do tempo" perante a realização de muitas atividades em todos os momentos da vida, seja qual for o horário ou dia da semana.

A sociedade apressada remete-se aos grupos ou comunidades que, graças aos seus compromissos laborais, sociais e familiares, geram uma escassez temporal cada vez mais acentuada, comprometendo a noção de tempo livre.

Diante desse processo, o desequilíbrio temporal gerado acaba por contribuir para problemas sociais, como, por exemplo, o tédio, o estresse, a depressão etc. Como podemos perceber, configura-se uma necessidade de esclarecimentos sobre as definições e significados para o tempo de trabalho e o tempo livre, além da urgência de se entender os reflexos de tais apropriações para a saúde do sujeito trabalhador, para suas relações, que, de certa forma, são afetadas por tais definições. Assim, constatou-se a necessidade de estudos mais aprofundados, de natureza interinstitucional e multidisciplinar, sobre ócio, trabalho e tempo social, a partir de âmbitos como o da psicologia social, da psicologia do trabalho, da antropologia, da sociologia e, mais recentemente, dos estudos culturais, cujos enfoques voltam-se para as culturas, para os valores que resultam das tensões entre conceitos e práticas associadas a estes e das novas conjecturas que fazem emergir poder e valor ético. É nesse espaço dialógico e temático, portanto, que atua o grupo em questão.

03
OS ÂMBITOS DE INTERLOCUÇÕES SOBRE OS TERMOS

O primeiro encontro entre os grupos de interesse nos temas aqui discutidos aconteceu já no I Seminário de Estudos sobre Ócio e Comportamento Social, ocorrido em maio de 2006, na Universidade de Fortaleza, e que contou com a participação de diversos pesquisadores do assunto, entre eles o professor Roberto San Salvador del Valle, naquele momento diretor do Instituto de Estudos de Ócio da Universidade de Deusto (Espanha), além de representantes do Núcleo de Estudos sobre o Trabalho da Universidade Federal do Ceará, entre outros membros da comunidade acadêmica local.

Diante do contexto apresentado, consolidou-se, nesse encontro, o grupo Otium, que perdura até o presente. Com foco no olhar multidisciplinar e disposto a avocar um campo de pesquisa compreendido como em franca expansão, o grupo adotou a premissa de que, na contemporaneidade, os fenômenos humanos nunca se enquadram em um conceito apenas, e de que os campos de conhecimento, fragmentados em áreas específicas, não contemplam a realidade dos fatos humanos. Dessa forma, optamos pela tensão e questionamento a partir do muito já construído, dialogando com o todo já produzido, reconhecendo e, sobretudo, valorizando os pontos já constituídos como demarcadores para novas perspectivas. Desse modo, a partir dos diálogos entre grupos de investigação e das novas experiências que daí decorrem, uma série de projetos de estudo vem se desenvolvendo nos âmbitos que tocam ao Otium.

Definido o campo de estudos e seu viés multidisciplinar e interinstitucional, acrescentamos às nossas análises a consideração da transversalidade existente entre conceitos que se reconfiguram – dadas as suas complexidades originais, assim como suas atualizações –, pois sabemos que ócio, lazer e tempo livre representam campos pertencentes a diversas disciplinas. Assim, somos instigados aos múltiplos diálogos, interagindo com as diversidades e complexidades que os sustentam. Muitas interrogações nos provocam, tais como: quem define os termos lazer, ócio e tempo livre? Que enfoques estão implicados, ao serem tomados como tal? Quem vivencia tais conceitos/fenômenos, e onde os localizam em suas potencialidades? Como se pode perceber, são muitas as questões.

Alicerçados nesse pensamento, reunimos nossos companheiros de percurso e, em diálogo permanente, a partir do Programa de Pós-Graduação em Psicologia da Universidade de Fortaleza, realizamos, anualmente, o Seminário Ócio e Contemporaneidade, que está em sua 11ª edição, e a Jornada de Estudos sobre Ócio e Tempo Livre, que já conta seis edições.

Fora de nossa regionalidade, nos somamos aos investigadores da Associação Brasileira de Pesquisa e Pós-Graduação em Estudos do Lazer e Afins (Anpel), contribuindo com os diálogos e eventos ali promovidos, como é o caso do respeitado Congresso Brasileiro de Estudos do Lazer e do Seminário O Lazer em Debate. Ainda em âmbito nacional, nos associamos aos estudos em psicologia, conformando o grupo de trabalho que se intitula Ócio, Tempo Social e Trabalho, na Associação Brasileira de Pesquisa e Pós-Graduação em Psicologia (Anpepp). Nesse grupo, nos juntamos a investigadores do Rio Grande do Sul, Rio de Janeiro, São Paulo, Ceará e Rio Grande do Norte, atuando em conjunto para, a partir dos referenciais da psicologia social, e da psicologia do trabalho e suas interlocuções, tratarmos dos significados dos termos de nosso interesse na área da psicologia.

Já no âmbito internacional, integramos a Asociación Iberoamericana de Estudios de Ocio (Otium), na qual, ao lado de dezoito universidades latino-americanas e de mais duas universidades da península Ibérica, tratamos dos termos em âmbitos culturais diversos. Dessa interlocução, surgiram eventos como o Fórum Internacional de Estudos sobre o Ócio (Ociogune), da Universidade de Deusto, realizado, anualmente, pelo seu Instituto de Estudios de Ocio, onde nos reunimos para discutir sobre o percurso atual em centros de investigação diversos, além de dialogarmos com especialistas que para ali se dirigem a cada ano, para trocarmos experiências.

Destacamos que a referida rede conta com um evento próprio, o Encontro Científico da Otium – Iberoamericana de Estudios de Ocio, o qual já conta dez edições.

04
O ÓCIO, O TEMPO LIVRE E O LAZER NA PERSPECTIVA DO DESENVOLVIMENTO HUMANO

Do pensamento de Aristóteles até hoje, muito esforço se tem investido para definir o ócio num âmbito conceitual em que se pudesse deixar clara a inter-relação de componentes como satisfação, realização, felicidade, gozo, fruição e bem-estar (Martins, 2015). Assim, partindo de uma visão aristotélica, o ócio é por nós tomado no âmbito de uma experiência gratuita e necessária, que guarda relação íntima com o desenvolvimento humano, sobretudo subjetivo. Dessa forma, e nesse sentido, o ócio guarda relação com a vivência de experiências prazerosas e satisfatórias.

Encontramos em Martins & Baptista (2013) que ócio é sinônimo de experiência desejada e apreciada, resultado de uma escolha livre. Dentro desse contexto, é preciso ressaltar a atenção dada ao sentido atribuído por quem vive a experiência. Sendo tal experiência de cunho interior, esta independe de algumas variáveis como, por exemplo, *atividade* ou *tempo*, e muito menos implica que exista relação com nível econômico, formação acadêmica ou nível social dos que a experimentam. No entanto, implica profunda relação com o sentido a ela atribuído por quem a vive como uma experiência desejada. Dessa forma, em nossos estudos a noção de que o ócio deve ser tomado como um "tempo livre, vago, no qual nada se faz" não está contemplada. Tal lugar não pressupõe nem define uma experiência, por si.

Há uma preocupação, de nossa parte, em não generalizar os termos, uma vez que sabemos que os conceitos dos quais tratamos sofrem, sobremaneira, influências de contextos histórico-sociais, o que é impossível desconsiderar. Por exemplo, no Brasil, os termos que empregamos para estudar ócio, lazer e tempo livre, por vezes são usados, no cotidiano, correntemente como sinônimos. No entanto, sabemos que guardam peculiaridades em seus significados, ao nos depararmos com suas nuances.

O termo lazer, desde a década de 1960, é utilizado de forma crescente, sendo associado a palavras como entretenimento, turismo, divertimento e recreação; porém, o sentido do vocábulo lazer é tão polêmico quanto sua origem. Observa-se que a palavra lazer, no Brasil, mantém seu conceito atrelado à sociologia do lazer de Dumazedier (1973; 1979), o que levou à popularização de sua teoria dos três "D's", segundo a qual, de acordo com o referido autor, o lazer é exercido à margem das obrigações sociais e se encontra destinado a um lugar de destaque, com funções de *descanso, desenvolvimento* da personalidade e *diversão*.

Dessa forma, o lazer adentra o pensamento brasileiro, em princípio, desde os marcos orientadores da sociologia. E, para além disso, percebemos, a partir da literatura existente, a influência determinante de Dumazedier na elaboração desse conceito. Por consequência, lazer passou a representar um conjunto de ocupações às quais os indivíduos podem se entregar de livre vontade, seja para repousar, seja para divertir-se, recrear-se e entreter-se, ou, ainda, para desenvolver sua formação ou informação *desinteressada*, sua participação social voluntária ou sua livre capacidade criadora, após livrar-se ou desembaraçar-se das obrigações profissionais, familiares e sociais (Dumazedier, 1979, p. 34).

Por sua vez, a palavra ócio povoa o imaginário social a partir de valores negativos, apregoados pela influência religiosa cristã e pela própria história da industrialização e modernização brasileira, ao longo da qual se pode observar o surgimento de uma nova ordem entre empresários e empregados, entre patrões e operários e, junto a isso, a necessidade de controle social do tempo fora do trabalho, para garantir a ordem numa sociedade elitista, herdeira de valores colonialistas e escravagistas.

Entendemos que, com o advento da Revolução Industrial, houve o surgimento do chamado tempo livre, fruto das conquistas da classe operária diante da exploração do capital, o que, em contrapartida, evidenciou o ócio, ocorrendo a nítida separação entre tempo-espaço de trabalho (tempo produtivo, tempo central e o mais importante para o indivíduo digno) e ócio (tempo improdutivo, secundário, ocupado com atividades contrárias ao trabalho), que, por sua vez, confundiu-se com o lazer (tempo do consumo, de atividades para a diversão, entretenimento, turismo). E o tempo livre passou a ser compreendido como aquele tomado do tempo de produção, destinado às atividades de lazer ou ócio, voltadas à reposição física e mental do sujeito trabalhador. Mas isso realmente corresponderia a um "tempo livre"? – é o que indagamos nos estudos aos quais nos integramos.

Estudos atuais evidenciam que os termos em questão – ócio, tempo livre e lazer – possuem possibilidades de compreensão diversas, em virtude do contexto de liberdade que evocam. No caso, tempo livre e lazer se apresentam, na dinâmica social brasileira, carregados dos valores do sistema econômico dominante, relacionando-se diretamente com tempo de reposição de energia para o trabalho, em um primeiro momento. Assim, definir o que seria "tempo livre" implica tomar consciência de si no mundo.

A partir dos anos 1990 muito se ampliam os estudos sobre ócio e lazer no Brasil, acrescentando abordagens críticas aos estudos existentes e explicitando a necessidade de abordagem dos temas lazer e ócio como fruto de um processo econômico social específico.

Nessas abordagens, nota-se a nítida relação entre tempo de trabalho e tempo de lazer, mediante a qual primeiro está o trabalho, como tempo central – é ao redor dele e na dependência dele que se organizam todos os demais contextos. O lazer, inserido num desses contextos secundários, apresenta-se, a princípio, como momento de descanso, diversão, ainda que este tenha sido pensado conforme os ditames da centralidade para a qual tudo se volta, ou seja, diversão sob controle, fabricada na forma de entretenimentos que alimentam a lógica consumista, segundo a qual devemos trabalhar em dado período para, em outro estarmos em diversão, consumindo.

O termo lazer, atualmente, é utilizado de forma crescente, associado a palavras como diversão, entretenimento, recreação e turismo, demonstrando formas de apropriação do tempo livre em novas modalidades, que se inventam amparadas nos domínios de sempre. Ao lado disso, termos como *lazer autotélico* e *ócio criativo* começam a ser utilizados a partir de explicações superficiais, baseadas em traduções imediatas e em tendenciosas apropriações.

Da sociedade atual e sua conjuntura emerge um homem/sujeito eufórico, ávido por vivências prazerosas espetaculares, imbuídas de valores colocados em extremos antagônicos, como trabalho e consumo, numa ótica globalizada de liberalismo econômico.

Nessa busca pelo prazer hedonista há uma intensificação causada pela aceleração social das relações, provocada esta, por sua vez, pela rapidez da evolução das máquinas, computadores, microeletrônica etc. A lógica do consumo, mediante a qual tudo é mercantilizado, acaba interferindo e se fazendo presente nessas escolhas, e isso recai sobre os significados dos termos aos quais nos referimos, exigindo estudos cuidadosos.

Nesse contexto, somos incitados a pensar novas possibilidades de subjetivação do tempo – que se reconhece como domínio, também, de possibilidade subjetiva – a partir das quais o sujeito poderia vivenciar esse tempo com mais qualidade, por meio de uma (res)significação da sua forma de ser e de estar no mundo. Assim, pensamos numa retomada dos componentes básicos do lazer, que segue sendo dotado de possibilidades de sustentabilidade da vida, em tempos de consumo exacerbado e descrédito das instituições, encarando o momento presente como oportuno para encetar reenquadramentos de todas as ordens.

Encontramos no lazer um âmbito em relação ao qual são possíveis novas reivindicações, as quais não podem ser satisfeitas apenas por intermédio do conceito de "tempo livre do trabalho" –, mas, sim, de um lugar a partir do qual ultrapassaremos a condição de passivos consumidores de diversão. Nesse sentido, o pensamento sobre ócio, iniciado, no Brasil, no final dos anos 1990, na esfera dos estudos multidisciplinares do lazer e de seus temas afins, sinaliza um contramovimento em relação aos mecanismos econômicos centrados em estilos de vida que focalizam, unicamente, os fins lucrativos.

Diante disso, ressaltamos que, se o ser humano perde o bem mais precioso que possui – o tempo – no emprego de atividades ou afazeres que asseguram um *status* de forma não coerente com o que lhe confere significado subjetivo de realização, experimenta, muitas vezes, o vazio ou a escassez de sentidos em experiências comuns, o que acarreta desequilíbrios de diversas ordens.

E é nesse sentido que o grupo Otium de Estudos Multidisciplinares sobre Ócio e Tempo Livre opta por enfocar os referidos termos, rumo à sustentabilidade e ao desenvolvimento humano.

05
REFERÊNCIAS

BAUMAN, Z. *O mal-estar da pós-modernidade*. Rio de Janeiro: Zahar, 1998.
BERIAIN, J. *Aceleración y tirania del presente. La metarmofosis em las estructuras temporales de la modernidade*. Barcelona: Anthropos Editorial, 2008.
CABEZA, M. C. *Ocio humanista: dimensiones y manifestaciones actuales del ocio*. Bilbao: Universidad de Deusto, 2000.
CSIKSZENTMIHALYI, M. *Fluir: una psicología de la felicidad*. Barcelona: Cairos, 1997.
DUMAZEDIER, J. *Lazer e cultura popular*. São Paulo: Perspectiva, 1973.
_____. *Sociologia empírica do lazer*. São Paulo: Perspectiva, 1979.
GOMES, C. L. (org.). *Dicionário crítico do lazer*. Belo Horizonte: Autêntica, 2004.
KLEIBER, D. A. *Leisure Experience and Human Development: a Dialectical Interpretation*. Nova York: Basic Books, 1999.
LIPOVETSKY, G. *Tempos hipermodernos*. São Paulo: Barcarolla, 2004.
MARTINS, J. C. O. "Ócio e promoção de saúde". *Revista Brasileira de Promoção de Saúde*. Fortaleza: jun.-set. 2015, 28(3).
_____; BAPTISTA, M. M. *O ócio nas culturas contemporâneas: teorias e novas perspectivas em investigação*. Coimbra: Grácio Editor, 2013.

MASCARENHAS, F. *Entre o ócio e o negócio: teses acerca da anatomia do lazer*. Tese (Doutorado) – Faculdade de Educação Física, Universidade Estadual de Campinas – Unicamp. Campinas: 2005.

Grupo de pesquisa Corpo – Cotidiano, Resgate, Pesquisa e Orientação

Coriolano Pereira da Rocha Junior

Este texto tem por objetivo apresentar e descrever um grupo de pesquisa em sua localização, atuação, impactos, bem como em sua relação com a graduação e a pós-graduação.

O grupo em questão intitula-se Corpo – Cotidiano, Resgate, Pesquisa e Orientação[01]. Tal denominação tem por justificativa a ideia de agrupar categorias tidas como centrais na formação docente e científica, especificamente nos campos da educação e da educação física.

O grupo está instalado na Faculdade de Educação (Faced) da Universidade Federal da Bahia (UFBA). Sua atuação se vincula, notadamente – embora não apenas –, ao Curso de Graduação em Educação Física (CEF) da UFBA e ao Programa de Pós-Graduação *stricto sensu* em Educação (PGEDU) da mesma universidade. Ambos os cursos são ministrados na Faced, que é sua unidade acadêmica de referência.

A UFBA[02] foi criada, nos padrões atuais, em 1950, a partir do agrupamento e federalização de unidades universitárias já existentes na Bahia desde 1946, envolvendo áreas como letras, artes, humanidades e ciências. A intenção, com a instalação da Universidade, antigo sonho baiano, foi a de se ter um polo de formação profissional, social e cultural, no afã de gerar, na Bahia, mais um modelo de modernidade (Rocha Junior, 2011); uma forma de elevar o estado e sua capital, Salvador, a um patamar sempre almejado, qual seja, o de ser um cenário de produção científica e cultural nacional, tendo por base uma universidade que desfrutasse de reconhecimento e prestígio (Brito Filho, 2015; Risério, 2013; Uzêda, 2006).

As atividades da Faced[03] iniciaram-se em 1969. Seu surgimento se deu a partir da Faculdade de Filosofia e Letras, e seu objetivo central é o de trabalhar na formação docente, com o compromisso de colaborar na

---

01
Mais dados sobre o grupo podem ser encontrados em: <www.gcorpo.wordpress.com> e também em <www.facebook.com/corpofaced>. Acesso em: 26 abr. 2018.
02
Disponível em: <www.ufba.br>. Acesso em: 26 abr. 2018.
03
Disponível em: <www.faced.ufba.br>. Acesso em: 26 abr. 2018.

qualificação do cenário educacional da Bahia. Na atualidade, a Faced conta com três cursos de graduação e quatro de pós-graduação *stricto sensu*.

O curso de Educação Física teve início em 1988, criado como um curso da Faculdade de Educação, condição que se mantém até hoje. Sua proposta básica assenta na formação em licenciatura, com uma matriz curricular dividida em oito semestres, em que a temática lazer figura, como disciplina obrigatória, no quarto semestre, com 68 horas/aula, contando, ainda, com disciplinas optativas, que margeiam o tema.

O Programa de Pós-Graduação *stricto sensu* em Educação[04] iniciou-se em 1971, primeiro em nível de mestrado, tendo o doutorado sido reconhecido no ano de 1995. Atualmente, sua área de concentração é denominada Educação, Sociedade e Práxis Pedagógica, e existem diversas linhas de pesquisa. O Grupo Corpo se vincula à linha denominada Educação, Cultura Corporal e Lazer. O Programa de Pós-Graduação tem oferecido a disciplina Lazer e Educação como um tópico especial em educação.

Uma das ações e motivações do grupo é exatamente a de estabelecer associações e vínculos entre a graduação e a pós-graduação, consoante às aproximações que esses dois níveis de ensino possuem em sua composição de conteúdos, metodologias e avaliação. Além disso, tem-se buscado estabelecer mecanismos de construção de experiências docentes, vivências em trabalhos de campo e, também, de produção de conhecimentos.

As disciplinas, normalmente ofertadas em semestres diferentes, assumem em sua organização uma perspectiva de complementaridade e aprofundamento entre as ministradas na graduação e as previstas na grade curricular da pós-graduação. Em cada uma delas, as ementas são as seguintes:

- graduação: estudos sobre relações e significados de educação e lazer, considerando diferentes perspectivas que vêm influenciando o planejamento, a vivência e a avaliação nesse âmbito. A formação e a intervenção do professor de educação física para atuar nas áreas correlatas.

- pós-graduação: estudos sobre o lazer como fenômeno da sociedade moderna, analisando sua configuração histórica e sua conformação, seu quadro teórico, além de suas possibilidades como ação educativa.

Sendo as disciplinas ministradas em um curso de licenciatura e em uma pós-graduação em educação, a intenção essencial é abordar o lazer a partir

---

04
Disponível em: <www.pgedu.faced.ufba.br>. Acesso em: 26 abr. 2018.

de uma compreensão histórica, tratar seu quadro teórico conceitual essencial e, ainda, estabelecer associações com as dinâmicas de intervenção docente e produção do conhecimento.

Ambas são abertas a alunos regulares dos cursos. No caso da graduação, alunos e alunas de educação física formam a base das turmas, mas também há a inscrição de pessoas originárias de outras unidades acadêmicas da UFBA. Nesse caso, essa diversificação de perfis acaba por ser interessante, justamente por permitir um debate diferenciado, com olhares, interpretações e motivações que, a princípio, são diferentes, mas que, em essência, acabam por se complementar, gerando um cenário rico de manifestações e construções que, por si, dialoga com aspectos essenciais do lazer.

Na pós-graduação, há inscrições de alunos e alunas das diversas linhas do programa (Currículo e (In)formação; Linguagens, Subjetivações e Práxis Pedagógica; Política e Gestão da Educação; Educação e Diversidade), além daquela que vem da linha Educação, Cultura Corporal e Lazer. Da mesma forma que na graduação, a possibilidade de contar com pessoas de origens e formações diferentes contribui para qualificar o correr das aulas. Aqui vale frisar que, por ser um programa em educação, há a tradição de se contar com pessoas das mais variadas carreiras, com diversos níveis de experiências e envolvimento com o tema, permitindo uma ambiência que instiga e motiva debates e vivências significativas.

No que toca à produção de conhecimento, na graduação há a oportunidade de se desenvolver a orientação de Trabalhos de Conclusão de Curso (TCCs). Na UFBA, até o momento, cinco orientações referentes ao tema foram finalizadas, segundo diferentes abordagens do lazer. A motivação para o desenvolvimento dos TCCs se dá a partir do contato com as experiências na disciplina da graduação, fato que caracteriza uma linha de continuidade no trato com o assunto.

Na graduação há, também, a possibilidade de desenvolvimento da iniciação científica; nesse caso, até o momento foi concluído um trabalho, de autoria de dois alunos, que teve por tema as políticas públicas de lazer em Salvador. Tal projeto tratou das políticas públicas em lazer da Prefeitura Municipal de Salvador, objetivando determinar se estas existiam ou não como programas específicos, preocupando-se, ainda, em avaliar sua modelação teórica e seus possíveis impactos na sociedade. O propósito foi identificar quais eram os modelos, as proposições e os limites dos programas. Outro objetivo foi avaliar a consolidação de políticas públicas sociais que, a partir do lazer, poderiam colaborar na mudança do estado de coisas na sociedade soteropolitana. Os resultados dessa investigação foram divulgados com a publicação, no ano de 2015, de um artigo:

FREIRE, D. R. A.; ROCHA JUNIOR, C. P. "Lazer e políticas públicas na Bahia: interpretações de um modelo". *Licere* (Centro de Estudos de Lazer e Recreação, on-line). 2015, vol. 18, pp. 96-113.

No que se refere às orientações e produções[05] em nível de pós-graduação, entre 2013 e o início de 2018 tivemos o desenvolvimento de três dissertações de mestrado e de uma tese de doutorado, que exploram temas concernentes ao lazer, passando pelos estudos históricos, a formação profissional universitária e a de agentes sociais.

As dissertações apresentadas foram as seguintes:

BRITO FILHO, Wilson de Lima. *A Universidade Federal da Bahia e a história do lazer na cidade da Bahia: rotas, rotinas e rupturas no século XX – 1945-1955*. Dissertação (Mestrado) – Faculdade de Educação – Universidade Federal da Bahia. Salvador: 2015.

ECHER, Silvana Regina. *A formação de agentes sociais do Programa Esporte e Lazer da Cidade (Pelc): a visão dos formadores*. Dissertação (Educação) – Faculdade de Educação – Universidade Federal da Bahia. Salvador: 2017.

LIMA, Lizandra de Souza. *Percepções históricas sobre a sociabilidade e as práticas de lazer em Alagoinhas-BA*. 2017. Dissertação (Mestrado) – Faculdade de Educação, Universidade Federal da Bahia, Salvador: 2018.

PEREIRA, Brenda Paula Franca. *Perspectivas do lazer na formação e atuação em educação física: a Universidade Federal da Bahia*. Dissertação (Educação) – Faculdade de Educação – Universidade Federal da Bahia. Salvador: 2017.

Essas dissertações tomam como objeto de análise o lazer, mas o fazem sob perspectivas diferentes, embora todas estejam em diálogo com as temáticas tratadas nas disciplinas da graduação e da pós-graduação. Em sua elaboração, o cenário de análise das duas primeiras vai desde algo local, a própria UFBA e sua constituição, até uma leitura do próprio curso de educação física e da disciplina que estuda o lazer. Já a terceira adotou como foco de análise um programa de lazer desenvolvido em plano nacional, o Programa Esporte e Lazer da Cidade (Pelc).

Nos três casos, o tema dialogou com as experiências e realidades de cada autor e autora, assumindo uma feição que permitiu a identificação não só em relação ao objeto em si, mas também no que diz respeito às análises

---

05
Todas essas produções encontram-se disponibilizadas no repositório institucional da Universidade Federal da Bahia. Disponível em: <https://repositorio.ufba.br/ri/>. Acesso em: 29 abr. 2018.

finais, que acabam permitindo, além de uma interpretação sobre dada realidade, o vislumbre de possibilidades de intervenção nela.

Já a tese de doutorado listada a seguir aborda, numa análise histórica, as vivências e experiências em lazer na cidade de Aracaju-SE, fazendo, também, uma leitura da vivência em lazer experimentada, especificamente, em um clube que buscou ser espaço para a participação feminina.

ALMEIDA, Marlaine Lopes de. *O Club Sportivo Feminino e as formas de sociabilidade para as mulheres da elite em Aracaju (1919-1926)*. Tese (Educação) – Faculdade de Educação – Universidade Federal da Bahia. Salvador: 2017.

Tanto as dissertações quanto as teses foram construídas em um processo ao longo do qual o grupo teve papel significativo. Autores e autoras apresentam a este, habitualmente, seu material em preparação e, assim, em espaço e tempo específico, cada pessoa pode contar com análises e leituras que acabam por colaborar na qualificação das obras, num exercício de crítica e, mesmo, autocrítica em cada texto, fazendo com que a produção final possa ser apresentada da melhor maneira possível.

Entendendo que a formação em nível de mestrado e doutorado deve se dar para além da produção do material submetido à banca, no desenrolar do curso cada pessoa pode experimentar a apresentação em eventos acadêmicos e, ainda, a publicação em periódicos e livros. A seguir, indicamos os textos que foram apresentados e publicados:

Brenda de Paula França Pereira

Apresentações de trabalho:
PEREIRA, B. de P. F; SOUZA, A. L. A (Ir)Relevância do estágio supervisionado em lazer: em foco as considerações discentes. Em: 26º Encontro Nacional de Recreação e Lazer, 2014, Ilhéus.

Marlaine Lopes de Almeida

Publicações em periódicos:
ALMEIDA, M. L. de; ROCHA JUNIOR, C. P. "Representações femininas em festas dançantes em Aracaju no início do século XX: educação e sociabilidade". *Movimento*. 2017, vol. 23, pp. 1013-1024.

Capítulos de livros:

ALMEIDA, M. L. de. "Esporte e espetáculo em Aracaju no início do século XX: da organização dos clubes e dos eventos esportivos às mudanças no espaço urbano e nas formas de identificação coletiva". Em: OLIVEIRA, A. F. S.; HAIACHI, M. C.; NASCIMENTO, R. C. (org.). *II Ciclo de debates em estudos olímpicos: da copa do mundo aos jogos olímpicos – o esporte, seu desenvolvimento e suas consequências*. 3. ed. São Cristóvão: Editora da UFS, 2015, vol. 3. pp. 105-116.

_____. "Mulheres em movimento: o Club Sportivo Feminino e as representações dos eventos esportivos para mulheres no início do século XX". Em: OLIVEIRA, A. F. S. de; NASCIMENTO, R. da C. (org.). *II ciclo de debates em estudos olímpicos: legado no campo profissional e no desenvolvimento do esporte*. São Cristóvão: Editora da UFS, 2014, vol. 1. pp. 133-156.

Trabalhos publicados em anais de congressos:

ALMEIDA, M. L. de. Esporte e civilidade: uma leitura biográfica da contribuição de Amintas José Jorge para o desenvolvimento da cultura esportiva em Sergipe. Em: VI Congresso Internacional de Pesquisa (Auto)Biográfica. Rio de Janeiro: Uerj, 2014.

Apresentações de trabalho:

ALMEIDA, M. L. de. Esporte e civilidade: uma leitura biográfica da contribuição de Amintas José Jorge para o desenvolvimento da cultura esportiva em Sergipe. Em: *VI Congresso Internacional de Pesquisa (Auto)Biográfica*. Rio de Janeiro: Uerj, 2014.

_____. Esporte, memória e gênero. Em: 15º Seminário de Educação Física da Bahia. Alagoinhas, BA: Uneb, 2014.

Silvana Regina Echer

Publicações em periódicos:

MOTA, L. F.; ECHER, S. R.; BONILLA, M. H. "As ressignificações da arte de contar histórias na contemporaneidade". *Boitatá*. 2016, vol. 21, pp. 68-81.

Capítulos de livros:

ECHER, S. R. "Política pública nacional de lazer: a pessoa idosa em questão". Em: GOELLNER, S. V. (org). *Vida Saudável: é tempo de viver diferente*. Porto Alegre: Edição eletrônica, 2017, pp. 26-37.

FEIX, Eneida; TONDIN, G. "A avaliação no programa Esporte e Lazer da Cidade: processo de crescimento e novas possibilidades". Em: PINTOS, A. E. S.; ISAYAMA, H. F. (org.). *Formação de agentes sociais dos programas esporte e lazer da cidade (Pelc) e vida saudável (VS): trajetória, memória e experiências*. Campinas: Autores Associados, 2016, vol. 1. pp. 242-257.

ECHER, S. R.; FEIX, E.; TONDIN, G. "La evaluación en el programa Esporte e Lazer da Cidade: proceso de crecimiento y nuevas posibilidades". Em: PINTOS, A. E. S.; ISAYAMA, H. F. (org.). *La formación de agentes sociales de los programas esporte e lazer da cidade (Pelc) y vida saudável (VS): trayectoria, memoria y experiencias*. Campinas: Autores Associados, 2016, vol. 1. pp. 502-517.

Wilson de Lima Brito Filho

Publicações em periódicos:

BRITO FILHO, W. L.; ROCHA JUNIOR, C. P.; CUNHA JUNIOR, C. F. F. "As configurações do lazer na cidade do Salvador e suas relações com a constituição da Universidade Federal da Bahia". *Licere*. Belo Horizonte: 2017, vol. 20, pp. 280-314.

_____. "Projeto Lazerando-Uneb: práticas formativas de lazer em praça pública no município de Alagoinhas-Bahia". *Licere* (Centro de Estudos de Lazer e Recreação. *Online*). 2016, vol. 19, pp. 207-224.

BRITO FILHO, W. L. "A influência da UFBA na história do lazer da Bahia: primeiras considerações". *Revista Eletrônica Discente História.com*. 2014, vol. 2, pp. 12-20.

Trabalhos publicados em anais de congressos:

BRITO FILHO, W. L. A Universidade Federal da Bahia e as configurações do lazer na cidade da Bahia. Em: VIII Encontro Estadual de História, 2016, Feira de Santana (BA). *Anais eletrônicos*. Disponível em: <www.encontro2016.bahia.anpuh.org/resources/anais/49/1474938989_arquivo_textocompletoanpuh.pdf>. Acesso em: 5 maio 2018.

_____. Práticas culturais na cidade do Salvador e a UFBA: uma análise histórica entre os anos de 1945 e 1955 do século XX. Em: VII Encontro Estadual de História 2014, Cachoeira (BA). *Anais eletrônicos*. Disponível em: <https://drive.google.com/file/d/0B_RKtO9J4AOneFc4dDhpQ0Z0azA/view?pref=2&pli=1>. Acesso em: 5 maio 2018.

_____; VIANA, V. R. Cuca – Cultura Corporal em Alagoinhas/BA: relato de uma experiência. Em: *III Congresso Brasileiro de Estudos do Lazer, 2018*. Campo Grande (MS). Disponível em: <https://iiicbel.ufms.br/files/2017/10/Anais_cbel2.pdf>. Acesso em: 5 maio 2018.

BRITO FILHO, W. L ; VIANA, V. R. Esporte e lazer em Alagoinhas: uma experiência a partir do projeto Cuca. Em: III Congresso Brasileiro de Estudos do Lazer, 2018, Campo Grande (MS). Disponível em: <https://iiicbel.ufms.br/files/2017/10/Anais_cbel2.pdf>. Acesso em: 5 maio 2018.

Apresentações de trabalho:
BRITO FILHO, W. L ; VIANA, V. R. Cuca – Cultura Corporal em Alagoinhas/BA: relato de uma experiência. Em: III Congresso Brasileiro de Estudos do Lazer, 2018,. Campo Grande (MS).
_____. Esporte e lazer em Alagoinhas: uma experiência a partir do projeto Cuca. Em: III Congresso Brasileiro de Estudos do Lazer , 2018, Campo Grande (MS).
BRITO FILHO, W. L. A Universidade Federal da Bahia e as configurações do lazer na cidade da Bahia. Em: VIII Encontro Estadual de História, 2016, Feira de Santana (BA).
_____. Práticas culturais na cidade do Salvador e a UFBA: uma análise histórica entre os anos de 1945 e 1955 do século XX. Em: VII Encontro Estadual de História, Cachoeira (BA).

De forma geral, as produções e apresentações aqui elencadas, levando em conta apenas alunos e alunas, são uma mostra das formas de trabalho do grupo, do alcance e circulação de suas atividades, em áreas diversas, especialmente na educação e na educação física.

Assim, compreendemos que um grupo de pesquisa, em sua constituição e ação, deve buscar atuar em frentes diversas, que vão da formação profissional e científica até a produção de saberes, e que isso deve circular em espaços e de formas diferentes, tendo por base o tripé institucional de uma universidade, qual seja: ensino, pesquisa e extensão.

Como linhas e projetos de pesquisa, o Grupo Corpo tem construído alguns, que circulam por temas variados, não só o lazer, em interface com outras ações na graduação e na pós-graduação. Algumas delas são restritas ao Grupo e, outras, se associam a projetos que envolvem outros grupos da própria Faced e, também, de outras instituições.

A linha de pesquisa que trata o tema lazer é a seguinte:

- Lazer – conceitos e usos sociais: objetiva identificar, descrever e analisar políticas, programas e projetos que têm o lazer como foco e, ainda, buscar melhor entender o lazer como fenômeno da sociedade moderna, para assim compreender como este é tratado conceitualmente, e qual função é a ele atribuída nas ações.

Dentro dessa linha de pesquisa são desenvolvidos os seguintes projetos:

- Centro de Desenvolvimento de Pesquisa em Políticas de Esporte e de Lazer da rede Cedes-BA: Trata-se de um espaço/tempo de pesquisa, no âmbito das políticas públicas de esporte e lazer, que leva em consideração o contexto do estado da Bahia e sua abrangência, bem como suas lacunas setoriais e os desafios estratégicos para garantir o esporte e o lazer como um direito substantivo de todos. Nessa perspectiva, a proposta em tela diz respeito à organização e constituição do Centro de Desenvolvimento de Pesquisas em Políticas de Esporte e de Lazer, da Rede Cedes, no Estado da Bahia.

No recorte sob a supervisão do grupo, constam os seguintes espaços: Sertão do São Francisco (Campo Alegre de Lourdes, Canudos, Casa Nova, Curaçá, Juazeiro, Pilão Arcado, Remanso, Sento Sé, Sobradinho e Uauá), Semiárido Nordeste II (Adustina, Antas, Banzaê, Cícero Dantas, Cipó, Coronel João Sá, Euclides da Cunha, Fátima, Heliópolis, Jeremoabo, Nova Soure, Novo Triunfo, Paripiranga, Pedro Alexandre, Ribeira do Amparo, Ribeira do Pombal, Santa Brígida e Sítio do Quinto), Piemonte Norte do Itapicuru (Andorinha, Antonio Gonçalves, Caldeirão Grande, Campo Formoso, Filadélfia, Jaguarari, Pindobaçu e Ponto Novo e Senhor do Bonfim) e Itaparica (Abaré, Chorrochó, Glória, Macururé, Paulo Afonso e Rodelas). Nesse projeto contamos com a participação de um aluno da graduação como orientando.

Ao lado desse projeto, tivemos as seguintes produções:

Resumos expandidos publicados em anais de congressos:
ROCHA JUNIOR, C. P. da; MACHADO, L. A. Políticas públicas em esporte e lazer pela Bahia. Em: XX Conbrace e VII Conice, 2017, Goiânia. XX Conbrace e VII Conice, 2017. Disponível em: <http://congressos.cbce.org.br/index.php/conbrace2017/7conice/paper/view/9303/5196>. Acesso em: 5 maio 2018.

Resumos publicados em anais de congressos:
ROCHA JUNIOR, C. P. da; MACHADO, L. A. Esporte e lazer na Bahia: análises das políticas públicas. Em: XIII Seminário Internacional de Educação Física, Lazer e Saúde, 2017, Guarda-Portugal.

Outro projeto em desenvolvimento é o seguinte:

- Lazer: conceitos e usos sociais: esse projeto tem por objetivo investigar ações em políticas públicas e formativas em lazer, buscando analisar suas construções teórico-conceituais e seus impactos na realidade social. Nesse projeto contamos com a participação de oito alunos e alunas, entre os da graduação, mestrado e doutorado.

Além das produções já indicadas anteriormente, junto a essa linha e projeto encontramos as publicações que seguem.

Artigos completos publicados em periódicos:
ROCHA JUNIOR, C. P.; PINTO JUNIOR, F. D. "Cidadania e lazer a partir do Programa Escola Aberta". *Arquivos em movimento* (UFRJ, *on-line*), 2011, vol. 7, pp. 104-115.

Capítulos de livros:
ASSIS, A. F. S.; ROCHA JUNIOR, C. P.; CAU, J. N. A. "Formação de agentes de esporte e lazer no Pelc: uma análise de experiências". Em: PINTOS, A. E. S.; ISAYAMA, H. F. (org.). *Formação de agentes sociais dos programas esporte e lazer da cidade (Pelc) e vida saudável (VS): trajetória, memória e experiências*. Campinas: Autores Associados, 2016, vol. 1. pp. 139-156.
_____. "Formación de agentes de deporte y ocio en el Pelc: un análisis de experiencias". Em: PINTOS, A. E. S.; ISAYAMA, H. F. (org.). *La formación de agentes sociales de los programas esporte e lazer da cidade (Pelc) y vida saudável (VS): trayectoria, memoria y experiencias*. Campinas: Autores Associados, 2016, vol. 1. pp. 397-414.

Textos em jornais de notícias/revistas:
ROCHA JUNIOR, C. P. "Aspectos gerais do Pelc". *Fuzuê – Revista de Cultura*. Salvador: 1º jan. 2009, pp. 25-26.

Trabalhos completos publicados em anais de congressos:
ROCHA JUNIOR, C. P.; PINTO JUNIOR, F. D. Lazer e cidadania: uma relação vista a partir do programa escola aberta. Em: VIII Seminário O Lazer em Debate, 2007, Rio de Janeiro. *VIII Seminário O Lazer em Debate*, Belo Horizonte: UFMG, 2007, vol. 1. pp. 487-496.
ROCHA JUNIOR, C. P. Lazer e educação física escolar: um olhar sobre os 10 anos do EnFEFE. Em: X Encontro Fluminense de Educação Física Escolar, 2006, Niterói. *X Encontro Fluminense de Educação Física Escolar*. Niterói: Eduff, 2006, vol. 1. pp. 192-197.

Resumos publicados em anais de congressos:
ROCHA JUNIOR, C. P.; ASSIS, A. F. S.; CAU, J. N. A. Formación de agentes en deporte y ocio en el Pelc: un análisis de experiencias. Em: Fórum OcioGune, 2015, Universidade de Deusto, Bilbao. *Fórum OcioGune*, 2015, vol. 1. pp. 120-120.

FREIRE, D. R. A.; ROCHA JUNIOR, C. P. Lazer e políticas públicas na Bahia: interpretações de um modelo. Em: 27º Encontro Nacional de Recreação e Lazer, 2015, Brasília. *Anais*. Brasília: Sesc, 2015, vol. 1. pp. 21-21.

ROCHA JUNIOR, C. P.; PINTO JUNIOR, F. D. Lazer e cidadania: uma análise das formações do Programa Escola Aberta pelo olhar dos oficineiros. Em: XII Congresso de Ciências do Desporto e Educação Física dos Países de Língua Portuguesa. Porto Alegre: UFRGS, 2008. *Anais*, p. 404.

Por último, como ações do grupo, descrevemos as de extensão:

- Cine SportOlímpico (2016) e CineSport (2015): em ambas, o objetivo foi fazer análises do esporte, como um fenômeno social e de lazer, de grande repercussão na sociedade moderna. Para tal se optou pelo diálogo com o cinema, uma das práticas culturais de lazer. A atividade contou com a participação de alunos e alunas de graduação, mestrado e doutorado.

A partir dos dados expostos, entendemos que o grupo cumpre os objetivos a que se propõe no campo acadêmico, atuando em frentes que são inerentes à universidade, desenvolvendo a formação (profissional, científica e cultural), a pesquisa e consequente veiculação das produções e a extensão, no caso, no âmbito universitário.

Compreendemos a necessidade de continuidade, aprofundamento e extensão das atividades já desenvolvidas, haja vista o caráter imperioso da obrigação da Universidade, seus docentes e discentes, de cumprirem seu papel na sociedade, qual seja, o de qualificar e elevar as condições de vida, num sentido pleno, de toda a população – não apenas, portanto, daquela parcela que tem acesso aos espaços acadêmicos, na qualidade de alunos e alunas, mas de toda a comunidade, no caso, a baiana e a soteropolitana.

O Grupo[06], como espaço científico, segue suas atividades e, periodicamente, promove análises de seu funcionamento e resultados, para que possa sempre, de forma ajustada às realidades da sociedade e da universidade, seguir os passos que permitam que seu funcionamento ganhe sentido e valor em seu cenário.

06
Participantes do grupo têm trabalhos aprovados no Congresso Mundial de Lazer, edição 2018.

REFERÊNCIAS

BRITO FILHO, W. L. *A Universidade Federal da Bahia e a história do lazer na cidade da Bahia: rotas, rotinas e rupturas no século XX – 1945-1955*. Dissertação (Mestrado em educação) – Faculdade de Educação, Universidade Federal da Bahia, Salvador: 2015.

RISÉRIO, Antônio. *Edgard Santos e a reinvenção da Bahia*. Rio de Janeiro: Versal, 2013.

ROCHA JUNIOR, C. P. da. *Esporte e modernidade: uma análise comparada da experiência esportiva no Rio de Janeiro e na Bahia nos anos finais do século XIX e iniciais do século XX*. Tese (Doutorado em história) – Programa de Pós-Graduação em História Comparada, Universidade Federal do Rio de Janeiro. Rio de Janeiro: 2011.

UZÊDA, J. A. *O aguaceiro da modernidade na cidade do Salvador 1935-1945*. Tese (Doutorado em história) – Faculdade de Filosofia e Ciências Humanas, Universidade Federal da Bahia. Salvador: 2006.

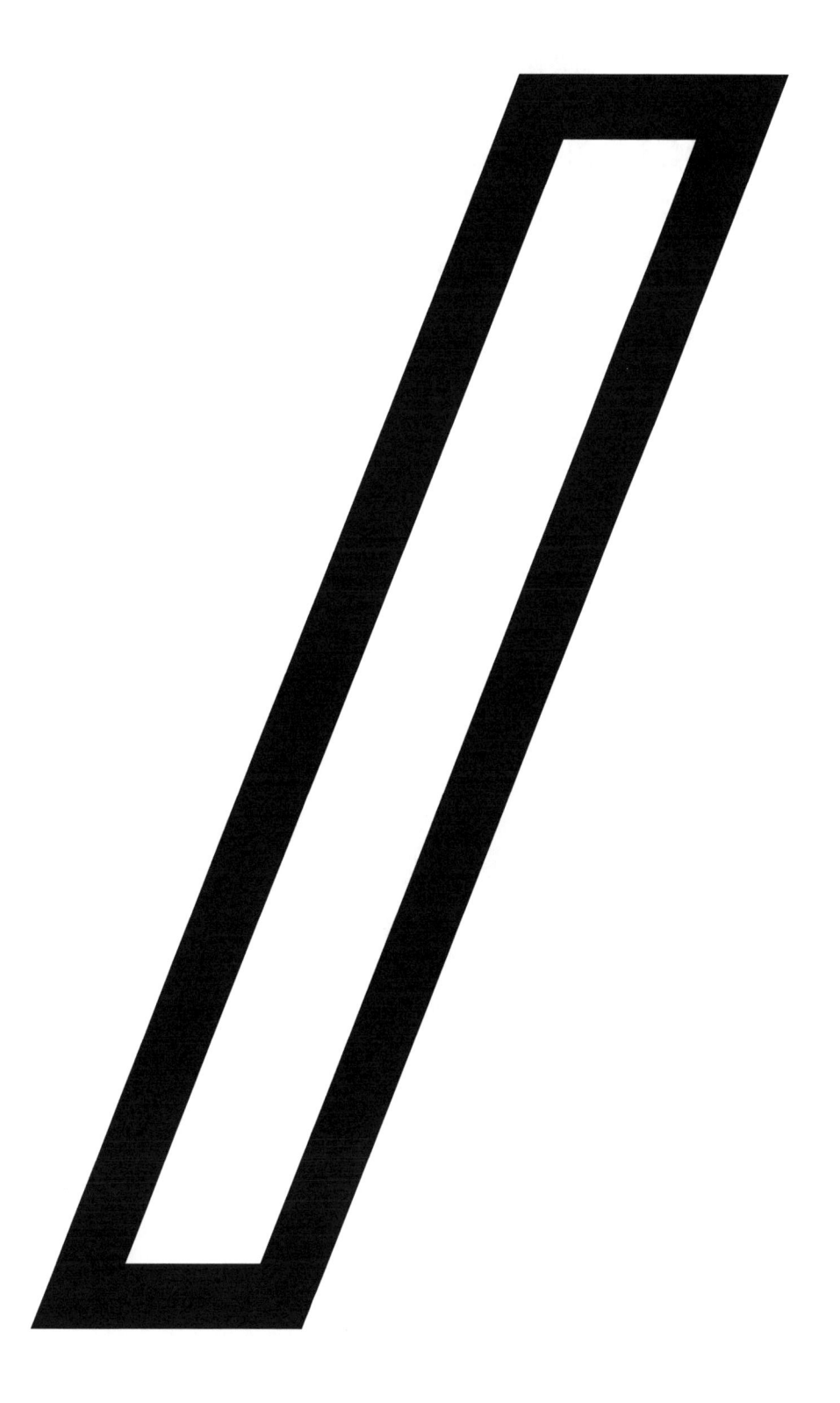

Sociedade de Pesquisa Qualitativa em Motricidade Humana: contribuições aos estudos do lazer

Luiz Gonçalves Junior
Fábio Ricardo Mizuno Lemos

01
INTRODUÇÃO

A Sociedade de Pesquisa Qualitativa em Motricidade Humana (SPQMH) foi constituída em 13 de junho de 2003[01], no Laboratório de Ensino e Pesquisa em Cultura Corporal (LEPCC) do Departamento de Educação Física e Motricidade Humana (DEFMH) da Universidade Federal de São Carlos (UFSCar), oriunda do Núcleo de Estudos de Fenomenologia em Educação Física (Nefef) do DEFMH-UFSCar, em decorrência da necessidade de se ampliar a autonomia para a captação de recursos e dinamizar as ações realizadas pelo citado núcleo, cadastrado no Diretório de Grupos de Pesquisa do Conselho Nacional de Desenvolvimento Científico e Tecnológico (CNPq).

Observamos, portanto, que a história da SPQMH se inicia e se confunde com a própria trajetória do Nefef, o qual iniciou seus trabalhos em junho de 1996, com a intenção de romper o discurso dicotômico da educação física por meio do estudo da fenomenologia, abordagens qualitativas em geral e a proposição da motricidade humana.

Desde o ato constitutivo da SPQMH, ficaram expressos os objetivos de investigação científica, formação de pesquisadores em motricidade humana – com aporte de metodologias qualitativas – e organização de eventos bianuais de pesquisa qualitativa e motricidade humana.

01
A constituição jurídica ocorreu, contudo, em 7 de outubro de 2003, data de averbação da ata e dos estatutos no cartório. O registro jurídico da SPQMH possibilitou a sua inserção no Cadastro Nacional da Pessoa Jurídica (CNPJ), sob o número 05.947.176/0001-79.

Nesse sentido, estabelecemos compreensões consensuais, entre os membros da citada sociedade, a respeito de eixos temáticos de investigação, os quais têm *suleado*[02] nossos estudos e eventos[03], a saber:

- *currículos e formação profissional em motricidade humana (ou afins)* – estudos relacionados às concepções/propostas curriculares para os cursos de formação em ciência da atividade física, ciências do esporte, educação física e motricidade humana, observando ramos de intervenção, estágios curriculares, mercado de trabalho e legislação;

- *ecomotricidade* – estudos em contextos de intencionalidade em relação às sinergias corpo/meio ambiente, observando a manutenção, transformação, mobilidade e sustentabilidade socioambiental;

- *epistemologia da motricidade humana* – estudos sobre fundamentação e epistemologia da ciência da motricidade humana e seus ramos de intervenção;

- *etnomotricidade* – estudos de práticas com características próprias de um povo/comunidade, desenvolvidas com intencionalidade relacionada a processos educativos de tradição e resistência de tais manifestações;

- *ociomotricidade* – estudos de práticas lúdicas, de divertimento, de lazer, de ócio e de contemplação;

- *motricidade e arte* – estudos no contexto da motricidade humana, desde os fundamentos teóricos, as poéticas artísticas e o ensino e aprendizagem de artes visuais, dança, música e teatro;

- *motricidade e manifestações esportivas ou performativas* – estudos de práticas relacionadas ao esporte, institucionalizado ou emergente, para

---

02
Trata-se de um neologismo que faz contraposição ao "norteado", que, subliminarmente, alude ao hemisfério norte, ideologicamente apresentado como superior ao hemisfério sul; mais que isso, propõe que tenhamos, como referência, o hemisfério sul e epistemologias do sul. Aprofundamentos sobre o conceito referido por esse termo podem ser feitos nas leituras de Santos e Meneses (2010); Freire (2011) e Campos (2017).

03
Colóquio de Pesquisa Qualitativa em Motricidade Humana (CPQMH), evento internacional bianual e itinerante, tendo sido realizado nas cidades de São Carlos (SP) (cinco edições); Valdivia, Chile (2015); São Cristóvão/Aracaju (SE) (2017).

diferentes públicos (classes sociais, gênero, faixa etária, raça/etnia etc.),
particularmente no contexto comunitário;

* *motricidade, saúde e bem viver* – estudos de práticas desenvolvidas com intencionalidade relacionada a processos educativos de atenção e promoção da saúde, na perspectiva do bem viver;

* *motricidade escolar* – estudos de práticas desenvolvidas com intencionalidade relacionada a processos educativos, particularmente no contexto escolar.

No presente capítulo, daremos destaque às contribuições da SPQMH aos estudos do lazer, observando que o entendemos de modo interdisciplinar, atravessando todos os eixos anteriormente apresentados, embora reconheçamos dar ênfase ao eixo *ociomotricidade*.

02
PRIMEIRAS AÇÕES

Colóquio de Pesquisa Qualitativa em Motricidade Humana (CPQMH)

O primeiro CPQMH foi realizado em 2003, nas dependências do Serviço Social do Comércio (Sesc), unidade São Carlos (SP), no próprio ano da constituição da SPQMH. Na ocasião, contamos com a presença do professor doutor Manuel Sérgio (Universidade Técnica de Lisboa, Portugal), proponente da ciência da motricidade humana, na conferência de abertura. Por se tratar de evento ainda de pequeno porte, não organizamos, naquela altura, a submissão de trabalhos, o que veio a ocorrer somente em 2007, com a realização da sua 3ª edição, sediada na UFSCar, com o tema central O Lazer em uma Perspectiva Latino-Americana.

Nesse III Colóquio, tivemos a presença do professor doutor Luis Guillermo Jaramillo-Echeverry (Universidad del Cauca, Popayán, Colômbia), da professora doutora Gisele Maria Schwartz (Unesp-Rio Claro) e da professora doutora Mey de Abreu van Munster (UFScar), abordando, na mesa de abertura, o tema A Motricidade Humana e o Lazer; também esteve presente o professor doutor Victor Andrade de Melo (UFRJ), que proferiu a conferência de encerramento, intitulada "O lazer em uma perspectiva latino-americana".

Nesse evento pudemos acrescentar, como novidade, a realização dos seguintes minicursos: Lazer e Educação Popular; Lazer e Educação Ambiental; Danças Circulares Sagradas na América Latina; Danças

Populares Brasileiras; e Jogos Teatrais na Educação. Aliás, a oferta de minicursos tem se mantido até os eventos atuais, sempre despertando grande interesse entre os participantes inscritos.

Nas edições que se seguiram, embora com temas centrais distintos, sempre contamos com uma ampla diversidade de minicursos e de trabalhos submetidos, relacionados ao campo do lazer.

03
PUBLICANDO LIVROS

Com a perspectiva de ampliar e divulgar a produção dos associados, passamos, a partir de 2008, a abrir frequentes editais para submissão de propostas de capítulos, sempre com temática central definida em assembleia da sociedade. Nos editais, sempre foi expressa a premissa de que cada capítulo proposto seria apresentado aos participantes do Nefef e da SPQMH em reunião previamente definida. Desse modo, a partir das críticas formuladas por dois debatedores formalmente constituídos, somadas às eventuais sugestões dos participantes, o texto poderia ser reformulado e reenviado para integrar o livro – cujo original seria, por fim, examinado pelos pareceristas das editoras que demonstrassem interesse na publicação.

Como resultado dessa iniciativa, foi publicado um primeiro livro, intitulado *Interfaces do lazer: educação, trabalho e urbanização*, organizado por Luiz Gonçalves Junior (2008a).

A obra em pauta contém quatro capítulos, comentados a seguir.

- "Lazer e educação: um estudo sobre o Programa Curumim" – Regiane Cristina Galante aponta compreensões das relações entre as áreas do lazer e da educação, sobretudo dos processos educativos presentes na prática social da educação pelo lazer no Programa Curumim do Sesc Araraquara, a partir das crianças participantes, suas mães, educadores e educadoras (Galante, 2008).

- "Lazer e educação: a perspectiva dos líderes das centrais sindicais do Brasil e de Portugal em tempos de globalização" – Luiz Gonçalves Junior discute o sentido do lazer diante das novas relações de trabalho no contexto da sociedade globalizada, particularmente nas realidades vividas por Brasil e Portugal, segundo a ótica de líderes de duas centrais sindicais brasileiras (Central Única dos Trabalhadores e Força Sindical) e de duas portuguesas (Confederação Geral dos Trabalhadores Portugueses – Intersindical Nacional e União Geral dos Trabalhadores) (Gonçalves Junior, 2008b).

- "Lazer e urbanização: praças da cidade de São Carlos" – Fábio Ricardo Mizuno Lemos apresenta as condições das praças no referido município, tanto no que concerne às suas estruturas quanto à utilização para o lazer, na percepção de pessoas da comunidade. O capítulo faz apresentação da situação particular de São Carlos e busca fornecer elementos que possam auxiliar na compreensão do fenômeno em outras localidades e/ou perspectivas (Lemos, 2008).

- "Lazer e urbanização: os parques públicos municipais da Zona Leste da Cidade de São Paulo" – Denise Aparecida Corrêa procura desvelar o processo histórico de criação de três parques públicos municipais localizados na zona leste da cidade de São Paulo (Parque do Piqueri, Parque do Carmo e Parque Raul Seixas), refletindo acerca dos significados desses espaços para a comunidade, bem como discutindo a atuação do poder público no desenvolvimento de políticas de lazer nos parques, no período histórico de constituição dos mesmos (Corrêa, 2008).

  No segundo livro, intitulado *Educação e experiência: construindo saberes em diferentes contextos*, organizado por Luiz Gonçalves Junior, Denise Aparecida Corrêa e Cae Rodrigues (2011), o lazer foi abordado em três dos seis capítulos:

- "Educação física, educação ambiental e educação infantil: confluências em experiências lúdicas" – Cae Rodrigues e Denise de Freitas apontam proposições acerca da potencialidade das experiências lúdicas em suas relações com a corporeidade e o movimento, na perspectiva de fomentar a educação ambiental no âmbito da educação infantil (Rodrigues; Freitas, 2011).

- "Experiências lúdicas no projeto 'vivências em atividades diversificadas de lazer'" – Matheus Oliveira Santos e Luiz Gonçalves Junior apresentam resultados da inserção realizada no projeto *Vivências em atividades diversificadas de lazer*, desenvolvido em comunidade popular da cidade de São Carlos, tendo como foco de análise os relatos dos participantes, familiares e educadores, além dos relatos em diários de campo (Santos; Gonçalves Junior, 2011).

- "Desvelando experiências de lazer de trabalhadores de indústrias transnacionais" – Fábio Ricardo Mizuno Lemos e Luiz Gonçalves, na perspectiva de desvelar as compreensões relacionadas ao lazer e aos processos educativos para os trabalhadores de duas empresas transnacionais instaladas no município de São Carlos, apresentam as experiências de dois grupos de trabalhadores: um formado pelos funcionários gestores; o outro, composto pelos trabalhadores das células ou linha de produção (Lemos; Gonçalves Junior, 2011).

Já no mais recente livro da SPQMH, organizado por Denise Aparecida Corrêa, Fábio Ricardo Mizuno Lemos e Cae Rodrigues (2015), intitulado *Motricidade escolar*, dos sete capítulos, dois abordam a temática lazer:

- "Por uma ócio-ação em motricidade escolar" – Fábio Ricardo Mizuno Lemos e Luiz Gonçalves Junior propõem o ócio como possibilidade de ação libertadora nas aulas do componente curricular educação física (Lemos; Gonçalves Junior, 2015).

- "O (não) lugar das sinergias motricidade-meio ambiente em contextos escolares" – Cae Rodrigues discute as possibilidades críticas para a transformação da educação física escolar diante da atual dominância que sofre dos meios de comunicação, da esportivização e da indústria de lazer a partir das sinergias motricidade-educação ambiental (Rodrigues, 2015).

Criação da *Motricidades: Revista da SPQMH*

Depois de anos trabalhando em torno do sonho de uma revista científica, a SPQMH lançou a primeira edição da *Motricidades*[04] em outubro de 2017. A revista emana de um movimento de ampliação e aprofundamento de estudos e ações da SPQMH, incluindo o propósito de divulgação e reflexão nas áreas de artes, educação, educação física, meio ambiente, saúde e, em vista de nossos compromissos acadêmicos históricos, também na área do lazer. Com periodicidade quadrimestral, a *Motricidades* tem como objetivo divulgar artigos de pesquisa, artigos de revisão e ensaios inéditos com metodologias qualitativas, nos idiomas português, espanhol e inglês.

04
Disponível em: <http://dx.doi.org/10.29181/2594-6463.2017.v1.n1>.
Acesso em: 30 abr. 2018.

04
OUTRAS PRODUÇÕES DE ASSOCIADOS À SPQMH

Além das publicações próprias da SPQMH, como os anteriormente citados livros e revista, os(as) associados(as) da SPQMH têm produzido dissertações e teses cujo tema é a prática social lazer.

Em dissertação apresentada por Silmara Elena Alves de Campos, em 2008, intitulada *Ser caiçara em Ilhabela: as construções de identidades nas tensões entre o passado e o presente*, a autora teve, como principal objetivo, compreender os processos educativos envolvidos no ser caiçara, observando, particularmente, o mundo cotidiano: modos de viver, de trabalhar, de brincar, de se movimentar, de ensinar e de aprender. Na contextualização do tema, Campos coloca em discussão o modo como as ilhas, de forma geral, e, em particular, Ilhabela, lócus do estudo, são configuradas pelos meios de comunicação e agências de turismo como locais paradisíacos, exóticos, selvagens, próprios à aventura, vendendo estas e, por vezes, também seus habitantes, folclorizados, em pacotes turísticos de lazer, transformando pessoas e paisagens naturais em mercadorias. A dissertação inclui discussão crítica sobre tais ocorrências com os(as) habitantes tradicionais de Ilhabela, os(as) caiçaras (Campos, 2008).

Em 2009, a dissertação de Victor Lage, intitulada *Lutas e brincadeiras: processos educativos envolvidos na prática de lutar* objetivou compreender os processos educativos envolvidos na prática das lutas, em vivências promovidas pelo pesquisador para a população frequentadora do projeto *Vivências em atividades diversificadas em lazer*, desenvolvido na Estação Comunitária do Jardim Gonzaga (ECO), no município de São Carlos (SP). O investigador percebeu, durante sua participação como educador no projeto, que pessoas alheias à comunidade – médicos(as) e enfermeiros(as) da unidade de saúde da família local, professores(as) de escolas próximas, entre outras – comentavam que era preciso fazer algo, pois as crianças brigavam muito entre si. No entanto, em sua convivência com as crianças, Lage percebeu que se tratava mais de "brincar de lutinha" do que de brigas propriamente. De toda forma, resolveu desenvolver uma intervenção com lutas (capoeira, karatê, judô, huka-huka), permeada pelo brincar, e, a partir dessa intervenção, realizar a coleta de dados para a pesquisa, tendo construído as seguintes categorias de análise: a) aprendendo com o outro (os educandos discutiram e ensinaram suas experiências a cada nova luta trabalhada); b) proximidade – situações de empatia, respeito, afetividade, proximidade entre educador(a)/educando(a); c) resolvendo os conflitos (prevalência do diálogo para os combinados); d) lutando pela vida (resiliência e persistência diante das adversidades colocadas pela vida) (Lage, 2009).

Paulo César Antonini de Souza, em 2010, concluiu a dissertação intitulada *Lazer e processos educativos: mergulhos culturais na Bacia do Salto*, na qual teve, como objetivo, compreender os processos educativos da prática social lazer entre os(as) frequentadores(as) praticantes de mergulho na Bacia do Salto do rio Jacaré Pepira, na cidade de Brotas (SP). Souza identificou relações constituintes de processos educativos entre os participantes da pesquisa, corporificadas pelas sensações de prazer e aquisição de meios de enfrentar os medos e angústias do cotidiano. A prática revelou-se como potencial construtora de uma pedagógica[05] latino-americana humanizadora, carregada de sentidos de homens e mulheres de grupos e comunidades populares (Souza, 2010).

Ainda em 2010, Robson Amaral da Silva, em sua dissertação *Lazer e processos educativos no contexto de trabalhadores(as) rurais do MST*, compreendeu o significado atribuído ao lazer na percepção de integrantes do Movimento dos Trabalhadores Rurais Sem Terra (MST) em áreas de reforma agrária, encampadas pelo citado movimento, na região de Ribeirão Preto (SP). O estudo apontou que as atividades de lazer podem e devem proporcionar o (re)conhecimento das responsabilidades sociais, o autorreconhecimento e o (re)conhecimento de *outrem*, por meio do caráter socializador dessas experiências, despertando para a promoção do sentimento de solidariedade e para as possibilidades de se viver experiências no plano cultural ligadas ao contexto dos(as) trabalhadores(as) rurais do MST. O caráter revolucionário de uma práxis no campo do lazer está na percepção dos interesses e das forças, das debilidades e dos limites da classe trabalhadora diante da ordem econômica, política, cultural e histórica do capital mundializado (Silva, 2010).

Em 2011, a dissertação *Lazer de pessoas com deficiências físicas e visuais: significando, aprendendo e ensinando* foi apresentada por Cláudia Foganholi, tendo como objetivo compreender os processos educativos decorrentes da prática social lazer das pessoas com deficiências físicas e visuais frequentadoras de clubes sóciorrecreativos do município de São Carlos (SP). Os processos educativos observados apontaram para a valorização da prática social lazer como um espaço de troca de experiências, de convívio social e de afirmação da capacidade de fruição do lazer pelas

---

05
Compreendida a partir de Dussel, que esclarece: "A pedagógica não deve ser confundida com a pedagogia. Esta última é a ciência do ensinamento ou aprendizagem. A pedagógica, ao contrário, é a parte da filosofia que pensa a relação face a face do pai-filho, mestre-discípulo, médico-psicólogo-doente, filósofo-não filósofo, político-cidadão etc. Ou seja, o pedagógico neste caso tem uma ampla significação de todo tipo de 'disciplina' (o que se recebe do outro) em oposição à 'invenção' (o que se descobre por si mesmo)" (Dussel, 1977, pp. 153-154).

pessoas com deficiência. Dessa forma, o lazer comunicado pelos colaboradores(as) do estudo mostrou-se como um espaço de reconhecimento e valorização de suas semelhanças e diferenças, limitações e potencialidades, contribuindo para a construção da cidadania (Foganholi, 2011).

A dissertação *Jogos de origem ou descendência indígena e africana na educação física escolar: educação para e nas relações étnico-raciais*, defendida em 2012 por Clovis Claudino Bento, externou a compreensão dos processos educativos que se desenvolveram na prática social de jogos de origem ou descendência indígena e africana no contexto de uma intervenção em aulas de educação física com os(as) educandos(as) do ensino fundamental de uma escola pública de São Carlos (SP), enfatizando o aspecto lúdico e a perspectiva de lazer. Os processos educativos percebidos estiveram relacionados com a valorização, o conhecimento e o reconhecimento da cultura indígena e africana, o que estimulou os estudantes a apresentarem os seus saberes, suas descobertas, suas indagações e curiosidades (Bento, 2012).

No ano de 2014, Maurício Mendes Belmonte apresentou a dissertação *Vivências em atividades diversificadas de lazer: processos educativos decorrentes de uma práxis dialógica em construção*, na qual compreendeu processos educativos decorrentes da construção de uma práxis dialógica da prática social lazer com crianças, adolescentes, pais, mães ou responsáveis, estudantes bolsistas, faxineira, monitora de culinária, controlador de acesso e profissionais de educação física, que configuraram a comunidade participante do projeto de extensão universitária *Vivências em atividades diversificadas de lazer*, no município de São Carlos (SP). O levantamento e o desenvolvimento compartilhados de temas geradores relacionados com a prática social lazer estabeleceram interações pautadas pelo acolhimento, afeto, confiança e percepção de alteridade (Belmonte, 2014).

Em 2015, Paulo Henrique Leal apresenta a sua tese *Processos educativos construídos com participantes do projeto Vivências em atividades diversificadas de lazer*, pautada no entendimento de que todos(as) têm direito ao respeito, à dignidade humana, à diversão, à fruição do lazer – enfim, direito à humanização. Nessa perspectiva, focou seus estudos na compreensão dos processos educativos presentes no educar-se, ao conduzir o viver com/entre crianças, adolescentes e jovens no contexto do projeto *Vivências em atividades diversificadas de lazer*, na cidade de São Carlos (SP). Foi percebido que, na convivência da prática social lazer, as crianças, adolescentes e jovens, de diferentes maneiras, educam-se, ao conduzir o viver em busca do *ser mais*, convivendo-dialogando, sendo humanos nas dificuldades de seus amigos e amigas (Leal, 2015).

A dissertação desenvolvida por Silvino Marques da Cunha Júnior, sob o título *Prática social lazer de um grupo de mulheres do Jardim Panorama*

– *Rio Claro-SP: processos educativos decorrentes*, teve como objetivo caracterizar e interpretar os processos educativos desencadeados em um grupo de doze mulheres que se reuniam, semanalmente, para prática de exercícios, caminhadas, brincadeiras e bate-papo em contexto de fruição de lazer, no Ginásio Poliesportivo do Jardim Panorama, bairro periférico do município de Rio Claro (SP). Como resultados, foram identificados processos educativos relacionados ao aprender e ao cuidado de umas para com as outras, ao amadurecimento da consciência política, às diferentes formas de fruição do lazer, ao afeto e à sensibilidade, ao trabalho coletivo, ao respeito e à solidariedade para com *outrem* (Cunha Júnior, 2016).

Na tese apresentada por Clayton da Silva Carmo, em 2017, intitulada *Epistemologia da bicicleta: processos educativos emergentes na prática do pedalar*, o autor defende que a utilização da bicicleta encerra um grande potencial educativo contra-hegemônico, de enfrentamento dos interesses do capital (com o seu padrão de exploração e consumo) no processo de constituição urbana e no estilo de vida da população. A partir da compreensão dos processos educativos vivenciados no projeto de extensão universitária *Vivências em atividades diversificadas de lazer*, no município de São Carlos (SP), o autor identificou a bicicleta como meio de transporte lúdico, materialmente ético, promotor de convivência e, por isso, como um instrumento de luta política, capaz de auxiliar a sociedade a reintegrar na vida cotidiana experiências, emoções e sentimentos da prática social lazer (Carmo, 2017).

05
APOIO DA SPQMH A PROJETOS DE EXTENSÃO

Para além das contribuições no âmbito da produção científica, a SPQMH também tem apoiado projetos de extensão relacionados ao campo do lazer no que diz respeito à formação de educadores(as) que atuam nos mesmos, a saber, no projeto *Vivências em Atividades Diversificadas de Lazer (VADL)* e no *Projeto de Educação Ambiental e Lazer Consciente (Pedal-Consciente)*, ambos lotados no DEFMH-UFSCar.

O *VADL* tem como objetivo central promover a educação *pelo* e *para* o lazer[06] de crianças e adolescentes de comunidades vulneráveis da cidade de São Carlos e, como objetivos específicos, promover: formação cidadã crítico-participativa-solidária; educação *para* e *nas* relações étnico-raciais, de gênero e interetárias; educação ambiental e transformações dos espaços públicos da cidade de São Carlos.

O *Pedal-Consciente* incentiva o uso da bicicleta no contexto do lazer, do esporte e do transporte. Trabalha com as interfaces meio ambiente e ciclismo na terra; mobilidade urbana; mecânica básica de bicicleta; e escolinha de ciclismo. O projeto busca, em suas ações, fortalecer a autoestima, o convívio social e a solidariedade em uma perspectiva lúdica, relacionada ao ciclismo; observa respeito às leis de trânsito e estimula diálogo/reflexão sobre o ser humano como partícipe do meio ambiente. Recentemente, também tem se voltado, em parceria com o Núcleo Multidisciplinar Integrado de Estudos, Formação e Intervenção em Economia Solidária (NuMI-EcoSol) da UFSCar, ao diálogo sobre a viabilidade de formação de empreendimentos solidários envolvendo mecânica/manutenção de bicicletas, cicloturismo regional e cicloentrega.

06
À GUISA DE UMA CONCLUSÃO: COMPREENSÕES ACERCA DO LAZER ENTRE ASSOCIADOS À SPQMH

Para Gonçalves Junior e Santos (2006), convencionalmente tem-se dado valor, nos estudos do lazer, basicamente a quatro aspectos: tempo, espaço, atividade e atitude. Para tais autores, a fruição do lazer não pode ser fragmentada em tempo (de trabalho × livre/disponível), tampouco se delimita por tipos de espaço (equipamentos específicos de lazer × outros espaços) ou por tipos de atividade (não sérias × sérias), mas se define, principalmente, como atitude, ou seja, pela *intencionalidade*, que, na perspectiva da fenomenologia existencial, conforme Fiori (2014), diz respeito a comportamento

---

[06] Concordamos com Marcellino (2000), ao destacar o duplo aspecto educativo do lazer: educação *pelo* e *para* o lazer, ou seja, *veículo* e *objeto* da educação. Considerá-lo veículo de educação significa aproveitar o potencial educativo da vivência do lazer, podendo trabalhar valores, condutas e atitudes de modo que as pessoas se eduquem por meio dele. Tomar o lazer como objeto da educação é propósito que se concretiza quando ele próprio é o motivo da educação, referindo-se à preparação das pessoas para a vivência do lazer, tanto na esfera da criação cultural como na do consumo não conformista, almejando níveis mais críticos e criativos de fruição, produção ou contemplação.

corpóreo-mundano, no qual se constitui e reconstitui o mundo significado, já que o encontro de consciência e mundo é a origem de ambos.

Os dois pesquisadores reconhecem, porém, as interferências da prática social trabalho na prática social lazer e vice-versa, bem como a interferência de outras práticas sociais. Também chamam a atenção para a necessidade de políticas públicas que deem destaque para a construção de equipamentos específicos de lazer. Quanto à atividade, compreendem que deva ser significativa e cheia de sentido para o ser que a realiza, de modo que este não seja compelido, alienado ou oprimido enquanto se entrega a ela. Esse ponto de vista implica, portanto, a *intencionalidade* atribuída pelo ser ao lazer (e demais práticas sociais), não desconsiderando o contexto sociopolítico, que envolve opressão (de uns sobre outros) e desigualdades (entre uns e outros), conforme a prática social do lazer se dá nas relações entre pessoas, grupos, comunidades, sociedades e nações, desenvolvidas com certas finalidades e em certos espaços e tempos (Gonçalves Junior; Santos, 2006).

Assim, apesar de certamente apreciadas as categorias *tempo*, *espaço* e *atividade* nas investigações da SPQMH, entendemos como fundamental a categoria *intencionalidade* na compreensão do lazer, ou seja, a *intencionalidade* quanto a que *atividade* fazer ao assumir *tempo-espaço* distinto daquele do trabalho ou, quiçá, quanto a ter atitude autônoma nas práticas sociais lazer e trabalho, inclusive não fragmentando tais dimensões da vida enquanto *atividades* e/ou *espaços* e/ou *tempos* estanques (Gonçalves Junior, 2008b).

O lazer também tem sido compreendido, em estudos dos associados da SPQMH, enquanto ócio, na perspectiva de afastá-lo de sua etimologia latina *licere* (ser lícito, ser permitido, ter valor), ou seja, intencionando ruptura radical com a ideia da prática social lazer implicada em uma relação hierárquica de alguém que permite ou autoriza outrem, socialmente marginalizado e tratado como *não-ser*, à participação no lazer – em geral, na sociedade capitalista, os donos dos meios de produção em relação aos trabalhadores e trabalhadoras.

Em investigação de Lemos (2013), por exemplo, a compreensão de ócio adotada diz respeito à possibilidade de contemplação, reflexão e fruição, em que a intencionalidade do *ser-ao-mundo-com-outrem*, apesar de, em alguns contextos, socialmente marginalizada e colonizada, não é tábula rasa, resiste e luta contra os opressores em suas diversas práticas sociais, inclusive na fruição do ócio, ou do lazer, se este é entendido na perspectiva fenomenológica existencial.

Lemos (2013) também destaca o ócio enquanto possibilidade de enfrentamento da lógica capitalista, na qual, por vezes, o sistema compele o indivíduo, em seu tempo fora do trabalho, ao consumismo desmedido de coisas, estimulando-o, ideologicamente, pelos meios de comunicação, via sedução de *marketing*, que tenta inculcar que para *ser* é preciso *ter*.

Nessa racionalidade capitalista, que incentiva a interiorização da competitividade, do individualismo, do "neg-ócio" (negação do ócio)[07] e da contabilização de bens que se tem a mais que outrem, banaliza-se o modo de vida contemplativo (do latim *contemplationis*: ação de olhar atentamente, refletir), sem pressa, solidário e de relações interpessoais interessadas no *estar-com-outrem*, convivendo, e não explorando, oprimindo. O deslocamento daquela racionalidade para o universo do ócio retoma as originárias preguiça, brincadeira e o sentido de projeto comun(itário), ou seja, a vocação ontológica dos povos indígenas latino-americanos do *bem viver*. Em acordo com Quijano:

> "Bien Vivir" y "Buen Vivir", son los términos más difundidos en el debate del nuevo movimiento de la sociedad, sobre todo de la población indigenizada en América Latina, hacia una existencia social diferente de la que nos ha impuesto la colonialidad del poder. "Bien Vivir" es, probablemente, la formulación más antigua en la resistência "indígena" contra la colonialidad del poder. [...] En el quechua del norte del Perú y en Ecuador, se dice Allin Kghaway (Bien Vivir) o Allin Kghawana (Buena Manera de Vivir) y en el quechua del sur y en Bolivia se suele decir Sumac Kawsay y se traduce en español como "Buen Vivir". Pero Sumac significa bonito, lindo, hermoso, en el norte del Perú y en Ecuador. Así, [...] Sumac Kawsay se traduciría [...] como "Vivir Bonito" (Quijano, 2012, pp. 46-47).

07
A dignificação do ser humano pelas experiências descompromissadas de um tempo regrado e degradante passou a ser negada e combatida, causando a ascensão da negação do ócio (do "neg-ócio") pela divisão e controle do tempo pelo capitalista, mediante o uso do relógio mecânico (Andrade, 2011).

Assim, partindo dessa epistemologia do Sul[08], fundada pelos povos latino-americanos, que invoca ancestralidade, resistência e luta, interessa-nos agir de modo engajado, afirmando a potencialidade do ócio, a beleza de *ser* e viver para todos.

07
REFERÊNCIAS

ANDRADE, O. *A utopia antropofágica*. 4. ed. São Paulo: Globo, 2011.

BELMONTE, M. M. *Vivências em atividades diversificadas de lazer: processos educativos decorrentes de uma práxis dialógica em construção*. 313 f. Dissertação (Mestrado em educação) – Centro de Educação e Ciências Humanas, Universidade Federal de São Carlos. São Carlos: 2014.

BENTO, C. C. *Jogos de origem ou descendência indígena e africana na educação física escolar: educação para e nas relações étnico-raciais*. 102 f. Dissertação (Mestrado em educação) – Centro de Educação e Ciências Humanas, Universidade Federal de São Carlos. São Carlos: 2012.

CAMPOS, M. D. *SULear vs NORTEar: representações e apropriações do espaço entre emoção, empiria e ideologia*. Disponível em: <www.sulear.com.br/texto03.pdf>. Acesso em: 18 dez. 2017.

CAMPOS, S. E. A. *Ser caiçara em Ilhabela: as construções de identidade nas tensões entre o passado e o presente*. 240 f. Dissertação (Mestrado em educação) – Centro de Educação e Ciências Humanas, Universidade Federal de São Carlos. São Carlos: 2008.

CARMO, C. S. *Epistemologia da bicicleta: processos educativos emergentes na prática do pedalar*. 453 f. Tese (Doutorado em educação) – Centro de Educação e Ciências Humanas, Universidade Federal de São Carlos. São Carlos: 2017.

08
Em acordo com Santos e Meneses (2010) refere-se: "[...] metaforicamente como um campo de desafios epistêmicos, que procuram reparar os danos e impactos historicamente causados pelo capitalismo na sua relação colonial com o mundo. Esta concepção do Sul sobrepõe-se em parte com o Sul geográfico, o conjunto de países e regiões que foram submetidos ao colonialismo europeu e que [...] não atingiram níveis de desenvolvimento econômico semelhantes ao do Norte global (Europa e América do Norte). [...] A ideia central é [...] que o colonialismo, para além de todas as dominações por que é conhecido, foi também uma dominação epistemológica, uma relação extremamente desigual de saber-poder que conduziu à supressão de muitas formas de saber próprias dos povos e ou nações colonizadas. As epistemologias do Sul são o conjunto de intervenções epistemológicas que denunciam essa supressão, valorizam saberes que resistiram com êxito e investigam as condições de um diálogo horizontal entre conhecimentos (p. 19)."

CORRÊA, D. A. "Lazer e urbanização: os parques públicos municipais da Zona Leste da Cidade de São Paulo". Em: GONÇALVES JUNIOR, L. (org.). *Interfaces do lazer: educação, trabalho e urbanização*. São Paulo: Casa do Novo Autor, 2008.

_____; LEMOS, F. R. M.; RODRIGUES, C. (org.). *Motricidade escolar*. Curitiba: CRV, 2015.

CUNHA JÚNIOR, S. M. *Prática social lazer de um grupo de mulheres do Jardim Panorama – Rio Claro-SP: processos educativos decorrentes*. 133 f. Dissertação (Mestrado em educação) – Centro de Educação e Ciências Humanas, Universidade Federal de São Carlos. São Carlos: 2016.

DUSSEL, E. D. "A pedagógica latino-americana: a antropológica II". Em: _____. *Para uma ética da libertação latino-americana III: erótica e pedagógica*. São Paulo; Piracicaba: Edições Loyola; Unimep, 1977, pp. 153-251.

FIORI, E. M. "Conscientização e educação". Em: BRASIL. Ministério da Saúde. *II Caderno de educação popular em saúde*. Brasil: Ministério da Saúde, 2014.

FOGANHOLI, C. *Lazer de pessoas com deficiências físicas e visuais: significando, aprendendo e ensinando*. 159 f. Dissertação (Mestrado em educação) – Centro de Educação e Ciências Humanas, Universidade Federal de São Carlos. São Carlos: 2017.

FREIRE, P. *Pedagogia da esperança: um reencontro com a pedagogia do oprimido*. 17. ed. Rio de Janeiro: Paz e Terra, 2011.

GALANTE, R. C. "Lazer e educação: um estudo sobre o programa curumim". Em: GONÇALVES JUNIOR, L. (org.). *Interfaces do lazer: educação, trabalho e urbanização*. São Paulo: Casa do Novo Autor, 2008.

GONÇALVES JUNIOR, L. (org.). *Interfaces do lazer: educação, trabalho e urbanização*. São Paulo: Casa do Novo Autor, 2008a.

_____. "Lazer e trabalho: a perspectiva dos líderes das centrais sindicais do Brasil e de Portugal em tempos de globalização". Em: _____ (org.). *Interfaces do lazer: educação, trabalho e urbanização*. São Paulo: Casa do Novo Autor, 2008b.

_____; CORRÊA, D. A.; RODRIGUES, C. (org.). *Educação e experiência: construindo saberes em diferentes contextos*. Curitiba: CRV, 2011.

_____; SANTOS, M. O. Brincando no jardim: processos educativos de uma prática social de lazer. Em: Congresso Nacional de Educação – Educere, 6, 2006, Curitiba. *Anais...* Curitiba: PUCPR, 2006.

LAGE, V. *Lutas e brincadeiras: processos educativos envolvidos na prática de lutar*. 207 f. Dissertação (Mestrado em educação) – Centro de Educação e Ciências Humanas, Universidade Federal de São Carlos. São Carlos: 2009.

LEAL, P. H. *Processos educativos construídos com participantes do projeto Vivências em Atividades Diversificadas de Lazer*. 196 f. Tese (Doutorado em educação) – Centro de Educação e Ciências Humanas, Universidade Federal de São Carlos. São Carlos: 2015.

LEMOS, F. R. M. "Lazer e urbanização: praças da cidade de São Carlos". Em: GONÇALVES JUNIOR, L. (org.). *Interfaces do lazer: educação, trabalho e urbanização*. São Paulo: Casa do Novo Autor, 2008.

_____. *Entre o ócio e o negócio: possibilidades de desenvolvimento da motricidade escolar*. 198 f. Tese (Doutorado em educação) – Centro de Educação e Ciências Humanas, Universidade Federal de São Carlos. São Carlos: 2013.

_____; GONÇALVES JUNIOR, L. "Desvelando experiências de lazer de trabalhadores de indústrias transnacionais". Em: GONÇALVES JUNIOR, L.; CORRÊA, D. A.; RODRIGUES, C. (org.). *Educação e experiência: construindo saberes em diferentes contextos*. Curitiba: CRV, 2011.

_____; GONÇALVES JUNIOR, L. "Por uma ócio-ação em motricidade escolar". Em: CORRÊA, D. A.; LEMOS, F. R. M.; RODRIGUES, C. (org.). *Motricidade escolar*. Curitiba: CRV, 2015.

MARCELLINO, N. C. *Lazer e educação*. 6. ed. Campinas: Papirus, 2000.

QUIJANO, A. "'Bien vivir': entre el 'desarrollo' y la des/colonialidad". *Viento Sur*. 2012, n. 122.

RODRIGUES, C. "O (não) lugar das sinergias motricidade-meio ambiente em contextos escolares". Em: CORRÊA, D. A.; LEMOS, F. R. M.; RODRIGUES, C. (org.). *Motricidade escolar*. Curitiba: CRV, 2015.

_____; FREITAS, D. "Educação física, educação ambiental e educação infantil: confluências em experiências lúdicas". Em: GONÇALVES JUNIOR, L.; CORRÊA, D. A.; RODRIGUES, C. (org.). *Educação e experiência: construindo saberes em diferentes contextos*. Curitiba: CRV, 2011.

SANTOS, B. S.; MENESES, M. P. "Introdução". Em: _____. (org.). *Epistemologias do sul*. São Paulo: Cortez, 2010.

SANTOS, M. O.; GONÇALVES JUNIOR, L. "Experiências lúdicas no projeto Vivências em Atividades Diversificadas de Lazer". Em: GONÇALVES JUNIOR, L.; CORRÊA, D. A.; RODRIGUES, C. (org.). *Educação e experiência: construindo saberes em diferentes contextos*. Curitiba: CRV, 2011.

SILVA, R. A. *Lazer e processos educativos no contexto de trabalhadores(as) rurais do MST*. 212 f. Dissertação (Mestrado em educação) – Centro de Educação e Ciências Humanas, Universidade Federal de São Carlos. São Carlos: 2010.

SOUZA, P. C. A. *Lazer e processos educativos: mergulhos culturais na Bacia do Salto*. 135 f. Dissertação (Mestrado em educação) – Centro de Educação e Ciências Humanas, Universidade Federal de São Carlos. São Carlos: 2010.

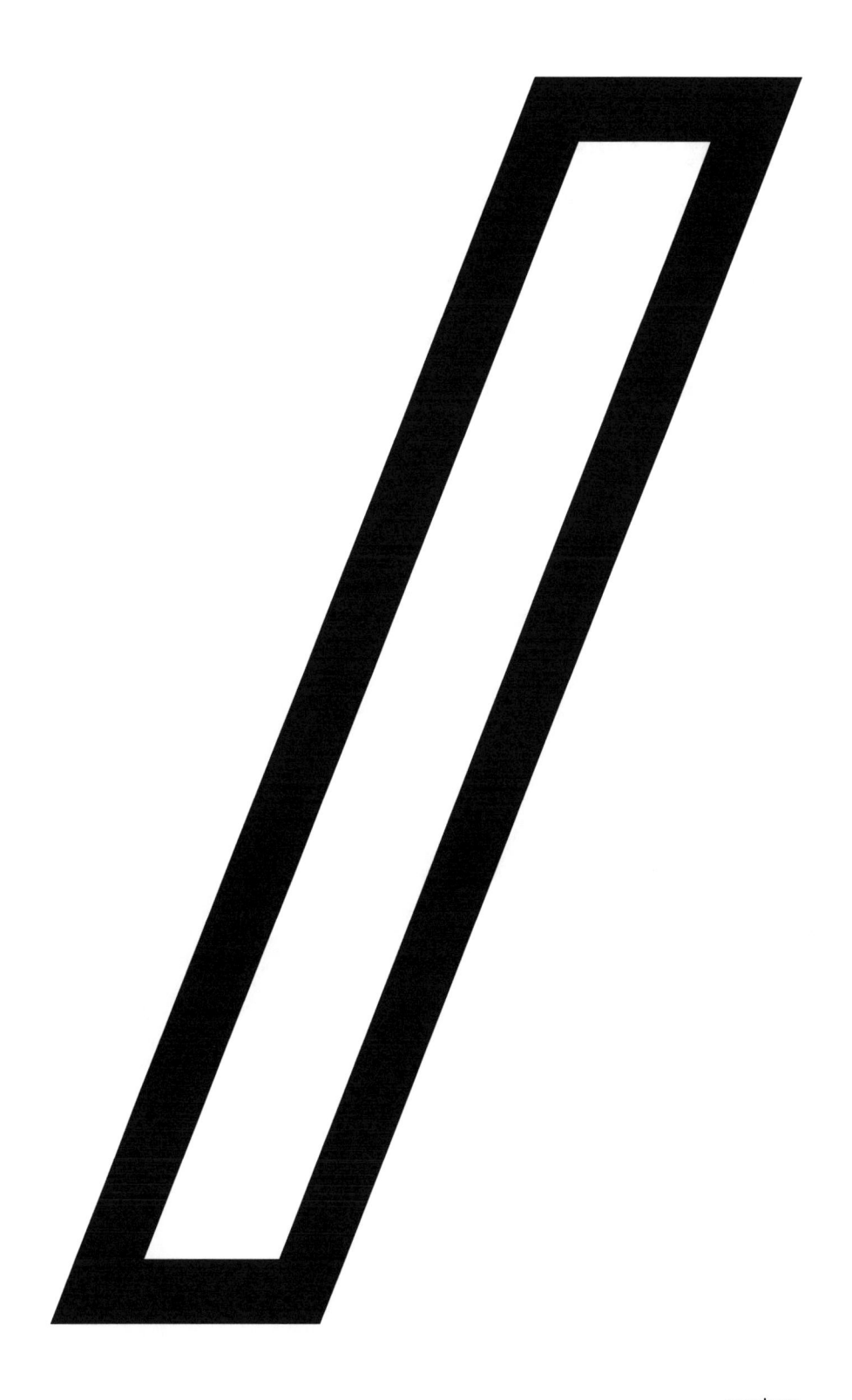

A Anpel e o contexto da pesquisa e da pós-graduação em estudos do lazer no Brasil

Hélder Ferreira Isayama
Ricardo Ricci Uvinha
Mirleide Chaar Bahia

01
INTRODUÇÃO

O presente capítulo apresenta algumas considerações sobre a criação e o desenvolvimento da Associação Brasileira de Pesquisa e Pós-Graduação em Lazer (Anpel). A associação goza de *status* de sociedade científica, congregando pesquisadores latino-americanos das mais diferentes áreas de conhecimento, que se dedicam à investigação do lazer e temas afins sob os mais distintos pontos de vista teóricos e disciplinares. Entre as suas principais ações, registra-se a organização bianual do Congresso Brasileiro de Estudos do Lazer (CBEL) e a edição da *Revista Brasileira de Estudos do Lazer* (*RBEL*).

Apesar de sua ainda recente criação, ocorrida no ano de 2013, defende-se aqui o relevante papel desempenhado pela Anpel na articulação de grupos de pesquisa no Brasil, dada a legitimidade conferida a tal associação por pesquisadores líderes na produção científica em lazer oriundos das mais diversas regiões e instituições de ensino do país. Nesse sentido, é possível inferir que os membros associados à Anpel estão em ressonância com a produção em estudos do lazer na América Latina, bem como apresentam relevantes articulações com agremiações acadêmicas temáticas similares estabelecidas em nível global.

02
A IMPORTÂNCIA DAS ASSOCIAÇÕES CIENTÍFICAS

As sociedades ou associações científicas representam e assumem importante significado no que diz respeito a seu papel na promoção do progresso das ciências e para a ampliação dos contatos e debates entre cientistas das diversas áreas de conhecimento.

Ao longo da história, várias associações científicas foram surgindo, se diversificando e criando estímulos para o desenvolvimento das ciências e das profissões relacionadas às várias áreas de conhecimento. Tais entidades têm assumido funções e realizado ações cujo fim é "manter vivo" o debate em suas áreas.

Dentro de suas possibilidades organizacionais e financeiras, e considerando-se o variado grau de desenvolvimento de cada associação, elas podem planejar e promover eventos científicos, criar publicações (periódicos, livros, anais, boletins informativos) e, ainda, estruturar redes sociais que propiciem o contato entre seus associados.

Muitas lutam para se manter, já que sua fonte de renda principal é constituída pelas anuidades pagas pelos associados; e muitos não fazem seu pagamento em dia, outros só pagam quando há eventos, para usufruir da vantagem de ser sócio. Em países onde desde a alfabetização científica até a própria formação de pesquisadores é insatisfatória, em que os salários estão aquém do desejado, a cultura científica é pobre e as ciências não são devidamente valorizadas é até compreensível a existência de tais ocorrências, embora não justificáveis (Witter, 2007, p. 5).

Embora existam dificuldades para o desenvolvimento das associações científicas, verifica-se, no mundo todo, um esforço constante para que estas se mantenham e cresçam nas diversas áreas de conhecimento para as quais se voltam. Witter (2007) considera essencial que alunos e profissionais já em atuação sejam estimulados a se filiar a tais associações, sobretudo por estas ensejarem intercâmbios de conhecimentos entre cientistas da área, por meio de encontros científicos ou de publicações geradas em seu âmbito.

No Brasil, as associações científicas têm sido caracterizadas como organizações não governamentais cujo objetivo é incrementar a troca de experiências e conhecimentos na esfera de uma área específica de saber. Nesse contexto, a Sociedade Brasileira para o Progresso da Ciência (SBPC) tem se destacado como uma entidade civil, sem fins lucrativos, preocupada com o desenvolvimento científico, tecnológico, educacional e cultural. Fundada em 1948, a SBPC exerce uma ação fundamental na expansão e no aperfeiçoamento do Sistema Nacional de Ciência e Tecnologia[01]. Atualmente, a SBPC possui 134 sociedades científicas, articuladas e distribuídas da seguinte maneira: 57 da área de ciências da saúde; 21 das ciências exatas; 41 das ciências humanas e 15 das áreas tecnológicas. Como já referido, especificamente no setor do lazer foi criada em 2013 a Anpel, um projeto futuro

---

01
Para informações adicionais, sugere-se a consulta à SBPC (2018).

para filiação à SBPC, simbolizando um contínuo relacionamento com outras sociedades científicas.

Ao analisarmos o contexto internacional será possível identificar uma série de associações de pesquisa em lazer com forte tradição entre os estudiosos da área, graças às pesquisas nelas realizadas, bem como pela oferta de programas de pós-graduação temáticos por elas concebidos. Ao promover discussões locais/regionais sobre o lazer, tais entidades ampliam seu escopo de atuação, sendo reconhecidas, por seus congressos e publicações, em outros centros de estudos e atuação pelo mundo.

No intuito de esboçar um panorama global, elencamos a seguir, em ordem alfabética, algumas associações com elevada tradição de pesquisa do lazer pelo mundo. Muitas dessas instituições também oferecem programas de pós-graduação, especificamente em lazer ou em áreas diretamente relacionadas ao tema.

- Asia Pacific Center for the Study and Training of Leisure (APCL) – China;
- Canadian Association for Leisure Studies (Cals) – Canadá;
- Leisure Studies Association (LSA) – Reino Unido;
- Leisure and Recreation Association of South Africa (Larasa) – África do Sul;
- National Recreation and Park Association (NRPA) – Estados Unidos;
- The Australian and New Zealand Association of Leisure Studies (Anzals) – Austrália e Nova Zelândia; e
- World Leisure Organization (WLO) – Espanha.

Vale reiterar que é possível identificar, como elemento comum a todas essas associações, a promoção da pesquisa e da pós-graduação em estudos do lazer, bem como a realização de eventos temáticos reconhecidos pela comunidade científica e a publicação de periódicos indexados em bases internacionais[02].

03
HISTÓRICO E OBJETIVOS DA ANPEL

Os primeiros passos para a criação de uma associação que congregasse grupos de pesquisa temáticos em lazer ocorreram em reunião realizada

---

02
Uma discussão sobre a criação e o desenvolvimento de tais associações pode ser encontrada em *RBEL* (2015).

por ocasião do XIII Seminário O Lazer em Debate, realizada de 13 a 15 de junho de 2012 na Universidade Federal de Minas Gerais (UFMG). O tema do evento, Produção do Conhecimento no Âmbito dos Estudos do Lazer, foi decisivo para motivar tal discussão.

A possibilidade de criação de uma associação brasileira científica no campo do lazer teve continuidade ainda em 2012, numa conversa de pesquisadores que participavam do Congresso Mundial de Lazer realizado em Rimini, na Itália[03]. Estavam presentes, na oportunidade, o diretor regional do Sesc São Paulo Danilo Santos de Miranda e os pesquisadores Christianne Luce Gomes (UFMG), Hélder Ferrreira Isayama (UFMG), José Clerton Martins (Unifor), Reinaldo Tadeu Boscolo Pacheco (USP), Ricardo Ricci Uvinha (USP) e Victor Andrade de Melo (UFRJ). Esse grupo, em reunião no evento, organizou uma estratégia para realizar uma discussão ampla, em nível nacional, que teria como objetivo viabilizar a fundação da associação – a qual, uma vez criada, demandaria a tarefa de elaborar seu estatuto, com base, ao menos para uma primeira versão, em documentos afins, redigidos por outras agremiações que desenvolvessem trabalhos de natureza semelhante. Esse processo foi coordenado pelos professores Hélder Ferreira Isayama e Victor Andrade de Melo, conforme definido na reunião em Rimini.

Nova reunião foi agendada para o mês de junho de 2013, efetivando-se na véspera da abertura de um dos mais importantes eventos científicos no campo do lazer realizados no Brasil, o XIV Seminário O Lazer em Debate, organizado pela Universidade Estadual de Campinas (Unicamp) em parceria com o Serviço Social do Comércio em São Paulo (Sesc-SP). A reunião, realizada na sala da Congregação da Faculdade de Educação Física da Unicamp, sob coordenação da professora Silvia Cristina Franco Amaral, contou com a presença de um número significativo de pesquisadores doutores de diferentes instituições públicas e privadas brasileiras.

Na oportunidade, os presentes foram informados sobre a convocação para a reunião (uma formalidade necessária para a constituição da Assembleia) e, em seguida, foi aprovada a criação da Anpel. O segundo passo foi a discussão do estatuto e a eleição da primeira diretoria; por fim, foram definidas as primeiras ações da associação, o que envolvia a emissão de um comunicado à comunidade científica notificando sua fundação.

Dessa forma, constituiu-se a Anpel como uma sociedade científica que congrega pesquisadores, das mais diferentes áreas de conhecimento, dedicados à investigação do lazer e temas afins, segundo os mais distintos

---

[03] Detalhes sobre a programação do referido evento estão descritas em artigo de Uvinha (2012).

pontos de vista teóricos e disciplinares. No âmbito da Anpel, o lazer é compreendido como um campo multidisciplinar que possibilita olhares de diversas áreas do conhecimento e ações interdisciplinares (Melo; Uvinha, 2018).

As atividades da Anpel se orientam consoante os seguintes objetivos:

A estímulo à participação da comunidade nas políticas do país para sua área de atuação, defendendo o aperfeiçoamento profissional e o desenvolvimento teórico, cultural, científico e tecnológico no campo de estudos do lazer e temas afins;

B representação dos associados, no que couber, diante de órgãos públicos e privados, em particular perante as agências nacionais e estaduais de coordenação e fomento à pós-graduação e à pesquisa;

C organização de encontros, seminários, congressos, cursos e outras reuniões, com o fim de promover o intercâmbio e a cooperação, entre associados, para o desenvolvimento da área, abordagem de problemas comuns e ampliação do conhecimento sobre pesquisas em andamento;

D incentivo ao desenvolvimento de estudos e pesquisas, identificando temas prioritários, problemas e necessidade de avanço do conhecimento na sua área de atuação;

E divulgação de estudos e trabalhos na sua área de atuação, inclusive por meio do estímulo à publicação e difusão dos seus resultados.

Até o momento, a Anpel teve as seguintes composições de diretoria, em suas três gestões:

Gestão 2012-2014:
- Presidente – professor doutor Hélder Ferreira Isayama (UFMG)
- Vice-presidente – professor doutor Victor Andrade de Melo (UFRJ)
- Secretário – professor doutor Ricardo Ricci Uvinha (USP)
- Secretário – professor doutor Sílvio Ricardo da Silva (UFMG)

Gestão 2014-2016:
- Presidente – professor doutor Ricardo Ricci Uvinha (USP)
- Vice-presidente – professora doutora Mirleide Chaar Bahia (UFPA)
- Secretário – professor doutor Cléber Augusto Dias (UFMG)
- Secretário – professor doutor José Clerton Martins (Unifor)

Gestão 2016-2018
- Presidente – professora doutora Mirleide Chaar Bahia (UFPA)
- Vice-presidente – professora doutora Silvia Cristina Franco Amaral (Unicamp)
- Secretário – professor doutor Reinaldo Tadeu Boscolo Pacheco (USP)
- Secretário – professor doutor Junior Vagner Pereira da Silva (UFMS)

É importante salientar, acerca dessas gestões, a representatividade de universidades localizadas em diferentes regiões brasileiras, vinculadas a programas de pós-graduação mesmo de campos de conhecimento variados, apesar de a maioria dos gestores terem formação inicial na área de Educação Física. No entanto, a inserção profissional do grupo demonstra imbricação com diferentes áreas do conhecimento, seja no desenvolvimento de suas pós-graduações (mestrado e doutorado), seja na adesão, como docentes, a programas de pós-graduação em Educação Física, Turismo, Psicologia, Desenvolvimento Sustentável do Trópico Úmido pelo Núcleo de Altos Estudos Amazônicos e, especificamente, em Estudos do Lazer.

Em 2018, um novo edital de chamada de eleição para a diretoria foi divulgado. A comissão eleitoral foi composta pelas professoras doutoras Maria Dilma S. Brasileiro (Universidade Federal da Paraíba – UFPB), Simone Rechia (Universidade Federal do Paraná – UFPR), Liana Abrão Romera (Universidade Federal do Espírito Santo – Ufes) e Marcília de Sousa Silva (Secretaria de Esportes e Lazer de Belo Horizonte-MG). Durante a realização do III Congresso Brasileiro de Estudos do Lazer, na Universidade Federal de Mato Grosso do Sul em Campo Grande (MS), foi eleita a chapa para a gestão 2018-2020: presidente: prof. dr. Júnior Vagner Pereira da Silva (Universidade Federal de Mato Grosso do Sul – UFMS); vice-presidente: profa. dra. Raquel Silveira (Universidade Federal do Rio Grande do Sul – UFRGS); secretário: prof. dr. Coriolano Pereira da Rocha Júnior (Universidade Federal da Bahia – UFBA); secretária: profa. dra. Olívia Ribeiro (Universidade Estadual de Campinas – Unicamp).

04
PRINCIPAIS AÇÕES DA ANPEL

Dentre as principais ações desenvolvidas pela Anpel destacamos a organização bianual do Congresso Brasileiro de Estudos do Lazer (CBEL), o seminário O Lazer em Debate e a edição da *Revista Brasileira de Estudos do Lazer* (*RBEL*). Além disso, a Anpel faz a gestão do *site* da associação e de seus respectivos associados. Estuda-se na Associação a possível filiação à SBPC com vistas a ampliar sua participação na política científica brasileira.

Congresso Brasileiro de Estudos do Lazer (CBEL)

Com a criação da Anpel, e diante do amadurecimento crescente das produções científicas na área, o I CBEL/XV Seminário O Lazer em Debate realizou-se, no período de 6 a 8 de agosto de 2014, em Belo Horizonte (MG). Concebido por um grupo de pesquisadores da área do lazer, o seminário recebe em torno de trezentos participantes/ano, o que demonstra sua relevância para os estudos da área. Quanto ao congresso, foi organizado pela UFMG em diversas edições e, nos últimos anos, também realizado em outros estados brasileiros e em outras instituições (Natal – UFRN; Rio de Janeiro – UFRJ; e São Paulo – USP).

O CBEL foi incorporado ao Seminário O Lazer em Debate, sendo realizado pela recém-criada Anpel, em parceria com o Programa de Pós-Graduação Interdisciplinar em Estudos do Lazer da UFMG. Importa ressaltar que, já a partir dessa primeira edição, a realização desse evento passou a ocorrer a cada dois anos. A temática escolhida foi "Pesquisa e Pós-Graduação em Estudos do Lazer", sendo aprovados para apresentação 69 comunicações orais e 14 pôsteres, divididos em dez grupos de trabalho definidos pela comissão organizadora. Os textos completos e resumos foram publicados na coletânea do evento (Isayama *et al.*, 2014). O I CBEL foi financiado pelo Programa de Pós-Graduação Interdisciplinar em Estudos do Lazer, pelo Paie/Proex/UFMG, pelo Ministério do Esporte, pela Fapemig e pela Capes.

Em 2016, aconteceu em Belém (PA) o II Congresso Brasileiro de Estudos do Lazer (CBEL), dando continuidade ao processo iniciado desde a realização do primeiro Seminário O Lazer em Debate, no ano de 2000. Essa edição foi organizada pela Universidade Federal do Pará (Ufpa), por meio do Programa de Pós-Graduação em Desenvolvimento Sustentável do Trópico Úmido (PPGDSTU) do Núcleo de Altos Estudos Amazônicos (Naea), em parceria com a Anpel.

O evento, que teve como eixo a temática "Lazer, Desenvolvimento e Sustentabilidade", foi realizado na cidade de Belém no período de 14 a 16 de setembro de 2016. Dele participaram 11 grupos de trabalho, com cerca de 300 trabalhos apresentados. Os resumos e textos completos foram publicados nos anais do evento e estão disponíveis na página da Anpel (Bahia; Figueiredo, 2016).

Em 2018, reitera-se que o III Congresso Brasileiro de Estudos do Lazer/XVII Seminário O Lazer em Debate foi realizado pela Anpel, em parceria com a Universidade Federal de Mato Grosso do Sul, na cidade de Campo Grande (MS), com o tema O Lazer e Vida com Qualidade em Tempos de Violação de Direitos Sociais. Optou-se por realizá-lo no primeiro semestre de 2018 para não conflitar com a realização do Congresso Mundial de Lazer, este último no segundo semestre deste ano.

Revista Brasileira de Estudos do Lazer (RBEL)

A revista *Licere*[04] é publicada no Brasil desde 1998. Durante dezesseis anos, foi o único periódico nacional específico sobre lazer. Entretanto, com a criação da Anpel em 2014, foi lançada a *Revista Brasileira de Estudos do Lazer (RBEL)*, publicação sem fins lucrativos, de periodicidade quadrimestral, editada pela própria Anpel. O objetivo da *RBEL* é divulgar a produção científica nacional e internacional sobre o lazer e temas afins; aceitam-se somente artigos inéditos, nos idiomas português, espanhol, inglês e francês.

A equipe editorial da revista é composta pela editora responsável, a professora doutora Christianne Luce Gomes, da UFMG, e pelo quadro de editores associados: professora doutora Mirleide Chaar Bahia, da Ufpa; professor doutor Mauro Myskiw, da UFRGS; e professor doutor Ricardo Ricci Uvinha, da USP. A *RBEL* possui um conselho editorial formado por sete pesquisadores de instituições nacionais e internacionais, uma comissão editorial composta por quatro pesquisadores nacionais vinculados à diretoria da Anpel e um corpo de avaliadores de 33 pesquisadores. Além disso, dispõe da contribuição da senhora Íris da Silva, para a normalização bibliográfica, e de alunos bolsistas da UFMG para a edição de *layout*.

O periódico é constituído pelas seguintes seções:

- *dossiê* – seção voltada para artigos que merecem destaque, cujos temas são decididos a critério dos editores, em parceria com a comissão editorial. Nessa seção podem ser publicados diferentes tipos de trabalhos, tais como textos de revisão – estado da arte – sobre tema considerado relevante, trabalho de um autor específico, cuja obra tenha reconhecimento e repercussão nacional e/ou internacional etc. Essa seção propõe, ainda, estimular o diálogo constante com a comunidade acadêmica à qual a revista está integrada, ampliando possibilidades para debates do momento e induzindo reflexões sobre os estudos do lazer;

04
Licere é uma revista editada pelo Programa de Pós-Graduação Interdisciplinar em Lazer da Universidade Federal de Minas Gerais, de periodicidade trimestral, sem fins lucrativos. Está aberta para receber contribuições de profissionais das mais diferentes áreas de atuação e formação, desde que tenham o intuito de contribuir para o avanço da discussão sobre o lazer em nosso contexto (www.eeffto.ufmg.br/licere).

- *artigos originais* – artigos resultantes de pesquisa científica, apresentando informações originais e descobertas de característica filosófica, histórica, sociocultural e pedagógica, que incluam análise e/ou inferências sustentadas em dados próprios, decorrentes de pesquisa empírica. Sua estrutura deve atender a um formato reconhecido na área de conhecimento específica (lazer na interface com as ciências humanas e sociais, sobretudo), e seu conteúdo deve contemplar introdução, fundamentação teórica, metodologia, análise e discussão dos resultados, conclusão e referências bibliográficas;

- *ensaios* – seção composta por artigos de revisão e/ou reflexão sobre um determinado tema, apontando para possíveis conclusões e/ou novas interpretações, sem necessidade de sustentação em base empírica;

- *resenhas* – seção destinada a análises críticas de obras (bibliográficas, audiovisuais etc.) que tenham sido lançadas há três anos ou de livros clássicos reeditados que guardem relação direta com o escopo da revista;

- *entrevistas* – seção destinada a originais elaborados no formato de entrevistas com autores, pesquisadores e profissionais com destacada produção no campo de estudos do lazer. Os textos são avaliados pela editoria e/ou pela comissão editorial.

Foram publicadas 12 edições da revista *RBEL*, envolvendo seu conteúdo artigos em formato de dossiês, artigos originais, ensaios e entrevistas. Expõe-se a seguir os temas dos dossiês desenvolvidos até dezembro de 2017:

2014
- Vol. 1, n. 1, jan.-abr. 2014 | Dossiê Compreensões e Significados do Lazer
- Vol. 1, n. 2, maio-ago. 2014 | Dossiê Lazer e Turismo
- Vol. 1, n. 3, set.-dez. 2014 | Dossiê Lazer e Meio Ambiente

2015
- Vol. 2, n. 1, jan.-abr. 2015 | Dossiê Associações Internacionais de Pesquisa em Lazer
- Vol. 2, n. 2, maio-ago. 2015 | Dossiê Associações e Centros de Estudos sobre o Lazer – Parte II
- Vol. 2, n. 3, set.-dez. 2015 | Dossiê Lazer e Esporte

2016
- Vol. 3, n. 1, jan.-abr. 2016 | Dossiê Lazer e Cultura
- Vol. 3, n. 2, maio-ago. 2016 | Dossiê Lazer e Cinema
- Vol. 3, n. 3, set.-dez. 2016 | Dossiê Lazer e Megaeventos Esportivos

2017
- Vol. 4, n. 1, jan.-abr. 2017 | Dossiê Equipamentos de Lazer
- Vol. 4, n. 2, maio-ago. 2017 | Dossiê Formação Profissional em Lazer
- Vol. 4, n. 3, set.-dez. 2017 | Dossiê Aspectos Históricos do Esporte e Lazer

Destaca-se, na *RBEL*, o número de contribuições de autores internacionais e a participação de pesquisadores de diversas áreas de conhecimento. Atualmente, a revista apresenta as seguintes qualificações no Qualis/Capes/Periódicos[05]: B4 em Administração Pública e de Empresas, Ciências Contábeis, Turismo; Arquitetura, Urbanismo, *Design*; Geografia; e, Interdisciplinar; B5 nas áreas de Educação; Educação Física; História; e, Serviço Social; e C, em Saúde Coletiva. Os esforços da associação concentram-se no intuito de qualificar a produção, ampliar o universo de autores vinculados a programas de pós-graduação no contexto nacional e internacional e aumentar o fluxo de artigos do periódico.

05
CONSIDERAÇÕES FINAIS

Vimos que as associações temáticas de fato assumem um papel importante no desenvolvimento acadêmico-científico dos estudos do lazer pelo mundo, já que são responsáveis por agremiar pesquisadores de diferentes instituições e campos de atuação.

A Anpel vem crescendo nos últimos anos e, por isso, destacamos alguns desafios para as novas gestões da associação, tais como: ampliar o número de associados de diferentes áreas do conhecimento; finalizar o processo de inclusão no Cadastro Nacional de Pessoas Jurídicas (CNPJ), o que também qualificaria a Anpel para pleitear sua vinculação à SBPC;

---

[05] O Qualis-Periódicos é um sistema utilizado para classificar a produção científica dos programas de pós-graduação referentes aos artigos publicados em periódicos científicos. Esse processo foi criado para atender às necessidades do sistema de avaliação e, por isso, disponibiliza uma lista com a classificação dos periódicos em que docentes e discentes dos programas de pós-graduação publicam (Capes, 2018).

qualificar progressivamente a *Revista Brasileira de Estudos do Lazer* com vistas a atender os critérios de diferentes áreas de avaliação e, consequentemente, alcançar um extrato maior no Qualis/Capes/Periódicos; consolidar o Congresso Brasileiro de Estudos do Lazer como um dos maiores eventos da área no contexto brasileiro; dentre outros.

Enfim, a criação da Anpel simboliza o fruto de um intenso trabalho conjunto de pesquisadores de todo o país desde 2013, que vem angariando, a cada ano, mais legitimidade e representatividade perante a comunidade científica internacional. A participação de membros da Anpel no comitê científico e no corpo de avaliadores de trabalhos do Congresso Mundial de Lazer 2018 demonstra a importante liderança exercida por tal associação na consecução, do intento comum, de desenvolver o lazer de forma interdisciplinar em todo seu potencial transformador.

06
REFERÊNCIAS

BAHIA, M. C.; FIGUEIREDO, S. L. Apresentação. Em: II Congresso Brasileiro de Estudos do Lazer/XVI Seminário O Lazer em Debate, 2016, Belém. *Anais...* Belém, 2016. Disponível em: <https://drive.google.com/file/d/1uqEWD-1Flvs9P1RuRLpBL6toe-KfErE6e/view>. Acesso em: 1º maio 2018.

COORDENAÇÃO DE APERFEIÇOAMENTO de Pessoal de Nível Superior. Qualis periódicos. Plataforma Sucupira. Disponível em: <www.capes.gov.br/avaliacao/instrumentos-de-apoio/classificacao-da-producao-intelectual>. Acesso em: 3 maio 2018.

ISAYAMA, H. F.; MELO, V. A. de; ASSIS, A. F. S. de; SEREJO, H. F. B. Apresentação. Em: I Congresso Brasileiro de Estudos do Lazer/XV Seminário O Lazer em Debate, 2014, Belo Horizonte. *Coletânea...* Belo Horizonte, 2014. Disponível em: <https://drive.google.com/file/d/1X3WEVeGgIACU3GYdxNvEXxzf-KdVg7Vv-/view>. Acesso em: 1º maio 2018.

MELO, V.A.; UVINHA, R.R. Associação Brasileira de Pesquisa e Pós-Graduação em Estudos do Lazer (Anpel): uma história recente. Em: BAHIA, M. C. (org.). *Novas Leituras do Lazer Contemporâneo*. Belém: Naea/Ufpa, 2018. pp. 35-52.

RBEL – Revista Brasileira de Estudos do Lazer. "Dossiê associações internacionais de pesquisa em lazer". vol. 2, n.2. Disponível em: <https://seer.ufmg.br/index.php/rbel/article/view/1482>. Acesso em: 21 jan. 2018.

SBPC – Sociedade Brasileira para o Progresso da Ciência. 2018. Disponível em: <http://portal.sbpcnet.org.br/a-sbpc/quem-somos/>. Acesso em: 22 jan. 2018.

UVINHA, R. R. "Transformando as cidades, transformando o lazer: o Congresso Mundial de Lazer em Rimini, Itália". *Licere*. UFMG, 2012, vol. 15. Disponível em: <https://seer.ufmg.br/index.php/licere/article/view/431/324>. Acesso em: 20 jan. 2018.

WITTER, G. P. "Importância das sociedades/associações científicas: desenvolvimento da ciência e formação do profissional-pesquisador. *Boletim de Psicologia*. 2007, vol. LVII, n. 126.

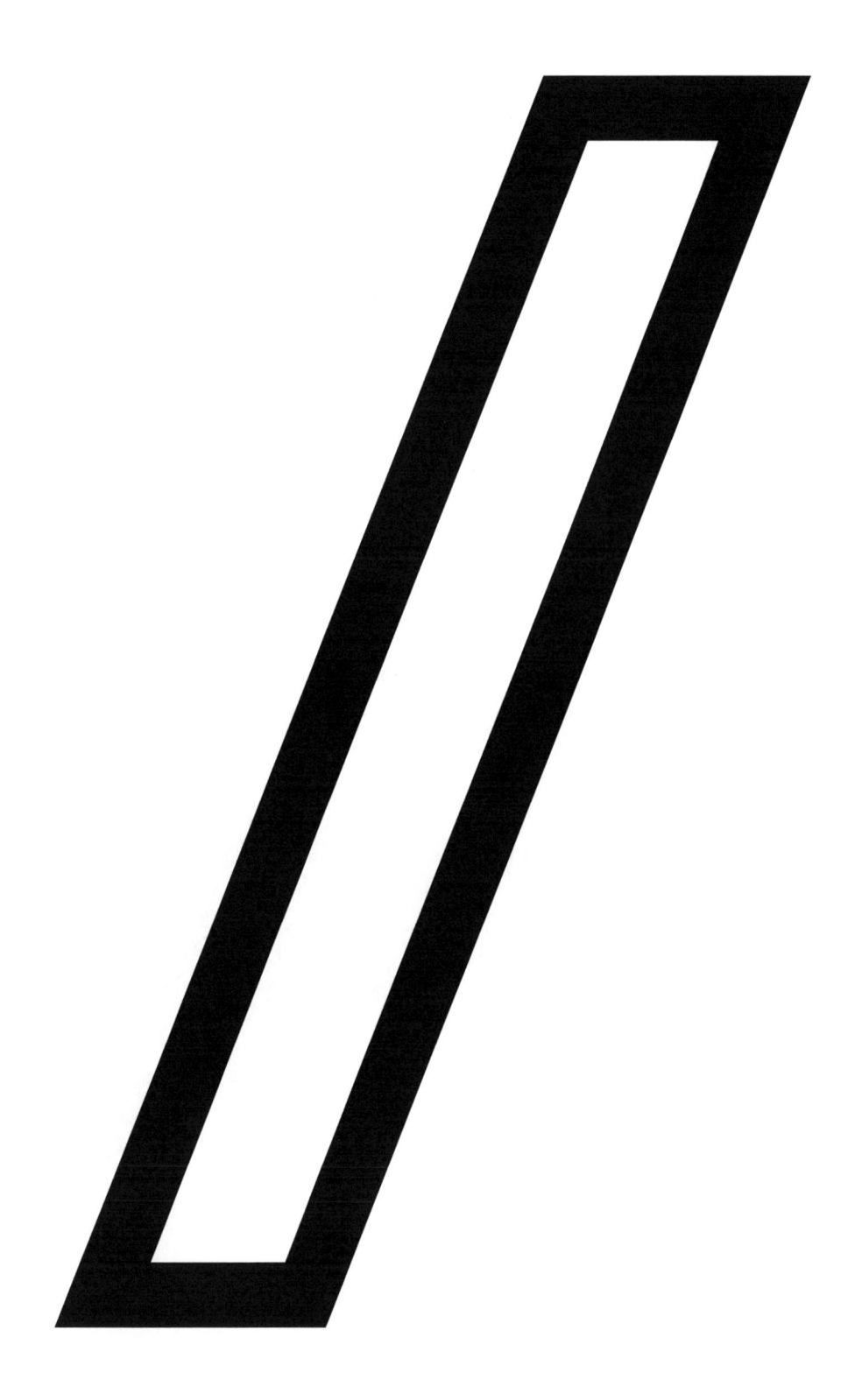

Sobre os autores

Organizador

RICARDO RICCI UVINHA é graduado em Educação Física, mestre em Estudos do Lazer (Unicamp), doutor em Turismo e Lazer (USP), pós-doutor pela Griffith University (Austrália) e livre-docente pela Universidade de São Paulo (USP). Professor e orientador da graduação e da pós-graduação em Lazer e Turismo da USP e líder do Grupo Interdisciplinar em Estudos do Lazer (Giel-USP). Atuou como diretor da Organização Mundial de Lazer (gestão 2007-2016) e presidente da Associação Brasileira de Pesquisa e Pós-Graduação em Estudos do Lazer (Anpel) (gestão 2014-2016). Pesquisador da Rede Cedes/Ministério do Esporte e Distinguished Scholar da World Leisure Academy, foi eleito para presidente da comissão científica do Congresso Mundial de Lazer 2018 (uvinha@usp.br).

Autores

ADALBERTO DOS SANTOS SOUZA é licenciado em Educação Física e Pedagogia, com mestrado e doutorado em Educação Física pela Unicamp e pós-doutorado pela Unimep. Atualmente, é professor adjunto IV na Unifesp e membro do Grupo de Pesquisa Corpo e Cultura na Unifesp (neysouza11@hotmail.com).

ALINE TSCHOKE é doutora em Educação Física pela Universidade Federal do Paraná, pesquisadora do Grupo de Estudos e Pesquisas em Espaço, Lazer e Cidade (Geplec-UFPR) e docente do Instituto Federal do Paraná (IFPR), *campus* Paranaguá (aline.tschoke@ifpr.edu.br).

ANTONIO CARLOS BRAMANTE é mestre em Ciências do Movimento e Desenvolvimento da Saúde (West Chester State University) e doutor em Estudos do Lazer e Gestão de Parques Públicos (Pennsylvania State University). É professor aposentado no Departamento de Estudos do Lazer da FEF-Unicamp e, atualmente, pesquisador visitante no Laboratório de Gestão do Esporte e Lazer (FEF-UnB) (bramante@uol.com.br).

BERNARDO LAZARY CHEIBUB é professor do mestrado e do bacharelado em Turismo da Universidade Federal Fluminense (UFF); doutor em História, Política e Bens Culturais pelo CPDOC (FGV), com período sanduíche na Universidade de Surrey; mestre em Estudos do Lazer pela UFMG e líder do grupo de pesquisa MobLaTus da UFF (bernardocheibub@gmail.com).

BRUNO MODESTO SILVESTRE é mestre em Educação Física pela Universidade Estadual de Campinas e graduado em Ciências Sociais e Educação Física pela mesma instituição. É membro do Grupo de Estudo e Pesquisa em Políticas Públicas e Lazer (GEP3L) (modesto.b@gmail.com).

CÉSAR TEIXEIRA CASTILHO é professor da Universidade Federal de São João del-Rey e professor visitante do programa de pós-graduação da Universidade de Paris-Sud (Paris 11). É doutor em Ciências do Esporte e da Motricidade Humana pela mesma universidade, com pós-doutorado e mestrado em Estudos do Lazer pela EEFFTO (UFMG). É bolsista Capes desde 2013 e atualmente pesquisa sobre Geopolítica dos Megaeventos Esportivos e Esportes. É vice-líder do grupo de pesquisa Ludicidade, Cultura e Educação (Luce) (castcesarster@gmail.com).

CHRISTIANNE LUCE GOMES é professora da Universidade Federal de Minas Gerais. É doutora em Educação, com pós-doutorado em Ciências Políticas e Sociais. É pesquisadora de produtividade em pesquisa do CNPq, da Fapemig (PPM) e da Rede Cedes/Ministério do Esporte. É líder do grupo de pesquisa Ludicidade, Cultura e Educação (Luce) (chris@ufmg.br).

CINTHIA LOPES DA SILVA é doutora em Educação Física pela Unicamp, com estágio na FMH/UTL (Portugal). Possui pós-doutorado em Comunicação pela Universitat Pompeu Fabra (Espanha). É professora na Universidade Metodista de Piracicaba (Unimep) e coordena o grupo de pesquisa Gelc/CNPq (cinthialsilva@uol.com.br).

CORIOLANO PEREIRA DA ROCHA JUNIOR é professor da UFBA (graduação e pós-graduação), pós-doutor em História (Universidade de Lisboa), doutor em História Comparada (UFRJ), mestre em Educação Física (UGF), licenciado em Educação Física (Uerj) e líder do grupo de pesquisa Corpo (coriolanojunior@uol.com.br).

EDMUR ANTONIO STOPPA é mestre e doutor em Educação Física, docente do curso de graduação em Lazer e Turismo e do programa de pós-graduação em Turismo da Escola de Artes, Ciências e Humanidades (EACH-USP), líder do grupo de pesquisa Giel (USP) e membro do Oricolé (EEFFTO-UFMG) (stoppa@usp.br).

FÁBIO RICARDO MIZUNO LEMOS é mestre e doutor em Educação pela UFSCar, professor do IFSP de São Carlos (SP), sócio-fundador e atual presidente da SPQMH, coordenador do Ninped/IFSP e editor da *Motricidades: Revista da SPQMH* (fabiomizuno@yahoo.com.br).

GELSIMAR JOSÉ MACHADO é graduado em Educação Física e mestre em Educação Física pela Universidade Federal do Espírito Santo (Ufes) e desenvolve pesquisa de doutorado em Educação Física pela Ufes. É professor nas redes municipal e estadual do Espírito Santo e membro do grupo de pesquisa Andaluz (geljm@hotmail.com).

GISELE MARIA SCHWARTZ é doutora em psicologia pela USP, docente nos cursos de graduação e pós-graduação da Unesp (*campus* Rio Claro) e líder do Laboratório de Estudos do Lazer (LEL) da Unesp (*campus* Rio Claro) (schwartz171@yahoo.com.br).

GISELLE TAVARES é doutora em Ciências da Motricidade pela Unesp (*campus* Rio Claro) e professora adjunta da Universidade Federal de Uberlândia. É membro do Laboratório de Estudos do Lazer (LEL) da Unesp (*campus* Rio Claro) (gi_htavares@yahoo.com.br).

GIULIANO GOMES DE ASSIS PIMENTEL é pós-doutor em lazer e cultura pela Universidade de Coimbra, líder do Grupo de Estudos do Lazer (GEL) e docente da graduação e pós-graduação (mestrado e doutorado) em Educação Física da Universidade Estadual de Maringá (ggapimentel@uem.br).

HÉLDER FERREIRA ISAYAMA é doutor em Educação Física pela Unicamp, docente e subcoordenador do Programa de Pós-Graduação Interdisciplinar em Estudos do Lazer da UFMG, editor da revista *Licere* e líder do grupo de pesquisa Oricolé (UFMG) (helderisayama@yahoo.com.br).

HELOISA HERINGER FREITAS é graduada em Educação Física pela Universidade Federal do Espírito Santo (Ufes), mestranda do programa de pós-graduação em Educação Física na mesma instituição e membro do grupo de pesquisa Andaluz (helo.heringer@gmail.com).

JOSÉ CLERTON DE OLIVEIRA MARTINS é doutor em Psicologia Social pela Universitat de Barcelona, pós-doutor em Estudos do Ócio pela Universidad de Deusto, professor titular do programa de pós-graduação em Psicologia da Universidade de Fortaleza e sócio-fundador da Anpel (Brasil) e da Otium (Asociacion Iberoamericana de Estúdios del Ócio) (jclertonmartins@gmail.com).

JUNIOR VAGNER PEREIRA DA SILVA é doutor em Educação Física pela UCB, docente no curso de Educação Física e do programa de mestrado em Saúde e Desenvolvimento do Centro-Oeste na UFMS, líder do Gepppels, coordenador da Rede Cedes (MS) e membro da diretoria da Anpel (2016-2018) (jr_lazer@yahoo.com.br).

LIANA ROMERA é mestre e doutora em Educação Física pela Unicamp, formadora do Pelc (programa do Ministério do Esporte), professora da graduação e pós-graduação da Ufes, líder do Grupo de Pesquisa Andaluz e membro da Anpel e da Abramd (liromera@uol.com.br).

LUIZ GONÇALVES JUNIOR é professor titular do DEFMH/PPGE/UFSCar, doutor em Ciências Sociais pela PUC-SP, pós-doutor em Ciências Sociais pela ICS/UL, coordenador do Nefef/UFSCar e sócio-fundador da Anpel e da SPQMH. Atuou como investigador convidado do CMH/IP e do CES/UC (luizgj7@gmail.com).

MARCÍLIA DE SOUSA SILVA é mestre e doutora em Estudos do Lazer pela UFMG, vice-líder do Laboratório de Pesquisas em Formação e Atuação Profissional em Lazer (Oricolé) e gestora de políticas de esporte e lazer da Prefeitura de Belo Horizonte (MG) (marciliasousasilva@yahoo.com.br).

MARCO PAULO STIGGER é professor titular na Esefid (UFRGS) e docente no programa de pós-graduação em Ciências do Movimento Humano (UFRGS). Atua nas áreas de Estudos Socioculturais em Educação Física e Políticas Públicas em Esporte e Lazer (stigger.mp@gmail.com).

MAURO MYSKIW é professor adjunto na Esefid (UFRGS) e docente no programa de pós-graduação em Ciências do Movimento Humano (UFRGS). É líder do Grupo de Estudos Socioculturais em Educação Física e atua na área de Gestão de Políticas Públicas em Esporte e Lazer (mmyskiw@hotmail.com).

MIRLEIDE CHAAR BAHIA é doutora em Ciências do Desenvolvimento Socioambiental, presidente da Associação Brasileira de Pesquisa e Pós-Graduação em Estudos do Lazer (Anpel) na gestão 2016-2018 e coordenadora do programa de pós-graduação em Desenvolvimento Sustentável do Trópico Úmido da UFPA (mirleidebahia@gmail.com).

NARA REJANE CRUZ DE OLIVEIRA é mestre em Educação Física pela Unicamp e doutora em Educação pela USP. É docente do Departamento de Ciências do Movimento Humano da Universidade Federal de São Paulo (*campus* Baixada Santista) e líder do Gepecc/Unifesp/CNPq (nararejaneunifesp@gmail.com).

PAULO HENRIQUE AZEVÊDO é doutor em Ciências da Saúde, mestre em Administração e realizou duas graduações em Educação Física. É professor associado III da Universidade de Brasília (UnB), onde criou e coordena o Gesporte, grupo sobre gestão do esporte (pha@gesporte.net).

RAQUEL DA SILVEIRA é professora adjunta na UFRGS, onde atua em disciplinas ligadas ao lazer. É vice-líder do Grupo de Estudos Socioculturais em Educação Física (Gesef) e desenvolve pesquisas no campo dos Estudos Socioculturais em Educação Física (raqufrgs@gmail.com).

REGIANE CRISTINA GALANTE é doutora em Educação Física pela Universidade Estadual de Campinas Unicamp, mestre em Educação pela Universidade Federal de São Carlos e especialista em Lazer e Recreação pela Universidade Federal de Minas Gerais. Atualmente, é gerente adjunta do Sesc São Carlos (SP) (regiane@scarlos.sescsp.org.br).

ROGÉRIO CRUZ DE OLIVEIRA é mestre e doutor em Educação Física pela Faculdade de Educação Física da Unicamp, professor adjunto da Universidade Federal de São Paulo e líder do Grupo de Estudo e Pesquisa Sociocultural em Educação Física (rogerio.unifesp@gmail.com).

ROSANA ELISA CATELLI é doutora em Multimeios pela Universidade Estadual de Campinas e mestre em Sociologia pela mesma universidade. Atualmente, é coordenadora de programação do Centro de Pesquisa e Formação (CPF) do Sesc São Paulo (rosana@cpf.sescsp.org.br).

SÍLVIA CRISTINA FRANCO AMARAL é graduada em Educação Física pela Universidade Federal de Santa Maria, livre-docente pela Faculdade de Educação Física da Unicamp e pós-doutora pela Universidade de Barcelona. É docente da Faculdade de Educação Física da Unicamp e atua na graduação e pós-graduação na área das políticas públicas de esporte e lazer (scfa007@gmail.com).

SIMONE RECHIA é mestre em Educação pela PUC-PR, doutora em Educação Física pela Unicamp, pós-doutora pelo Instituto Nacional de Educação Física da Catalunha (Barcelona), professora adjunta da UFPR, professora nos programas de pós-graduação em Educação e em Educação Física da UFPR, professora colaboradora do programa de pós-graduação interdisciplinar em Estudos do Lazer da UFMG, líder do Grupo de Estudos e Pesquisa em Lazer, Espaço e Cidade (Geplec) e tutora do PET Educação Física (UFPR). Foi presidente do CBCE de 2013 a 2017 (simone@ufpr.br).

VICTOR ANDRADE DE MELO é professor da Universidade Federal do Rio de Janeiro (UFRJ), onde atua nos programas de pós-graduação em História Comparada e Educação. É também professor do programa de pós-graduação interdisciplinar em Estudos do Lazer (UFMG). É bolsista de produtividade em pesquisa (CNPq) (victor.a.melo@uol.com.br).

Fontes	Sentinel e Knockout
Papel	Alta Alvura 75 g/m²
Impressão	Eskenazi Indústria Gráfica
Data	agosto de 2018